U0529147

北京高校高精尖学科"文化遗产与文化传播"建设项目资助

非物质文化遗产学术精粹

口头传统卷

万建中 ◎ 主　编
鲁　越 ◎ 副主编

中国社会科学出版社

图书在版编目（CIP）数据

非物质文化遗产学术精粹. 口头传统卷 / 万建中主编. —北京：中国社会科学出版社, 2021.9
ISBN 978 - 7 - 5203 - 8448 - 3

Ⅰ.①非…　Ⅱ.①万…　Ⅲ.①非物质文化遗产—保护—研究—中国　Ⅳ.①G122

中国版本图书馆 CIP 数据核字（2021）第 088774 号

出 版 人	赵剑英
责任编辑	张　林
特约编辑	齐　芳
责任校对	李　剑
责任印制	戴　宽

出　　版	中国社会科学出版社
社　　址	北京鼓楼西大街甲 158 号
邮　　编	100720
网　　址	http://www.csspw.cn
发 行 部	010 - 84083685
门 市 部	010 - 84029450
经　　销	新华书店及其他书店
印刷装订	北京君升印刷有限公司
版　　次	2021 年 9 月第 1 版
印　　次	2021 年 9 月第 1 次印刷
开　　本	710×1000　1/16
印　　张	22.25
字　　数	355 千字
定　　价	128.00 元

凡购买中国社会科学出版社图书，如有质量问题请与本社营销中心联系调换
电话：010 - 84083683
版权所有　侵权必究

总　序

　　20 世纪中期以来，面对迅猛发展的现代化和全球化浪潮的冲击，许多国家纷纷采取措施保护自己的传统文化，同时对出台国际化保护政策的呼声也越来越强烈。21 世纪初，为适应世界各国对其多元的文化遗产作为历史丰富性与人类文明多样性的见证而日益高涨的保护需求，联合国教科文组织于 2003 年正式颁布了《保护非物质文化遗产公约》。该《公约》在国际法中牢固确立了对于非物质文化遗产的保护理念，至今已得到超过 90% 的教科文组织成员国的批准，接近于全面批约。这项全球性的文化保护工程促使人们日益普遍地认识到：文化遗产不仅仅是物质的，还包括世代传承的丰富的非物质传统，它们是社区特性和社会凝聚力的重要载体，也应该得到保护和促进。

　　"非物质文化遗产"（以下简称"非遗"），根据《保护非物质文化遗产公约》（2003）的界定，是指被各社区、群体，有时是个人，视为其文化遗产组成部分的各种社会实践、观念表述、表现形式、知识、技能以及相关的工具、实物、手工艺品和文化场所。这种非物质文化遗产世代相传，在各社区和群体适应周围环境以及与自然和历史的互动中，被不断地再创造，为这些社区和群体提供认同感和持续感，从而增强对文化多样性和人类创造力的尊重。[①] 在《公约》的体系中，"非物质文化遗产"包括以下五类：1. 口头传统和表现形式，包括作为非物质文化遗产媒介的语言；2. 表演艺术；3. 社会实践、仪式、节庆活动；4. 有关自然

---

　　① 联合国教科文组织：《保护非物质文化遗产公约·基本文件》（2018 年版），法国巴黎，2018 年，中文版，第 5 页，https：//ich. unesco. org，查阅日期：2021 年 4 月 6 日。

界和宇宙的知识和实践；5. 传统手工艺。①

中国于 2004 年成为联合国教科文组织《保护非物质文化遗产公约》的缔约国，目前已迅速成为世界上拥有非遗项目最多的国家——截至 2020 年 12 月，中国被列入联合国教科文组织非物质文化遗产名录（名册）的项目共计 42 项②，拥有国家级非物质文化遗产代表性项目 1372 大项、3145 子项③，另有数目繁多的省、市、县级非遗项目。中国非遗是中华民族世代相传的集体智慧和生活经验的结晶，是中华文明绵延赓续的重要载体和表现形式，是维护民族认同、维系国人文化认知、助力国家文化建设的根本力量。近年来，中国政府充分意识到非物质文化遗产的保护意义和教育功能，已多次强调非物质文化遗产的重要性，《关于实施中华优秀传统文化传承发展工程的意见》《关于加强和改进中外人文交流工作的若干意见》等文件中，均将非物质文化遗产的保护、发展纳入国家文化发展的战略中；刚刚通过的《中华人民共和国国民经济和社会发展第十四个五年规划和 2035 年远景目标纲要》也多处涉及非物质文化遗产的保护和发展，更明确提出要"深入实施中华优秀传统文化传承发展工程，强化重要文化和自然遗产、非物质文化遗产系统性保护，推动中华优秀传统文化创造性转化、创新性发展"，明确规定要"健全非物质文化遗产保护传承体系，加强各民族优秀传统手工艺保护和传承"（第三十四章第三节）。

中国的非物质文化遗产保护工作迄今已开展近二十年，相关研究成果十分丰硕。但是，尽管国内已有一些关注非遗研究和保护实践的论文

---

① 联合国教科文组织：《保护非物质文化遗产公约·基本文件》（2018 年版），法国巴黎，2018 年，中文版，第 5 页，https：//ich.unesco.org，查阅日期：2021 年 4 月 6 日。
② 《中国入选联合国教科文组织非物质文化遗产名录（名册）项目》，未注明发布日期，"中国非物质文化遗产网·中国非物质文化遗产数字博物馆"，http：//www.ihchina.cn/chinadirectory.html#target1，查阅日期：2021 年 3 月 23 日。
③ 《国家级非物质文化遗产代表性项目名录》，未注明发布日期，"中国非物质文化遗产网·中国非物质文化遗产数字博物馆"，http：//www.ihchina.cn/project.html#target1，查阅日期：2021 年 3 月 23 日。统计名录包括了四个批次。另，中国文化和旅游部近期对外公示了第五批国家级非物质文化遗产代表性项目名录推荐项目共 337 项。见中国文化和旅游部非物质文化遗产司：《文化和旅游部关于第五批非物质文化遗产代表性项目名录推荐项目名单的公示》，发布日期：2020 年 12 月 18 日，http：//zwgk.mct.gov.cn/zfxxgkml/wysy/202012/t20201221_920077.html，查阅日期：2021 年 3 月 23 日。

选集①，总体而言，对相关成果的系统梳理和总结尚十分缺乏，致使其分散在各类学术刊物中，未能得到集中的展示，不利于对中国在非遗领域探索20年所取得的学术成就的总体把握。

有鉴于此，北京师范大学非物质文化遗产研究与发展中心和文学院民间文学研究所编辑出版了这套"非物质文化遗产学术精粹"丛书。该丛书一共7册，以《公约》的分类为基础，首次全面梳理、总结并展示了中国学界在非遗理论与保护实践、口头传统、表演艺术、有关自然界和宇宙的知识和实践、传统手工艺以及社会仪式和节庆等方面的主要研究成果。所有论文均经过精心遴选，集中代表了20年来各领域的代表性成就。其中，"理论卷"着重探讨了非遗的概念与历史，以及社区、商业利用、性别平等等非遗发展中的重要横向问题，以及非遗语境下的学科思考、对中国实践的总结与反思等。其他卷，如"口头传统卷""表演艺术卷""社会实践、仪式与节庆活动卷""有关自然界和宇宙的知识与实践卷""传统手工艺卷"，则分别收录了该领域较高水平的研究文章。此外，丛书中也包括了2018年在北京师范大学召开的"'一带一路'国家的非物质文化遗产保护与乡村振兴"国际学术研讨会的论文集。该次会议上，来自日本、韩国、美国、比利时、希腊、塞尔维亚、波兰、保加利亚、伊朗、越南和印度等10多个国家的非遗专家们，与中国学者一道，共同探讨非遗保护与乡村振兴实践中的规律，分享各国的有益经验，同时反思其中存在的问题。此次纳入丛书结集出版，不仅展现了国际相关领域的前沿探索成果，也对当前国际国内广泛开展的乡村振兴建设具有积极的启示和借鉴作用。

非遗的内容十分广泛，研究非遗的学科也很多。因此，本套丛书所收论文不仅涉及民俗学、人类学、民族学、考古系、艺术学、体育学等人文社会学科，还包括了数学、天文历法学、医学等理工类学科的探索。各册中既有历时性的审视，又有共时性的对照；既有宏观的理论分析，也有具体的案例研究，以及在操作层面上的建言献策；既从多方面展现了中国自开展非遗保护工作以来所取得的成就，也揭示出其中交织的复杂张力以及学界对其的深刻反思。在很大程度上，该丛书是"中国非遗

---

① 例如陶立璠、樱井龙彦主编：《非物质文化遗产学论集》，学苑出版社2006年版。

研究 20 年"的一次成果检视。

  本套丛书的出版得到北京高校高精尖学科"文化遗产与文化传播"建设项目的资助。该项目于 2019 年 5 月获批立项，由北师大文学院牵头，联合历史学院、艺术与传媒学院等联合建设，目的是依托北师大深厚的人文学科基础，统合校内外相关研究和教学力量，建设一个以中国优秀传统文化为基础、以非遗文化和区域文化为主体、以文旅融合和文化传播为特色的优势特色学科和新兴前沿交叉学科。同年 12 月，作为该项目的重要成果，北师大非物质文化遗产研究与发展中心成立，在继承和发挥北师大以往的民俗学学科优势的基础上，为强化非遗研究、人才培养和产教融合，搭建了一个新的国际化的交流合作平台。

  2021 年对中国非遗工程而言具有特殊的意义：2021 年是中国昆曲入选联合国教科文组织《人类口传和非物质文化遗产代表作名录》20 周年，也是《中华人民共和国非物质文化遗产法》颁布 10 周年。值此之际，将中国学人的研究成果加以梳理、总结和集中展现，无疑有助于我们更好地认识非遗的本质与规律，增进本土非遗理论的建设，促进非遗保护与发展的实践，并为国际社会贡献中国经验和视角。

  是为序。

杨利慧

2021 年 5 月 9 日

作者基本信息

（以文集中出现先后为序）

陈建宪：华中师范大学文学院教授
杨利慧：北京师范大学文学院民间文学研究所教授，副院长

王宪昭：中国社科院民族文学所研究资料中心主任
巴莫曲布嫫：中国社会科学院研究生院教授

万建中：北京师范大学文学院民间文学研究所教授，所长
刘锡诚：中国文联理论研究室研究员
逵志保：爱知县立大学、中京大学研究员
潘　港：日本名古屋大学大学院
叶　涛：山东大学儒学高等研究院教授

刘守华：华中师范大学民间文化研究中心主任
刘思诚：辽宁师范大学文学院讲师

郝苏民：西北民族大学民族学与社会学学院教授
戚晓萍：甘肃省社会科学院文化研究所副研究员
韦杨波：河池学院讲师

廖明君：广西民族大学教授、《广西民族大学学报》执行主编
娜　敏：内蒙古民族大学文学与新闻传播学院讲师
谢中元：佛山科学技术学院岭南文化研究院副研究员

作者基本信息

高荷红：中国社会科学院民族文学研究所研究员
郭建勋：西南民族大学旅游与历史文化学院副教授

陈顺强：西南民族大学现代教育技术中心教师
苏连科：西南民族大学彝学学院教授
李　菲：四川大学中国俗文化研究所副教授
江　帆：辽宁大学文学院民俗学专业教授
孔　军：天津大学冯骥才文学艺术研究院博士生
廖元新：南昌大学副教授
张　多：云南大学文学院副教授

目　录

第一编　神话

以非物质文化遗产的眼光保护与开发神话资源
　　拒绝"伪"民俗现象 ·· 陈建宪(3)
官民协作：中国非遗保护的本土实践之路
　　——以河北涉县女娲信仰的400年保护历程为个案 ········· 杨利慧(7)

第二编　史诗

少数民族创世神话史诗的非遗功能
　　——以瑶族布努支系《密洛陀》为例 ························· 王宪昭(27)
遗产化进程中的活形态史诗传统：表述的张力 ············ 巴莫曲布嫫(40)

第三编　传说

非物质文化遗产与"物质"的关系
　　——以民间传说为例 ··· 万建中(67)
民间传说及其保护问题
　　——在"非物质文化遗产·中国六大传说保护与传承高峰论坛"
　　（诸暨）的发言 ··· 刘锡诚(76)
非物质文化遗产和徐福传说
　　——围绕着传说的多重多样的传承
　　主体 ·································· [日]逵志保　著　潘　港　译(92)

民间文献与民间传说的在地化研究
　　——以沂源牛郎织女传说为中心的探讨 ················ 叶　涛（101）

第四编　故事

去粗取精话非遗
　　——从徐文长故事说起 ························· 刘守华（117）
非物质文化遗产与区域文化软实力建设
　　——以国家非遗"喀左·东蒙民间故事"为例 ············ 刘思诚（122）

第五编　歌谣

文化生态·文化空间·政府主导与"非遗"关系
　　——以西北"花儿"的洮岷流派（南路）流行区 KPT
　　　　村为个案 ·························· 郝苏民　戚晓萍（141）
"刘三姐歌谣"考辨
　　——兼谈作为非遗的"刘三姐歌谣"的保护与传承 ········ 韦杨波（158）

第六编　说唱

靖江宝卷与非物质文化遗产保护 ···················· 廖明君（173）
遗产化境域中的昆曲保护研究 ····················· 钱永平（180）
"摩苏昆"传承状况研究 ························· 娜　敏（198）
佛山"龙舟说唱"的活态传承与保护 ·················· 谢中元（209）
国家话语与代表性传承人的认定
　　——以满族说部为例 ························ 高荷红（232）
非物质文化遗产保护背景下的四川格萨尔说唱艺人
　　阿尼近况调查 ··························· 郭建勋（246）

第七编　理论与方法

彝语口传文化数字化采集方法及其保护与传承研究
　　——以毕摩、苏尼、口弦、阿都高腔为例　………　陈顺强　苏连科（263）
口述　………………………………………………………　李　菲（273）
谁在叙事　为何叙事　如何叙事："非遗"保护的田野
　　立论与概念拓展　………………………………………　江　帆（289）
非物质文化遗产传承人口述史的效度与限度研究　…………　孔　军（305）
非遗语境下民间文学"三套集成"的承启意义　………………　廖元新（316）
社区参与、社区缺位还是社区主义？
　　——哈尼族非物质文化遗产保护的主体困境　…………　张　多（328）

第一编

神　话

以非物质文化遗产的眼光保护与开发神话资源 拒绝"伪"民俗现象[*]

陈建宪[**]

我们先来看看非物质文化遗产的研究及其意义。

中国非物质文化遗产历数千年积累传承至今,凝聚着中华民族的智慧与情感,昭示着炎黄子孙的文化身份,联结着中华文化的过去与未来。如何保护和传承这些珍贵遗产,捍卫国家文化主权,维护世界文化多样性,是政府、社会和学术界共同关注的重大课题。

国际学界关于非物质文化遗产的研究已有很长历史。19 世纪末,通过工业革命率先进入现代化的西方国家,就出现了《原始文化》《金枝》等文化学巨著。20 世纪西方文化研究风起云涌,从古典进化论、古典传播论、心理分析学派、社会功能学派,到文化相对主义、新进化论、文化生态学、结构主义、符号学、西方马克思主义及后现代批判理论等,至今充满活力。1950 年日本《文化财保护法》首次提出"无形文化财"概念,以法律形式对其进行社会认定和经济资助。当代西方发达国家大都基本形成完善的管理制度和法制法规。一门新兴的人文学科——"文化遗产学"(heriage studies)正在国际上迅速兴起。

中国 20 世纪 80 年代开始编纂被誉为"文化长城"的《十大文艺集成》,加入联合国《保护非物质文化遗产公约》后,许多学者在呼吁全社

---

[*] 原文刊于《长江大学学报》(社会科学版)2006 年第 3 期。
[**] 陈建宪,华中师范大学文学院教授。

会关注的同时，从学理角度对滥用民间文化资源现象进行了严肃批评。习近平总书记提出的"保护为主、抢救第一、合理利用、传承发展"十六字方针为开展相关工作指明了方向。但中国非物质文化保护工作尚未做好充分理论准备，许多深层次学理问题皆未解决。非物质文化遗产作为特殊的文化资源，怎样才能整合入中国现代文化体系之中，需要我们在充分吸收国际学术成果、深入总结当代中国文化创新实践的基础上尽快做出回答。人类创造文化是为了满足需要。一种文化事象的生命力取决于她的功能。非物质文化遗产之所以需要保护，原因是其功能不能满足现代生活，故保护工作的核心是发展。传承至今的非物质文化遗产有三种形态：一是功能依旧，如春节；二是功能丧失，如叫魂习俗；三是功能转变，如婚礼坐轿变为游乐。针对不同情况应采取不同措施：有的保存起来用于历史研究，有的通过改编用于文艺娱乐，有的转变形态用于文化产业……总之，或以新形式发挥旧功能，或以旧形式实现新功能。只有使非物质文化遗产的功能整合入当代生活体系之中，才能实现其价值最大化。而怎样保护好非物质文化遗产的精神内核，同时使其具有现代符号形式及运作体制，有许多学理问题尚待研究。

应该说，研究非物质文化遗产具有不言自明的重大文化价值。这不仅有助于增强公民的文化自豪感和民族向心力，强化国民文化身份意识，增加社会稳定性，而且有助于中国当代文化转型理论的建设，使文化创新活动具有更多的"文化自觉"，同时有利于促进中国"文化遗产学"的建设。在现实层面上，这一研究有助于为政府有关部门决策提供理论支持和对策参考。

神话资源属于典型的非物质文化遗产，它的转化在当代已成为非物质文化遗产保护与开发的重要内容。在此，我想先谈一些具体的个案。一是湖北省长阳土家族自治县将廪君神话转化为现代文化资源的实践，一是武汉大禹治水神话园的建设。以这两个典型个案为基础，讨论当代神话资源的转化问题，我们会有一些较为深入的认识。

湖北长阳县自古以来就被认为是土家族先祖廪君的故乡。1982年，长阳县为了申报成立土家族自治县，开始组织当地文化部门挖掘廪君神话，以证实该县为土家族的发源地。20世纪80年代后期，随着经济建设热潮的兴起，为了开发旅游，长阳县从政府到民间，围绕廪君神话进行了一系列建设。他们根据当地文化部门的研究,指定位于县城西部60里的大山为武落钟离山,修建了向王庙、夷城、白虎石、赤穴、黑穴、巴王洞等景点,同时根据古籍记载和当地采风材料,出版了《廪君的传说》。随着旅游业的发展,武落钟离山和夷城的经济效益和知名度迅速扩大。现在,廪君神话又以这些景点为中心,开始向民间扩散,并出现了从青年人向老年人传讲的反哺传承现象,廪君神话从神话资源的研究与开发中重新得到传播与关注,新的口头传统出现,廪君神话的复活反过来又强化了长阳县对土家族神话资源的开发与利用。

大禹治水神话园作为一项政府工程,笔者以文化专家的身份直接参与了工程的论证和建设。这项转化工程,与长阳个案的不同之处在于,神话影响更大,景观更为集中,而所重塑的神话形象难以定型。这一工程聘请历史学、考古学、神话学等学科的学者组成专家组,在神话形象塑造和景观规划、造型等方面尽量追求神话时代的意蕴和形式,尽量减少人为因素对神话转化的负面影响,结合武汉水文化,凸显大禹作为治水英雄的独特标志。

从以上两个较为成功的个案来看,神话资源转化的关键问题在于,转化过程能否保持神话资源的本真性。国际学术界从20世纪50年代始,就围绕"伪民俗"(fakelore)问题展开了激烈论争,没有定论。"本真性"难题表现为:神话资源作为一种非物质文化遗产,与有形文化遗产形态完全不同,它以口头讲述和行为传承等动态方式存活,始终与变化着的文化语境相适应,表达的是当下传承主体的鲜活情感。一种神话资源,往往涉及不同时代、不同地区、不同民族,有古典形态、现代形态和多种过渡形态。我们如果不能鉴识非物质文化遗产的科学内涵,以错误的形式开发一些"伪"民俗、"伪"神话,其后果不仅是造成社会财富的巨大浪费,更严重的是"假作真时真亦假",真正的神话资源反而得不到保护、传承和开发。就此而言,我们必须拒绝"伪"民俗的制造,必须以高度严谨的学术态度和求真精神来对待神话资源,抵制一些人为因素如商业、旅游、政治等对神话资源的歪曲利用和破坏性开发。

当然,神话资源转化不可能像出土文物那样,凝固封存于某个既往的历史时空点,也不能将其从生活中剥离,变成纯粹的博物馆展品或市场上的商品。她只有在现代社会中实现形式与功能的转化，整合为当代文化的有机成分，才能真正得到保护、发展和开发，才能推进神话资源的文化传承。

官民协作:中国非遗保护的本土实践之路

——以河北涉县女娲信仰的400年保护历程为个案[*]

杨利慧[**]

摘　要:现有的非遗话语常常将 UNESCO 框架下的非遗保护工程作为新生事物,与中国近现代以来对传统文化的破坏相对照,以强调二者之间的差异性。本文则以河北涉县娲皇宫及其女娲信仰为个案,梳理其自明、清、民国直至当代的近400年本土非遗保护实践的历程,凸显历史上不同行动主体在相关方面的长期工作,认为中国本土的非遗保护实践有着漫长的历程,它为21世纪初 UNESCO 发动的非遗保护工程在中国的顺利开展提供了内因,对后者的评价,应当放置于本土非遗保护的整体历史中加以关照;不同历史阶段的本土非遗保护实践之间及其与 UNESCO 框架下的非遗保护工程之间存在着内在的关联性;中国本土淬炼出的非遗保护经验,比如注重"内价值"以及官民协作模式,为今天的非遗保护工程提供了有益的借鉴。

---

[*] 本文的主要观点曾在"非物质文化遗产保护的政策与实践:中国与美国的比较"(Intangible Cultural Heritage Policies and Practices for Safeguarding Traditional Cultures—Comparing China and the United States)国际学术论坛(美国新墨西哥州圣菲市,2013年4月9—12日)上宣讲过,感谢田青、马胜德、高丙中以及 Robert Baron、Nick Spitzer、Jessica Anderson-Turner 等专家的指教!

[**] 杨利慧,北京师范大学文学院教授。

关键词：非物质文化遗产；本土实践；整体保护史；关联性；女娲信仰；娲皇宫

非物质文化遗产（下文简称"非遗"）近十多年来已日益成为中国社会及学术界广泛关注和讨论的一个热点话题，研究成果迄今已十分丰硕。总体来看，已有研究的重点，主要是以2003年联合国教科文组织（以下简称"UNESCO"）通过并随即广泛实施的《保护非物质文化遗产公约》（以下简称《公约》）及其确立的工作框架为基本语境，以中国加入《公约》之后的保护实践为聚焦点，或梳理"非遗"概念及其保护理念发展的历史源流，或阐述其产生的重要意义，或讨论具体的传承和保护措施，或反思保护过程中存在的问题，如此等等。在笔者看来，相关的研究话语在总体上存在着两个明显的不足：第一，常常将UNESCO框架下的非遗保护工程与近百年来的中国文化发展进程，尤其是对待传统文化态度较为激进的"五四"新文化运动和"文革"时期做比较，而缺乏对更为长时段的历史，尤其是本土文化保护的整体历史的关照；第二，与上一不足相应，UNESCO框架下的非遗保护工程往往被视为新生事物，与中国本土的文化观念相对照，有时甚至对立起来，在"新"与"旧"的对比中，强调二者之间的差异性。比如，高丙中在其卓有影响的《中国的非物质文化遗产保护与文化革命的终结》一文中，指出"非物质文化遗产保护……以浓墨重彩重绘了中国的文化地图，创造了新的历史。它带着新的话语进来，……重新高度肯定原来被历次革命所否定的众多文化事项的价值；它开启了新的社会进程，以文化共生的生态观念和相互承认的文化机制终结中国社会盛行近百年的文化革命，为近代以来在文化认同上长期自我扭曲的文化古国提供了文化自觉的方式……"①。户晓辉在《〈保护非物质文化遗产公约〉能给中国带来什么新东西——兼谈非物质文化遗产区域性整体保护的理念》一文中也指出："联合国教科文组织（UNESCO）的《保护非物质文化遗产公约》通过新术语的使用和界定可能为中国乃至世界带来新框架、新伦理、新思维和新举措，也就是给中

---

① 高丙中：《中国的非物质文化遗产保护与文化革命的终结》，《开放时代》2013年第5期。

国社会输入现代价值观（普遍的道德标准和人权观念）……"① UNESCO 发起的这些非遗保护工程对于中国文化、社会以及学术产生的重大意义的深刻阐述和满怀热情的高度赞誉，我十分认同——非遗工程的开展的确为中国现代文化观念的重塑创造了新契机，带来了诸多新变化。不过，在我看来，这些论述忽视或者低估了另一个维度——中国本土非遗保护实践历史的重要性。显然，非遗保护并不是从 UNESCO 开始的，远在该工程之前，中国本土社会的类似的保护实践已经展开（尽管使用了不同的名称）。对于这一点，迄今的"非遗"话语大多较为忽视，中国历史上不同的行动主体（政府、知识分子以及普通百姓等）在相关方面的长期工作，没有得到应有的梳理和呈现。尽管也有一些相关人士意识到这一维度的重要性，比如文化部原副部长项兆伦在 2017 年 6 月 10 日召开的"第六届成都非遗节国际论坛"上，在谈及"中国非物质文化遗产保护的理念与实践"时，便指出"1979 年开始，中国开展了对民族民间文艺现象的调查，迄今已收集资料约 50 亿字，出版了《十大民族民间文艺集成志书》318 卷，约 4.7 亿字"②；安德明在《非物质文化遗产保护的中国实践与经验》一文中，也指出自 20 世纪 80 年代初期开始启动、前后延续近 30 年的"民间文学三套集成"以及"十部中国民族民间文艺集成志书"，"为非遗保护工作在中国的顺利开展，奠定了扎实的观念基础，也培养了广泛的作者队伍"，③ 但是这些阐述大多点到为止，缺乏有针对性的着力论证。④ 显然，相关研究亟待补充——非遗保护工程及其产生的意义，需要放置在本土非遗保护的整体历史中，在非遗工程与本土实践的

---

① 户晓辉：《〈保护非物质文化遗产公约〉能给中国带来什么新东西——兼谈非物质文化遗产区域性整体保护的理念》，《文化遗产》2014 年第 1 期。

② 项兆伦：《中国非物质文化遗产保护的理念与实践》，http：//www.mcprc.gov.cn/whzx/whyw/201706/t20170610_496236.html，2017 年 10 月 1 日。

③ 安德明：《非物质文化遗产保护的中国实践与经验》，《民间文化论坛》2017 年第 4 期。

④ 美国民俗学者苏独玉（Sue Tuohy）曾于 2014 年 10 月 22 日在北京师范大学做了一场题为《对建构传统和遗产过程的反思——以"花儿"为例》的学术报告，主要针对的问题便是在迄今的非遗话语中，往往忽略历史上不同机构、团体和个人在保护方面的长期工作，她以"花儿"研究为例，生动、细腻地展示了"花儿"从"野草"到"非遗"的变迁历程，其中充满了不同的话语实践及组织工作。遗憾的是，此文至今没有正式发表。其演讲信息可参见《苏独玉（Sue Tuohy）博士谈西北"花儿"》，http：//wxy.bnu.edu.cn/xwdt/2014/96996.html。

关联性中加以考察，只有这样，才能获得对该工程的更加全面和准确的认识。

上述反思构成了本文的出发点。本文将以作者对河北涉县娲皇宫地区女娲信仰的长期研究为基础，以相关碑刻为资料来源，从中梳理自明代迄今长达近400年的历史进程中，当地政府、知识分子、香会会首以及普通信众，为保护女娲信仰所付出的诸多努力，力图从中呈现地方社会的文化保护实践的较完整历程，从中透视非遗保护工程与中国本土实践之间的内在关联。

在开始正式的论述之前，有几个关键问题需要提前交代。

第一，按照《公约》的界定，非物质文化遗产指的是"被各社区、群体，有时是个人，视为其文化遗产组成部分的各种社会实践、观念表述、表现形式、知识、技能以及相关的工具、实物、手工艺品和文化场所。这种非物质文化遗产世代相传，在各社区和群体适应周围环境以及与自然和历史的互动中，被不断地再创造，为这些社区和群体提供认同感和持续感，从而增强对文化多样性和人类创造力的尊重"[①]。在河北涉县以及中国广大地域范围内流传的女娲信仰，长期为各相关社区和群体所珍视，并为其提供了认同感和持续感，是重要的非物质文化遗产。2006年，涉县的女娲祭典被列入第一批国家级非物质文化遗产名录。

需要注意的是，非物质文化遗产不仅指那些被专家和权威机构遴选、认定的"认知遗产"（heritage in perception），也包括更广泛的、没有被认定并列入各类非遗保护名录却在普遍意义上具有历史和艺术的内在价值的"本质遗产"（heritage in essence）。[②] 很多人以为"非遗"一词指的仅仅是被列入各类保护名录的项目，其实是一种误解。本文所说的"非物质文化遗产"概念遵循了《公约》的界定，不对"本质遗产"和"认知遗产"进行界分。

---

① 参见联合国教科文组织创意处非物质文化遗产科编《基本文件·2003年〈保护非物质文化遗产公约〉》（2016年版），中文版，巴黎：教科文组织，2016年。

② 燕海鸣曾借鉴并使用"本质遗产"一词，来指那些在普遍意义上具有历史和艺术的内在价值的历史遗存，而用"认知遗产"来特指那些在当代遗产标准框架下"认定"的遗产，如"世界遗产""全国重点文物保护单位""国家级非物质文化遗产"等。燕海鸣：《从社会学视角思考"遗产化"问题》，《中国文物报》2011年8月30日。

第二，非物质文化遗产和物质文化密不可分。如上所引，在《公约》的界定中，明确指出"非遗"既指涉非物质性的"各种社会实践、观念表述、表现形式、知识、技能"，也牵涉物质性的"相关的工具、实物、手工艺品和文化场所"，二者往往结合在一起，才构成了完整的、可知可感的非物质文化遗产。对于女娲信仰的维护和传续而言，庙宇构成了最为重要的物质实体，不仅体现并承载着信众对女娲的信仰，也为信仰行为的具体实施提供了实体的文化场所；娲皇宫里矗立的一通通石碑，表达着不同时代信众对娲皇圣母的信仰观念和情感，记录着一次次鲜活的保护事件，不仅构成了女娲信仰的相关"实物"，也为考察历史上女娲信仰的保护状况提供了弥足珍贵的档案。由于作为"非物质"遗产的女娲信仰的历史存在状貌迄今已然邈不可得，因此，本文对于历史上涉县地方社会对于女娲信仰的保护情况的考察，将主要通过考察相关物质实体——庙宇和碑刻的修建和记录情况展开。

第三，本文的资料来源。娲皇宫中至今保存有从明代万历三十七年（1609）直至2004年共395年间刊刻的近80通石碑，除最早的万历三十七年石碑之外，明代的碑另有万历四十四年（1616）、天启六年（1626）、崇祯元年（1628）所立，共计4通；另有1992年和2004年所立的两通当代石碑，其余则均为清代和民国时期所立。① 这些珍贵的石碑延续了中国古代庙宇石碑刊刻的传统——每有新建、重修或其他重要事件，必立碑记录。碑文中既记录地方社会对女娲神话和信仰的看法、娲皇宫及其附属建筑重修的原因和过程，也记录维修的主体、经费来源、捐款者的姓名和捐款数量等，展示了自明代、清代、民国直至当代的女娲信仰的盛况，以及此间不同主体采取的保护办法，为了解自明迄今近400年间女娲信仰的保护历程提供了重要的依据。本文将从这近80通石碑中遴选出8通，其中明代2通，清代3通（其中有两碑同记一事，可视为一体来分析），民国1通，当代2通。遴选一方面考虑到各时代之间选用的碑文数量尽量均衡，另一方面也考虑到官方与民间力量的均衡——制作讲究、保存较好的石碑及其碑文不可避免地反映了更多官府的声音，因而笔者

---

① 马乃廷：《涉县娲皇宫历史沿革考》，涉县地名办公室编：《女娲文化》，香港：天马出版社2003年版，第76页。

也将个别制作简陋、地位较低的镶碑纳入分析的范围。总之，8通石碑的碑文成为本文分析的主要文本。

一　涉县的女娲信仰与娲皇宫

涉县位于河北省西南部，面积1509平方公里，人口42万。① 这里是中国女娲信仰最为盛行的地区之一，据笔者统计，如今全县境内有近20座女娲庙，其中建于中皇山山腰处的娲皇宫是历史记载最为悠久、建筑规模最为宏大的一座女娲庙。整个建筑群分为山下、山上两部分。山脚有三处建筑，自下而上依次为朝元宫、停骖宫（俗称"歇马殿"）和广生宫（俗称"子孙殿"）。山上的主体建筑是娲皇阁（俗称"享殿"），通高23米，由四层组成，第一层是一个石窟（俗称"拜殿"，是信众顶礼焚香、敬拜女娲老奶奶的主要地方），石窟顶上建起三层木制结构的阁楼，分别叫作"清虚阁"、"造化阁"和"补天阁"，里面供着女娲造人、补天等的塑像。其他的附属建筑还包括梳妆楼、钟楼、鼓楼和题有"娲皇古迹"的牌坊等。山上和山下的建筑由十八盘山路连接起来。每年农历三月初一到十八是娲皇宫庙会。三月十八，相传是女娲奶奶的生日。据清代咸丰三年（1853）《重修唐王峧娲皇宫碑记》记载："每岁三月朔启门，越十八日为神诞。远近数百里男女垒集，有感斯通，无祷不应，灵贶昭昭，由来久矣。"可见娲皇宫庙会在历史上的盛况。如今这里的庙会依然十分盛大，来自附近方圆数百里以及山西、河南、河北等地的香客纷纷前来进香，有时一天的人数最多可达到1.4万人。② 2006年，中国民间文艺家协会授予涉县"中国女娲文化之乡"的称号，同年，这里的"女娲祭典"也被国务院公布为首批"国家级非物质文化遗产"。

至于女娲信仰在当地何时肇始、娲皇宫最初建于何时，至今都已无法考证了。对娲皇宫的初建，当地人有多种说法。一种说法是建于汉代，

---

① 涉县党政信息网，http://www.sx.hd.gov.cn/sxxq/sxgk.htm，2017年8月17日。
② 关于娲皇宫的建筑格局、庙会盛况以及当地女娲信仰和神话流传的情况，可参看杨利慧著《女娲的神话与信仰》，中国社会科学出版社1997年版，第155—161页。这里所引的个别信息根据笔者2013、2015、2016年的调查有所更新。

主要依据是清嘉庆年间（1796—1820年）《娲皇圣帝建立志》碑文记载："有悬崖古洞，迨汉文帝创立神庙三楹，造神塑像，加崇祀典，其初谓之中皇山。"一些学者因此推断此庙应当是汉文帝时（公元前179—前155年）创立。我认为这一说法不无道理，因为汉代是女娲信仰十分活跃的时期，很多地方出土的墓刻画像中都有女娲的形象，她的神庙在这里得到初建，是很有可能的。不过，当地也有不少人认为：娲皇宫是北齐文宣帝（公元550—559年在位）所建，[①] 依据是清嘉庆四年（1799年）的《涉县志》记载："传载文宣帝高洋自邺诣晋阳，……于此山腰见数百僧行过，遂开三石室，刻诸尊像。……上有娲皇庙，香火特盛。"我认为这一说法不是很可信：这段记述只表明文宣帝在此大兴佛教，并没有表明他修建了女娲庙，因此，文宣帝与娲皇宫的修建可能并无直接关系。总之，对于涉县地区的女娲信仰在明代万历年以前的保护情况，由于文献记载的缺乏，如今已无法确知详情了。但是，从明代迄今的保护历程，有赖于娲皇宫中保留的碑刻，则较为清晰。

二　八通石碑中记录的保护事件

下面我们来看看这八通石碑及其碑文中铭刻的本土保护历史。

（一）明代

明代的第一通石碑（明碑1）是万历三十七年（1609）所立，其上刻有《重修娲皇庙碑记》，碑文为直隶阳府通州官王希尧所撰，记录了约400年前，涉县当地的女娲信仰观念、习俗以及重修娲皇庙的原因和经过：由于女娲正婚姻、抑洪水、炼石补天、制笙簧弦瑟等显赫功绩，加之神威巨大、灵验不爽，所以远近的信众纷纷前来朝拜进香，娲皇宫的香火非常兴盛。不料1608年正月，娲皇宫遭遇火灾，"寸木片瓦俱成灰烬"。当时的县令潘公不忍心看到这样的局面，于是命令一些官员和住持道人召集工匠，重建大殿一座。结果大殿还未修完，潘县令去世。

[①] 例如，马乃廷：《涉县娲皇宫历史沿革考》，涉县地名办公室编《女娲文化》，香港：天马出版社2003年版，第70—71页。

新来的张县令决定继续前任未竟的事业，最后使娲皇宫巍峨壮丽，"焕然改观"。①

明碑 2 为崇祯元年（1628）所立的一块镶碑，贡生张襄野撰写了碑文《创建娲皇阁记》，②记载了民间与官方通力协作、修建娲皇阁的事情：由于女娲氏"别姓氏，通殊风，灭共工而息洪水"，所以得到天下人的礼祀敬奉。天启甲子年（1624），当地人开始修建娲皇阁，崇祯元年落成，其中主要的主事者包括"聚财鸠工有苑存顺、赵可英也；发愿住持张常庆，专清募化人陈一枝也"，县政府也出资援助了这次修建工程（"邑侯三公则悉付之公直收掌，作阁上费用"）。

（二）清代

清代的石碑较多，有的为官府所立，有的为普通信众所立，所记录的事件也有大有小，大者如重建整个娲皇宫建筑群，小者如凿池蓄水，为香客提供煎茶和休憩之所，或者打造几张供桌等，不一而足。

本文遴选的清碑 1 为嘉庆十三年（1808）所立，也是镶碑，碑文题为《创建正殿栏杆石　重建梳妆楼殿台碑记》，③为当地秀才崔梦雷所写，文辞比较粗糙，却清楚地记述了当地百姓自发修建娲皇阁正殿的栏杆石并重建梳妆楼殿台以及前后两代人对于娲皇阁的维护历程。大约是因为该工程较小，所以整个事件没有官府的参与，完全是维首（香会会首）、信众以及相关道人协力完成。事件的大致经过是：乾隆五十八年（1793），有道人三家、老维首十家、附近维首数十家，推举出总维首二家，开始修建娲皇阁正殿的栏杆石并重建梳妆楼殿台。工程由索堡村郭子珍、石家庄石子国敬二人督工，大家一起努力，花费了十几年的时间而大功告成。此后众维首卸职，只有老维首与道人一起，每年对娲皇阁

---

① 政协涉县委员会编《涉县寺院》，河北省涉县惠文彩印有限公司印刷（内部资料）2004 年版，第 102—103 页。

② 涉县地名办公室编《女娲文化》，香港：天马出版社 2003 年版，第 161—162 页；政协涉县委员会编《涉县寺院》，河北涉县惠文彩印有限公司印刷（内部资料）2004 年版，第 103—104 页。

③ 涉县地名办公室编《女娲文化》，香港：天马出版社 2003 年版，第 174—175 页。笔者引用时对其中句读中的明显错误稍有修正。

进行维护，屡次增修。后来郭氏去世、石氏年老，石氏的长子石和便继承其位，"代父之劳乐善不疲，尽己之责公而忘私"。

清碑2、3均为咸丰三年（1853）所立。这两通石碑矗立于娲皇阁台基两侧，位置显赫。石碑的内容说的都是同一件事：咸丰二年，因祭祀不慎，娲皇宫被火焚毁，县令李毓珍组织重建了娲皇宫。所以这两碑可以视为一体来对待。南侧的石碑为李毓珍撰书的《重修唐王峧娲皇宫碑记》，记录了当时重修娲皇宫的整个过程：火灾之后，祠宇尽毁，县令不忍心看到"神灵不妥，古迹就湮"，于是选择了当地十多位老成练达的乡绅和商人，有的负责募集资金，有的负责督办工程，邻近的村庄也都乐善好施。一年多以后，被焚毁的建筑全部焕然一新，而且比从前更为壮观。此外还新修了牌坊、碑林，将布施者的名字以及工程的状况一一记录其上。

北碑则是当时涉县的"台顶司事绅商士庶"各阶层人士为纪念李毓珍的功德而树立的"功德碑"，夸赞李县令在娲皇宫重建工程中尽心尽力。特别值得注意的是功德碑的背面，刻有县政府发布的官方公告，颁布了12条对娲皇宫的保护措施，公开声明：虽然娲皇宫的重建"大工告竣"，但是以后每年还需要继续维护，因此制定了12条措施，以使娲皇阁的保护有可持续性（"详定章程，昭垂永久"）。这12条措施包括：

开庙门时，该道士派人谨防香火。

咸丰四、五、六三年之内，顶上香资，停骖宫、广生宫、朝元宫三家共同经理。每年享殿以内并妆楼下布施香钱，尽数归公，其余按股均分。以后各管一年，周而复始。每年所收享殿、妆楼下布施香钱，发外生息，不得私用，以备修补之用。

三年修理一次。……

各处男女进香，晚间不准顶上住宿，违者禀究。

无论各色人等，不得在顶上聚赌，违者重处，并究值年道士。……①

---

① 《重修停骖宫碑记》，涉县地名办公室编：《女娲文化》，香港：天马出版社2003年版，第177—179页。

(三) 民国时期

笔者见到的民国时期石碑的资料不如清碑的多，目前能看到的仅有两通，其碑文的撰写风格与清代一脉相承。一通为民国4年（1915）所立，记录的是重修广生宫的事。鉴于其并未直接体现女娲信仰的保护情况，所以这里略去不谈。另一通为民国5年（1916）所立，记述了当地重修停骖宫的事件。① 停骖宫是娲皇宫中的重要组成部分，达官显贵，到此必须下马，以示虔敬；男女老少，在此稍事休憩休整，"则神志以凝，仪容以肃"，然后上山拜女娲。由于风雨摧蚀，"庙貌倾颓"，所以维首们齐心协力，募集钱财，陆续加以修葺，一年多时间始告完成，停骖宫重又"金碧辉煌"。工程花费"千有余金"，全部来自各方捐款。

自此以后的70多年里，碑刻数量显著减少。造成这一现象的主要原因是战争和政治运动频仍：1937年，日本入侵华北，朝元宫正殿和近殿的部分建筑被日军焚毁，长期流传的敬拜娲皇圣母的"摆社"习俗②也被迫停止，1949年以后始得恢复；20世纪50年代的"破除封建迷信"运动中，又拆掉了部分庙宇，砸毁了各殿的泥塑神像；"文革"中，殿脊上的陶兽和殿内珍贵的壁画被毁坏，"摆社"习俗再度中止。③ 不过，尽管灾难频仍，女娲信仰其实并未断流，而是依然顽强传承，老百姓也想方设法，保护自己的信仰传统。在涉县，广泛流传着女娲老奶奶显灵，保护刘邓大军的首长和普通百姓摆脱日军搜捕的传说；④ 也流传着诸多老百姓与"文革"时期的"造反派"斗智斗勇、保护女娲神像和圣

---

① 政协涉县委员会编：《涉县寺院》，河北省涉县惠文彩印有限公司印刷（内部资料）2004年版，第127—128页。

② 娲皇宫附近的白泉水等八个村落，每年要轮流坐庄，于农历二月二十七从娲皇宫请一尊女娲奶奶的小塑像回村里，沿途经过的其他村子都要敲锣打鼓表示欢迎。神像请回村庄以后，要连续唱几天大戏，其他村的人也来观看，三月初一再将神像送回娲皇宫。参见王矿清、李秀娟《女娲的传说》，河北人民出版社2016年版，第17页。

③ 王矿清、李秀娟：《女娲的传说》，河北人民出版社2016年版，第17页。

④ 《鬼子难上中皇山》《吓退鬼子》等，见王矿清、李秀娟《女娲的传说》，河北人民出版社2016年版，第14、26页。

物的传说，① 都从一些侧面反映了那些特殊年代里女娲信仰的存续和保护状况。正因为文脉不断、薪火相传，所以"文革"刚一结束，20世纪70年代末，娲皇宫重新对外开放时，便立刻香火鼎盛、香客云集。此后地方政府也重新加强了对娲皇宫的保护，陆续修葺了所有殿阁，1987年又重新彩绘了所有塑像，使得娲皇宫内焕然一新。

（四）当代

正是在这样的背景下，娲皇宫里新增添了两块十分显著的当代碑。其中第一通石碑为1992年由涉县文物保管所所立，时任县委常委的马乃廷撰文，碑文题为《修葺续建娲皇宫记》，碑文的书写风格与明、清、民国三代保持明显的一致性，以扼要而清晰的文字列举出近半个世纪以来娲皇宫遭遇的主要灾祸，包括"风侵雨蚀，雪欺霜凌，兵燹战火，人为祸害"，表彰了县文物保管所所长程耀峰在复兴女娲信仰、重建娲皇宫过程中的首要功劳，他"求拨款于政府，募锱铢于黎庶"，花费了15年时间，共耗资45万元，重修了殿阁，重塑了神像，终于使娲皇宫面貌一新。②

第二通石碑是2004年所立，时任县委书记王社群、县长崔建国撰文，碑文题为《2004年重修娲皇宫碑记》。此碑文与前面所引7篇迥然不同，写作采用了现代汉语，不过内在的叙事结构依然与旧体碑文暗合，清晰地记录了十多年前县委、县政府重新规划并修葺娲皇宫的事件："公元二〇〇一年以来，中共涉县县委、涉县人民政府大力实施文化强县战略，……建设旅游景区，打造知名品牌，创建生态旅游城。全县旅游业蓬勃兴起。几年来娲皇宫景区……总投入三千余万元，……修建娲皇补天文化广场……山下塑花岗石女娲塑像母仪雍容，山上娲皇宫内重塑娲皇金身慈祥端庄。……经二〇〇四年八月国家旅游局验收被评定为AAAA旅游景区……"

---

① 例如《藏女娲》讲，"文革"时期，造反派到处搜寻小女娲像，把它当成封建迷信对待，结果女娲像被一位张老汉藏到了村口大槐树的老野雀窝里，造反派找不着，只好灰溜溜地走了。改革开放以后，张老汉才把女娲像拿出来。王矿清、李秀娟：《女娲的传说》，河北人民出版社2016年版，第17页。

② 涉县地名办公室编《女娲文化》，香港：天马出版社2003年版，第185—186页。

三　上述保护事件的关联性及其特点

上引八通石碑只是娲皇宫现存石碑的 1/10，它们同其他石碑一样，镌刻着自明迄今的近 400 年间，涉县地方社会的政府官员、知识分子、维首和普通信众为维护女娲信仰的存续所付出的大量心血和努力，鲜明地呈现出不同历史阶段的保护实践之间存在的内在关联性，也反映了其与 UNESCO 框架下的非遗保护工程之间的联系。

这八通碑中显露出的一些主要保护因素的关联以及差异如表 1 所示。

表1　　　　　　　　八通碑内在关联及其特点

石碑	立碑时间	保护动机	主要保护主体	保护措施	经费来源	保护效果
明碑1	1609	女娲氏"德泽灵爽"，使人畏敬	潘县令、张县令；管工官王世昆等；住持道人	兴土木，建殿	主要是县政府	庙宇焕然改观
明碑2	1628	女娲氏"别姓氏，通殊风，灭共工而息洪水"	聚财鸠工有苑存顺等；发愿住持张常庆，专清募化人陈一枝等	修建娲皇阁	四方募集，包括县政府的支持	娲皇阁落成
清碑1	1808	未提及	道人数位；维首若干家；索堡村郭子珍、石家庄石子国敬；石氏之子石和	修建娲皇阁正殿栏杆石，重建梳妆楼殿台；以后每年维护，屡次修葺	民间集资	工程完成
清碑2、3	1853	女娲"无祷不应，灵贶昭昭"	县令李毓珍；绅商之老成练达者十余人	重修娲皇阁；新建牌坊、碑林等；提出 12 条保护措施	"募化"，官民共同出资	娲皇阁得以重建，更为壮观

续表

石碑	立碑时间	保护动机	主要保护主体	保护措施	经费来源	保护效果
民国碑1	1916	"娲皇为世界补其缺陷，厥功甚伟"	维首；"首事诸公"	重修停骖宫	募化；所费千有余金，皆出自捐输	停骖宫金碧辉煌，更加壮丽
当代碑1	1992	娲皇"孕育万物，抟土造人，……功德同辉日月，遂得民之奉祀"	县文物保管所首任所长程耀峰；政府；黎庶	整修女娲、停骖、广生三宫，重塑各殿神像等	"求拨款于政府，募锱铢于黎庶"	宝刹灵宫，迥非当年景象
当代碑2	2004	女娲氏炼石补天、抟土造人；建设旅游景区，创建生态旅游城	涉县县委、涉县人民政府	娲皇宫景区重建、改造、扩建	县政府投资	娲皇宫被评为4A级旅游景区

从表1提纲挈领的归纳中，我们可以发现，过去400年间，涉县地方社会在女娲信仰保护方面呈现出的关联性具有如下几个特点。

1. 保护动机长期注重"内价值"。在前七通碑中，除清碑1未明确提及修建缘由以及作为"功德碑"的清碑3之外，其余都十分明确地陈述了保护的动机——源于对女娲信仰的尊重：一方面，女娲抟土造人、炼石补天等，"功德同辉日月"；另一方面，其神威浩大，"无祷不应，灵贶昭昭"，"所以使人畏敬奉□也"。主事者往往因庙宇（或其部分）被毁或者残破不堪，不忍"使神灵不妥"，于是开始相应的保护行动。这就是说，其保护的初衷，完全是基于对女娲信仰所具有的"内价值"的认识和尊重。这里所说的"内价值"，按照刘铁梁的界定，指的是"局内的民众所认可和在生活中实际使用的价值"，也是"民俗文化在其存在的社会与历史的时空中所发生的作用"；而与之相对的"外价值"，则是指作为局外人的学者、社会活动家、文化产业人士等附加给这些文化的观念、评论，或者商品化包装所获得的经济效益等价值。① 与上述几碑相比，

---

① 刘铁梁：《民俗文化的内价值与外价值》，《民俗研究》2011年第4期。

2004年的石碑内容则有较大不同。虽然其中也提及女娲是"中华始祖"以及她炼石补天、团土造人的神话业绩——说明其"内价值"并未完全被忽视，但是整个碑文所凸显的，主要是对于"外价值"的强调，也即是对旅游产业及其经济效益的追求。从这里可以看出当代的文化商品化浪潮给民间信仰的保护和再生产带来的显著影响。

2. 保护主体的多元化。就非物质文化遗产的传承与存续而言，保护主体往往具有至关重要的地位，那么，在涉县女娲信仰近400年的传承过程中，谁是保护的主体？从八篇碑文中不难发现，因时代和社会环境的不同，保护主体的构成及其运作的方式具有十分鲜明的多元化特征：有时候完全是地方政府为主导，有时候则主要是民间力量自发行动，但是更经常的，是官民协作的模式，参与者既包括地方政府以及各级官员、知识分子和商人，也包括维首以及普通的信众，在这一协作模式中，官方往往处于主导的地位。这种保护相关方的多元构成状况及其运作模式，至今在中国的非遗保护工程中仍然十分常见。而且，就碑文来看，不管是哪种保护主体，都对女娲信仰的持续传承发挥了积极有效的作用。

3. 丰富多样而又具有鲜明本土特色的保护措施。近400年间，针对出现的不同问题，人们采取了多样而又具有鲜明本土特色的保护措施，其中，最主要的有以下三种：

（1）修庙。前文说过，非物质文化遗产的存在和保护，离不开实在的物质文化的承载，二者相辅相成，一体两面。对于信仰而言，庙宇的存在至关重要。从本文所引述的碑刻中可以看到，涉县地方社会对于女娲信仰的维护和传承，主要表现在对信仰活动赖以存在的根本性文化场所——庙宇——的修葺和保护方面。除清碑1之外，其余碑文都涉及娲皇宫（阁）的重修、扩建和增建（包括附属建筑）。事实上，为相关的非遗项目提供生存或表演的文化场所，直到今天依然是国际国内非遗保护领域常见的举措。例如，2015年被列入人类非遗代表作名录的哈萨克斯坦和吉尔吉斯斯坦联合申报的阿依特斯即兴口头艺术项目（Aitysh/Aitys, art of improvisation），在申报书中就把为该口头艺术的实践提供场所，列为地方政府所采取的保护措施中的一项重要内容。①

（2）立碑。按照《公约》的规定，"记录"（documentation）是非遗保护的主要手段之一（《公约》第2条第3款）。在本个案中，"勒石以垂永久"显然成为涉县地方社会最常采用而且一直沿用至今的颇富有中国本土特色的记录方法。碑文所记述的内容，既有时人的女娲信仰观念与习俗，也包括保护事件的起因、经过和结果等。它们为后人了解相关非遗项目的知识、增进对它的理解，以及保护事件和历程的存档，都具有重大的意义。

（3）制定保护措施。在清碑3中，县政府制定了十分详细而且有针对性的保护措施，既涉及维护现有娲皇阁的安全（比如谨防香火；不得在山顶聚赌及庙院内施放鸟枪、铁炮；不得砍柴、牧放牛羊等）、状貌（不得擅自在娲皇阁等处的前檐挂匾；勿得损毁碑上字迹；甚至连统一裱糊窗户纸也考虑在内），也考虑到了以后的可持续发展——比如每三年修理一次娲皇宫；规定维修资金的来源和分配（比如"每年享殿以内并妆楼下布施香钱，尽数归公，其余按股均分"，等等）。措施的规定十分具体，有很强的针对性，也包括严厉的处罚措施（违者"严究""重处"，有时还一并追究当值道士的责任）。这种由官府制定并颁布的保护规则，显然具有比一般民间契约更强的权威性和约束力，它可以说是中国本土较早的、自觉的非遗保护实践中十分重要的组成部分。类似的思路和举措，至今仍在传续——官方立法无疑是今天非遗保护当中最强有力的途径之一。中国政府于2011年正式通过并开始实施的《中华人民共和国非物质文化遗产法》，就是这方面的明证。

4. 多元的经费来源。八碑显示，在当地女娲信仰的保护与娲皇宫的维护过程中，经费的来源多种多样，有时候完全是地方政府的投入（比如2004年碑中所记事件），有时候是民间集腋成裘的结果，但更经常的是官民协作，"四方募化"，"求拨款于政府，募锱铢于黎庶"。这一模式，在我国当前许多地区的非遗保护工作中也经常能够看到。

当然，上述保护特点中，有的也许具有特定的历史阶段性（比如立

---

① 参见UNESCO官方网站，https：//ich. unesco. org/en/RL/aitysh-aitys-art-of-improvisation—00997，"Nomination form"，p. 8，2017年10月1日。

碑作为记录方法），但大多均具有较强的模式性和可持续性，因而在不同历史阶段的本土保护实践中长期传续，也与今天 UNESCO 框架下的非遗保护工程之间保持了内在的关联。

结　论

中国本土的非物质文化遗产保护实践有着漫长的历程，它为 21 世纪初 UNESCO 发动的非遗保护工程在中国顺利生根、开花并迅猛生长提供了本土的肥沃土壤，构成了不可或缺的内因。认识到这一点，不仅有助于我们正确看待和评价联合国框架之下的非遗保护工程的功能及其意义，也有助于我们树立起文化自信，从自身丰厚的历史积淀中汲取养料，进而裨益今天的非遗保护实践。显然，联合国非遗保护工程产生的新功能和新意义，应当放置于本土非遗保护的整体历史中加以评估。如果忽视中国本土长期以来对自身文化传统的珍视以及保护，仅强调近现代以来对传统文化的破坏（其实本文的个案显示，即使在激进的"文革"时期，文化保护的努力也一直延绵不断），在"旧"与"新"、"破坏"与"保护"的二元对立中凸显 UNESCO 非遗保护工程的革命性意义，在笔者看来，多少有失片面和公允。

不同历史阶段的本土非遗保护实践之间及其与 UNESCO 框架下的非遗保护工程之间，存在内在的关联性。涉县的女娲信仰保护个案充分显示：在从明、清、民国以至当下近 400 年的历程中，在保护动机、保护主体、保护措施、经费来源等诸多方面，均存在明显的关联性，比如多元主体的参与；修庙以为女娲信仰活动保持根本性的文化场所；立碑是长期沿用的富有本土特色的记录方法；官方颁布法规、制定保护措施，更是今天非遗保护强有力的手段。它们为涉县女娲信仰在 400 年间的传承发挥了根本性的作用——该信仰所以能够在当地持续存在、代代相传，其祭典所以能够于 2006 年成功列入第一批国家级非遗保护名录，同过去漫漫历史长河当中地方社会所付出的诸多保护努力密不可分。同时，诸多本土非遗保护模式至今在 UNESCO 框架下的非遗保护工程中广泛运用，也说明当下的各项非遗保护措施与政策并非横空出世，而是往往有着长期的历史实践经验的积累。换句话说，今天在中国轰轰烈烈开展的非物质文化遗产保护运动，在一定程度上是对本土延绵不断、生生不息的文化保护传统的进一步推进和深化。

中国本土淬炼出的非遗保护经验,为今天的非遗保护工程提供了有益的借鉴。就本文的个案而言,保护动机注重"内价值"以及保护过程中的"官民协作"模式尤其值得重视。在《公约》及其衍生文件中,特别强调社区、群体或个人是生产、认定、保护、延续和再创造非遗的关键性主体;非遗保护的目的,便是确保非遗在该人群内部并通过该人群而得以继续实践和传承,[①] 因此,对作为"局内人"的社区民众"所认可和在生活中实际使用的价值"的认识和尊重,应当成为非遗保护工作的基本原则。不过这一点似乎并没有被很多相关从业人员充分注重,对经济利益等"外价值"的热衷和追逐成为当前非遗保护中的全球性问题,[②]"遗产化"(heritagization)过程中产生的内价值削弱、外价值增加的现象,也引发了不少学者对当前非遗保护运动的诸多批评。[③] 有鉴于此,中国本土实践历史中长期注重"内价值"的经验,可以为当今的非遗保护工作提供宝贵的启示。另外,本文个案中所呈现的多元主体共同参与、官民协作、常以政府为主导的保护模式,不仅在涉县的近400年保护历程中被证实十分有效,而且至今在中国以及其他一些国家的非遗保护实践中仍然十分常见。这一模式与《公约》及其衍生文件所主张的"以社区为中心"、反对"自上而下"(top-down)的保护精神并不完全一致,但是在这些国家的具体语境中施行起来更具现实可行性,它对UNESCO非遗保护政策中的相关理想化理念,[④] 提出了实际而有效的补充,彰显出本土非遗保护实践的创造性。

[①] 杨利慧:《以社区为中心——联合国教科文组织非遗保护政策中社区的地位及其界定》,《西北民族研究》2016年第4期。

[②] 笔者自2015年以来,连续3年作为UNESCO非遗评审机构——中国民俗学会非遗评审专家团队的一员,参与了教科文组织的非遗评审工作,发现在《操作指南》等相关文件中最常警示各缔约国的一个问题,便是对非遗项目的过度开发和商业化。

[③] 例如,刘铁梁:《民俗文化的内价值与外价值》,《民俗研究》2011年第4期;燕海鸣:《从社会学视角思考"遗产化"问题》,《中国文物报》2011年8月30日;Barbara Kirshenblatt—Gimblett,"Theorizing Heritage",*Ethnomusicicology*,1995(3)。

[④] 《公约》及其衍生文件中提出了不少理想化的理念,再如"无价值评判"原则,它在现实中同样遭遇了困境,造成了"遗产化"过程中普遍出现的新文化等级化。参见杨利慧《新文化等级化·传承与创新——中国非物质文化遗产保护的成就与挑战以及韩国在未来国际合作中的角色》,《民间文化论坛》2016年第2期。

第二编
史 诗

少数民族创世神话史诗的非遗功能

——以瑶族布努支系《密洛陀》为例[*]

王宪昭[**]

摘　要：少数民族创世神话史诗是人类不可再生的非物质文化遗产。通过对瑶族布努支系《密洛陀》功能性母题的分解与梳理，可以发现创世神话史诗具有古老性、完整性、持续性和实践性，并由此发挥着民族历史的记忆功能、生产生活经验的传承功能以及日常教化与行为规范等功能，传承民族历史记忆的重要功能，而创世神话史诗非遗功能的发挥则需要积极推进与科学引导。

关键词：创世神话史诗；非物质文化遗产；密洛陀；瑶族布努支系

相对于传世稀少的汉族史诗传统而言，少数民族史诗具有数量多、内容丰富、形式多样的特点。其中大量的创世神话史诗则是许多少数民族发展过程中具有百科全书性质的文化瑰宝，诸如苗族的《苗族古歌》、壮族的《布洛陀》、阿昌族的《遮帕麻和遮咪麻》、拉祜族的《牡帕密帕》、景颇族的《目瑙斋瓦》、彝族的《梅葛》《查姆》《阿细的先基》、德昂族的《达古达楞格莱标》、佤族的《司岗里》、瑶族的《密洛陀》等，均被列入国家非物质文化遗产名录。鉴于这类史诗的独特性，本文以瑶族布努支系广泛流传的《密洛陀》为例，对少数民族创世神话史诗

---

[*] 原文刊于《长江大学学报》（社会科学版）2017年第4期。
[**] 王宪昭，中国社会科学院民族文学所研究员。

的若干非物质文化遗产功能作一探讨。

一 《密洛陀》功能性母题的分解与表征

本文所谓的"功能性母题"主要指《密洛陀》作为特定的非物质文化遗产，通过内容解析而生成的具有文化功能意味的母题。瑶族是一个由众多支系组成的民族，一般将其分为勉支系、布努支系、拉珈支系、平地支系四大支系。这四个支系中又分为若干个小支。瑶族历史上只有本民族语言而没有本民族文字，在长期口传中造成布努支系《密洛陀》文本存在一些异文，如广西民间文学研究会搜集，莎红整理《密洛陀》（广西人民出版社1981年版）；桑布郎等传，蒙凤标、罗仁祥等唱，蓝怀昌、蓝书京、蒙通顺搜集翻译整理《密洛陀》（中国民间文艺出版社1988年版）；潘泉脉、蒙冠雄、蓝克宽搜集翻译整理《密洛陀》（广西民族出版社1986年版）；蓝永红、蓝正录搜集译注《密洛陀古歌》（广西民族出版社2002年版）；张声震主编《密洛陀古歌》（广西民族出版社2013年版）；等等。不同版本在流传地、文本形式和叙事细节上存在某些差异，如潘泉脉、蒙冠雄、蓝克宽版本为14章，蓝怀昌、蓝书京、蒙通顺版本则为34章；在具体表述方面，如莎红版本中说密洛陀感风怀孕生下9个儿子，而蓝怀昌、蓝书京、蒙通顺版本则是密洛陀感风孕生12对男女等，不一而足。这些外在差异性并不影响研究者得出相似的结论，如虽然不同版本叙述密洛陀生的孩子数量不同，但反映的都是"只知其母不知其父"的母系氏族时代的母子关系。本文主要以蓝怀昌、蓝书京、蒙通顺搜集翻译整理《密洛陀》为例，对《密洛陀》的非遗功能做一些分析。

该版本《密洛陀》采集于1983年，当年演唱者蒙凤标83岁，罗仁祥73岁，整理者标明这部史诗主要流传在广西壮族自治区河池市都安瑶族自治县、巴马瑶族自治县、南丹县以及百色市的田东县、平果县等地。据2011年6月1日正式施行的《中华人民共和国非物质文化遗产法》只对非遗的性质特点做出笼统的描述，对非遗类型的价值与功能并没有做出具体规定，因此，对这类非遗作品的功能进行定位，就要采取具体问题具体分析的原则。从国家非遗名录分类看，将《密洛陀》等少数民族创世神话史诗均列入"民间文学"范畴,从其内容的跨学科性、形式的多样性、传承的民俗性等方面看,它已远远超出一般意义上的民间文学概念,而是民族民间的综合性"文化"现象,其内容几乎涵盖了世界的起源、神的起源、万物的起源、人的起源、族的起源、自然现象起源、动植物起源、文化起源以及婚姻、战争、灾难、巫术等所有可以罗列的母题类型。在此对照《中国神话母题 W 编目》① 设计的十大类型,对该史诗的母题作些示例性的统计与分析(见表1)。

表1　　　　　　　　　　《密洛陀》母题统计

序列	母题类型	《密洛陀》典型母题示例	与母题类型对应的各章名称
W0	神与神性人物	女始祖神密洛陀是龙的传人;密洛陀生下的12位神女和12位神男;密洛陀封她的12个儿子成为不同的神	第2章　造二十四位男女大神
W1	世界与自然物	密洛陀创造了天,创造了地;山神造山;水神造河	第1章　造天地日月 第4章　造群山峻岭 第5章　造江河湖泊
W2	人与人类	密洛陀生的12对男女是人类的祖先;密洛陀的女儿用蜂子和蜂蜡造人;密洛陀让生育的子女结婚繁衍人类	第21章造人类
W3	动物与植物	密洛陀的第七子(兽神)造禽兽;3个女儿创造虫类,繁殖蚂蚁;密洛陀的第四子(家神)造林;密洛陀的第八子(土地神)造谷物	第7章　取竹秧树种 第8章　播种造林 第10章　造百鸟虫兽 第11章　造谷类物 第12章　繁虫类和悼满女
W4	自然现象与自然秩序	密洛陀规定日月运行秩序;密洛陀的第五子(雷神)造雨	第9章　造雨

---

① 王宪昭:《中国神话母题 W 编目》,中国社会科学出版社2013年版,第3—19页。

续表

序列	母题类型	《密洛陀》典型母题示例	与母题类型对应的各章名称
W5	社会组织与社会秩序	密洛陀的神子神女生男孙女孙后开始分人种，分民族；瑶族与苗族、汉族、壮族等是兄弟；密洛陀让儿孙分家；12个亲人繁衍成12个族支；不同民族生产方式不同的来历；布努人居山上的来历；特定家族姓氏的来历	第22章 七姐和八姨 第26章 布努人上山 第29章 迁徙分姓 第30章 芒多怀和蒙家姓 第31章 罗老宜和罗姓 第32章 袁家姓 第33章 蓝多尚和班、莽、韦
W6	有形文化与无形文化	密洛陀教儿孙耕种、饲养、造工具；密洛陀给儿孙造秤砣；祖先的丧葬；丧葬仪轨；特定祭品，葬期禁忌	第6章 辟路造桥 第13章 安万物名称 第20章 造房子 第23章 造药物医百病 第25章 给密洛陀祝寿 第27章 遗嘱和追悼
W7	婚姻与性爱	独身女人；密洛陀的儿子阿亨与猴婚；密洛陀的子女互婚；一夫多妻	第3章 分当（神恋歌）
W8	灾难与争战	密洛陀的儿子阿亨与母亲争天地，争地盘；外公杀女婿，岳父害死姑爷；密洛陀的儿子桑勒山除妖兽、捉猴妖，阿坡除虎精	第16章 除兽妖 第17章 剿妖猴 第18章 灭虎精 第24章 杀熊精 第28章 遭难
W9	其他母题类型	密洛陀的儿子桑勒也、桑勒宜射落11个太阳和11个月亮；灾难后寻找新的居住地；人死后变形；魔法与巫术	第14章 射太阳杀月亮 第15章 寻英雄归来 第19章 找地方

从表1可以看出，《密洛陀》包含了传统神话叙事所涉及的所有类型。十大类型间又存在文化叙事结构的逻辑关系，形成了关于特定民族文化传统相对完整的记录。如W0"神与神性人物母题"是所有神话文本叙事中所关注的基本主体，《密洛陀》首先交代的女始祖神密洛陀的来历和她生育的12对男女神，构成了史诗叙事的基本框架。W1"世界与自然物母题"属于创世的基本对象，天地日月、山川河流等的产生，构成人类赖以生存的环境。W2"人与人类母题"涵盖了"感生人""造人"

"孕生人"等多种人类起源方式。W3"动物与植物母题"则是人们关注自身之后，开始注意到动、植物与自身的联系与区别。W4"自然现象与自然秩序母题"和W5"社会组织与社会秩序母题"则是随着人们对周围世界和社会形态的认识和把握，关注到自然界与社会生活中某些有规律性的东西，诸如史诗中的天地秩序、氏族起源、族体迁徙的思考等。W6"有形文化与无形文化母题"描绘了人类早期的"农耕制陶""弓箭发明"等物质文化以及"生活禁忌""丧葬习俗"等文化经验。W7"婚姻与性爱母题"记录了人类婚姻爱情方面的生存体验，如史诗中的兄妹婚、人猴婚等不同婚姻形式都是对婚姻、家庭与社会关系的有意识定位。W8"灾难与争战母题"则通过这些母题展现了与人类命运休戚相关的重大事件，无论是史诗中的疾病造成的生存恐慌，还是血缘之争造成的危机与不安等，都是人类文明史的重要组成部分。W9"其他母题类型"主要是难于归为上述类型的其他母题等，如"巫术魔法""射日月"等。通过这些相互关联并且具有一定的逻辑关系的神话母题类型，可以从宏观、微观以及不同的时空视角审视人类漫长的历史，构建出一个反映人类生存与发展历史的信息平台。

综上所述，《密洛陀》的非遗功能表现出四个方面的明显特征。一是古老性。从内容上判断，该史诗产生于以女权为中心的母系氏族社会并兼及父权制的初步形成，传承历史悠久，可以追溯到布努瑶原始神话时代。其中大量的神话原型具有民族古老记忆和原始经验总结的性质，反映出布努瑶早期自然崇拜、万物有灵信仰以及神人合一观念。二是完整性。从史诗的叙事关联而言，通过以密洛陀的诞生与业绩为线，集中呈现了天地日月的形成、人类与自然物的产生、大地山河的治理、稻作文化的发明、族体迁徙、安姓分宗、密洛陀续寿及病故、族内外的矛盾冲突等与布努瑶产生与发展密切相关的重大事件，勾勒出一幅完整的历史画卷。三是持续性。在广西相对分散的布努瑶聚居区，大都流传着《密洛陀》，这部史诗也成为该瑶族支系独特的文化载体和根脉，其具体传承渠道除传统意义上的师徒传承外，还有聚会盘唱时的诗体传承以及还愿祭祀活动时师公的宗教性传承等，不仅有丰富的神话与传说叙事，在讲述语境方面也有唱、诵、舞以及受众参与互动等形式。这些多元化的传承渠道及其神圣性保证了史诗传承的持续性。四是实践性。任何一项非物质文化成为"遗产"的一个重要特征就是必须具有相应的实践生态，从布努瑶民间民俗活动的田野调查资料看，该史诗的许多母题在日常生产生活中保留了相对稳定的生态，如节日祭祖、铜鼓崇拜、婚丧禁忌等都可以找到与之对应的史诗母题阐释。

二 创世神话史诗的基本非遗功能

人类漫长的口头时代积淀出作为人类文化遗产的创世神话史诗。这些史诗中许多母题不仅是后世文化创造的丰富原型和用之不竭的武库，而且是具有明显文化记忆和记忆再现功能的活态宝藏。

首先，神话史诗对民族历史的记忆功能。许多民族的历史特别是没有文字民族的历史往往以口头史诗为载体，有研究者称其为"口碑史"。这些民族的产生、发展与演变的历史一般会通过具有首领、巫师、艺人身份的传承人对其记录与传承。"历史不是客观经验的赐予，历史是神话。神话亦并非杜撰，神话是现实，只不过是在另一序列上，是比所谓客观经验的赐予更现实的现实。"① 《密洛陀》所有的章节都与布努支系的产生与发展密切相关，把该支系自神谱向族谱的演变描述得井井有条，如第15章"寻英雄归来"、第26章"布努人上山"以及第29章"迁徙分姓"，都为我们展现了布努支系发展与迁徙的轨迹，在祖先的追溯中与其他民族一样，将族源与神的谱系自觉联系起来，祖先是人也是神的理念不仅具有人类早期神话思维的基础，而且至今仍是人们表达祖先崇拜的集体潜意识。以此为前提，叙述民族产生与发展的神圣性与合理性，成为编撰民族史的一种基本套路。就此而言，这种"口碑史"的历史记录与传承功能也是其他文化遗产所难以替代的。神话史诗反映的历史往往隐含在看似荒诞的表象之下，史诗中密洛陀生的12个女孩用花蜡（蜂蜜）造人时，大姐包生育，二姐包采花，三姐捏人仔，四姐接孩来，五姐包养奶，六姐打扮孩。这种现象表明母系氏族社会中已经出现了社会分工与协作。同样，史诗中叙述的大姐孕育12对男女，五姐闻声赶到，祖开她肥胀的乳房给孩子吮吸乳汁，则表明母系氏族时代婴儿由数个母

---

① ［俄］别尔嘉耶夫：《历史的意义》，张雅平译，学林出版社2002年版，第16页。

亲喂养的原始共产主义生存方式。当历史跨入父系制时期，社会分工则进一步细化，如史诗中描述的密洛陀生的12个儿子，大哥管山，二哥管河，三哥筑路，四哥造林，五哥造雨管雨，六哥奔波报信，七哥管理兽禽，八哥造地种禾，九哥万物安名，十哥、十一哥两哥射日月已身残，十二哥除妖。这里几乎涉及自然界与社会管理的方方面面，正如马克思所言，神话"就是已经通过人民的幻想用一种不自觉的艺术方式加工过的自然和社会形式本身"[①]。当然，某些特定的背景下也不排除自觉文化创造的可能性。《密洛陀》中描述的婚姻现象同样表现出创世神话史诗的历史记忆功能。史诗中大量婚姻母题呈现出明显不同的婚姻形态，并与历史上的实际婚姻或婚配形式表现出高度契合，如果以婚姻史的自然进程为维度，可以归纳出如下多种婚姻形态。其一，无婚姻时代。密洛陀感风怀孕，孕生12对子女，属于母系社会时期尚未出现婚姻的蒙昧形态，人们意识不到男女结合对人类繁衍的作用，或者从本质上否认男性的存在，甚至在史诗描述中出现了婴儿出生时"是女就留着养，是男我们杀掉"之类的母系社会"女儿国"生存法则，反映出母系社会通过遮蔽男人存在来巩固女权统治的社会现实。其二，人兽婚。史诗中叙述一对不敢返回家园的父子在深山安家，住在岩洞中。儿子想繁衍后代，只好讨个丑婆（母猴）做妻子，并生育了7个儿子。从神话思维角度判断，此处与人结婚的母猴应该是以"猴"为图腾的氏族。其三，血缘婚。《密洛陀》中表现的血缘婚又分为单一形态的血缘婚和血缘群婚两种形式。如密洛陀生育的12对子女长成大人后，密洛陀就让姐姐和弟弟婚配繁衍人类，反映的就是血缘群婚。其四，族外婚。如密洛陀的后代分了姓、分了家后，芒多怀（人名）走到板升，在龙桃龙扬安家，那时男少女多，他就娶了两个老婆，与韦姓搭了亲戚，和罗姓成了亲家。同样，另一支的必经和必曼（两个人名）与族外结亲，娶了外族女。此外《密洛陀》还涉及一夫多妻制和其他特定的婚姻规则，如阿赊（人名）迁住隆福一带，在那里讨了两个老婆。这种一男数女的婚姻表明已进入父系社会。关于布努支系兄弟共妻的婚姻规则也有记载，如密洛陀的后代格凤因战

[①] 马克思：《〈政治经济学批判〉导言》，《马克思恩格斯全集》（第12卷），人民出版社1962年版，第761页。

乱率七个儿子逃走时，七个儿子抛弃了丑陋的母亲。母亲放言："你们要到山林生活，在那里繁衍后代。你们过了七代，能互相娶兄弟的寡妇。"诸多关于婚姻的描述，使我们洞察到一个艰辛的文明发展历程，也反映出母系氏族社会向父权制过渡的清晰历史脉络。

其次，创世神话史诗对生产生活经验的传承功能。民间生产生活不仅是人们衣食住行的重要来源，也是滋生文化观念的温床和传递人生经验的大本营，民间生产生活的丰富性和世代相传的经验则成为人类文化创造的土壤。特别是相对于其他文化产品而言，创世史诗以其巨大的时间跨度和重要的民间文化地位往往承担着一个特定族体百科全书的功能。由于其自身带有民族文化的普及性和神圣性，许多优秀的生产生活经验得以保护和传承下来，并且使后人从它带有隐喻性的叙事中感知到劳动的快乐与价值。如史诗中密洛陀生的女孩取花蜡捏人仔时，"一捏人的肝脏，二捏人的全身，三捏人的手脚，四捏人的头颅，五捏人的眼睛，六捏人的嘴巴，七捏人的耳朵，八捏人的鼻子，人头捏来两半分，两半捏好又合拢。两半眼耳各捏一只，鼻子嘴巴各捏半边"。这实际上是把手工制陶的经验借用到造人过程中，会让人不自觉地联想到制作陶俑的工序。密洛陀在元些（地名）闹肚痛，在雅些（地名）患痢疾时，靠吃甜酒治好病痛。密洛陀还告诉后人，"卷土虫也好，它能制成药。有人耳朵鸣，用它能治好"。男孩患气喘病时，密洛陀喂他蜂蜜，结果"气喘渐渐消失，病魅慢慢跑光"。当密洛陀的儿女被疾病缠身时，她派人"挖来千样草根，采来万种树叶，煮了12锅药水，给男孩灌药浆，给女孩洗药水，边灌边发咒，边洗边唱歌"。描述了通过中药配合巫术治病的情形。史诗中几乎涉及生产生活中的所有重大发明，如用松树制成弓，用柏树做成箭，把弓箭泡进蛇的毒汁造出毒箭；密洛陀受到"陈饭忽然变味，剩餐散发芳芬"的启发，蒸了12锅糯米饭，并把树叶捶烂拌入熟饭，装进12个大缸盖严，存放120天后，酿造出酒；还有熔石炼铁做斧头，教人打柴、割草、翻土、挖地养耕牛，等等。布努支系也正是依靠《密洛陀》提供的生存经验大纲，不断将更为细致的生产生活常识充实其中，使之从本质上具备了生产生活教科书的功能。

最后，创世神话史诗的日常教化与行为规范功能。许多少数民族的创世神话史诗之所以久传不衰，一个重要原因就是它本身在传承实践中具有其他文化产品难以代替的教化与规范功能。这个功能与一个民族或民族支系社会组织的自我管理的需要密切相关,在某种意义上说,史诗具有规范社会成员日常行为的律法性质。这种性质一般又与史诗的特定传播语境与公众化的群体认知不无关系。人的许多行为规范被巧妙地融入史诗叙事中,如在自然规则方面,史诗利用神话叙事解释了日月星辰的运行规律,关于日月的运行的解释是,射日月后,密洛陀规定月亮和太阳不得再结伴,每隔三年它们才有一回碰面,每月月尾它们才有一次相望。在生产规则方面,密洛陀的儿子勒则勒郎规定"种高粱别长出烟叶,种烟叶别长出瓜类。谷物瓜类要分开,要种什么分节气"。关于社会规则,密洛陀规定"人类要分人种,人种要分民族。一族要有百家,百家要分百姓"。而具体生产过程中也制定了严格的秩序与规矩,如"狩猎各取所需。山民捉山鼠,人人安压石,各装得各取,不动别人的"。关于商品交换的诚信也有具体规则和范本,如密洛陀让四儿子雅友雅耶到远方的姨妈碟线原规(创造草木的女神)家买草木种,交了金银拿到种子后对姨妈说"密(指密洛陀)的金子你先保管好,密的银子你先别忙用。要是树籽播下不长,要是竹秧栽后不生,她的银子不能动"。碟线原规回答:"不生我退我姐的金,不长我还你妈的银。"亲属间的交易也遵循了丑话在前、诚信为先的规则。史诗还对日常纠纷提出具有判例法功能的描述,如伯父有兄弟六人,叔父被仇杀,只剩一个孤儿阿帛。在一次为叔父报仇时,老六阵亡,伯父家的五兄弟于是让阿帛抵命。显然,这些约定俗成的规则成为稳定社会秩序的重要依据和心理基础。不一而论,无论是自然秩序的解释,还是社会规则的描述,其本质均统一于史诗的神圣教化功能,以高度的一致性维系着史诗在规范人们行为中不可撼动的重要作用。

此外,史诗在创作方面,也为后世提供了某些具有程式功能的范例。如史诗中对"12"这一数字的多次使用,密洛陀生了12个女孩12个男孩,造日月有12对,造天梁地柱各有12根,天门12层,造物有12种、12千、12万,密洛陀丧葬时来了12个亲人,以后会繁衍成12族支,等等。这类现象与其他民族的数字观念具有明显差异,一方面在布努支系《密洛陀》叙事中有利于安排叙事叙述内容和组织史诗结构,另一方面也可以推测布努支系在数字观念上可能受到汉文化"天干""地支"或农耕历法以 12 个月计时的影响。

三 关于创世神话史诗非遗功能的发挥

确立非物质文化遗产的目的，不是简单化的被保护，而是为了更好地激发对人类文化的再思考与文化复兴。事实上非遗本身所具有的许多功能并不会通过自身发挥出来，而是需要有目的地去发掘与推进，并在积极推进非遗保护的同时做好科学研究与学术引导。

首先，从"大众文化传统"的高度对待创世神话史诗。美国人类学家罗伯特·雷德菲尔德曾提出文化"大传统"与"小传统"的概念，他认为"大传统"是代表着国家与权力，由城镇的知识阶级所掌控的书写，而"小传统"则是代表乡村的，由乡民通过口传等方式传承的大众文化传统。在文化批评中，不少研究者还将这种二元对立的分类做出变通性阐释，如与"大传统"对应的是"精英文化"，与"小传统"对应的是"通俗文化"等。对此，有研究者明确提出相反意见，"针对中国文化源远流长和多层叠加、融合变化的复杂情况，倘若既剔除孔子上智下愚二分法的价值判断色彩，也不拘泥于西方人类学家的雅俗二分结构观，可以把由汉字编码的文化传统叫做小传统，将前文字时代的文化传统视为大传统"①。显然，后者的观点更具有学理方面的客观实践性。关于大小传统的"大"与"小"，是试图用量化的具象的概念去界定无形的抽象的事物，我们姑且借用这个移觉方式形成的概念，那么，首先要断定这个问题的本质。无论是时间维度还是空间维度，作为口头传统的文化都在文化实践中占据着绝对优势的地位。如果简单地从人类进程包括目前文化创作者和受众的人数比例而言，自然口头传统或被称为"民间文化""通俗文学"，无论是从人口覆盖面还是日常生活的应用程度而言，都无愧"大传统"之称；相反，那些成为文献的文化则在很大程度上具有后生性、稳定性（保守性），其生命力往往仍然需要口头传播，方能奏效。这种情况与人的生存层次极其相似，如现在的许多文化人认为自己已经脱胎换骨，成了代表主流的知识精英，而事实上，世界性的文明化或工

---

① 叶舒宪：《中国文化的大传统与小传统》，《光明日报》2012 年 8 月 30 日第 015 版。

业化进程的相对晚近，造成绝大多数人群接受文化的根源只能是民间，而精英们的衣食住行本身也是民间生态化的有机组成部分。就人的生存环境而论，城镇也属于"民间"范畴，而绝大多数人的文化交往手段并不靠"书写"，而是口头语言。因此，口头的"大传统"对于书写的"小传统"而言，是孕育、催生与被孕育、被催生的关系，呈现出原生与派生的主客次序。依靠书写工具，尽管出现了口头叙事的文本形式，也往往会因为受众本身的局限性，在实际解读中出现变异。人类的绝大多数历史、文化观念、传统习俗均孕育、产生并流传于无文字时代，特别是对于无文字的民族而言，直至当今绝大多数民众对历史、生产生活经验和重大事件的认知，仍来源于口耳之间，许多口耳相传的史诗母题已积淀为后世赖以生存的群体无意识。由此可见，要真正理解各民族世代口耳相传的创世神话史诗的非物质文化遗产功能，就应该将其放在文化"大传统"的应有地位。

其次，积极引导和营造史诗传承的良好文化生态。一方面要对传统文化进行辩证的分析。正如鲁迅在谈及对待文化的态度上所提出的"没有拿来的，人不能自成为新人；没有拿来的，文艺不能自成为新文艺"。对此，他还用了一个比喻，一个穷青年因祖上的荫功得了一所大宅子，正确的方法只能是先"占有"后"挑选"，"看见鱼翅，并不就抛在路上以显其'平民化'，只要有养料，也和朋友们像萝卜白菜一样的吃掉，只不用它来宴大宾；看见鸦片，也不当众摔在茅厕里，以见其彻底革命，只送到药房里去，以供治病之用，却不弄'出售存膏，售完即止'的玄虚。只有烟枪和烟灯，虽然形式和印度，波斯，阿剌伯的烟具都不同，确可以算是一种国粹，倘使背着周游世界，一定会有人看，但我想，除了送一点进博物馆之外，其余的是大可以毁掉的了。还有一群姨太太，也大可以请她们各自走散为是"①。对待像创世神话史诗这类古老的文化遗产，也是同理，我们应该有分析、有选择地接受它，既不能因为其中的许多观念显得陈旧过时就敬而远之，也不能不加思考囫囵吞枣般的全盘拿来。对其精华兼容并蓄，对其与当代先进文化发展需求相左的因素则作为人类文化的学术研究材料。另一方面对非遗要做好生态培植。随

---

① 鲁迅（署名霍冲）：《拿来主义》，《中华时报》（副刊）1934年6月7日。

着现代化进程的突飞猛进和信息技术的全覆盖,大量非物质文化遗产的生存环境正面临着前所未有的挑战,不仅口头传统类非遗挣扎于传承人人亡歌息的边缘,其他很多遗产同样难以摆脱"只遗不产"的困局。要真正实现创世神话史诗社会功能的发挥,更应关注的是其内在的本质精神,而不是看似热闹的外在形式。以《密洛陀》叙事中突出体现的始祖信仰为例。大到国家、民族,小到一个村落、家族或家庭,通过祖先崇拜从主流而言会起到聚人心、促人气的作用,所以,自古至今普遍存在的带有国家性质的公祭、国祭和私祭、家祭,都是这种传统文化功能的典型体现。对于一个和谐的持续发展的社会形态而言,不同层次的祖先崇拜又是辩证统一、相辅相成的。同样,作为社会有机构成的任何一个族体,要提升自身的凝聚力和生命力,往往会通过追忆神圣的祖先来实现。既然任何一个民族的创世神话史诗都无一例外地将文化始祖的塑造放在核心地位,那么势必由此会上升为一种群体信仰,并会围绕始祖的事迹形成相应的节日和习俗。如布努瑶农历五月二十九日作为"达努节"(又称"祖娘节""二九节""祝著节""瑶年"等),关于节日时间的来历,蓝怀昌等搜集翻译整理的《密洛陀》中说,五月二十九日,各路神仙、子女庆祝密洛陀寿辰;而民间还有其他说法,农历五月二十四日清早,布努瑶女始祖神密洛陀率领蚩尤、神公(神农)等儿子众神出征时,家家户户在门外道旁设台烧香献祭,时至五月二十九日早上即把一大团小米粑和七捆野麻祭密洛陀,共同庆祝瑶族五谷丰登和征战凯旋归来。[①]虽然这一节日可能源于农耕自身的需求,但以上解释却无一例外地借助于始祖崇拜这一观念,这实质上反映了某些节日的自然现象人文化特征,是试图通过节日而强化特定的文化观念。那么,在有关密洛陀的文化节日的开发与利用中,是为了片面追求文化搭台、经济唱戏,还是让人们在切身的文化参与中重新对传统文化有所思考? 两种选择会产生截然不同的文化效果。真正的祭祖类文化节日的引导与营造,其真正目的在于表达民族自豪感,使参与者从中获得自身的归属性定位思考,萌发或巩固人生的责任感,并对稳定社会政治与管理产生积极作用。

---

① 河池市民委:《广西河池市近 40 万布努瑶欢度传统佳节——祝著节》,http://www.seac.gov.cn/art/2008/07/08。

最后，通过古老史诗培育良好的民族观、价值观与人生仪礼。瑶族布努支系《密洛陀》从主题表象上看，似乎强调的是与其他民族与支系的"不同"，如果稍加细心分析，则不难发现史诗中所倡导的布努支系与其他民族之间的"和而不同"或者说是自觉的"存异求同"，如关于女始祖神密洛陀的产生，史诗中的表述是"透明的水滴造化铁石龙"→"铁石龙变成了大龙"→"大龙变成了神仙师傅"→"神仙师傅吹气变成大风"→"大风造化了密洛陀"，从密洛陀产生的链条看，把"密洛陀"作为"龙的传人"也属于合乎逻辑的推理，而以汉族为主体的中华民族的古老图腾，正是以"龙"为代表。如果人们认为通过此例确定"瑶族"与"中华民族"的关联性有些勉强，那么，史诗中明确叙述的密洛陀的孙男孙女婚后生的"头个是乡尚再尚，他就是布努老大。老二是布苗（苗族），老三是布关（汉族），老四是布羌（壮族），老五是布系（说广东话的汉人）"，等等，则是表白多民族兄弟关系方面不争的事实。并且老祖宗密洛陀留下的遗言则成为全诗的要义所在。密洛陀临死前告诫子孙："独树不成林，万树盖群山。兄弟和好，别人怕你如猛虎，姐妹不和，人家看你像笨羊。与亲邻和睦相处，别人对我们尊敬，和亲友断绝交往，你们就成一盘散沙。""勤劳，山上的石头会变牛羊；勤劳，树上的叶子会变衣衫；勤劳，林间的花草也会开放；勤劳，河中的清流也会发亮。""远客来到家，定要酒招待。别给人家吃白饭，别让人家喝清水。喝酒要有规矩，只许用碗不用杯。酒要给喝够，客要给灌醉。"毋庸讳言，人类文明进程并不是时间积累的结果，而是对优秀传统文化不断叠加和创新使然，特别是在突飞猛进的现代化与无所不在的快节奏正在不断排挤自我反思空间的当今社会，更需要静下心来思考人类数千万年保留下来的经验与生存智慧，也许这正是诸如创世神话史诗这样的非遗经典留给我们的真正有用的东西。

遗产化进程中的活形态史诗传统:表述的张力[*]

巴莫曲布嫫[**]

摘　要：文章以联合国教科文组织《保护非物质文化遗产公约》所创立的"四重国际合作机制"为背景，探讨遗产化进程中的史诗传统及其在不同遗产领域中的表述问题。一方面，基于"遗产项目"这一专用术语的指代功能，说明非物质文化遗产的具体表现形式及其确认和确定的重要意义；另一方面，对《保护非物质文化遗产公约》名录中涉及的史诗传统或与史诗传统互为关联的遗产项目作出大致清理和归类分析，围绕史诗传统进入遗产领域的基本路径和重点案例，讨论地方知识与学科知识之间存在的话语张力。

关键词：史诗传统；非物质文化遗产；遗产领域；遗产化；遗产表述

截至 2017 年 9 月 5 日，已有 175 个国家加入联合国教科文组织（以下简称"教科文组织"）《保护非物质文化遗产公约》（以下简称《公约》），这至少表明该《公约》的理念和目标在全球范围内已逐步获得普遍认知和广泛支持。在《公约》的框架下创立的国际合作机制有多重进路，其中主要的"抓手"包括"急需保护的非物质文化遗产名录"（以下简称"急需保护名录"）和"人类非物质文化遗产代表作名录"（以下简称"代表作名录"）的项目申报（nomination）和列入（inscription），

---

[*] 本文系国家社会科学基金重大项目"中国少数民族口头传统专题数据库建设：口头传统元数据标准建设"（项目编号：16ZDA160）的阶段性成果。原文刊于《民族文学研究》2017 年第 6 期。

[**] 巴莫曲布嫫，中国社会科学院民族文学研究所研究员。

"最能体现《公约》原则和目标的计划、项目和活动"（简称"优秀保护实践名册"）的推荐（proposal）和遴选（selection），以及国际援助的申请（application）和批准（approval）。在操作层面上，这一常常被归纳为"国际合作的四重机制"（即两个名录、一个名册和一种筹备性援助）为各缔约国领土上的"各种社会实践、观念表述、表现形式、知识及技能"（《公约》第二条）提供了走向遗产化的国际平台，从而为基于社区传承和实践的非物质文化遗产项目经由国家申报、推荐或申请这一必备环节步入"人类共同遗产"创造了可能性。

《公约》设立的两个名录和一个名册，通常简称为"《公约》名录"（the Lists of the Convention），它既非"联合国名录"，也非"联合国教科文组织名录"，以《公约》作为所有格进行限定则有其深意。一方面，名录本身是为实现《公约》宗旨而设立的国际合作机制，另一方面，名录事关所有参与缔结该国际法的国家，由此约定了缔约国与教科文组织共同保护人类遗产的责任和义务。从 2008 年至 2016 年，全球已有 429 个非物质文化遗产项目入选相应名录。这些遗产项目为我们反观各申报国的非物质文化表现形式进入遗产化（heritagization）[①] 进程的基本路径留下了极富张力的思考空间。鉴于本文的讨论范围，我们将"优秀保护实践名册"和"筹备性援助"暂且搁置一旁[②]，仅针对与史诗传统相关的两个名录进行考察。在这一思路下，本文主要采用档案研究法和归类统计法，结合《公约》名录提供的线索，以教科文组织网站基于《公约》及其实施过程中所产生的公开文件为范围[③]，围绕"遗产项目"这一关键

[①] 朝戈金在《"一带一路"话语体系建设与文化遗产保护》（《西北民族研究》2017 年第 3 期）中就"文化遗产"概念与内涵的演变和拓展作出了精要的梳理和概括；而有关"遗产化"及其进程的系统讨论可参考艾哈迈德·斯昆惕《非物质文化遗产及其遗产化反思》，马千里译，巴莫曲布嫫校，《民族文学研究》2017 年第 4 期。

[②] 截至目前，已有 17 个计划、项目或活动经委员会遴选进入"优秀保护实践名册"，未见涉及史诗传统的案例。而在委员会批准的"国际援助"清单中，共有 138 项申请获批，其中至少有 4 项涉及史诗。

[③] 本文涉及的申报材料、委员会决议及相关缔约国定期报告均为笔者翻译，相关资料可按项目名称从教科文组织网站获取：https://ich.unesco.org/en/lists；举凡引述的相关工作文件可按文中提供的原始文件编号从该组织在线数据库（UNESDOC Database）获取：http://www.unesco.org/new/en/unesco/resources/publications/unesdoc-database/。

词，集中探讨当代史诗传统在社会化的遗产建构过程中所遭逢的若干问题。

引论：作为"项目"的非物质文化遗产

从"遗产"到"文化遗产"再到"人类共同遗产"的遗产化进程异常复杂，尤其是围绕《公约》名录的设立常常聚讼纷纭。在这一背景下，我们有必要厘清《公约》名录的目标何在。首先，回顾《公约》的四项宗旨：（一）保护非物质文化遗产；（二）尊重有关社区、群体和个人的非物质文化遗产；（三）在地方、国家和国际一级提高对非物质文化遗产及其相互欣赏的重要性的意识；（四）开展国际合作及提供国际援助。其次，《公约》第十六条规定，设立代表作名录是"为了提高非物质文化遗产的可见度（visibility）①和对其重要意义的认识，并从尊重文化多样性的角度促进对话"；第十七条规定，设立急需保护名录则是"为了采取适当的保护措施"。再次，为实现以上宗旨，保护非物质文化遗产政府间委员会（以下简称"委员会"）和《公约》秘书处共同制定的《实施〈保护非物质文化遗产公约〉操作指南》（以下简称《操作指南》），就列入标准、申报和受理程序、时间表、项目评审和审查等一系列环节作出了详细规定②，其中规定的列入标准同样将代表作名录和急需保护名录区别开来，两者互为补充但却有着不同的宗旨。然而，不论申报哪一个名录，相关利益方首先面对的挑战就来自如何选择具体的非物质文化遗产项目进行申报。

《公约》通常从整体上述及"非物质文化遗产"（intangible cultural heritage，以下或简称"非遗"），有的地方则专指非物质文化遗产的具体

---

① 《公约》中文本中的表述是："为了扩大非物质文化遗产的影响……"其中的一个关键词"可见度"（visibility）被表述为"影响"并不确当。

② 参见教科文组织《实施〈保护非物质文化遗产公约〉的业务指南》，《2003年〈保护非物质文化遗产公约〉基本文件（2016年版本）》，第19—66页。需要说明的是，经文化部外联局修正，中国官方将该指南正式表述为《实施〈保护非物质文化遗产公约〉操作指南》，通常简称为《操作指南》，本文采用这一表述。另，《操作指南》于2008年6月通过并启用，截至2016年6月已做过4次修正。

"项目"（element）。例如，第十一条第（二）款："由各社区、群体和有关非政府组织参与，确认和确定其领土上的各种非物质文化遗产［项目］"（identify and define the various elements of the intangible cultural heritage present in its territory, with the participation of communities, groups and relevant non-governmental organizations）。值得注意的是，"项目"这一有特定旨归的术语在《公约》中文文本中完全"消失"，甚至一次都没有出现过。这种"消失"又成为我们再次回到《公约》来理解"非遗何为"乃至"项目何为"的一个关键词①。

就《公约》而言，其英文文本确实交替使用了两个术语来表述"项目"，element（s）1次，item（s）4次；而法文文本则贯穿始终，一直使用的是 élément。② 就 2008 年首次通过的《操作指南》来看，在述及将"宣布人类口头和非物质遗产代表作计划"（以下简称"宣布计划"）的实施阶段（2001—2005）产生的 90 个项目转入"代表作名录"的相关规定时，行文中刻意使用了 item 一词的复数，用以区别对待《公约》生效后的专用术语 element；故其他各处先后 69 次采用的都是 element（s）这一术语。然而，同样遗憾的是，《操作指南》的中文文本直到 2014 年进行第 3 次修正之际，长期"消失"的"项目"一词才被统一"补入"，这一迟来的更正经历了 6 年时间。

在中文语境中，element 与 item 之间的区别往往被忽略了，因二者皆表述为"项目"，甚或人们还容易将"项目"理解为 project，尤其是在采取保护行动或开展保护活动的同时。但在英文语境中，即使仅看术语的字面意义，人们都不难理解 element 与 item 之间的区别：前者通常指"要素""构成成分""基本部分""典型部分"；后者通常直译为"条款""项目"，但尤指清单上的某个项目，或一群或一组事物中的一项、一件、

---

① 语言问题所造成的认识论和实践论障碍远不只是矫正若干关键词的确当表述那么简单，相关讨论详见巴莫曲布嫫《从语词层面理解非物质文化遗产——基于"两个中文本"的分析》，《民族艺术》2015 年第 6 期。

② 《公约》英文文本中出现的 4 次"项目"（item）和 1 次"项目"（element）与其法文文本中一共使用 5 次的"项目"（élément）是交相匹配的。而《公约》其他四种语言的标准文本中没有一种与英文文本有类似的区别。秘书处认为，英文文本出现的用词不统一问题，主要是在英文与法文两种同时对照使用的起草语言之间出现的技术处理脱节所致。

一条、一则等，如一件物品、一项议程。因此，element 更符合指称"不可触摸的"（intangible）的非物质文化遗产之具体表现形式①，同时避免了"物化"非遗的可能。

然而，就"项目"这一专用术语而言，基于操作性定义（working definition）的讨论几乎与"非物质文化遗产"这一新型文化遗产的概念史一样步履蹒跚。尽管各种争论直到《操作指南》出台之前也始终没有停滞过，但辩论与妥协则是所有利益相关方达成共识的必经之路。2011年，某申报国有4个遗产项目与之前该国已列入的相关遗产项目"极度相似"而被委员会退回（ITH/11/6.COM/CONF.206/Decisions），随后在如何确认和确定一个独立的项目问题上引发激烈的讨论。2012年10月，在巴黎举行的开放式政府间工作组会议专门讨论"项目的适当规模或范围"（the right scale or scope of an element），为结束"项目"这一术语的使用和效度问题而造成的长期辩论奠定了基础②。会议期间，前任《公约》秘书的里克斯·史密兹（Rieks Smeets）在专门用于讨论的一篇工作论文中，基于《公约》及其《操作指南》的起草过程，系统地梳理了有关"项目"的界定和定义曾使用过的若干概念和来龙去脉，其间竟经历了长达四十年的探索（ITH/12/7.COM WG/3）。此次工作组会议形成的共识是：尽管《公约》本身并未对"项目"一词作出专门定义，但"项目"乃是《公约》以中立和区别的方式指代"非物质文化遗产的具体表现形式"（Specific Manifestations of ICH，SMICHs）的专用术语，而不论其性质、领域或规模大小；"项目"这一术语在实施《公约》的过程中民众获得其所享有的权利为中性，并可适用于非物质文化遗产的任何表现形式，但前提是相关社区认可这些表现形式是其文化遗产的一部分。在同年12月召开的政府间委员会第七届常会期间，基于前述工作会的讨论成果，将"反思项目的适当规模或范围"纳入正式议程并作出决议，其

---

① 根据《布莱克法律词典》，"非物质的"（intangible）是指某物缺少物质形式，"物质的"（tangible）则被定义为"具备或具有物质形式；有形体的；可被触摸和看到的；可感知的"。这两种定义也是《公约》起草过程中专家们所本的法理依据。

② 当时有来自76个缔约国的210位代表和非物质文化遗产领域专家与会。中国代表团由张玲（文化部对外文化联络局国际处）、罗微（中国非物质文化遗产保护中心）及朝戈金（中国社会科学院民族文学研究所）组成。

中述及:"注意到非物质文化遗产项目的'适当'规模或范围取决于在国家和国际层面实施 2003《公约》的不同语境及其机制;建议各缔约国注意何种规模适合何种目的"(ITH/12/7. COM/Decisions)。至此,有关"何为项目"与"项目何为"的长期争论总算尘埃落定。

正如委员会文件所指出的那样,为了贯彻 2003《公约》的宗旨,更大和更复杂的文化现实(cultural reality)往往需要切分、归类和标记。一个项目的规模和范围取决于该《公约》在国家层面和国际层面的运作机制及其特定语境(ITH/12/7. COM/13. b)。从"项目"这一术语的使用方式和实践效果来看,通过具体项目更容易确认"非物质文化遗产的具体表现形式",并适用于非物质文化遗产具体表现形式的确认、确定、建档、编制清单、保护、管理、申报和列入名录等一系列环节,包括社区、非政府组织、专家学者、专业中心、政府主管部门等利益相关方为参与实施《公约》所采取的任何行动。就名录项目的申报—评审—履约机制而言,申报缔约国都须提供相关社区、群体和个人事先知情并认可同意且全程参与以上行动的具体证明。这是任何一项申报工作的基本伦理。因此,不论以什么样的实践方式而存续的非物质文化遗产表现形式,都只能通过选择具体的非物质文化遗产项目进行申报,方能经由国家申报进入国际层面的评审。因此,本文认为,在实施《公约》的语境中讨论所谓的遗产化进程,在一定程度上首先表现为"遗产项目化"(ICH elementalization),也就是具体的非物质文化表现形式通过上文述及的多方参与的社会建构被确认和确定为"遗产项目"(identified/defined as an ICH element)的过程①。在中文语境中,尤其是若无上下文关联,我们建议尽量采用"遗产项目"来完整表述英文 element 一词所指代的"非物质文化遗产的具体表现形式",以避免歧义。

以上我们讨论了"遗产项目"这一《公约》专用术语的指代功能,意在说明遗产项目的确认和确定在《公约》定义"保护"的"各种措施"中处于最前端的地位;围绕《公约》及其实施所涉及的一切社会化行动,也是正在发生和发展的遗产化进程,需要也应该积极面对。接下

---

① 需要说明的是,"遗产项目化"(ICH elementalization)是笔者尚不成熟的一个归总,借鉴了语言学习中的"基础化"(elementalization)一词。

来，我们通过优先考虑特定范围内的遗产项目，选择名录中涉及的史诗传统或与史诗传统互为关联的遗产项目作为考察和分析的基本对象，并从以下几个向度进行讨论：（1）史诗传统与遗产项目；（2）口头传统中的史诗演述；（3）史诗传统与遗产领域互涉。需要说明的是，在《公约》语境中，遗产项目的评审乃是基于申报材料提供的信息，而非针对遗产项目本身，这是评审工作的基本原则。我们的分析也当尽可能地依循这一精神，若有例外则属需要调用关联性文献作为必要的参证，但并不代表本文持有其他立场。

一　史诗传统与遗产项目

为厘清《公约》名录项目所涉及的史诗传统，我们以名录清单为主线，将申报材料、委员会决议和申报国定期报告纳入检索范围，旨在同时关注"申报—评审—履约"这三个环节所形成的关联性文献，以便围绕遗产项目及其表述问题进行讨论。

作为翻检和清理的第一步，笔者在教科文组织网站非遗专用频道直接以 epic（史诗）这一关键词进行检索，获得 56 条信息，其中涉及遗产项目基本信息共 21 条；另有委员会决议 13 条，申报国定期报告 7 条，国际援助申请 3 条，保护项目活动 1 条，动态消息 3 条。而在《公约》名录专栏中以 epic 作为关键词进行全文搜索，经排除无关项，则得到 30 条结果。与此同时，鉴于 epic 这一专业术语有其使用或限定的语域，其结果与在田野作业中直接使用专业概念一样，必然会遭逢地方知识与专业知识之间的颉颃。因此，接下来继续扩大搜索范围：一则下载相关项目的申报材料进行全文检索，二则通过浏览图片档案或观看申报片获得必要的补充信息。最后锁定的关联性遗产项目共 45 项，在《公约》名录的 429 个项目中占比为 10.49%；其中代表作名录项目 38 项，亟须保护名录项目 7 项，联合申报项目 4 项，分别占代表作名录 365 项的 10.41%、亟须保护名录 47 项的 14.89%，以及联合申报 30 项的 13.33%。

基于统计分析的目标，我们还需同时考量这些锁定项目与《公约》所界定五大遗产领域（domains）之间的关联，并将归类结果纳入分析的对应范围。为便于以下行文，我们用代码形式顺序标记以下遗产领域：（D1）

口头传统和表现形式,包括作为非物质文化遗产媒介的语言;(D2)表演艺术;(D3)社会实践、仪式、节庆活动;(D4)有关自然界和宇宙的知识和实践;(D5)传统手工艺。① 在图表对照中,我们采用英文缩写形式,用 RL 和 USL 分别指称"代表作名录"和"亟须保护名录"。

经比对申报材料的相关细节,我们将 45 个目标项目划分为以下三类:史诗类项目共 12 项;与口头传统文类相互交织的项目共 8 项;与其他四个领域存在或多或少联系的项目共 25 项。保守地说,这个结果有可能并未穷尽所有申报材料中涉及的史诗或史诗传统诸要素的项目,尤其是无从在网站获取 2008 年转入代表作名录的 17 个史诗关联项目的申报材料,我们只能从可获取的定期报告中补充所需信息。即便这样,这 45 个项目的清理也大体反映了活形态史诗传统在遗产化进程中的基本路径。就史诗类项目而言,表 1 或许能够提供一种直观的图景。

表1 史诗类遗产项目与年度列入项目数量一览

项目名称	名录	所属领域	申报国	列入年份
希拉利亚史诗	RL	D1	埃及	2003/2008
板索里史诗说唱	RL	D2	韩国	2003/2008
阿肯——吉尔吉斯史诗演唱人的艺术	RL	D1	吉尔吉斯斯坦	2003/2008
拉瑙湖马拉瑙人的达冉根史诗	RL	D1	菲律宾	2005/2008
奥隆霍——雅库特英雄叙事诗	RL	D1	俄罗斯	2005/2008
蒙古图兀里——蒙古史诗	USL	D2 + D3 + D5	蒙古国	2009
格萨(斯)尔史诗传统	RL	D1	中国	2009
玛纳斯	RL	D1	中国	2009
摩尔人史诗泰伊丁	USL	D1 + D2 + D5	毛里塔尼亚	2011
亚美尼亚史诗"萨逊的冒失鬼"即《萨逊的大卫》之演述	RL	D1	亚美尼亚	2012

---

① 需要说明的是,2008 年转入代表作名录的 17 个史诗关联项目在申报之际并未按以上领域进行归类。好在笔者曾于 2001—2005 年完整跟踪过教科文组织网站公布的项目简介及其分类信息,并对当时的网页进行了下载和建档。鉴于其间的项目信息与五大领域之间存在对称性关联,本文将"传统音乐"类项目归入"表演艺术",将"文化空间"类项目归入"社会实践、仪式、节庆活动"。

续表

项目名称	名录	所属领域	申报国	列入年份
吉尔吉斯史诗三部曲:"玛纳斯""塞麦台依""塞依特克"	RL	D1 + D2 + D4	吉尔吉斯斯坦	2013
呙尔奥格里史诗艺术	RL	D1 + D2 + D3 + D4	土库曼斯坦	2015

年度统计:2016（0）－2015（1）－2014（0）－2013（1）－2012（1）－2011（1）－2010（0）－2009（3）－2008（5）

我们将表中所列的12个项目归入"史诗传统"这一目标范围有如下考虑。首先，这些项目的名称已经传递了明确的文类（genre）信息，并直接使用了"史诗"（epic）或"英雄叙事诗"（heroic epos），乃至"演述"（performance）这样的专业术语。其次，相关申报国对遗产项目的命名方式和表述方式，映射了史诗研究基于民族志诗学的立场，且在地方知识与专业知识之间也构成了话语关系。再次，这些史诗传统是如何转换为遗产项目的表述策略或各有不同，尤其是在非遗保护语境中，由此可以考察地方文类观念与专业文类观念在遗产表述中的对接、错位和可能出现的协商。然而，对参与项目申报的多元行动方来说，从项目名称到项目说明，则要考虑更大范围的受众，其目标人群并非专业人员，而是那些从未接触过相关遗产项目的广大受众。鉴于既往的申报实践及其中出现的种种问题总是绕不开遗产项目名称的确认和定义，评审机构曾一再提醒，"列入代表作名录的宗旨在于提高非物质文化遗产的可见度（visibility）和对其重要意义的认识；如果遗产名称只能被那些已经熟悉该遗产的人理解，这个宗旨就很难实现"（Document 6. COM 13）。

鉴于遗产项目名称和遗产项目说明这二者之间形成的表述互为关联，也直接反映了申报国如何确定、定义并表述史诗传统的基本路线。我们观察的重点便集中在这两个层面：一为项目名称的命名方式，二为项目说明中对其所涉及的史诗传统是如何表述的。我们不妨先对遗产项目的命名方式及其反映的表述策略作一简要归纳，为规避重复和烦琐，有的名称我们仅取部分关键词予以分析。

第一，沿用史诗的传统称谓，并以之作为主叙词。多以史诗中的主要英雄人物冠名，或为诗系之名，或为史诗诗部之名。

第二，采用与"史诗"这一学术概念大体对应的本土文类术语。如"希拉利亚史诗"（Al-Sirah Al-Hilaliyyah epic）中的前置词"西拉赫"（Sirah），在阿拉伯语中相当于"史诗"；①"达冉根"（Darangen）意为"唱中有叙"（to narrate in song），即散韵兼行，在马拉瑙人的语言中也专指史诗歌（epic songs）。②

第三，突出演述人群体及其演述艺术。作为吉尔吉斯史诗演唱人，阿肯（Akyns）成为遗产项目名称中的关键词，强调的是传承人群体及其叙事艺术。来自吉尔吉斯斯坦的两个项目都与玛纳斯史诗相关，遗产实践虽有重合，但表述的重点不同。涉及演述人的项目说明进一步解释了史诗的大致范围，包括玛纳斯三部曲和其他四十多种"短篇史诗"，并具体描述了阿肯们的演唱艺术。

第四，部分遗产项目名称加上了所属族群、部落或国家名称。值得注意的是，2014年以来，委员会针对这种较为普遍的现象提出了不同意见和建议，认为项目名称之前冠以国家或民族作为"定语"存在明显的排他性，于是就遗产项目命名方式作出新规定，并从2015年受理的项目开始实行，以规避使用这种限定性修饰语。这一新动向旨在提倡更具包容性的遗产表述，以利促进文化间对话。

我们再看"板索里史诗说唱"（Pansori epic chant）。据项目简介提供的信息来看，在韩语中，"板"指人群集中的场所，"索里"意为"歌"；"板索里是一种合乐的故事讲述文类（a genre of musical storytelling），由一位歌手和一位鼓手共同表演，以唱功的表现力、风格化的言说和同时容纳故事讲述与舞台动作的传统剧目，集精英文化和大众文化于一身。"但就"名"与"实"而言，除了项目名称中出现 epic 一词外，项目简介中并无一处述及"史诗"。由于当初的申报材料无从获得，只能跟踪查阅

---

① 开罗大学史诗学者艾哈迈德·穆尔西（Ahmed Morsi）是埃及文化部顾问和民间传统学会主席，也是该史诗作为埃及非物质文化遗产保护项目的主任之一，负责指导希拉利亚史诗的采集、分类和存档工作。他认为，西拉赫（Sirah）是最早的传记体叙事，该词在阿拉伯术语中相当于史诗（epic）。此据 Ahmed Morsi, "Research and Preservation Projects on Intangible Heritage", *Museum*, 2005（1-2）。

② 国内学者在菲律宾史诗的实地调研和文本翻译等方面已取得重要突破。有关达冉根史诗传统及其代表性文本的搜集、整理、研究和汉文情况，可参见吴杰伟、史阳《菲律宾史诗翻译与研究》，北京大学出版社2013年版，第199—238页。

申报国的定期报告。其中确实使用了"史诗"一词，但词频统计结果仅有这一处，具体表述是："板索里是一种传统的韩国艺术形式，其特点是一位说书人（changja）在一位鼓手（gosu）的节拍伴奏下，唱述一首长篇史诗诗歌（singing and narrating a long epic poem）。"至于史诗诗歌指的是什么，报告中并没有提供更多的解释性信息。考虑到 epic 一词也常用作形容词，不论是项目名称中的 epic chant 或是报告中的 epic poem，是否可以理解为具有"史诗般风格"的"大唱"呢？为了弄清这一点，我们只好破例查阅其他相关文献，以求证该项目涉及的"史诗"一词所指。结果发现韩国学界对板索里的"文类"或"体裁"也有不同看法，有叙事诗、史诗、戏曲、音乐等多种观点。① 由此看来，项目申报之初的归类领域仅涉及"表演艺术"有其道理，说明这一本土文类兼备文学、戏剧及音乐等要素，构合为一门综合性的说唱传统。而其传统剧目原有"板索里十二部"之说，流传至今的有《春香歌》《沈清歌》《兴甫歌》《水宫歌》《赤壁歌》等五部；从题材上看，似乎跟文人叙事诗有更为对应的源流关系。但项目简介和定期报告并未涉及这些传统剧目，倒是强调了与当代生活关系更为密切的新剧目。该遗产项目的归类问题，确实事关我们如何看待"史诗"这一文类及其与其他文类的关系问题，当然还涉及遗产表述在本地语言与英语之间的转换问题。不论怎样看待该遗产项目的文类归属乃至领域归属，我们都应当尊重申报和保护该遗产项目的相关行动方，尤其是社区和传承人及实践者群体对此类问题的看法。

通过初步分析以上遗产项目的命名方式，我们大体上能够找到的共同取向是本土术语与专业术语的互为阐释，这便使内部知识与外部知识得以彼此映照。唯有中国申报项目"玛纳斯"例外。用本民族语言乃至文字表述遗产项目名称是委员会提倡的母语表达方式，在拉丁语转写之后加上解释性的同位语则有助于并不熟悉遗产项目的受众了解其基本属性。申报表也给出了彰显母语表述，包括以更具体的方言或土语乃至文字进行再度表述的空间。

---

① 全罗北道韩国传统说唱文化中心网站：http://www.koreamusic.org/LangCn/TextDetailView.aspx? 该专业中心对"板索里"的介绍非常系统，包括正文述及的传统剧目。这里摘译的是其英文网页的概述文字。

接下来，我们以"希拉利亚史诗"为案例，就其项目简介与定期报告之间对史诗传统的描述作一对照，以说明遗产项目的表述和再表述问题。

这一口头诗歌，又以希拉利史诗而著称，讲述的是巴尼·希拉勒贝都因部落的历史及其在公元 10 世纪从阿拉伯半岛迁徙到北非的传奇故事（saga）。这个部落曾统治着北非中部的大片领土长达一个多世纪，后来被其对手摩洛哥人所灭。

作为在阿拉伯民间传统中发展起来的主要史诗之一，只有希拉利亚史诗以其完整的音乐形式流传下来。这种曾经在中东地区广为流布的艺术形式，到今天仅见于埃及一国。14 世纪以来，希拉利亚史诗由诗人（poets）演述，他们一边吟唱诗句，一边演奏一种打击乐，或以"拉巴布"二弦琴伴奏。史诗一般在婚礼、割礼或私人聚会场合演述（performances），有时持续几天。

过去，从艺者们（practitioners）在家族内部训练，而演述史诗是他们唯一的收入来源。这些专业诗人（professional poets）从五岁起开始艰苦的学艺，其学徒生涯往往要坚持 10 年之久。时至今日，学徒们仍然要进行提高记忆力的特殊训练，掌握他们的乐器演奏；同时还必须学会即兴评说，使故事情节更加贴近现在的受众。

由于现代传媒的竞争，以及能坚持完成这种艰苦习艺过程的年轻人越来越少。能够演述希拉利亚史诗的人数日渐减少。在埃及旅游业的利润诱使下，诗人们在民俗秀（folklore shows）节目中放弃了完整的史诗篇目，而热衷于演述其中的一些片段。（Nomination file No. 00075）

——项目简介

希拉利亚是一种诗歌传统，并在阿拉伯世界为大多数人所熟悉。西拉赫（史诗）叙述了巴尼·希拉勒部落从一个国家到另一国家的大规模迁徙事件，唯其所有的叙事诗段（episodes）得以完整流传。西拉赫史诗分为三部：《诞生》《使命》和《西迁》，有时还会增加第四部《孤儿传》。

希拉利亚史诗不仅是上埃及和下埃及的社区中一直保持的传统故事讲述的非凡例证，而且还包纳了现有部落的最古老和最流行的传统音乐及其歌诗和舞蹈。史诗目前在埃及的城市中心鲜有演述，但在农村则依然以散韵兼行的方式讲述，包括在歌诗吟唱中传承。那些由上埃及的<u>史诗歌手（epic singers）</u>唱述的版本最受欢迎。他们在夜里以"拉巴布"琴自弹自唱，一旁还有塔尔鼓手伴奏。这些史诗歌手<u>在婚礼和其他场合演出</u>。

只有男性且通常为长者才能演述史诗，然而<u>年轻的男性歌手已开始涌现</u>。共有<u>60 位史诗歌手</u>被确认并做过访谈；只有 3 位在 35 岁以下，其余的最年长者已 76 岁。

史诗伟大之处在于其具有保护社区传统和文化的独特能力，而同时也反映了史诗的张力及其如何在叙事进程中消解社区内部不同群体之间潜在的紧张关系。史诗还具有教育模式的功能，提倡勇气与勇敢。英雄阿布·扎伊德·希拉利骑着骏马，手握长剑，这样的<u>图像</u>被展示在与麦加朝觐有关的墙画中。

到目前为止，希拉利亚史诗［的重要性］得到了认可，但现有的实践及实践频率的提升并不显著。尽管人们相信库纳几乎是唯一培育该传统的地方，但在吉萨省开展的<u>研究证明</u>，至少还有姆努菲亚的谢赫村以及盖尔贝亚、亚西乌特和索哈杰等地也有史诗讲述人。目前，<u>电视娱乐</u>是这一传统项目的基础，虽然这种媒体可能成为传播该遗产项目的一种资产。（Periodic report 2012 – No. 00788/Egypt）

——定期报告

通过以上两个文本的对比，我们不难发现有多处关键信息（下画线字段）发生了较大的变化。这里仅举几个要点：（1）删去了历史上的被征服事件；（2）增加了史诗 4 个诗部的划分和各部名称，与当年的申报片的叙事保持了一致性；（3）以"史诗歌手"替换了"诗人"或"职业诗人"；（4）在演述语境的叙述中，"割礼"被隐含在"其他场合"之中①；（5）传承人和实践者的特征及其传承模式更加突出，尤其是演述人

---

① 2016 年，某申报国的项目因包含有女性割礼的信息而被退回（ITH – 16 – 11. COM – 10. a + Add. – EN）；审查机构在其 2016 年度的工作报告中专门述及"对于某些类型的项目如入社式，需要特别注意其是否与现有的人权文书的规定相违背"（ITH – 16 – 11. COM – 10 – EN）。

的身份限制有所突破；（6）增加了史诗演述的社会功能和文化意义；（7）更新了有关传承人和史诗流传地的实地调研信息；（8）对现代传媒和娱乐节目的态度变得中立。这样的变化实际上反映了申报国再度对史诗传统作出的新阐释，而在遗产表述关键环节上出现增删改动，正是随着履约实践的发展而不断更新保护理念所致。尤其是在国际语境中，删去征服事件有利于文化间对话；隐去"割礼"但没彻底否定，一则符合《公约》精神，二则尊重了当地的文化传统。这一删一藏之间也引发了我们关于遗产表述策略的诸多思考。

二 口头传统中的史诗演述

利用《公约》名录网页提供的检索工具，共有 100 个遗产项目被自动搜寻出来并归入口头传统领域（D1），从中我们不难看到许多熟悉的口头文类或亚文类同时出现在各种各样的文化表现形式和社会实践中。在本文的分析范围内，除了"标注"为"史诗"或"英雄叙事诗"的遗产项目外，还有以下 8 个遗产项目来自口头传统领域（见表 2），且与"史诗"这一文类有着或深或浅的内在关联。

表 2 口头传统领域中的史诗关联项目与年度列入项目数量一览

项目名称	名录	所属领域	申报国	列入年份
伊富高呼德呼德颂	RL	D1	菲律宾	2001/2008
吉列德口头遗产	RL	D3	贝宁—尼日利亚—多哥	2001/2008
麦达赫公共说书人的艺术	RL	D1	土耳其	2003/2008
阿西克勒克游吟诗歌艺术传统	RL	D1 + D2 + D3	土耳其	2009
阿塞拜疆游吟诗人的艺术	RL	D1 + D2 + D3 + D5	阿塞拜疆	2009
在库鲁坎—弗噶宣布的《曼德宪章》	USL	D1	马里	2009
赫哲族伊玛堪	USL	D1	中国	2011
巴松戈拉、巴亚宾迪和巴托罗人的库盖蕾口头传统	USL	D1 + D2	乌干达	2015

年度统计：2016（0）- 2015（1）- 2014（0）- 2013（0）- 2012（0）- 2011（1）- 2010（0）- 2009（3）- 2008（3）

根据项目简介和申报材料，我们大体上可以判断这些遗产项目与史诗传统之间的联系。"吉列德口头遗产""麦达赫公共说书人的艺术"两个遗产项目的关联度较弱。"史诗"一词仅在项目说明中一带而过，且与其他口头文类如民歌、抒情诗、传说等一同用于说明遗产项目的实践方式。"阿西克勒克游吟诗歌艺术传统"的申报材料中有一简短的解释：阿西克勒克（Âşıklık）传统的维系与前伊斯兰和早期伊斯兰—突厥史诗演述人有关，他们被称为"奥赞"（Ozan）或"巴克西"（Baksı）。尽管这样的描述着墨不多，但史诗及演述人已然构成遗产表述的一部分。相较之下，"阿塞拜疆游吟诗人的艺术"这一项目明确述及"达斯坦"（dastan）叙事传统，并用括注方式解释说"这是一种大型的文学音乐创作"，故在项目归类上（当年的申报表是自行填写而非勾选），申报国顺序表述如下：口头文学、音乐传统和表现形式；表演艺术，包括音乐和抒情诗演述、史诗说唱（epic-telling）、演剧、舞蹈；传统手工艺（乐器制作）。其中，史诗说唱被明显关联到表演艺术领域，但当与项目说明中的"达斯坦"这一口头文类相呼应时，文本中也出现了具体的史诗篇目——《达达·阔尔库特书》（*Book of Dede Gorgud*）①。因此，该遗产项目当与史诗传统有着较为稳定的依存关系。

"在库鲁坎—弗噶宣布的《曼德宪章》"则耐人寻味：通过口头传承和仪式实践存续至今的《曼德宪章》，被誉为"世界上最古老的宪法之一"，至今在马林凯部落的社会生活中发挥着不可或缺的作用，每年都要在马里著名的康加巴村庄举行集会和仪式，因而口头宣示《曼德宪章》的传统得以赓续。项目申报材料八处述及曼丁戈史诗中的主人公松迪亚塔·凯塔（Sundiata Keita），尤其是六处提到"语言大师"格里奥（griots），他们是众所周知的史诗演述人，身兼多种显赫的社会角色，也是《曼德宪章》最重要的保管方之一，与之相关的仪式和知识依然以口头方式父子相传。但整个材料并未使用"史诗"这一术语。我们暂且先立此存照，以便今后跟踪项目的定期报告。

---

① 阿塞拜疆、哈萨克斯坦和土耳其联合申报的"达达阔尔库特/阔尔库特阿塔/达达阔尔库特遗产：史诗文化、民间故事及音乐"（Heritage of Dede Qorqud/Korkyt Ata/Dede Korkut: epic culture, folk tales and music）于2017—2018年评审周期内受理。

"伊富高人的呼德呼德颂"（The Hudhud Chants of the Ifugao）的基本信息如下：伊富高人以其在菲律宾群岛吕宋岛北部山区开垦梯田、种植水稻而闻名。"呼德呼德"（Hudhud）传统上由该社区演述的叙事歌（narrative chants）组成，人们在播种和收获季节以及守丧仪式上都要咏唱，内容讲述的是古代英雄、习惯法、宗教信仰和传统实践，并且折射了水稻种植的重要意义。这一传统有二百多颂（chants），每颂划分为40个叙事段落（episodes），完整的吟诵需要几天时间。演述人多为上了年纪的妇女，她们在社区中享有崇高的地位。呼德呼德史诗（Hudhud epic）以领诵和合诵交替的形式进行，所有的诗句只用一个曲调。据此，我们不难判断"呼德呼德"作为伊富高人的叙事传统，既是一个集合概念，也是一种传统文类，可以大致对应于"叙事歌"，其中囊括了史诗。这是我们将之归入史诗关联项目的依据①。

从地方文类的内部向度看，"伊玛堪说唱"也与"呼德呼德"相类似；只是在项目表述中，前者的申报材料呈现了更为充盈的地方文类知识，从中可以判断史诗说唱的基本特征。伊玛堪主要叙述的是部落之间的征战与联盟、维护民族尊严和疆域完整的英雄故事，还有萨满求神、渔猎生活、风俗人情和爱情故事等，具有鲜明的渔猎文化和地域特征；其中，以塑造英雄"莫日根"（mergen）为主题的故事数量最多，相关的英雄人物及其叙事也就最具典型性与代表性，重点在于描绘各类勇士群像和部落之间的战争。伊玛堪说唱艺人"伊玛卡乞玛发"（yimakanqi mafa）的表现手法是说与唱相结合，一个人说唱，无乐器伴奏。伊玛堪又分"大唱"（sagdi jarimku）和"小唱"（uskuli jarimku）。"大唱"以说为主，是侧重表现各种"莫日根"（英雄）故事和赫哲族人创世传说的长篇故事；"小唱"以唱为主，是侧重表现渔猎生活、风俗人情和爱情故事等抒情性的短篇故事。诚然，若将"大唱"独立出来也可视作严格意义上的"英雄史诗"。但申报方的选择恰恰是尊重传统实践的连续性和完整性，这样也更符合社区的愿望和诉求。

---

① 国际学界包括中国学者的实地研究也表明，伊富高英雄史诗正是在"呼德呼德"这一传统中发展和传承下来的，狭义的"呼德呼德"可以等同于"英雄史诗"。参见吴杰伟、史阳《菲律宾史诗翻译与研究》，北京大学出版社2013年版，第1—133页。

最后，我们要面对另一个棘手案例。学界通常认为史诗至少应当符合以下多个特征：（1）诗体的或散韵兼行的；（2）叙事性的；（3）有关英雄业绩的；（4）传奇性的；（5）崇高风格的；（6）包容着多重文类属性及文本间有着互文性关联；（7）具有多重功能；（8）在特定文化和传统的传播限度内。① 按照这个框架我们来看申报方有关"库盖蕾口头传统"的一段说明：

> 库盖蕾（Koogere）是约 1500 年前的一名巴松戈拉人女酋长。她超人的智慧及其治理下的繁荣景象经由一系列叙事世代相传，成为卡塞塞地区的巴松戈拉人、巴亚宾迪人及巴托罗人的集体回忆。该传统以其根基性和启发性成为社会哲学与民间表达的组成部分；其叙事着重描绘以辛勤耕耘换来的丰饶和富足，强调智慧的重要意义，唤起女性不可思议的力量和英雄主义。传统上，这些故事的实践者和保管人有长者、贤能、说书人、诗人、音乐家、艺术家以及居住在故事流传地附近的家庭；人们通常围着火塘边唱边述，也在完成手工活儿、放牛及长途旅行的集体活动过程中传述，并通过精于讲古之道的老说书人传给年青一代。由此，库盖蕾的故事讲述也促进了人们有关行为、娱乐、智慧和学习的分享，以及代际之间的信息、价值观及技艺的传承（USL 2015 – No. 00911）。

从这段简介来看，该遗产项目当是有关女性英雄人物的叙事传统，其演述也是讲唱结合，符合我们有关英雄史诗的基本尺度。但是否可以将之直接纳入史诗项目范围，便涉及主位与客位的判断问题，尤其是申报国并未使用"史诗"这个概念。为了寻解问题的答案，我们在巴松戈拉王国的官方网站上查到了一篇直接以"库盖蕾史诗"（Koogere Epic）②为题的文章。除了描述历史背景和史诗诗系结构（11 个核心叙事段落和 6 个相对独立的主题）外，该文的整体行文与申报文本有大量重合，包括

---

① 朝戈金、尹虎彬、巴莫曲布嫫：《中国史诗传统：文化多样性与民族精神的"博物馆"》，《国际博物馆》（中文版）2010 年第 1 期。

② 巴松戈拉王国官网，http：//www.busongora-chwezi.org/culture/kogyere-oral-tradition。

项目简介文字、传承人与实践者群体、仪式化演述语境、文化意义和社会功能等诸多方面，彼此完全能够对应上，甚至还使用了《公约》语言。从这些相似点或可推论，这篇文章与最后提交的申报材料之间存在一种"文本间关系"，彰显出本土社区和利益相关方在遗产表述方面的不同看法。而内部知识与外部知识之间如何达成协商、平衡乃至妥协，也会成为项目申报与遗产化进程的一个考察环节。因此，我们将之当作一个特殊案例纳入口头传统中的史诗关联项目，为今后继续跟踪其定期报告留下线索。诚然，此举虽有一定的合理性，也有不确定的风险。

三 史诗传统与领域互涉

关注某一遗产项目同时覆盖或涉及的相关遗产领域，能较好地观察非物质文化遗产自身的属性，毕竟遗产项目作为相关社区、群体和个人的实践活动本身就具有多个面相。而遗产领域的大致划分，是《公约》用于定义非物质文化遗产表现形式的一个参考性分类框架；与此同时，我们也要看到各遗产领域之间同时存在相互重叠和彼此交叉的互涉关联，正如文化事实（cultural reality）本身往往难以划出清晰的边界。一般而言，遗产项目的申报当包含在《公约》定义的"社会实践、观念表述、表现形式、知识、技能"之内，而与这些实践和表现形式及相关的"工具、实物、手工艺品和文化场所［空间］"都不能借由自身的独立存在而被视为遗产项目。① 而上述《公约》定义中的五个复数名词正是划分非物质文化遗产领域（domains）的基本依据，只是顺序略有不同。

在厘清申报国如何选择遗产项目所属非遗领域的同时，我们也可以借此考察"史诗"这一文类与其他文类的共生关系，尤其是与口头传统领域之外的其他 4 个非遗领域是如何发生关联的，又是如何被表述到其

---

① 这里尤其要注意文化空间（cultural space）这一概念：从"宣布计划"到《公约》生效，其外延和内涵都发生了较大的变化。截至目前，以"文化空间"命名的遗产项目仅有 13 个列入名录，其中"苏伊提文化空间"（USL, 2009，拉脱维亚）和"玛吉利斯——文化与社会的空间"（RL, 2015，沙特阿拉伯—阿曼—卡塔尔）分别于 2009 年和 2015 年被列入名录，其余 11 个标记为"文化空间"的遗产项目均来自《公约》生效之前的"宣布计划"。也就是说，直接以"文化空间"命名的遗产项目越来越少，也极具风险。

他遗产项目中的。在我们的取样范围内，通过优先考虑"史诗"这一特定对象，共有 25 个遗产项目符合我们进行甄别和清理的目标。以下我们以项目简介、申报材料和定期报告为依据，按遗产项目与遗产领域的归属关系，将每个项目所涉及的史诗关联项信息分列如下（见表 3）。

表 3　　　　　　　　其他非遗领域与史诗关联信息

所属 非遗领域	遗产项目 （名录，列入年份，申报国）	史诗关联项信息
D2 （6）	哇扬皮影偶戏 （RL，2003/2008，印度尼西亚）	皮影的故事取材于本土的神话、印度史诗和波斯故事中的人物
	新疆维吾尔木卡姆艺术 （RL，2005/2008，中国）	十二木卡姆含达斯坦叙事诗
	斯贝克通——高棉皮影戏 （RL，2005/2008，柬埔寨）	剧目《罗摩赞》（Reamker）出自《罗摩衍那》的高棉语版本
	嘟嘟克及其音乐 （RL，2005/2008，亚美尼亚）	史诗"萨逊的冒失鬼"
	罗摩戏——《罗摩衍那》的传统表演 （RL，2005/2008，印度）	取材于《罗摩功行录》《罗摩全传》
	马头琴传统音乐 （RL，2005/2008，蒙古国）	图兀里史诗
D3 （5）	博恩逊地区的文化空间 （RL，2001/2008，乌兹别克斯坦）	音乐、史诗、传说、舞蹈、歌谣，采集史诗的田野活动
	基鲁文化空间 （RL，2003/2008，爱沙尼亚）	鲁文—卡勒瓦拉歌
	羌年 （USL，2009，中国）	《羌戈大战》等，演述人释比
	那达慕 （RL，2010，蒙古国）	图兀里史诗
	科林达特男子群歌——圣诞季仪式 （RL，2013，罗马尼亚—摩尔多瓦）	含史诗内容，根据每户主人家各自不同的情况选择演述

续表

所属 非遗领域	遗产项目 （名录，列入年份，申报国）	史诗关联项信息
D5 （2）	热贡艺术 （RL，2009，中国）	格萨尔唐卡
	中国雕版印刷技艺 （RL，2009，中国）	德格印经院藏有格萨尔画版和书版①
D3＋D2 （2）	索索—巴拉文化空间 （RL，2001/2008，几内亚）	松迪亚塔史诗，演述人格里奥，专门用于史诗伴奏的索索—巴拉木琴
	拉曼：印度喜马拉雅加瓦尔山区的宗教节日和仪式戏剧 （RL，2009，印度）	罗摩史诗、拉吉普特邦口头史诗职业歌手种姓
D3＋D1 （1）	康加巴重盖圣堂屋顶落成仪式 （RL，2009，马里）	史诗人物松迪亚塔，演述人格里奥、曼丁戈人的表达（故事、传说、史诗、神话、谚语、歌曲等）
D3＋D4 （1）	拔河仪式与竞赛（RL，2015，柬埔寨—菲律宾—韩国—越南）	伊富高社区参与"呼德呼德史诗"的保护
D2＋D1＋D3 （1）	藏戏（RL，2009，中国）	果洛马背格萨尔藏戏
D2＋D3＋D5 （1）	查乌舞（RL，2010，印度）	表演《摩诃婆罗多》和《罗摩衍那》史诗中的插话叙事片段
D3＋D2＋D5 （1）	帕勒瓦尼与祖卡内仪式 （RL，2010，伊朗）	史诗和诺斯替教诗歌，莫希德大师
D2＋D1＋D5 （1）	纳卡勒——伊朗戏剧化叙事形式 （USL，2011，伊朗）	民间传说、民族史诗和民间音乐，莫希德大师
D2＋D3＋D4 （1）	库热西摔跤 （RL，2016，哈萨克斯坦）	摔跤手帕拉万的强壮与胆识正如史诗、诗歌和文学中所描写的那样

---

① 此据定期报告和藏族史诗学者央吉卓玛提供的信息。另，德格印经院在近期的保护实践中与史诗演述人阿尼达成合作关系，双方正在推进格萨尔史诗的手工雕版刻印工程。

续表

所属 非遗领域	遗产项目 （名录，列入年份，申报国）	史诗关联项信息
D2 + D1 + D3 + D5（1）	呼罗珊的巴克什音乐（RL，2010，伊朗）	伊斯兰和诺斯替教派诗歌和史诗，歌手巴克什
D2 + D1 + D3 + D4 + D5（1）	皇家鼓的仪式舞蹈（RL，2014，布隆迪）	同步击鼓，集舞蹈、英雄史诗和传统歌曲为一体
D3 + D2 + D1 + D4 + D5（1）	诺鲁孜新年（RL，2016 扩展，伊朗等 12 国）	史诗玛纳斯三部曲、演述人阿肯（吉尔吉斯斯坦）

前文围绕史诗传统作为 12 个遗产项目的命名与表述问题进行了初步讨论，接着分析了史诗这一特定文类与口头传统领域 8 个项目之间的依存关系，从中我们可以观察到地方文类概念往往大于学界惯常使用的文类概念，这也是某一遗产项目可以同时关联几个遗产领域的一个内在因素。文类概念对确认和确定每一个领域的遗产项目不仅有用，也可以相对地进行子域的再分类，同时在界分中可以进一步考量遗产项目跨文类与跨领域的文化表现形式及其社会实践的若干面相。因此，我们有必要将表 1、表 2 和表 3 所列的 45 个遗产项目及其各自的分属领域包括独属领域进行归并统计，进而分析史诗传统在五大非遗领域的呈现、表述和转换过程中所展示的互涉关系。

表 4　　　　　遗产项目覆盖领域与互涉关系中史诗传统

一个域：26	两个域：5	三个域：9	四个域：2	五个域：5
D1：11（7） D2：7（1） D3：6 D4：0 D5：2	D1 + D2（1） D2 + D3（2） D3 + D1（1） D3 + D4（1）	D2 + D3 + D5（3） D1 + D2 + D3（2） D1 + D2 + D5（2） D1 + D2 + D4（1） D2 + D3 + D4（1）	D1 + D2 + D3 + D5（2）	D1 + D2 + D3 + D4 + D5（2）

在当下的申报实践中，领域选择取决于申报缔约国自身的勾选，其整体情况也反映在表 4 中。从归类统计结果可以看出，独属一个领域的

遗产项目共 26 个，占 45 个项目的 57.77%。涉及跨领域的项目共 21 个，其中，同时覆盖 3 个领域的项目数最高，共 9 个；分布在 D2 和 D3 两个领域的项目跨域能力最强。另一个观察的向度是，在同时覆盖两个领域的项目中，D3 最活跃，频次为 4；在同时覆盖三个领域的项目中，D2 最活跃，频次为 9；其次为 D3，频次为 6；再次为 D5，频次为 5。总体上看，D2+D3 在双域组合中最活跃，频次为 12；D1+D2+D3 在三域组合中最活跃，频次为 6。这个统计结果看似枯燥，但能说明既有申报实践的基本走向和问题所在：史诗传统与表演艺术和社会实践、仪式、节庆活动两大领域关系最为密切；与此同时，口头传统领域独属一个领域的情况也最为突出，涉及 11 个项目，其中含史诗类项目 7 个；其次为表演艺术，涉及 7 个项目，其中含史诗类项目 1 个。以上分析表明，史诗传统依托的演述语境和使其得以传承和展现的社区实践在申报实践中得到了一定的关注，但远未达到重视。比如，史诗所属的口头传统往往被视为一个民族的百科全书，承载并传递着一些有关自然和宇宙的知识与实践，但较之其他遗产领域而言，D4 活跃度最低，仅涉及 2 个遗产项目。再如，史诗演述大都与传统音乐和表演艺术相关，而有关乐器、道具、服装的制作技艺及其传承人和实践者群体，同样参与了史诗传统的社区实践，但 45 个遗产项目中仅有 6 个关涉 D5。这些内在的和外在的维度在申报文本中也当纳入表述的范围。

　　上述统计结果也为我们的观察和思考提供了多种向度，有利于分析史诗传统在各自生根和成长的口头文化生态系统中是如何被遴选或整合到遗产化进程，并被如何加以表述的基本路径。首先，史诗与"表演艺术"的关联度最高，一则涉及多种传统戏剧，突破了我们仅基于"言语行为"去考察史诗演述的局限性；二则还与舞蹈、音乐等表演艺术交融并存，更新了我们对"口承—书写"二元论的既有认识。其次，史诗与"社会实践、仪式、节庆活动"的关联度虽然弱于"表演艺术"，但该遗产领域恰恰构成史诗传统尤其是史诗演述的文化语境和社会情境，史诗演述及其演述人群体，包括传承方式和实践方式都得到一定程度的彰显，有助于我们认识世界范围内的活形态史诗传统及其当下的存续力状况。再次，史诗、英雄诗、叙事诗、抒情诗、歌谣、传说、故事、说唱、谚语等口头文类，还有许多地方文类和亚文类，乃至区域性文类，也有利于我们从专业分类与地方知识的话语关系中去寻绎史诗在各类遗产项目中的表述维度和阐释效度。

最后，史诗传统既然是一种跨文化的世界现象，我们的考察视野也当随着《公约》名录项目转向更大范围的类比和比较研究。在已列入的遗产项目中，我们不难发现由许多跨境共享的史诗传统构成的"文化现实"与海陆丝绸之路的历史人文联系：从"格萨（斯）尔"到"玛纳斯"，从"达斯坦"到"图兀里"，从"呙尔奥格里"到"阔尔库特"，从"阿肯"到"巴克西/巴克什"，从《罗摩衍那》到《罗摩赞》……诚然，相对于全球目前的活形态史诗传统而言，这些遗产项目还十分有限。但在非物质文化遗产保护的语境中，各国的申报和保护实践都会为中国"一带一路"倡议的话语体系建设提供来自地方、国家、区域、次区域及国际层面的鲜活经验。

结语　遗产项目申报与非物质文化遗产保护

尽管有学者将教科文组织在文化领域中的政策制定，尤其是其相继出台的一系列准则性的国际文书视为各种文化遗产被"遗产化"的最大推手，① 但《公约》框架下的名录申报机制和定期报告制度是一种并行不悖的国际合作双轨制。这一双轨制同时成为缔约国保护各自领土上存在的非物质文化遗产的权利和义务。

本文仅从"遗产项目"的操作性概念入手，集中讨论了与《公约》名录相关的史诗传统或与史诗相关的遗产项目在确认和确定环节中的一些基本问题。这一环节的具体指向之所以重要，是因为关系到如何描述遗产流布的地理范围、实践社区的人群范围及实践方式、遗产项目本身之于社区的文化意义和社会功能、遗产项目列入名录如何有助于实现其宗旨、遗产项目的存续力或面临的威胁、保护措施（RL）或保护计划（USL）的编制、社区参与程度及尊重其意愿且事先知情并同意的证据提供，乃至关系到包括图片和视频文件等所有信息的一致性和连贯性，因

---

① ［德］克里斯托弗·布鲁曼：《文化遗产与"遗产化"的批判性观照》，吴秀杰译，《民族艺术》2017年第1期。

而也有"牵一发而动全身"的关键作用。从这个首要环节开始,委员会及其评审机构就《名录》申报工作的相关细节不断给出建议,并在具体实践中不断修正,包括 2015 年核可的《保护非物质文化遗产伦理原则》①等。这一系列举措,都为缔约国的相关非物质文化遗产包括史诗传统进入国际视野给出了越来越清晰的指引。但从"遗产项目化"到"项目遗产化"往往要面对错综复杂的挑战,既往的申报实践也表明,这一进程并非没有矛盾和风险。

最后想说明的是,着手开展本项研究的想法由来已久。初衷主要在于利用《公约》搭建的名录申报—评审—履约机制考察各申报国(尤其是跨境共享)的史诗传统及其存续现状,从整体上把握活形态史诗传统在全球范围内的分布情况,了解相关国家采取的保护措施,以及社区、群体和传承人的参与程度,以便在非遗保护语境中为中国史诗学的学科化实践提供一些实际案例,由此丰富和深化既有的专业研究与政策研究。因此,就以上目标而言,本文的写作只能视为"千里之行"的第一步,后续的关联性研究还当渐次展开。

---

① 参见朝戈金《联合国教科文组织〈保护非物质文化遗产伦理原则〉:绎读与评骘》,《内蒙古社会科学》(汉文版)2016 年第 5 期。

第三编

传 说

非物质文化遗产与"物质"的关系

——以民间传说为例*

万建中**

摘　要：非物质文化遗产和物质文化遗产往往很难区分，两者只是侧重点不同而已。调查和研究非物质文化遗产不能忽视其中"物质"的形态。具象、直观的"物质"形态对认识非物质文化遗产具有重要意义，同时，也是促使非物质文化得以流传，使之成为遗产的不可缺少的因素。"物质"和非物质两者之间同构的互动关系，透视出非物质文化遗产流传的内在规律。

关键词：非物质文化遗产；民间传说；物质；关系

依据联合国教科文组织《保护非物质文化遗产公约》，非物质文化遗产包括五个方面：口头传统及其表现形式，民间表演艺术，民众的生活形态、礼仪和节庆活动，古代遗留下来的各种民间生活及科技知识，民间传统工艺和艺术。这五个方面的展示和传播，显然都依附于"物质"的因素。而这种依附不是连带的，"物质"成为非物质文化遗产流传过程中的结构内核。任何非物质文化遗产的呈现或展示，大多依赖物化形态的"道具"，都不可能是纯粹的稍纵即逝的举止投足和声音。我们在把握和认识非物质文化遗产的时候，不能对其"物质"的因素视而不见。实

---

　　* 原文刊于《北京师范大学学报》（社会科学版）2006年第6期。
　** 万建中，北京师范大学文学院教授。

际上，所有的非物质文化遗产都是在塑造或重构某一物质形态。时下各地兴起的对非物质文化遗产的抢救工作，毋庸讳言，在一定程度上也从事物化或固化的处理。下面以传说为例，展开这方面的论述。

一 传说由"物质"而存在

民间传说是非物质文化遗产的主要形态之一，以民间传说为考察对象，比较容易讨论这一问题。日本民俗学家柳田国男曾对传说与当地历史文化的密切关系予以特别关注，认为这是传说的主要特征："传说的中心必有纪念物的存在。自然、神社、寺庙、古冢以及其他的灵地、家族的本冢，原本就是信仰的相关，因而各自占据了可谓是传说的花坛之地位。村落成为中心之一，在于其作为发生地之外廓：奇岩、老木、清泉、桥、坡等的每一样，或许原本是类似于大纺织品中的一个图样之物，如今却大部分独立出来，并成为了传说的纪念物。"[①] 除了关于人物和历史的传说之外，所有的都是"物质"的传说，都是在说或传某一物质，传说由"物质"而存在。

在民间传说中有一类叫风物传说，钟敬文先生在《浙江风物传说》一书的"序言"中说："所谓'风物传说'主要是指那些跟当地自然物（从山川、岩洞到各种特殊的动植物）和人工物（庙宇、楼台、街道、坟墓、碑碣等）有关的传说。……除了自然物、人工物外，还有一些关于人事的，如关于某种风俗习尚的起源等。这些传说，也应当包括在内。"[②] 风物传说是对一个地方人工或自然景物形象的一种想象性叙事，是对某些风俗习惯的诠释。叙事和诠释的目的在于确认和提升景物、习惯的文化地位，并注入历史的逻辑力量。给风物提供的传说一般不是一个发生过的事实，却成为当地人一种"集体记忆"的历史资源，并为当地人的生活注入了生存环境的意义。可见，民间传说这类非物质文化的作用在于对物质形态人文因素的强化和提升。

---

① ［日］柳田国男：《传说论》，1940；《定本柳田国男集》（第五卷），筑摩书房1962年版；转引自［日］野本宽一《来自传说的环境论》，许琳玲译，《民俗学刊》，第六辑，第58页。
② 转引自屈育德《神话·传说·民俗》，中国文联出版公司1988年版，第97页。

风物传说的亚型之一物产传说更是直截了当的"物质"与非物质（口传）的结合。物产传说不仅描述了物产的生产情况和神奇作用，而且给这些劳动成果增添了人文的因素。在中国，地方物产与民间传说的联系极为紧密，似乎它们没有繁衍出一个或数个传说，那么它们就够不上地方物产的档次。通过传说的路径，把周围的自然或人工物产奇异化、神秘化，便是其中的突出表征。传说即成为"异化"物产的一个关键性的叙述话语。这一叙述话语的成功运用，给物产的坐落或遭遇抹上了人为的成分，使原来纯为物质形态的物产跃上了人文的层次，拉近了人与自然的距离，并拓宽了人们的文化生活空间。这显然是对乡民每天重复单调的生活方式的有效补偿。

　　有则鲁班的传说，很巧妙地与地方风物特色结合在一起。由于赵州桥十分坚固，又明显有些倾斜，就编制出下面的情节：鲁班造好赵州桥以后，自以为很牢固。多事的张果老就用他的毛炉驮了太阳和月亮，还有四大名山，要上赵州桥，并问鲁班，你的桥是否受得住我们驮的东西，鲁班没看出他们驮的是什么，就自夸"这小点东西，过得"。但是张果老一行一上桥，桥身就晃得"嘎吱"作响，桥身也朝一边倾斜。鲁班一看事情不妙，赶忙跑到桥下用手托住，用身子撑住，才保住了桥。张果老过桥后，桥身就朝一边倾斜，桥下石柱上还留有鲁班的手印和背靠的印迹。

　　地方风物将民间传说这类口传的非物质文化遗产演绎得有板有眼，由于两者捆绑在一起，容易发生变异乃至失传的传说获得了和赵州桥同样久远的生命力。其实，大多非物质文化遗产就像民间传说一样，尽管作用于精神和心理的层面，属于意识领域的，通过口头和行为动作的方式展现出来，但它们同样包含了某种物质实体，不可能稍纵即逝，表演完，就消失得无影无踪。考察和研究非物质文化遗产不仅不应该忽视"物质"的成分，而且应该从"物质"的因素入手，这样可能更容易抓住问题的本质。

二　传说肇始于"物质"实体

　　一些非物质文化之所以能够流传下来，成为遗产，主要在于某一

"物质"形态的推动。一般认为，物质是可感的、直观的、具象的、有形的、静态的，而非物质是活动的、意识的、无形的、难以直观显现的。在所有的非物质文化遗产中，民间信仰大概是最具意识的了。可对民间信仰的体验恰恰需从某一物质形态切入。

禁忌既是一种常见的民间信仰现象，在常态下又是一种无形的文化符号。由于其是"没有外在行为的民俗"，其实施既没有大的仪式场面，甚至也不会影响社群内成员的日常生活及民俗生活，人们不必为之特意腾出活动的时间。实施禁忌的全过程是平静的，似乎什么事都没有发生。禁忌只有在被怀疑或遭遇被冒犯及其载体被表述时，人们才真正意识到它的存在和威力。

1998年8—9月，笔者在江西省抚州地区南丰县太和乡茶衕村做了为期半个月的调查。在调查中发现，尽管禁忌无处不在，但并不会妨碍村民的生活。他们并没有意识到自己生活在禁忌的网络之中。当笔者询问他们有什么事情不能做，做了就会发生灾祸时，他们竟一个也回答不出来。在笔者提示之后，他们才说出了一些。但他们对此不以为然。他们说，一种东西不可以吃，还有很多东西可以吃。当问到有没有人违禁时，他们说祖宗传下来的规矩，无人会反对。似乎这是极容易做到也极自然的事情。他们对本社区的禁忌风俗习以为常，从不以道德及科学的理念去评判身边的禁忌，以为禁忌即为生活本身，无须为之添枝加叶。除了很可能被触犯的危险期，禁忌实际上一直处于"休眠"的状态。

笔者如果不主动开启禁忌方面的话题，大概直到离开村子，也不会与禁忌相遇的。茶衕村东北角的山脚下有一座方砖大祠堂。笔者随父母来到那里时，祠堂已成为生产队的粮仓。在距祠堂北角近10米的地方生长着一棵需4人合抱主干的樟树。枝杈四面延展，四季郁郁葱葱，遮天蔽日。枝叶之下阴气森森，极少有人光顾。

20世纪70年代初，六七个上海知识青年进入村子，不久就开始盛行制造樟木家具。当时上海知青回上海探亲，主要带两种土产品，一是小竹子笋干，一是樟木箱。大概是出于保护森林的目的，政府后来规定一人只能携带一个樟木箱。他们采取变通的手段，大箱套小箱。一两年的时间，村子附近的樟树被砍伐殆尽。有一天，一位知青不知从哪里弄来一把大锯，把古老樟树一根低垂的枝干锯了下来。此事立即在全村炸开了锅。人们纷纷说将有大难降临，全村笼罩在一片令人窒息的恐怖气氛之中。祠堂大门口挤满了人，个个惶恐不安，人群中间站着的是德高望重的炳仔公公。他70多岁，负责查看和管理农田里的水，不需和大家一道出工。此时他脸色铁青。大家一个劲地问他该怎么办，他叫大家立即清扫祠堂，列放邹家（村子里95％的人家姓邹）祖宗的灵牌，并叮嘱不能挪动已锯下的樟树枝，就让它放在树底下。当天晚上，宰了一口猪及杀了数只鸡，费用由肇事的知青出。猪鸡烹煮熟后及时端至祠堂祭祖。祠堂内香火明灭，烛光闪烁，樟树四周也燃起了数堆纸钱。请求祖灵宽恕的声音响彻夜空。接下来的几天，大人们都是在担惊受怕、忐忑不安中度过的。大概是平时山村"无事"的缘故，这一重大事件给笔者的印象特别深。30多年过去了，当时的情景仍历历在目。

不过，笔者那时毕竟只是个孩子，不谙事理，只图热闹，而不关心事情的原委。这次重访故地，主要目的是探寻这棵古樟成为禁忌物的由来。炳仔公公早已作古，我拜访了几位70岁左右的老人，他们对20多年前知青伐樟事件亦记忆犹新。当笔者问何以人们极度恐慌时，他们不约而同地讲述了下面的传说。

很久以前的一个夏天，伢崽邹细毛的母亲生了重病，请了好几位郎中，吃了很多药都未见好。后来在胡乔仂（南丰县城乡流传的一位徐文长式的机智人物）的指点下，从很远的付坊乡请来了专治怪病的神医。他开出的药方中有一味是引药，就是用猫头鹰煮的汤来做药引子。伢崽一连几昼夜四处寻找，连猫头鹰的影子都没看见，急得团团转。

他知道祠堂旁的古樟树上有猫头鹰，因为在晚上时常可以听见它们的叫声。没有办法，伢崽在一个夜里，提着铳，打着松明火，来到樟树下。借着火光，不一会，就发现一只猫头鹰栖止于一根树枝上，一动不动。"轰"的一声，铳响划破静谧的夜空，猫头鹰应声落地。各种鸟类皆被惊起，搅得树叶哗哗作响。伢崽急忙拾起猫头鹰，赶回家熬汤煎药。

第二天清早，男人们像往常一样来挑水，却发现井里盘着一条粗蛇，蛇头仰出井口，甚是吓人。不一会儿，井的四周围满了人，谁也不敢向前，有些小孩企图向蛇扔石块，被老人们厉声制止。有人提到了晚上的响铳，并说肯定是惊扰了樟树上的祖灵，祖灵生气了。这条大蛇是祖先显的灵。细毛这时也在人群里，他颤抖、哆嗦着对众人说，他是为了母亲的病打死了树上的一只猫头鹰。

　　蛇的上身突然升出井口好几尺高，嘴里咝咝吐气，显得愤怒异常。大家商议之后，纷纷来到祠堂，拜祭祖先，请求宽恕。细毛的母亲也被抬到祠堂点香焚纸。敬奉了大约三天三夜，大概是神灵被感动了，蛇才缓缓从井里出来，向古樟爬去。从此以后，谁也不敢伤害古樟，连掉下来的枯枝也无人去捡。

　　茶衕村的成年人几乎都知道邹细毛打死猫头鹰的传说，它传达出关于古樟树的禁忌以及违背禁忌所导致的恶果。樟木在整个江西意义非常，清《道光清江县志》记载："木之属有樟，诸材独此为最，故古称豫章也，以材著也。"《搜神后记》《豫章记》《太平御览》《宣室志》等，都记有三国东吴大将聂友"夜射白鹿，中樟灭怪"的故事。大意是聂友打猎，逐白鹿至此，矢中大樟，灭了樟树精。关于古樟精的传说在江西十分流行。在有这传说之前，古樟无疑是崇拜和禁忌的对象。为了保持不伤害古樟树、崇拜古樟树的观念和行为这类文化符号的神圣性及神秘性，人们让它附会在一个"真实可信"的传说之上，并成为口述史世代传播下来。传说诠释了古樟树崇拜和禁忌的起源，并纳入了深入人心的祖先崇拜的意识。这样，已具威慑力和权威性的传说便成为村落内成员相互（主要是年长的对年轻的）训诫的宗教式话语。超越了祖先崇拜辐射的区域，这话语便不起作用。甚至还有这样的情况，尽管村落成员的理性与智慧的程度足以使他们认识到触犯禁忌（砍伐古樟树）绝不会招致事实上的惩罚，但他们对祖先生而有之的情感及敬畏也足以使他们负担不起亵渎祖先的罪名。

　　当地人对古樟树崇拜观念的表述和延续，显然依赖了上面引述的传说。对当地人而言，古樟树毕竟不只是自然遗产，而且是非物质文化遗产，是一个已经符号化了的象征物。这一从"物质"到"非物质"的提升，传说起了决定性的作用。在有关古樟禁忌不被触犯的情况下，其实际是没有丝毫"动静"的存在，缺乏任何外在化的直观可视的举动和程式。禁忌"力"的释放也是静悄悄的、不知不觉的。而一旦古樟禁忌转换为民间口头传说，也就将自己固有的魔幻力量张扬开来并移植给了传说，或者说禁忌的魔力在传说中得到转换和加强。如此，与其说禁忌作为一种习俗存在于民众生活之中，不如说禁忌作为一则口承文本，存活于民众的口耳之中。禁忌习俗只是一个空壳，传说则是血肉文本。犹如"风物"借助传说使自身获得了文化价值一样，古樟等禁忌物依靠传说而获得了其"神"性，而"神"性是一切处于常态中的物体进入禁忌层次的必要条件。

这反映了非物质文化遗产流传和保存的一个普遍现象，即它们的存在形式往往不是单一的，任何一种非物质文化遗产都处于一个系统的结构之中，牵涉诸多的展演形式，这些展演形式构成互为依存的关系。尤其是民间信仰，它不能自我展示，一定要在仪式或传说中获得认定。古樟树崇拜、古樟树禁忌、古樟树传说及古樟树本身四位一体，共同营造出一个神圣的空间。这四个方面的排列从虚到实，也可以说是从非物质到物质，古樟树是这一信仰体系中的核心和基础，没有古樟树，神圣的空间就无从建立，传说也无事可传。古樟树支撑并延续着信仰与传说。

非物质文化遗产的生存离不开人自身的言行，或者说，言行表达和构建了非物质文化遗产，而物质文化则是由人创造和认定的客观实在。"言"是在"说"物质，"行"是在制造物质，物质与非物质之间互为依存、互为表达。因此，考察和认识非物质文化遗产，不能忽视其中的"物质"因素。

三　传说伴随着景观的构建

许多非物质文化遗产之所以能够流传，实际上并不在于人们认识到其价值，而在于其本身迎合了流传的规律。其中"物质"的因素起了重要的作用。传说总是和特定的事物相关。传说的核心，必有纪念物。无论楼台庙宇、寺社庵观，也无论是陵丘墓冢、宅门户院，总有个灵异的圣址，信仰的靶的，也可谓之传说之花坛，发源的故地，成为一个中心。[1]

又以人物传说为例。屈原传说最初见于汉代诗人贾谊的《吊屈原赋》，其中一节为"侧闻屈原兮，自沉汨罗。造托湘流兮，敬吊先生。遭世罔极兮，乃陨厥身"。点明了屈原投江的事件仅仅是侧闻，即传说。之

---

[1] ［日］柳田国男：《传说论》，连湘译，中国民间文艺出版社1985年版，第26—28页。

后，司马迁《史记·屈原贾生列传》的描述更为详细：

> 屈原至于江滨，被发行吟泽畔。颜色憔悴，形容枯槁。渔父见而问之曰："子非三闾大夫欤？何故而至此？"屈原曰："举世浑浊而我独清，众人皆醉而我独醒，是以见放。"渔父曰："夫圣人者，不凝滞于物而能与世推移。举世混浊，何不随其流而扬其波？众人皆醉，何不餔其糟而啜其醨？何故怀瑾握瑜而自令见放为？"屈原曰："吾闻之，新沐者必弹冠，新浴者必振衣，人又谁能以身之察察，受物之汶汶者乎！宁赴常流而葬乎江鱼腹中耳，又安能以皓皓之白而蒙世之温蠖乎！"乃作怀沙之赋。于是怀石遂自投汨罗以死。①

司马迁所记述的屈原在投江之前的神态、与渔父之间的对话以及"怀石"投江的细节，都使贾谊所谓的"侧闻"变得实实在在起来。此后，人们"认为屈原确实是在汨罗投江自尽，并且以地名、建筑物和端午的竞渡风俗及投吊的祭祀活动等形式，标志屈原投江和遗体回乡的具体地点、纪念投江的日期，使贾谊之赋所传承的'侧闻'逐渐变为以实物、风俗等文化景观为记载形式的事实"②。传说在流传的过程中不断地被细节化、"物质"化，后者主要指增加了村落、建筑、石碑及其他物象的具体景物。"物质"的因素可以明确传说的具体地点，从而强化传说的真实性。

屈原传说在传说的过程中，不断有相关的"物质"因素为之佐证。首先是地名。屈原流放的沅湘一带有一地名叫"秭归"，北魏郦道元在《水经注》中引用了东晋人袁山松的说法："袁山松曰：屈原有贤姊，闻原放逐，亦来归，喻令自宽。全乡人冀其见从，因名曰'秭归'。即离骚所谓'女媭婵媛以詈余也'。"③ 女媭，这里即指屈原的姐姐。"秭归"地名的设立与屈原姊弟一起归乡的传说密切相关。实际情况是，据《汉书·地理志》记载，西汉元始二年（公元2年），秭归是南郡所辖十八个

---

① 司马迁：《史记·屈原贾生列传》，中华书局1959年版。
② ［日］小林佳迪：《"屈原传说的现实化现象"及其地域性表现》，载国际客家文化协会编《客家与多元文化：创刊号》，亚洲文化综合研究所出版会2004年版，第174页。
③ 郦道元：《水经注》（卷三十四），上海古籍出版社1990年版。

县之一。① 说明"女媭"传说之前,秭归已是一个行政区划的地名。显然是人物传说对这个地名进行了附会和演绎。

又据《水经注》记载,秭归"县北一百六十里有屈原故宅,累石为室基,名其地曰'乐平里'。宅之东北六十里有女媭庙,捣衣石犹存"。捣衣石后又被称为"女媭砧",清代地方志《宜昌府志》云:"每当秋风苦雨之间,砧声隐隐可听。"隐隐可听到的砧声隐喻着当地人对屈原投江的追念。秭归、屈原故宅、女媭庙和捣衣石等地名和建筑物,都是带有"物质"性质的文化景观,使屈原投江的传说更加有根有据。这些富有地方特色的文化景观成为当地最为显耀的文化标识和符号。它们以及后来再建的与屈原有关的文化景观,一直默默地讲述着屈原的传说,以使屈原的传说不被遗忘。

作为非物质文化遗产之一的民间传说,其出发点和落脚点都是某些"物质"形态,传的和说的都是某种具体可感的文化景物。倘若秭归、屈原故宅、女媭庙和捣衣石等地名和建筑物不复存在了,屈原的传说便很可能处于危机之中。正因为如此,后来人总是在依据已有的传说,修建人文景观。"《异苑》:长沙罗县有屈原自投之川,山水明净,异于常处,民为立祠,在汨潭之西岸,磐石马迹犹在。相传云:原投川之日,乘白骥而来。"② 除立祠外,后人又据前引屈原对渔父所吟"举世混浊而我独清,众人皆醉而我独醒"之句,在汨罗江畔建造了一个叫作"独醒亭"的渡船亭。屈原传说的流传一直伴随着这类相关景观的建造。这种建造,不仅仅是为了单纯纪念的需要,也不仅仅是为了丰富当地人文环境,潜在的目的恰恰是满足了屈原传说本身的流传。每一个人造景观,都是为后人提供的讲述范本。

《保护非物质文化遗产公约》第二条是这样定义非物质文化遗产的:"'非物质文化遗产'指被各社区群体,有时为个人视为其文化遗产组织部分的各种社会实践、观念表述、表现形式、知识技能及相关的工具、实物、手工艺品和文化场所。"非物质文化遗产本身就包含物质形态。两者之间同构的互动关系透视了非物质文化遗产流传的内在规律。

---

① 班固:《汉书》(卷二十八上),《地理志》(第八上),中华书局1962年版。
② 迈柱、夏力恕:《湖广通志》(卷十一),清雍正十一年刻本。

民间传说及其保护问题

——在"非物质文化遗产·中国六大传说保护与传承高峰论坛"（诸暨）的发言[*]

刘锡诚[**]

很高兴来诸暨参加由文化部民族民间文艺发展中心主办的民间传说保护座谈会。2008年是由文化部于2005年启动的非物质文化遗产全国普查的最后一年，本次普查将于年底基本结束。这是20世纪80年代围绕"十大文艺集成志书"开展的全国民间文艺普查之后，又一次全国文化普查，与上次文艺普查相比，本次普查不仅是在新的文化理念指导之下进行的文化资源调查，而且范围和规模也都宽得多了，提出了比以往那次普查更多的指标和数据，无疑是对全国基层文化部门和工作人员的一次新的挑战。相对于20世纪80年代的那次调查，本次普查是在全球化、现代化、城镇化、市场化急剧发展的形势下进行的，流传于民众中的各类非物质文化遗产面临着严峻的传承困境，有些承载着传统文化（包括口头文学）的老故事讲述家、歌手、艺人已经过世了，许多传之既久的口头作品要么因传承人的死亡而传承中断了，要么因青年人在生产方式和社会生活的变迁中不愿意再传递而传承中断了，因而本次调查增加了很多困难。但我们不能因社会环境的变化而对文化普查产生畏难情绪，不能因社会转型而对调查标准有丝毫降低。我们要在这次世纪之初的普查中，通过对口述文本的忠实记录，

---

[*] 原文刊于《西北民族研究》2008年第4期。
[**] 刘锡诚，中国文联理论研究室研究员（退休）。

进行综合的和个案的研究评估，摸清楚在20世纪末和21世纪初当下社会民众流传的民间文学、民间传说，与20世纪80年代的生存状况相比发生了什么样的变化，从而取得民间文化发展和变迁的真实情况和相关数据，以及找到口头文学的发展规律，譬如，民众的社会思想诉求和审美趋向各自发生了什么样的变化，口头文学的传播在农耕文化和宗法社会条件下向现代化转型中的走势。在本次普查结束之后，我国将获得包括民间文化资源在内的更为全面的当代文化资源。普查中所得的文字记录、音像、影像等资料，将依次编入国家级和省级非物质文化遗产数据库，逐步做到资源共享；民俗文物、剪纸绘画等，将依法上缴，为文化部和各级文化主管部门指定的博物馆或陈列馆予以永久保存。在直接的意义上讲，这次普查是"非遗"保护的基础。从更高的意义上讲，这次普查是一次文化国情调查。今天，我们以进入国家非物质文化遗产名录的项目为对象，亦即在普查工作取得阶段性成果的时候，来讨论民间传说的保护问题，就不再是坐而论道或纸上谈兵，而是有的放矢，因而我们的研讨就显得更有针对性、更易于深入、无疑也更具有示范意义了。

一　民间传说保护的喜与忧

2006年公布的第一批国家级非物质文化遗产名录"民间文学"类中入选了6个民间传说项目，即：孟姜女传说（山东省淄博市）、董永传说（山西省万荣县、江苏省东台市、河南省武陟县、湖北省孝感市）、梁祝传说（浙江省宁波市、杭州市、上虞市，江苏省宜兴市，山东省济宁市，河南省汝南县）、白蛇传传说（江苏省镇江市、浙江省杭州市）、西施传说（浙江省诸暨市）、济公传说（浙江省天台县）。

2007年12月31日公示的第二批国家级非物质文化遗产名录推荐名单，"民间文学"类中，又新增了19个民间传说项目和4个神话项目，即：牛郎织女传说（陕西省长安县、山东省沂源县、山西省和顺县）、秃尾巴老李传说（山东省即墨市、文登市、莒县、诸城市）、杨家将（穆桂英）传说（北京房山区燕山特区、山西大学传统文化研究中心）、刘伯温传说（浙江省青田县、文成县）、屈原传说（湖北秭归县）、王昭君传说（湖北兴山县）、陶朱公传说（山东省定陶县）、木兰传说（湖北省武汉市黄陂区、河南省虞城县)、鲁班传说(山东滕州市)、徐文长故事(浙江省绍兴市)、观音传说(浙江省舟山市)、黄大仙传说(浙江省金华市)、八仙过海传说(山东省蓬莱市)、徐福东渡传说(浙江省象山县、慈溪市)、麒麟传说(山东省巨野县)、长城传说(北京市延庆县)、永定河传说(北京石景山区)、西湖传说(浙江省杭州市)、崂山传说(山东省青岛市崂山区);创世神话(河南省济源市)、盘古神话(河南省桐柏县、泌阳县)、尧的传说(山西省绛县)、炎帝神农传说(湖北省随州市曾都区、神农架林区)。第一批名录中已经立项、第二批名录扩展的项目有:孟姜女传说(河北省秦皇岛市、湖南省津市市)、董永传说(江苏省金坛市、山东省博兴县)。

这样一来,进入国家名录和推荐名单的神话和传说项目已达29项,有53个流传与保护地区,涉及的申报省市和项目保护单位如下。

北京(3项)	山西(4项)	河北(1项)	山东(13项)	江苏(4项)	浙江(14项)	河南(6项)	湖北(6项)	湖南(1项)	陕西(1项)
长城传说(延庆县)	董永传说(万荣县)	孟姜女传说(秦皇岛市)	孟姜女传说(淄博市)	董永传说(东台市)	梁祝传说(宁波市)	梁祝传说(汝南县)	董永传说(孝感市)	孟姜女传说(津市市)	牛郎织女传说(长安县)
永定河传说(石景山区)	牛郎织女传说(和顺县)		梁祝传说(济宁市)	梁祝传说(宜兴市)	梁祝传说(杭州市)	董永传说(武陟县)	屈原传说(秭归县)		
杨家将(穆桂英)传说(房山区燕山特区)	杨家将(穆桂英)传说(山西大学)		牛郎织女传说(沂源县)	白蛇传说(镇江市)	梁祝传说(上虞市)	木兰传说(虞城县)	王昭君传说(兴山县)		

续表

北京 (3项)	山西 (4项)	河北 (1项)	山东 (13项)	江苏 (4项)	浙江 (14项)	河南 (6项)	湖北 (6项)	湖南 (1项)	陕西 (1项)
	尧的传说（绛县）		秃尾巴老李传说（即墨市）	董永传说（金坛市）	白蛇传传说（杭州）	创世神话（济源市）	木兰传说（武汉市黄陂区）		
			秃尾巴老李传说（文登市）		西施传说（诸暨市）	盘古神话（桐柏县）	炎帝神农的传说（随州市）		
			秃尾巴老李传说（莒县）		济公传说（天台县）	盘古神话（泌阳县）	炎帝神农的传说（神农架）		
			秃尾巴老李传说（诸城市）		刘伯温传说（青田县）				
			陶朱公传说（定陶县）		刘伯温传说（文成县）				
			鲁班传说（滕州市）		徐文长故事（绍兴市）				
			八仙过海传说（蓬莱市）		观音传说（舟山市）				

续表

北京 (3项)	山西 (4项)	河北 (1项)	山东 (13项)	江苏 (4项)	浙江 (14项)	河南 (6项)	湖北 (6项)	湖南 (1项)	陕西 (1项)
			麒麟传说（巨野县）		黄大仙传说（金华市）				
			崂山传说（青岛崂山区）		徐福东渡传说（象山县）				
			董永传说（博兴县）		徐福东渡传说（慈溪市）				
					西湖传说（杭州市）				

中国是个传说大国。凡是有人群的地方，就有各种各样的传说被创作出来并流传。民众中流传的民间传说，是难以用精确的数字来表达的。据统计，从1984年起，为编纂"民间文学三套集成"中的《中国民间故事集成》而开展的普查，前后持续了5—10年，全国各地的民间文学工作者在普查中收集到的民间故事，数量达184万篇。[①] 这个统计数字指的是广义的民间故事，包括神话和民间传说在内，如果以传说、故事各半

[①] 中国民间文学集成总编辑部：《任重行难 成绩斐然——全国民间文学集成工作已逾十年》（1996年12月汇报材料）；《中国民间文艺研究会1997—1999年工作规划要点草案》，载中国民间文艺家协会《民间文艺家》1998年第1期；刘锡诚：《20世纪中国民间文学学术史》，河南大学出版社2006年版，第711页。

的比例把传说单列出来，则总有90万篇之巨。传说既是人们娱乐解颐、丰富知识、提升审美情趣的深入浅出而又富于想象的民俗文艺形式，又是传授人生经验、伦理道德、历史事件、治国安邦、讴歌英雄伟人的知识宝库。那些以历史上的各类出众人物（包括帝王将相、英雄豪杰、文人墨客、工匠大师、宗教职业者等）为主人公的传说，学术上称作人物传说。那些围绕着历史上发生的大事件，特别是那些充满神奇色彩和震撼人心、壮怀激烈的事件，总会被附会成传说，学术上称作史事传说。民众也喜欢赋予目力所及的山水草木等自然景观、庙宇建筑、园林宫观等文化遗存以传说的形式，学术上称为风物传说或地方传说。各种风俗习惯，也多有传说相随，学术上称为风俗传说。原始神话中那些具有神格的神祇（或英雄）人物，如已经进入第二批国家级"非遗"名录推荐名单中的"尧的传说""炎帝神农的传说"等，还有黄帝、颛顼、帝喾、舜、鲧、禹等，也往往会在其发展过程中遭遇"历史化"，而由古老的神话变成民间传说。此外，还有动物传说、植物传说、工艺传说，也都各具异采和内涵，特别是那些动物故事中的角色，有的可能是某些族群远古时代的图腾祖先，有的可能是原始神话中给人类带来粮食、火种和智慧的"文化英雄"，隐藏着宝贵的远古信息和特殊的社会功能。如此等等，不一而足。

作为民间文学的基本形式和类别之一，民间传说是亿万民众（主要是农民群体）口传心授、世代传承的文艺形式和知识宝库，在民众生活中具有不可替代的教育和娱乐作用，有强大的生命力和影响力。只要农村聚落这种居住形式仍然存在，只要有可供群众交流的场合，或炕头，或地头，或场院，或戏楼，只要稍有闲暇的时间，就会有讲传说故事和听传说故事的活动。讲听传说故事是亿万民众所创造和享有的一种重要的文化传统，它如同一条滔滔的江河，永不枯竭地流淌着，与被统称为民间文学的神话、故事、歌谣、史诗、小戏、小曲、谣谚等一起，成为拥有最为广大的创作主体和受众的"国学"。

对于在960多万平方公里土地上的13亿人口中流传的浩如烟海的民间传说而言，进入国家级保护名录的这29个项目、53个保护单位，实在是微不足道的，远远不能反映我国各民族各地区的民间传说全貌之万一，像一些妇孺皆知的传说，人物传说如文圣人孔子的传说、武圣人关公的传说，风物或地方传说如五岳（东岳泰山、西岳华山、北岳恒山、南岳衡山、中岳嵩山）五镇的传说，母亲河黄河、长江的传说，等等，都还没有引起有关地方文化主管部门的重视，但我们毕竟迈出了第一步，有了第一批得到国家保护的民间传说，仅此一点，可使我们得到些许的安慰。经过五年来非物质文化遗产保护工作的锤炼，省市（地）县文化主管部门及广大文化工作者的"文化自觉"意识，也已经得到了显著的提升，相信更多的流传于民众口头上的民间文学各类题材和民间文学讲述者、演唱者、传承者，会在国家、省（市）、地（市）、县不同层面上得到保护。

从上述情况看出，一方面，我们面对的是民间传说在各地的广泛流传以及因其赖以存在的农耕文明条件的逐渐丧失而导致的急剧衰微趋势，另一方面，通过申报省级名录和国家级名录加以保护以及实际上进入名录的民间传说数量甚少，仅有29项53个保护地，就省市自治区而言，仅有10个省、自治区、直辖市，占不到全国的1/3，还有21个省、自治区、直辖市连一项都没有申报或进入名录，实际进入保护名录的数量与民间社会的贮量之间，存在着巨大的差距。这种状况，不能不使人们对民间传说的衰微状况仍然没有受到各级文化主管部门和文化工作的领导者的应有的重视感到忧虑，尽管进入省级名录和国家级名录仅仅是保护工作的第一步。

二 从传说的特点说到传说的保护

民间传说的最主要的特点是，首先，以现实世界中存在的事物和人物为主要蓝本或凭依和根据，经过群体的口口相传，在传递中被添枝加叶，逐渐附会和融合上一些与本事相关联的事件、人物、故事、情节和细节。构成传说的基础或核心部分的现实中的事物和人物，在日本学者柳田国男笔下，叫作"核心"或"纪念物"。① 由于民间传说有一定的事实为核心或凭依，故民间传说有可信性的特点；经历过时间上久远的传播和空间上跨地区的传播之后，民间传说在流传中粘连上的那些无据可

---

① ［日］柳田国男：《传说论》，连湘译，中国民间文艺出版社1987年版，第26页。

考的部分，也有可能变成信史。

其次，由于传说是民间口头散文叙事作品，与诗体叙事的相对固定不同，传述者在传述民间传说时有较大的可发挥的自由度，所以，现实存在的事物和人物一旦进入民众的群体创作和传承过程，随着口口相传的传播的演进，便距离事物和人物的本事越来越远，越来越受到想象力的控制和支配。同样，因传说的讲述是散文叙事模式，每一个讲述者以自己独特的情节结构和语言表达方式讲述，故同一个母题的传说，出自不同的讲述者之口，文本就颇显不同，即使同一个讲述者在不同时间、不同场合里的讲述，其文本也可能出现差异甚至颇不相同。如此，才显示出民间传说的个性风格和文本的独特的艺术多样性。

这两批国家级名录中的29个民间传说项目又显示出什么特点呢？

第一，这些民间传说一般都是有久远的流传历史，影响颇大，形成了"传说丛（群）"和"传说圈"，其本事起源于当地或与当地有某种渊源关系。我所说的"当地"，是指向国家申报而进入国家名录并得到认定的这些保护地区和单位。像流传范围广及全国各地的牛郎织女传说、孟姜女传说、梁祝传说、董永传说，在西周至汉代就留影于文献古籍了，它们都拥有漫长的流传史。至于白蛇传传说的起源，素有外来说和本土说两种意见，至今还不是很清楚，总之，其起源不早于唐，真正在民间流传和被文人采入评话小说，则是明代的事。人物传说（无论是历史人物还是工匠传说）则其传主要么曾经以某种身份（如做官、如征战等）在当地羁留过，如刘伯温传说、木兰传说、杨家将传说、王昭君传说、西施传说和陶朱公（范蠡）传说等；要么其生平业绩与当地有关，成为当地民众记忆和讴歌的对象，而后广为流传，如屈原传说、鲁班传说、徐文长传说等。

第二，就这些已经进入国家名录的传说的构成而言，人物传说占了大多数，地方传说或风物传说占了少数。这个比例，也许是与传说的自然构成状况不符的。人物传说中，大多数又是历史上实有其人、实有其事，或有某些历史的影子，经过流传，逐渐附会演化为传说的。这类传说中最令人瞩目的是孟姜女传说、梁祝传说，而牛郎织女传说和白蛇传传说并没有什么历史的真实葛藤作为凭依或蓝本；少数是仙乡传说或宗教人物传说，仙乡传说，如八仙过海的传说、徐福东渡的传说，宗教人物传说，如观音的传说、黄大仙的传说等。还有三个是由神话演化而为史事传说的，如盘古传说、尧的传说和炎帝神农的传说。地方传说或风物传说在我国特别发达，这是因为人们热爱自己的家乡，总愿意把自己家乡的一山一石想象成美丽的所在，并赋予它们超群的品格和美好的形象，同时也把人间的灾难和机遇加诸它们的身上，于是，关于地方的传说和风物传说不断被创作出来，并不断被堆叠上一些想象的情节和元素，而且越是后期黏附上的东西越有强大的魅力和生命力，促进了传说的深入人心，从而获得了传承延续的驱动力。如西湖的传说成了人们眼中美丽的象征；长城的传说寄托了下层民众对秦始皇暴政的谴责；永定河传说则隐含着河水为患、人定胜天的思想和事迹。

第三，各地区在这些传说的申报材料中，对原本就深厚的历史背景资料做了最大限度的钩沉和梳理，再现了每个传说的历史发展脉络，对于我国过去的这类传说的理论研究，做了超越性的工作。但遗憾的是，对这些传说在现代的流传情况，所做的调查研究和作品的收集却普遍不太令人满意。这种情况的出现，笔者以为是由于各地更多地把所申报的民间传说当成了"遗产"，当成了可供开发的品牌，而没有明确地认识到，民间传说的申报和保护，其目的在于促进和实现其"传承"和延续（即联合国文件所说"可持续发展"）。因此，在申报和评审过程中，笔者向一些咨询单位和文化干部强调，请他们至少提供20篇当代还在流传的民间传说的记录文本，而且对所提供的传说的当代记录文本，附加了两方面的要求。一方面是对内容的要求。至少要有三个小类（亚类）的记录材料：（1）有关本事的传说文本；（2）与当地地方风物粘连的传说；（3）与地方时令风俗粘连的传说。另一方面是对讲述者的要求。讲述者主要应该是那些生活在村子里不脱离生产劳动的农民、农妇、手工业者等，而不是那些县市领导部门里的干部或旅游景区的讲解员。后者讲述的或写作的文本，大体上都是些通用的政治文体、没有语言特色的媒体时文，而不是有叙事个性的民间传说故事。

当然，传说的内容不限于这三类，越是丰富多样越好，但这三条应是最低限度的要求。有了这三种类型的传说记录文本，讲述者主要是生活在聚落里的老百姓，那么，参与评审者就能对这些民间传说在当代、在当地是否还有口头流传以及是否有保护的价值和可能，作出正确的判断。

笔者所提出的这些要求，也许不能完全符合教科书里讲的那些特点，缺乏课程要求的那种严密性和周全性，但我相信大体符合民间传说名录申报和保护的要求，更重要的是具有实际的可操作性。

从目前的情况看，在两批国家级"非遗"名录中的传说项目，数量还很少，远远不能反映我们这样一个泱泱大国浩如烟海的民间文学的整体面貌。造成这种状况的原因是多方面的。最不可忽视的，是我们国家体制对文化的分割，"文化部不管文学"的观念，从新中国成立之日起就根深蒂固，直到现在仍然没有根本的改变，正确的文化理念至今没有建立起来，文化分割、管理分散的状况，至今没有得到有效的整合。于是，地方文化主管部门主要管音乐、舞蹈、戏曲、曲艺等表演艺术，而不管民间文学、不管手工技艺、不管民俗生活等原本属于"非物质文化"的这些重要文化领域。长期不管的结果，是不懂，是陌生。国家部委的"大部制"调整原则已经确立，我们期待着这种长期形成的不合理、不科学的文化分割的局面尽早结束，文化部的"大部制"改造就从"非遗"保护开始吧。

三 保护的重点在传承和传承人

民间传说的保护，广而言之，民间文学的保护，重点在根据其固有特点建立和健全一个适合时代需要和可持续发展的传承机制，从而使产生和流传于农耕文明条件下的传统民间传说，在现代条件下仍然能够得以继续传承。而居于这个机制核心的是传承人、讲述者、故事家、歌手。故事家是民间故事传说的主要载体和其得以传播、传承的关键。

但传说有传说的特点，传说的特点与手工艺不同，与传统戏曲也不同，它是最具群体性的一种民俗文艺表现形式，而不是如手工艺、戏曲那样专业性很强的表现形式，因此，传说的保护措施要依其特点而定。已经入选第一批国家级"非遗"名录和第二批国家级"非遗"名录推荐名单的传说项目，保护单位也都提出了一些代表性传承人（故事家），尽管他们不是国家认定的代表性传承人，而可能是省级或县级代表性传承人。一般来说，对于一个传说项目来说，不大可能有一个杰出的传承者，甚至不大可能有像长篇史诗的演唱者那样以长时间演唱和游吟演唱为业的艺人，而是只有一些生活在老百姓中的普通劳动者，他们只是在茶余饭后、闲暇时、开村民会或小组会前，在井台上、在柳荫下……给村民们讲讲故事。有时讲故事、听故事还分别男女，有的是只能给男人听的，有的是只能给女人听的。当然，中国很大，各地情况不一，不排除少数地方有戏楼、鼓楼一类的固定议事场所和娱乐场所。但反过来，一个杰出的民间文学、民间传说传承人，则可能就同一个传说故事，讲出几个不同的文本来。这样杰出的传承人、故事讲述家，各地都有，要善于发掘。进入第一批国家级非物质文化遗产代表性传承人名录的民间传说故事传承人只有六个：河北省藁城市耿村的靳正祥、靳正新，湖北省宜昌市夷陵区下堡坪村的刘德方，重庆市九龙坡区走马镇的魏显德，辽宁省新民市太平庄的谭振山，以及江苏省常熟市白茆村的陆瑞英（故事兼民歌）。他们堪称讲述民间传说故事的大师。国际上一般认为能讲50个、100个民间故事的就是大故事家了，而他们几个，都能讲500个以上的民间故事。评审组在评审代表性传承人时，是以能讲述500个传说故事为国家级民间文学传承人的底线的，故而南方的故事村伍家沟的故事家能讲400个，未能进入国家级传承人的行列，殊为遗憾。我想，这个底线可能是太高了，应该修改。能讲十几个、几十个传说故事的人，各地都有，要善于发现和发掘，不要看不起他们，他们都是我们民间文化的瑰宝，是传递我们的文化传统的"火炬手"。要保护现有的传说讲述者、故事家，只要他们能讲述他们记忆的传说故事，而且在他的周围有一些听众，有讲故事和听故事的环境，那么，传说故事就不会绝种，民间文化的传统就不会中断。只有他们才能阻遏传说故事急速衰亡的速度。政府文化主管部门的责任，是千方百计为传承者讲述传说提供良好的社会的、物质的条件，特别是要提倡培养讲故事的后来者和培养听众。"培养听众"在当今之世，不是戏谈，而很有必要。马克思不是也说过，要培养懂得美的观众吗？因为在当代，青年一代有了多种获取知识的渠道和自我娱乐的方式，讲故事、听故事、唱民歌只是其中的一种。在多种方式和兴趣的诱惑下，讲听传说故事的需要，正处在日渐消解的趋势之中。

记录并出版民间传说故事集，使民间传说由口头传播到书面文本，是民间传说由"第一生命"向"第二生命"转化的过程。联合国教科文组织政府专家委员会前负责人、芬兰著名学者劳里·航柯先生生前曾到我国推行他们的设想和理念,提出了"民间文学的第二生命"的理念。他说,民间文学一旦记录下来,得到出版,就会获得比直接听讲故事的人更为广大得多的读者群,而且能一代一代地传下去。他认定,记录出版民间文学是民间文学保护的重要手段。我很赞同他的观点,事实也证明了这一理念的正确性和可行性。譬如,20世纪二三十年代记录和出版的一些民间传说故事,由于讲述人的自然死亡,也由于生产、生活、思想的变化,特别是居住环境、村民结构的变化,如今在民间已经听不到了或很难听到了,可是我们在书里能找到这些现代已经销声匿迹了的传说故事,我们从而懂得了传说故事由创作到传播、由活跃到衰亡的过程是怎么样的。20世纪20年代,文学研究会的著名作家王统照先生从上海回到家乡山东诸城,带回来他的侄子搜集的一部当地的民间故事集,就为之写了序言,帮助在上海出版了。这部书里所载的有些故事,到80年后的今天就失传了。

民间传说的传承人(讲述者、故事家)一般生活在社会底层,生活在村子里,不脱离生产,一般从事农业生产劳动,有的做一点小生意。他们可能是一些见多识广、知识丰富、能说会道的人,也可能是一些一生都没有离开过离村子方圆几里的农民或农妇。不同生活环境和不同的文化传统,造就了不同风格的故事家。

已经被认定为国家级民间文学传承人的谭振山,就是辽宁省新民县罗家房乡太平庄村的一位农民。谭振山能讲述各类民间故事1040个,据认为,他是中国大地上能讲故事最多的故事家。谭振山的研究者江帆说:"谭振山祖籍河北省乐亭县谭家庄。1799年,其祖上移民关外,定居在东北的辽河平原。谭振山没有走南闯北的生活经历。他一生中虽有几次小的迁徙,但终未离开现居的太平庄几里方圆。他的故事传承线路比较集中,多是家族传承,有清晰的传承谱系。"相对封闭的文化环境和文化传统,对他所记忆和讲述的故事,有着决定性的影响。"封闭时空文化环境形成了他们相应的封闭的心态。他们对本土文化圈以外的文化所知甚少。"①地方风物传说和鬼狐成仙的故事，构成了他所讲故事的重要部分。对他来说真称得上"眼中皆故事，脚下尽传说"。翻检他所讲述的故事的目录，可知除了能讲述地方风物传说并充满感情外，他所讲述的传说中，也有许多史有所载、名闻天下的传说，如《仁义胡同的传说》《鲁班显圣加三檐》《孙思邈背运》《包公借猫》《赵匡胤与红煞神》《彭祖的故事》《关公有后眼》《朱买臣拾金不昧》《孙膑得天书》等。

生活在湖北省长阳县邓家坪的土家族故事家孙家香老婆婆，被学界认定为讲述故事最多的女故事家。她也是一个没有离开过本乡本土的人，她讲的故事洋溢着浓郁的土家族乡土风情。20世纪80年代，部队文艺工作者裴永镇在黑龙江发现了一个朝鲜族故事家金德顺老大娘，她能讲170个故事，裴永镇对她的故事作了记录，出版了一部《金德顺故事集》，成为第一个载入中国民间文学史史册的女故事家讲述的故事专集。那时发掘出来的女故事家，还有山东省临沂地区临沭县郑山乡轩庄子村的胡怀梅，②辽宁省岫岩县李家堡子的李成明，③等等。孙家香讲述的故事比金德顺、胡怀梅、李成明还要多。长阳地方文化工作者萧国松从孙家香口中记录了260个各类故事，出版了一本《孙家香故事集》，其中收录了传说113个。她同样也被确认为国家级非遗名录代表性传承人（故事家）。故事研究者刘守华说："孙家香能讲三百多则故事，许多篇都不是土生土长之作，而是在中国乃至世界范围内流行的著名故事类型……孙家香能够讲出这么多属于中国和世界民间故事宝库中闪光耀眼的精品，这正是她作为大故事家的重要标志。"④孙家香讲述的这113个传说中，有属于宗教人物传说的部分，如观音的传说，道教祖师张天师的传说，彭祖的传说，张果老的传说，也有属于世俗人物的传说，如朱洪武的传说，孟

---

① 江帆：《农耕文化最后的歌者——谭振山和他的千则故事》，载《谭振山故事精选》，辽宁教育出版社2007年版，第5页。

② 靖一民、靖美谱：《胡怀梅简介》以及胡怀梅讲述的故事，见济南：中国民间文艺研究会山东分会编《四老人故事集》1986年8月。

③ 张其卓：《这里是"泉眼"——搜集采录三位满族民间故事讲述家的报告》，见张其卓、董明收集整理《满族三老人故事集》，春风文艺出版社1984年版，第576—590页。

④ 刘守华：《孙家香故事集·序》，萧国松搜集整理，长江文艺出版社1998年版，第7页。

姜女的传说，哪吒的传说，这些传说在全国各地都有不同程度的流传。但她讲的传说，多数则属于具体的地方风物传说。传说与故事不同，世界通用的故事类型理论，能解释故事的形态，却似不大能用于解释传说，传说与本土文化传统和地方风情的联系比故事更为紧密，而较少与外国的民间叙事作品发生雷同现象。

河北藁城县耿村的靳正祥、靳正新与谭振山、孙家香不同，他们所生活的耿村，地处交通要道上，他们见识过南来北往的各色人等，属于见多识广的故事家。他们记忆中和讲述出来的传说故事，自有其特点，与那些生活在封闭环境中的故事家们讲述的传说，无论在内容构成上，还是表达方式上，甚至遣词用句、叙事风格上，都大异其趣。他们讲述传说的风度，颇像已经过世的山东省崂山道人宋宗科讲述的传说，他也是个走南闯北、僧俗均涉、见多识广、知识丰富，讲故事时随手拈来皆成文章的故事家。

在非物质文化遗产保护工程中，国家、省、市（县）三级，对传承人，要在进行"认定"工作的同时，解决他们政治上以地位、生活上以补助，为他们的传承创造条件（如办传习班、传习场所、民间文学进学校等），建立可持续的传承机制。

四 建议将已立项的成果编辑成册

中国非物质文化遗产保护工程是 21 世纪由中央政府文化主管部门启动的一项以非物质文化资源普查、保护、传承、弘扬为旨归的国家战略。自 2003 年初启动中国民族民间文化保护工程至今，开展试点、普查，到第二批"国家级非物质文化遗产名录"推荐名单的公布，前后花费了 5 年多的时间，各地文化主管部门、各社会团体和研究机构，分别在自己的工作范围内取得了可喜的成绩。非物质文化遗产保护工程规划所规定的项目成果，大致表现为下列四种形式：（1）作品或文本的记录（或抄本、翻译本）；（2）调查报告；（3）相关的文化实物；（4）音像、影像作品。除（3）（4）两种形式的成果在规定的时间和地点移交主管部门指定的博物馆、陈列馆、研究机构保存外，（1）（2）两种成果，建议编纂为《中国非物质文化遗产·民间文学·××卷》公开出版。

据笔者眼界所及，自保护工程启动以来已经公开出版的成果（以出版时间先后为序）有：

（1）赵德光主编《阿诗玛文化丛书》（6卷本：《〈阿诗玛〉原始资料汇编》《〈阿诗玛〉文献汇编》《〈阿诗玛〉研究论文集》《〈阿诗玛〉文艺作品汇编》《〈阿诗玛〉论析》《〈阿诗玛〉文化重构论》，云南民族出版社2002年12月版）

（2）高福民、金煦主编《吴歌遗产集粹》（1卷本，苏州市，上海文艺出版社2003年11月版）

（3）农敏坚、谭志农主编《平果嘹歌》（5卷本，包括：《长歌集》《散歌集》《恋歌集》《新歌集》《客歌集》，共收入23603首、94412行，汉文记录整理稿和壮文转写稿，广西民族出版社2005年9月版）

（4）马汉民编《水乡情歌》（苏州市，古吴轩出版社2006年版）；

（5）袁学骏、刘寒主编《耿村一千零一夜》（6卷本，收入：1100个民间故事；调查报告。花山文艺出版社2006年2月版）

（6）江帆采录整理《谭振山故事精选》（1卷本，辽宁新民县，包括：调查报告《农耕文化最后的歌者》、故事精选70多篇、谭振山讲述的1040个故事的目录，辽宁教育出版社2007年1月版）

（7）周正良、陈泳超主编《陆瑞英民间故事歌谣集》（1卷本，常熟市，包括：调查报告；故事及记录稿；歌谣。学苑出版社2007年5月版）

（8）刘振兴主编《〈白蛇传〉文化集粹》（3卷本，江苏省镇江市，包括：《异文卷》《论文卷》《工艺卷》，凤凰出版传媒集团·江苏文艺出版社2007年5月版）

（9）尤红主编《中国靖江宝卷》（上下册，江苏省靖江市，凤凰出版传媒集团·江苏文艺出版社2007年7月版）

（10）谷长春主编《满族说部》（10卷14册，吉林省，包括：《雪妃娘娘和包鲁嘎汗》《东海窝集传》《飞啸三巧传奇》《东海沉冤录》《扈伦传奇》《萨大人传》《萨布素外传·绿罗秀演义》《萨布素将军传》《乌布西奔妈妈》《尼山萨满传》，吉林人民出版社2007年12月版）

（11）梁祝传说。因笔者没有见到成书，不便于采用。

（12）据悉，包括"牛郎织女传说"在内的第二批国家级"非遗"

名录推荐名单公示以来，山东省沂源县县委、县政府作出决定，邀请山东大学、北京大学、中国社会科学院文学研究所和民族文学研究所的相关学者参加，编辑一套"牛郎织女传说"的丛书。该丛书已经启动，有望在第三个国家文化遗产日前问世。这套将由广西师范大学出版社出版的丛书将包括六卷：第一卷：《牛郎织女传说故事卷》；第二卷：《牛郎织女俗文学卷》；第三卷：《牛郎织女史料卷》；第四卷：《百年来牛郎织女研究卷》；第五卷：《牛郎织女图像卷》；第六卷：《沂源牛郎织女传说调查报告卷》。这无疑是非物质文化遗产民间文学类保护工作的又一重要成果。

（13）离开北京来诸暨前，我的案头摆着浙江省青田县编辑完稿的一册《刘伯温传说》书稿。这部书稿标志着该县从事非物质文化遗产保护的朋友们对事业的忠心和热爱，他们对刘伯温传说的保护，不是纸上的，已经付诸行动了，而且对传说的搜集是按照科学规范做的。

笔者期望，所有进入国家名录的传说项目的责任保护单位，都能编辑一套尽量完整的、能够体现 21 世纪我国收集与保护传说情况和理论学术水平的丛书，以此展示我们的收集与保护成果，同时可惠及后人！

编辑这样一本（套）丛书，笔者认为至少要包括下列内容：

（1）总序和每卷的导言；

（2）21 世纪初对该项目所作的调查报告（包括历史渊源、流传现状、主要传承者和传承谱系、相关的民俗事象、向周边地区辐射流传情况、研究历史与研究结论、其他）；

（3）本地主要传承者口述的文本及本地流传的文本的记录稿；

（4）全国其他地区流传资料的记录文本的汇集；

（5）图像（包括年画、古小说、戏曲等书、旧日历、火花中的插图，工艺品上绘制或镌刻的图像等）；

（6）索引；

（7）相关照片。

这样一部国家级"非遗"名录项目的选集，既是可传之后代的 21 世纪民间传说（民间文学）的留影，又是民间传说（民间文学）从口头形式向"第二生命"转变的起点。

非物质文化遗产和徐福传说
——围绕着传说的多重多样的传承主体*

逵志保著　潘港译**

摘　要：传说不论处在哪个时代都是随着岁月的变迁而不断变化的，即便是现在仍然处在不断变化之中。之所以如此是因为一直有想要改变它的人的存在。此处谈及的徐福传说就是依靠不同地域以及处在其中的人等多重多样的传承主体而得以在各自的地域内不断被记录和传颂下来。当审视徐福传说这一涉及中日韩三国的传说时，我们就能够看到作为非物质文化遗产而被保护下来的传说的多重多样的传承主体。他们的动向才是制造传说的过程。这不只是中国国内，日本和韩国也被卷入其中，反之亦如此。这正是徐福传说的特征。笔者认为正是因为获得了非物质文化遗产的称号才更有必要对传说进行进一步的研究。传说的研究不只是对遗产进行考古学和古代史性质的研究，从和传说生活在一起的人们的社会关系中进行考现学的研究也是很有必要的。

关键词：非物质文化遗产；徐福传说；多重多样的传承主体

一　前言

本文着眼于围绕着传说的多重多样、多层次的传承主体[①]，就目前在

---

* 原文刊于《文化遗产》2012年第2期。
** 逵志保，日本爱知县立大学非常勤讲师、国际文化博士；潘港，日本名古屋大学大学院。
① 传承主体表现为多重是因为在本地域内生活的同时又在学校教育中进行实践等，拥有多重要素存在的结果。

中国全面展开的非物质文化遗产保护活动是如何对地域传说产生影响的这一主题进行探讨。

在此要谈论的是徐福传说。这个传说从徐福为寻求长生不老的仙药率领船队东渡到达日本和韩国的传说开始，由在接受了此传说的日本和韩国，各自添加了徐福相关的日后传说，逐渐形成的具有当地特色的传说而展开。因此，所谓的"地域传说"的地域并不局限于中国国内，而需要围绕中日韩三国的传说来进行综合分析。

笔者对到目前为止一直围绕着日本的徐福传说进行了多方研究。其间也曾在中国和韩国的传承地进行过访问考察，因为笔者认为，徐福传说是一个全球性的传说，有关研究并非只局限于日本国内就可以顺利进行。以下笔者将从所调查到的传说情况出发，对中国国内的非物质文化遗产保护活动进行一些思考。

二　徐福传说的现状

（一）徐福传说及其变迁

徐福传说的相关记录可以追溯到司马迁的《史记》。《秦始皇本纪》载：秦始皇的最后愿望就是长生不老。于是，公元前219年，方士徐福登上历史舞台，向始皇帝进言说要率领童男童女数千人和具有先进工艺的技术人员，并且携带五谷的种子，乘船出东海寻求仙药。得到了秦始皇的同意。①

此后，徐福又向始皇帝报告说在寻找长生不老药的途中受到了巨鲨的阻碍，要求准备连弩扫清障碍。始皇帝三十七年，公元前210年，徐福一行重新乘船出东海。其故事的结尾并非出现于《秦始皇本纪》中，而是由《淮南衡山列传》第58篇中伍被的供述书中所记载。② 书中说徐福寻得平原广泽，并称王未归。具体地名未留记录。

---

① 吉田贤抗：《史记》1，《新釈汉文体系》38，日本：明治书院1973年版，第336、355、361—363页。

② 国民文库刊行会：《史记列传》下，《国訳漢文大成》16，日本：国民文库刊行会1922年版，第106—107、326—327页。

自那以后，沿袭着《史记》中的记载，中国的史书中关于徐福的记载一直未曾中断。关于徐福乘船出海一事，盛唐时期的李白曾在《古风五九首（其三）》中以诗吟诵。① 其后的白乐天（即白居易）也曾在其诗《新乐府五十首之四·海漫漫·戒求仙也》中创作出徐福带领童男童女一行最终无处可去，老死船中的结尾。② 日本的贵族社会将中国文学视为一种修养进行积极的学习，并让其出现在自己文学作品中。《源氏物语》③《平家物语》④ 等日本的代表性古典作品中也可以窥到徐福的影子。

　　自那以后，徐福随着时代的变迁在中日韩三国都有铺开发展，并逐渐出现了具体的地名。⑤ 有关徐福东渡的记载，是从958年释义楚《义楚六帖》中所记载的从日本僧人瑜伽大教弘顺大师赐紫宽辅处听说的形式记录下来开始的。⑥ 于805年以遣唐使的身份前往大唐的空海在即将离开大唐返回日本的送别宴上，中国鸿渐作离别赠诗《奉送日本国使空海上人橘秀才朝献后却还》。⑦ 诗中引用徐福为例证说空海一旦回日本就会音信全无，为其归国感到惋惜。自此徐福东渡日本的传说开始出现在公共场合。

　　徐福的乘船出海和作为到达地而被提及的日本难道只是想象吗？有什么可靠的证据吗？事实上，这些都是未知数。徐福传说并非只是出现在上述的私人场合。和徐福产生关联从而使日本登上历史舞台，难道这其中就没有什么特殊的目的吗？

　　1376年，日本人绝海中津渡海到达当时的明朝，得到了在英武楼拜见明太祖的机会。会谈之际，提到了熊野的徐福祠，绝海和明太祖以诗相对。在那个时代，熊野的徐福祠在中日之间似乎是达成共识的。虽说如此，当时只是身为留学僧的绝海为何能够被允许去拜见明太祖呢？据

---

① 《李白全诗集》上，《续国訳漢文大成》，日本：日本图书中心1978年版，第38—41页。
② 《白乐天全诗集》1，《续国訳漢文大成》，日本：日本图书中心1978年版，第245—247页。
③ 《源氏物语》3，《日本古典文学全集》14，日本：小学馆1972年版，第159页。
④ 冨仓德次郎《平氏物语全注释》中，日本：角川书店1967年版，第292—294页。
⑤ 具体的地名是韩国的新罗，日本的纪伊州·富士·熊野·热田等。
⑥ 《义楚六帖》，日本：朋友书店1990年版，第459页。
⑦ 高桥良行：《唐诗における徐福》上，《学术研究—外国语·外国文学编—》43，日本：早稻田大学教育学部1994年版，第10—11页。

荫木英雄推测指出，明太祖当时苦于倭寇之患，感到外交陷于困境，想通过绝海打开外交局面，向当时在日本室町政权有发言权的嵯峨派寻求联系。①

这样一来，徐福早在几百年前就已经登上了政治舞台。当然这也绝不只是过去的事。在中日邦交正常化以后，在中日的外交活动中，被认为是传说中徐福所找到的长生不老药的天台乌药就曾被作为礼物馈赠给中国领导人。② 可以说，徐福超越时代在外交活动中发挥着作用。即使是在当今社会仍然发挥着广泛的作用。

徐福传说在日本和韩国各地都获得了具体的地名。徐福在各地拥有当地独特的传说故事的同时，作为带来先进技术的渡来人或者神灵而得到当地人的祭拜。例如，在三重县熊野市波田须所传承的徐福传说是和徐福神社共同存在的。但是1907年祭神徐福之名被从三重县剥夺，并被当作一座神灵不详的神社和波田须神社合并了。据说是因为在当时祭祀中国人是不被允许的。但是通过调查当时的资料得知，当地的人们无论如何都想把徐福神社保留在自己的土地上，从而策划了许多计划。但是这些计划都未能取得成功，在徐福神社被合并后，当地的青年团合力在原徐福神社的遗址上建起了一座徐福墓。将从遥远的海外渡海而来的渡来人徐福作为神灵而进行长期祭拜的人们当时的想法到底是怎样的呢？可能是希望自己的土地上有徐福一如既往的守护这样的信念让他们建造了徐福墓吧。这里可以看到和外交舞台完全不同的传承主体。

徐福相关的传说其实在很多文字资料中都有所记载。目前为止已确认的徐福相关记录超过600条，现在还在不断增加。③ 但是，这并不意味着徐福传说只是被埋藏在文字资料中。徐福通过地域内外的多重多样、多层次的传承主体被不断记述着、叙说着，并以此实现了生命的不断

---

① 荫木英雄：《蕉坚藁全注》，日本：清文堂1998年版，第142—143页。
② 据国务院发展研究中心的张云方先生所言。他是实际从日本运送天台乌药到中国的人物。
③ 逵志保：《徐福論—いまを生きる伝説—》，日本：新典社2004年版，第272页。在正式文本中设置徐福文献一览，有520条文献。可是出版后又找到了很多徐福文献，现在已超过600条。

延续。

（二）中日韩三国徐福传说的现状

在很长一段时间内，徐福传说并没有被提高到学术的层面上来。2007年7月，笔者受邀在北京师范大学民俗典籍文字研究中心和文学院民俗学与社会发展研究所进行一场题为《全球化和无形文化遗产——徐福传说的东亚网络》的报告。时任研究所所长的萧放先生曾对我说，前任所长钟敬文先生在世时，曾有人想就徐福传说作相关报告。可是被以徐福传说缺乏学术性拒绝了。时过境迁，现在徐福传说成了学术研究的对象。其实，同样的情况在日本也能看到。多次有人对笔者说过，"徐福传说如此繁琐，你能一直研究下来，可真有耐心"。

徐福传说的烦琐是指围绕着它的多重多样、多层次的传承主体。[①] 现在徐福相关的传承地在中国有十多处，在日本有20多处，在韩国也有多处。中日韩三国徐福相关的组织有多少呢？包括处于活动停止状态以及已经解散的组织，中国有22个，日本有22个，韩国有5个，共计大约50个组织。此数目比传承地的数目还要多。

下面对徐福的相关组织进行简单整理。在中国有总领各地徐福组织的中国徐福会。[②] 其正式成立是在1993年，但在徐福会成立前夕的1991年秋，就曾在北京人民大会堂举行了筹备委员会会议，听说1991年由知识分子阶层在日本成立的日本徐福会就是受此影响。现任中国徐福会会长、国务院发展研究中心办公厅原副主任张云方先生回忆说，当时自己也曾被人热心地劝说加入徐福会。劝说他的人正是当时的中日友好协会副会长，在中日邦交正常化过程中作出过巨大贡献的肖向前先生。中国徐福会首届会长是原驻印度大使李连庆先生，第二任会长是原驻大阪总领事刘智刚先生，历任皆为国家级别的外交专家。2010年末，中国徐福会进行了重大人事变动，但是这一倾向至今并未发生改变。现在中国徐

[①] 传承主体在这里针对的是协会和组织使用，不过不限定传承主体为那样的组织，是从广义上界定那些打算传达传说的人们。

[②] 除了中国徐福会以外还有一个叫作中国国际徐福文化交流协会的组织。从现状来看，是以山东省龙口市的徐福研究会的上级组织的形式存在的，并不负责地域间的联系。

福会在全国各地拥有 14 个分会，会员人数约 10 万人。

那么，韩国的情况又是怎样的呢？在韩国主要是将济州岛作为徐福传说的传承地，长期以来以研究会等形式进行研究。但是，近年来，庆尚南道开始将徐福传说作为新的观光资源引起人们注意。2010 年，一个名为韩国徐福中央会的韩国全国性的徐福组织诞生了。就任的首届会长是中韩亲善协会会长首尔市原市长、原国会议员李世基先生。另外，2011 年 9 月 30 日，在庆尚南道发展研究院举办了与徐福相关的国际会议。主题是观光。徐福传说能否成为庆尚南道的观光资源，其关键是不只把徐福传说局限在庆尚南道。会议就在中日韩三国交往过程中具有商品价值的徐福传说进行了讨论。

在日本，现在也在策划类似的跨海的国际性活动。中日韩电视连续剧就是其中之一。想要在中日韩三国之间联合组织一个活动的时候，充满着历史浪漫主义的徐福传说便是极好的素材了。但是在日本没有一个和徐福传说相关的总领性质的组织。实际上，至今为止曾几度试图成立一个日本全国性的徐福组织，可最终都没有成功。为何在日本没能成立这样的组织呢？

笔者认为，是因为日本国内各个传承地都在各个地域内独自运作，或者是古代史爱好者自己建立的组织，并认为其相关活动没有必要设立上层组织。但是这一倾向也在慢慢发生着变化。各个传承地如果只是在本地域范围内活动的话倒是没有什么问题，现在中日韩三国每年都会以国际会议的名义举办多次与徐福相关的大型活动。各个传承地的人们是否也应该参加类似的国际活动，如果自己要想举办类似活动的话，各地是否会有人来参加，若是真的承办类似活动，到时候应该如何应对别的研究会等问题层出不穷，但是日本国内尚没有能回答此类问题的组织。因此，现状是类似的角色几乎都是笔者在担任。

特别是 2011 年 9 月，中国徐福会组织访日代表团，花了半个月参观考察了东京、横滨、富士吉田、熊野、新宫、佐贺、八女等徐福相关地区。笔者参与组织这次几乎纵贯日本的旅程，各传承地或组织的应对让我认识到了各个地域传承的现状。

关于地域的传承主体想在此再说一点。不仅在日本，即使是在中国和韩国长期以来也有着巨大影响的两位日本乡土史学家于 2011 年先后辞世。他们是长期从事徐福研究的人。笔者收到讣告后马上通知了中日韩各地，不久唁电便纷至沓来，葬礼现场显得很庄重。这看起来好像是个人的事，但恰恰说明了在中日韩三国围绕着徐福传说的传承主体之间保持着深厚的联系。虽说信息传递的工具随着时代的发展发生了巨大的变化，但我想并不仅仅因为这一原因。拥有把各地的徐福传说推向高潮这一想法的多样的传承主体经过长期以来的密切合作，逐渐形成了能够对讣告做出迅速反应的关系，因此而形成的关系网已逐渐趋于成熟。这就是徐福圈内的现状。

三　非物质文化遗产和徐福传说

据中国徐福会会长张云方先生介绍，徐福传说最初是在2008年浙江省的慈溪和象山联名申报了中国非物质文化遗产名录并得到了认可。最近，江苏省的连云港也进行了申请，并得到了认可。关于慈溪和象山两地笔者无法确认，而关于连云港以"徐福东渡传说"登录国家级非物质文化遗产名录一事已得到确认。

听说张云方先生在2010年和2011年的中国徐福会会长扩大会议上的发言，提出了今后中日韩三国联名申请世界非物质文化遗产名录的建议。不仅是在中国国内，上述的中国徐福会访日团也对此提案做了广泛的宣传。

围绕着非物质文化遗产，中国的这一意向可以说表明了徐福传说的现状。各地都在现有的社会关系中活动着，也出现了想对其进行统筹的倾向。笔者置身于徐福传说的环境中长约达25年之久，从这个角度看，"中日韩三国联名申请世界文化遗产"这一想法是基于现在围绕着传说的中日韩各地的关系发展已经基本成熟而出现的，这样就能够理解了。围绕着传说的多重多样的传承主体，即使是从笔者关注以来的25年来看，也足以反映出徐福传说的发展趋势。

至少在几年前"中日韩"这样的想法是不会出现的吧。今后具体动向还不清楚，但2022年是徐福东渡2222年的纪念年（中国徐福会发表），已经决定在中国的象山举办徐福国际会议。届时将会配合当地的节庆日，并安排相关节庆日的参观活动。

四 结语

至此我们了解到了，围绕着徐福的传说与信仰是由多重多样的传承主体一直支撑到现在的。现在看上去好像是相关活动非常盛行，回顾过去，其实以前传说就曾这样按照时代和地域的需求在政治领域发挥了重要作用。

这不只是徐福传说的问题。自然地去捕捉传说特性的话，就会发现不仅有"传说的管理者"，还有乡土史学家、学校教师、自治体职员、外交部相关人员等多重多样的传承主体。甚至就连笔者自己也归属其中，无法逃脱。

施爱东先生曾对非物质文化遗产做过如下表述。"对于地方政府来说，获得'国家级'这样的文化招牌不仅仅局限于政绩，还与旅游观光业的开发产生联系，从而促进地方经济的活力。"① 同时还指出，非物质文化遗产"只不过是虚有其表的文化荣誉而已"②。另外还指出，"研究人员只有和基层社会保持距离，站在旁观者的立场上才能不感情用事，避免以当事人的身份误入其中的危险，从而更真切地认识传统文化在民间是怎样被解释，利用，创造，传承下来的"③，如果不这样的话，那么研究人员只不过是"特殊的当事人"而已。

其背景在于中国国内现在所进行的的非物质文化遗产保护活动需要怎样的民俗学学者，"并不是前往实地展开真正的学术研究"④。此话不正说明了问题所在吗？笔者认为，非物质文化遗产这一称号之所以被说成"虚有其表"，不正体现了在取得了这一称号后才产生了新的调查研究的必要性和余地吗？笔者期待着它的出现。

---

① （13）施爱东：《中国における非物質文化遺産保護運動の民俗学への負の影響》，《现代民俗学研究》第3号，现代民俗学会2011年版，第19—27页。

② （13）施爱东：《中国における非物質文化遺産保護運動の民俗学への負の影響》，《现代民俗学研究》第3号，现代民俗学会2011年版，第20页。

③ （13）施爱东：《中国における非物質文化遺産保護運動の民俗学への負の影響》，《现代民俗学研究》第3号，现代民俗学会2011年版，第22页。

④ （13）施爱东：《中国における非物質文化遺産保護運動の民俗学への負の影響》，《现代民俗学研究》第3号，现代民俗学会2011年版，第23页。

笔者自身在将近25年的徐福研究中，每一个行为几乎都已成为徐福研究历史的一部分，当然也感觉到自己已经无法成为一个旁观者。借用上文的话说，只不过是一个"特殊的当事人"。但是我们真的能成为旁观者吗？比起做一个旁观者，笔者经过深思熟虑，选择了向当事人反馈成果的这条路。

传说本来只是存在于详知传承史的"传说管理者"中这一点是明确的。当地的乡土史学家进行热心的研究，并将其融入学校之中，以各种各样的形式进行传承，今后也会继续下去吧。地方自治体的努力影响也很大，如果是国家的话将会更大。就像这样多重多样的传承主体正在创造着传说的现在。

今后将不得不面对的问题是当非物质文化遗产这一称号介入后，关于这则传说的现状，我们究竟知道些什么，难道我们不应该现在尽可能地努力将其传承的创造和变化不断聚集在一起吗？非物质文化遗产保护活动不能对这一活动给予一臂之力吗？

传说在任何一个时代都在随着岁月的变迁而发生变化，现在也在不断的变化之中。那是因为有想要改变它的人存在。以横跨中日韩三国的徐福传说为例，我们可以看到作为非物质文化遗产进行保护时传说的多重多样的传承主体。他们的动向就是传说创作的过程，这不仅是在中国国内，日本和韩国也关系其中。这一点不正是需要特别说明的传说的特征吗？

举个例子，在河北省盐山县有抗日战争中一座与徐福相关的寺院石碑被日军用红布包裹运走的故事，也有江苏省赣榆县的徐福庙被日军破坏的说法。一直到今天这些故事的相关材料都没有被考证。像这样的一个又一个围绕着传说的现象，都应当马上得到调查和研究。如果非物质文化保护活动是以此为目的的话，笔者希望积极参与其中。

民间文献与民间传说的在地化研究[*]

——以沂源牛郎织女传说为中心的探讨

叶 涛[**]

摘 要：民间传说如何由全国性的公共知识在地化而进入地方话语，是值得探讨的话题。本文以山东省沂源县燕崖乡大贤山的织女洞和牛郎官庄村一带的牛郎织女传说作为讨论这一话题的案例，在当地碑刻、族谱等民间文献的交互参证中，牛郎织女传说经由"沂源牛女风物传说的形成"、"孙氏家族与牛女传说"与"非遗运动对牛女传说在地化的催化作用"三个阶段逐步"在地化"而进入地方话语的历史建构过程得以展现。

关键词：沂源牛郎织女；民间传说民间文献；在地化；非物质文化遗产

一 沂源牛郎织女风物传说的形成——大贤山碑刻资料释读

沂源牛郎织女传说的调查研究是在十年前，也就是 2005 年国家第一批非物质文化遗产项目申报名录工作开始的这一背景下展开的。当时第一批国家级非物质文化遗产名录的评选程序是由文化部发布通知，各省

---

[*] 原文刊于《民族艺术》2016 年第 4 期。
[**] 叶涛，中国社会科学院世界宗教研究所研究员。

自主申报，比如山东省淄博市申报的"孟姜女传说"就入选了第一批国家级非物质文化遗产名录的民间文学项目类别。由于是工作初期的第一批申报评选，大家都没有经验，所以材料准备也各不相同，在民间文学这个项目类别里面，除了牛郎织女传说外，四大传说的另三个（孟姜女传说、梁祝传说、白蛇传传说）都进入第一批国家级非遗名录当中。在名单公布之后，由于非遗工作与政府业绩直接挂钩，各地政府纷纷开始重视，沂源县的县委书记、县长就在此背景下发现了当地的牛郎织女传说的价值，并找到了当时还在山东大学工作的笔者。2005年的山东大学民俗学研究所，已经有了民间文学博士点，虽然李万鹏老师等人过去做过一些民间文学的调研工作，但是在整体上山大还是偏向于民俗学研究，比如我们最初办《民俗研究》期刊时就有些"矫枉过正"，在前几期几乎没有刊登民间文学的内容，因此，笔者对于沂源牛郎织女调查自然很感兴趣。在这个背景下，笔者从2005年开始，先是自己去沂源做了初步了解，后来组织老师和学生到当地进行田野调查，并且在帮沂源县地方政府进行"非遗"申报的同时，陆陆续续拉着几位民俗圈里的老师们去开会和编书，并指导学生的学位论文，到了2009年，这件事就告一段落。

今天在这里，笔者主要把对沂源牛郎织女传说的研究思路和大家进行交流。关于这一话题，笔者一直思考的着眼点在于：在传说中存在着一些流传非常广，历史很悠久，影响非常大，同时不拘于一时、一地、一族的传说，比如"四大传说"，而这些"大"的传说存在着一种"在地化"的过程，虽然这个问题实际上和所谓的起源之争有关系，但笔者在这里最想讨论的是牛郎织女传说是如何被"在地化"的。换言之，牛郎织女传说作为一个本来在整个中国，在文人阶层里流传，从《诗经》《古诗十九首》到唐诗、宋词，一直到后世戏曲小说都有的题材，如何被某一个地方认为"是我的"而"不是你的"，而且认为只有我这里有，你那里流传的版本都不对。这类传说现象是如何造成的，笔者希望通过沂源牛郎织女传说这个案例来讨论这一现象。正因如此，笔者的讨论和民间文学的关系不大，笔者更多地是把传说作为一种文化现象，讨论它是如何从一个公共知识变成地方性知识，甚至成为一个家族知识的。笔者的运气也比较好，沂源的牛郎织女传说给笔者提供了一个比较好的研究个案，尤其难得的是，它恰恰有一批史料，并不是传统的历史文献，而是留存在当地的地方文献。因为传统文献往往难以具体地指向某一个具体空间，然而，我们调查中发现的一批地方文献材料则能够为笔者的上述想法提供佐证。

在四大传说中，牛郎织女传说从起源、历史和传说类型等方面来说都是值得我们认真讨论的话题，然而相比于其他三大传说而言，它的研究恰恰很不充分，这或许与后来董永传说把它分流了有关。具体来说，董永进入二十四孝之后影响更大，牛郎织女传说反而被大家忽略了，这是很有意思的现象。作为传说，牛郎织女传说实际上涵盖的内容非常丰富，其中，笔者在这里特别强调它作为风物传说的面相，因为风物传说是笔者下面所要讨论的"在地化"话题中最重要的问题。事实上，牛郎织女风物传说的形成最早可能和星宿传说有关系，因此不存在所谓的起源地，谁看见牵牛、织女星宿谁就可以说是传承人，但是在沂源，这则传说是如何被在地化的，这是笔者从一开始进入田野时就关注的问题。

笔者接触沂源的牛郎织女传说有一定的背景，沂源县政府方面非常明确是为了参与申遗，他们相信自己所在地区是牛郎织女传说的起源地，并且希望能得到学者的肯定。但笔者在一开始就明确说明，牛郎织女传说不存在起源地，只有流传地。对此，沂源县政府也很尊重学者，为我们提供了一系列条件。从笔者的角度讲，笔者始终有自己的主观希望，要进到田野当中寻找材料，调查清楚沂源的牛郎织女传说的来龙去脉。

我们从沂源县的历史地理背景开始进行介绍。沂源县处于山东省的中心位置，号称"山东屋脊"，平均海拔有四百多米，有四条河发源于沂源县，所以这里生态环境历来很好。由于沂源县是1948年建立的，所以该县的史料查找起来比较麻烦，比如它的南部地区（涉及牛郎织女传说的部分）要查沂州府的《沂水县志》才有可能找到。虽然沂源县的成立很晚，但是由北京大学考古系吕遵谔教授在沂源县境内发掘的沂源猿人就是和北京人同时期的。在沂源县，燕崖乡牛郎官庄村非常重要，尤其要特别强调的是这个村庄的人大都姓孙。沂河从鲁山发源后大体向南流，但到了牛郎官庄村这个地方则是往东拐了一下再往南。这里有座大贤山，它的悬崖叫作燕子崖，燕崖乡由此得名，在大贤山上有一个织女洞，沂源县牛郎织女的故事就要从这儿讲起了。

织女洞的命名年代大约在宋金时期，从织女洞可以俯瞰在这里拐弯的沂河，沂河对面就是牛郎官庄，当然还有牛郎庙。我们田野调查的目的是查到能够证明这个地方有和牛郎织女传说有关系的文献资料。在此之前，我们在《沂水县志》中几乎找不到线索，连牛郎官庄村甚至燕崖乡的名字也没有提到。虽然我们后来从山上的碑刻里面看到许多文人的记载，但是这些内容并没有被收录到志书里。因此，我们只好从当地、从大贤山展开对地方文献的发掘收集。大贤山是道教名山，这一点从唐宋以来的史料可以看出来。大贤山的织女洞里有碑，2005年10月，笔者在第一次的调查中看到这些碑刻后就觉得事情有眉目，而2006年第二次去调查时又发现了家谱，后来就集中带着学生去做了全面调查。在织女洞里，除了碑刻还有织女像，不过织女像前后更换了好几次，本来最初是老百姓自己塑造的，后来由景区负责，而后县委书记不满意又重新塑造，各个时期的织女像都不相同。

　　我们在调查中把山上的、庙里的、村里的所有碑刻统统做了完整的拓片，并收录在《中国牛郎织女传说·沂源卷》① 中。其中，最早的碑刻是一通宋代元丰四年（1081）的碑，宋碑在民间留存至今很不容易，虽然这通碑刻和牛郎织女传说没有任何关系，其内容是元丰年间皇帝祝寿时当地的士绅在此做法事的记录，不过它却印证了当时道教活动在这一地区非常兴盛的事实。从织女洞再往上走，有一个九重塔，这个塔上面有字有图，是一个仙风道骨的仙人的线描图及其弟子给这位仙人师父做的小传，其中写道："乃游此地，……山名大贤织女崖。"从碑刻传记中可以读到，这位名为张道通的道士在此山修炼，生于唐代，活了318岁，到金泰和六年（1206年）升仙。宋金时期，山东地区是金的统治范围，而这个生于唐代死于金代的仙人活动的地方是在大贤山织女崖，说明金代已有织女崖的称呼（图1）。

　　在此之后是明代的碑刻。山顶的玉皇庙有正德年间的碑刻"重修玉帝行祠"，这个碑本身非常重要，因为上面有这么几句话："山曰大贤，观曰迎仙。所谓山之大贤者，因织女之称也；观之迎仙者，昔仙人所居也。"可见，这个迎仙观是和活到318岁的道士张道通有关，而大贤山则

---

　　① 叶涛、苏星：《中国牛郎织女传说·沂源卷》，广西师范大学出版社2008年版，第412页。

图1 大贤山金代石塔拓片（李久安拍摄，2007年）

是因为织女的贤惠而得名。更重要的资料则是织女洞里明万历年间的两块碑。万历七年（1579）的《沂水县重修织女洞重楼记》碑是我们解决在地化问题的关键，"志云：唐人闻个中札札机声，以故织女名。旧矣，踵踵骚文勾翰寿石为沂上选胜焉。万历戊寅，邑侯王公过谓守者曰：洞固灵异，而岩依贵秘，秘贵虚顾。弗虚则灵窒，弗秘则异泄，弗窒弗泄盍通以重甍。守者会公意，即礼多方金粟，展力为之，对岸并起牛宫，于是乎，在天成象者而在地成形矣。……公畅然曰，牛女之晤不在苍苍七夕，而在吾山间旦暮矣"①（图2）。可见，大贤山、织女崖都和织女传说有关系，而到万历年间的这块碑刻，尤其是其中"在天成象""在地成形"这八个字更是集中概括了沂源牛郎织女传说在地化的过程。万历十五年（1587）的《沂水县重修织女洞记》碑文则进一步记载到，由于当时织女洞的洞口面向东方，从星宿上来讲位置不对，所以当地人把织女洞口改向偏北，然后在织女的后面添一尊神像，加了屏风和暖阁，这样

---

① 叶涛、苏星：《中国牛郎织女传说·沂源卷》，广西师范大学出版社2008年版，第412页。

就进一步和天上星宿对应起来。这两块碑刻基本上反映了这个广为人知的传说成为沂源牛郎官庄村实实在在的风物传说的过程，即所谓"在天成象，在地成形"。从万历六年（1578）县令的一番谈话，到万历七年（1579）牛郎庙落成，这个地方开始可以实实在在地说牛郎织女传说是我们的，比如万历年间的县令说"牛女之晤不在苍苍七夕，而在吾山间旦暮矣"。牛郎织女作为一个风物传说在这里就基本形成了。其他许多地方也都有相类似的风物传说，只不过没有这么丰富，比如湖北郧西县的天河里有牛郎织女传说中王母娘娘划隔天河的金钗石，郧县县委书记就据此打造七夕文化。诸如此类的风物传说都是如此。

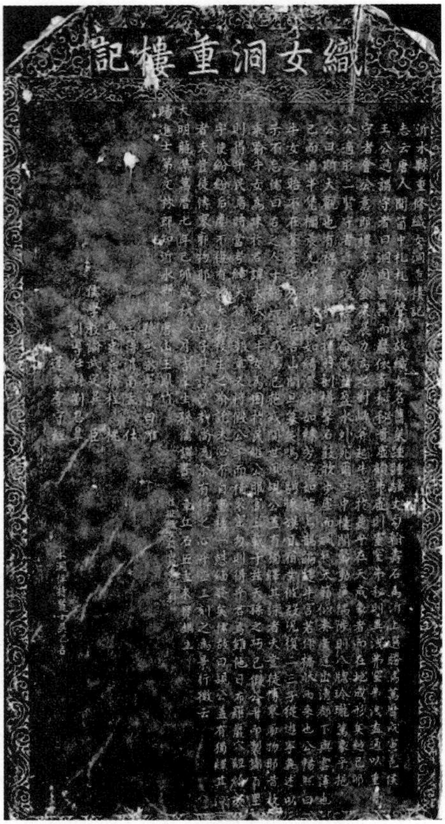

图2 明万历七年（1579）《沂水县重修织女洞重楼记》
拓片（李久安拍摄，2007年）

二 孙氏家族与牛郎织女传说——孙氏家谱与碑文资料的互读

前面的内容是关于一个传说是如何在当地实实在在地落地的，这从上述碑刻的部分得到解释。另外还有一个内容是笔者比较关注的。笔者在 2005 年第一次去沂源的时候，当地人向我们提到说牛郎是牛郎官庄村孙姓家族的祖先，这个说法是笔者特别感兴趣的，这里面透露出一个信息，也就是一个传说故事和一个家族又是如何结合起来的呢？虽然不用去坐实这件事，但是这个说法本身就很有趣，于是我们可以继续讨论传说、村落、庙宇和家族在这个空间里的关系。

基于此，我们对牛郎官庄的孙氏家族做了调查。笔者在第一次调查时纯粹是看空间，在第二次调查时问到了孙氏家族有没有家谱，照片上的这个老人就把家谱拿出来了（图3），当时趁着刘魁立、刘铁梁老师和他们聊天时，笔者用 300 万像素的旧相机拍下了这两本家谱。家谱全部是手写本的，实际上两本内容一样，是同一次修谱的东西，一个是草本，内容更丰富，另一个则更严整。正本中的序言很珍贵，笔者那次全部拍了下来，过两个月再去调查的时候家谱就找不到了。笔者想通过家谱证明孙氏家族是什么时候到这里的，什么时候开始参与地方上的信仰活动，以及这个家族在牛郎庙、织女洞信仰活动中所起的作用。我们的研究不是去佐证所谓的家族关系，而是讨论这种拟血缘关系是怎样被构筑的，我们希望得到一个时间上的脉络。

牛郎庙有明确记载是修建于万历七年，清代碑刻还提到说当时的牛郎庙不过是三间屋的小庙。家谱资料则是民国初年山东省议员顾石涛撰写的，他是牛郎官庄孙家的外甥。在序言里，他详细地叙述了他姥姥家的来历。家谱是在民国 20 年（1931）到民国 23 年（1934）之间修成，其中，序是民国 20 年写的，但顾石涛在民国 23 年时还曾来到这座村庄了解家族的沿革情况。按照家谱记载，孙家大约在明代末年由淄川县（属于淄博，和沂源之间隔着博山）的孙家大庄迁到了沂水县西北乡安乐社高厂庄，再迁到牛郎官庄定居。这是民国年间孙氏族人在经过相关考证的基础上做出的推断，即孙氏家族是在明代末年才开始迁移，经过了几

图 3　收藏族谱的孙氏老人
（叶涛拍摄，2006 年）

代，可能是两三代才在牛郎官庄定居。因此，孙氏家族最早是在明末清初到达牛郎官庄村，先有牛郎庙，后有孙氏家族，这是根据这些家谱材料可以得出的一个推断（图4）。

　　根据当地另外的一些碑刻资料，我们还可以对这一推断进一步加以补充。其中，较早的有天启年间（1621—1627年）天齐庙的碑刻资料，其中出现孙姓的人名，但是这个人在家谱里找不到，嘉庆年间（1796—1820年），落款里开始出现可以和家谱对应的孙姓人名，不过这时孙姓族人只是参与人员，到咸丰、道光、光绪和民国年间，孙家在其中渐渐开始起到重要作用，这是和家族发展历程有关系的。在家谱里可以看到家族逐渐发展并参与地方活动，包括修庙祭祀等，比如，在天齐庙最早创修的嘉庆年间，孙家作用不大，而后来到了光绪年间，孙家就成为重修庙宇工作的领袖了。不过，对于牛郎就是孙家祖先的这一说法则没有任何文献材料可以证明。

　　尽管牛郎是穷小子，但是他娶到了天上的仙女，这也不是不荣耀的事情，但是在所有文献里却没有任何提到"牛郎是孙氏家族祖先"相关

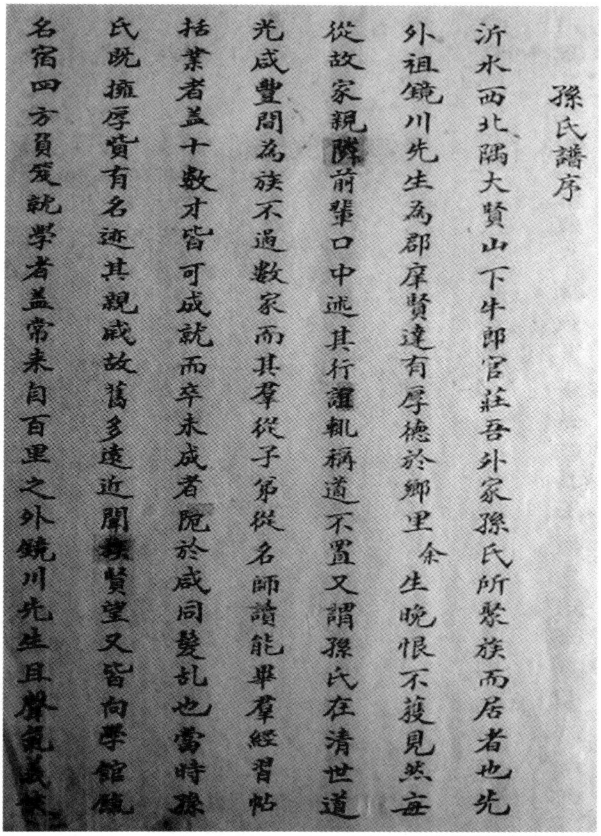

孙氏谱序

沂水西北隅大贤山下牛郎官庄吾外家孙氏所聚族而居者也先外祖镜川先生为郡庠贤达有厚德於乡里余生晚恨不获见然每从故家亲邻前辈口中述其行谊轨范道不置又谓孙氏在清世道光咸丰间为族不过数家而其荤从子弟从名师读能毕摹经习帖括业者盖十数才皆可成就而卒未成者阮於咸同髮乱也当时孙氏晚辈厚贤有名迹其亲戚故旧多远近闻肄贤堂又皆向学馆饿名宿四方负笈就学者盖常来自百里之外镜川先生且声蜚蔵长

图 4　《孙氏族谱》（叶涛拍摄，2006 年）

的事情。那么这个说法是如何被提出，又是何时出现的呢？从现有各种文献中是找不到答案的，那么我们就得用另外的思路。在《中国牛郎织女传说·俗文学卷》中，所有地方戏曲里牛郎都姓孙，比如在最早的秦腔里面有哥哥孙守仁、弟弟孙守义。"俗文学卷"把牛郎织女的戏曲从最早的到现在的全部搜集到了，但是在最初牛郎织女是没有姓名的，只是地方戏曲里面开始出现，按照现在学界的推断，大概是清代中晚期的乱弹兴起，地方戏曲里《天河配》中的人物才开始有名有姓。而孙家大概恰恰是清初以后才到达牛郎官庄并定居下来，而这一时期的民间戏曲里，《天河配》已经是民间比较盛行的应节戏了，由此，孙姓的牛郎自然而然地就与牛郎官庄的孙家联结成拟血缘关系，虽然没有证据，但是这种推断对于解释民间的说法应该是合情合理的。

这是我们所讨论的第二个问题,由此,牛郎织女传说在地化的过程和家族结合起来,得到了进一步的强化,这个本是虚无缥缈的天上传说落到地上,落到家里,甚至过年过节还要去拜祖宗了。当然我们最早去调查的时候比较有趣,询问牛郎官庄村的老百姓,大部分人对于这个问题就只是一笑而过,但是外村的人绝对都说牛郎就是孙家的祖先,孙家人自己反而并不是那么确认。但是后来不一样了,比如我们2006年在当地开会,笔者就拿到一个政府下令村里不能说牛郎不是孙氏家族祖先的材料,而当时我们开会是会影响到申遗的,因此县里特别重视。对于讨论传说在地化的问题而言,前面笔者所说到的这些民间文献恰好和传说有很密切的关系,但在其他地方,碑刻不一定这样丰富,而碑刻内容也可能与传说的关系没有那么密切。当然,我们在进一步做研究的时候不仅要考虑民间文献、村落家族等层面,还要联系当地的整个道教信仰环境做综合性的讨论。

三 非遗运动对牛郎织女传说在地化的催化作用

以上两部分内容是笔者下功夫比较大,也是笔者比较幸运的部分,不论是民间文献还是家族家谱,都成为我们讨论牛郎织女传说在地化问题的关键。最后一部分笔者想进一步谈谈非遗运动对民间传说在地化的催化作用。

在2005年国家非遗第一批名录申报的时候,除牛郎织女传说外的三大传说都得到申报。等到名单公布,由于非遗运动作为政府工作可以列入政绩,有的地方很不服气,于是各地就都开始重视起来了,比如沂源是在2006年我们调查结束后,政府工作报告中就将牛郎织女传说申遗作为"政府要为民众做好的十件事"之一列入政府工作。可见,第一批国家级非物质文化遗产名录公布之后,各地都开始重视,尤其是牛郎织女传说。由于没有进入第一批名录,从2005年到2006年出现了11个地方明确主张自己是所谓的牛郎织女传说起源地。到了2006年底开始申报第二批国家非遗名录时,有6个地方把它纳入省级名录并报到国家,后来第二批公示的则有陕西长安、山东沂源和山西和顺。如果没有非遗,沂源的县委书记不会找笔者来做这件事,加上沂源县属于淄博市,而淄博市的孟姜女传说申报第一批非遗已经成功,于是当地就觉得牛郎织女传说同样可以作为一个文化资源来用,加上淄博文化局长曾经在沂源县工作,所以就支持了我们的调查和研究。

非遗运动构成沂源县牛郎织女传说调查的直接背景。从 2005 年到 2006 年,沂源县牛郎织女传说的民俗调查开始展开,2006 年召开全国首届牛郎织女传说研讨会。2008 年,中国牛郎织女传说研究中心建立,并编纂五卷本《中国牛郎织女传说》(起初策划的还有《史料卷》,共六卷本)。同时也是在 2008 年,沂源县牛郎织女传说入选第二批国家级非物质文化遗产名录。不难看出,非遗运动对沂源牛郎织女传说的在地化起到了强化、催化的作用,比如政府要求村民说牛郎是孙氏家族的祖宗,诸如此类的事情都出现了。

当前中国非物质文化遗产的普查、申报和后期的保护工作,涉及政府、学者和民众三方面的力量,而这三方的出发点、利益诉求和对非遗的认识都是不同的。政府将非遗作为政绩,学者则有理论诉求,民众则是被动地被卷进来,因为非遗所涉及的就是民众本来的生活内容。可见,政府、学者和民众这三方的力量是不一样的。

从沂源的例子来看,政府是整个"申遗"行为的主导方,比如在 2006 年首届牛郎织女传说研讨会之前,牛郎织女传说研究唯一的专著只有台湾学者洪淑苓在其硕士学位论文基础上的《牛郎织女研究》;再比如 2008 年沂源县牛郎织女传说列入国家级非物质文化遗产名录后,2009 年春节前县委常委开会讨论牛郎庙与织女洞景区的修建等。对于牛郎庙的修建,当时的沂源县县委常委会一致决定要盖成唐代风格,笔者得知后哭笑不得,春节后笔者在拜访沂源县韩书记时提到此事,提出史料明确记载牛郎庙只是一座明清小庙,而且唐代风格的庙宇放在当地的环境里会显得不伦不类。于是韩书记联系几个部门负责人,经过讨论决定改盖明代风格的庙。可见,牛郎庙的修建倘若不是由政府主导也无法完成。在过去,牛郎庙一带是包含有三官庙、天齐庙在内的庙宇群,但是现在这一带的整个地基都被改成了牛郎庙。在牛郎祖堂里,原来既有牛郎也有织女,但是作为祖宗祠堂,现在的牛郎庙里就只有牛郎了。另外,在牛郎庙旁边还盖起了牛郎织女民俗展览馆,这也很难得。此外,县里还做了一件让人很感动的事情，2006年2月，沂源县委做出决定，在景区周边河道里不能挖沙，而上游的造纸厂虽然是县里的利税大户，但由于会污染，造纸厂也被关闭炸掉，这是牵涉几百人安置的大事，但为了避免景区污染而被关停，这都是只有政府才能完成的大事。关于政府的作用，其中还有一例是，当地本来有一处天孙泉，由于韩书记觉得"孙"字不好听，于是改称"织女泉"。诸如此类都是政府主导的事情，有利有弊，但是现在看来还是利大于弊。

学者在这个问题上的角色是理论建言与积极参与者，在沂源牛郎织女传说的案例中，学者的作用是很明显的。我们在当地展开了长期而细致的调查，比如对于当地传说，笔者的学生郭俊红写出了硕士学位论文，再如我们对村落信仰与庙会的全面调查等，都是学者所做的工作。学者的参与还有召开研讨会、成立中心、出版调研成果等。在这种合作当中，学者并不是只给地方政府做事，而是一方面要有自己的立场，比如在沂源的案例上，笔者从一开始就明确不谈起源地的说法；另一方面是要立足我们的学科本位，比如我的学生要去调查做论文，正好可以借机培养学生做田野，再比如学者写文章出书、开研讨会等，这几本书（《中国牛郎织女传说》五卷）做得比较顺利，合作也比较愉快，从学者和政府的合作来看是双赢的结果。

最后谈民众这方面的力量。老百姓是遗产的拥有者，但他们是被动地参与进来的，不知道情况的人会认为是干扰民众的生活，但是百姓在申遗当中积极配合，也可以说是一定程度的受益者。下面这个画面很有趣，这是2008年首届牛郎织女情侣节时拍摄的。图5中照片的场合是开幕式，笔者也在其中准备剪彩，同样的一个空间旁边，也就是图6的照片里则是老百姓在举行自己的仪式。由此可见，一方面，在同一个时空当中，老百姓有自己的一套生活方式，尽管这时当地的牛郎织女传说已经列入国家级非遗名录，举办了首届七夕文化活动，一直到现在每年还在如期举行，但老百姓也同样在继续着自己的仪式。另一方面，这些七夕的仪式活动过去不可能有如今这么隆重，现在由于申遗成功，政府重视所以百姓也重视。类似的情况还有，此前春节虽然也会在庙里烧烧纸，但没有大型家族祭拜活动，而现在政府重视，老百姓自己也随之重视起来，相应的活动场面也很壮观。

图 5　2008 年七夕情侣节开幕式
（叶莺拍摄，2008 年）

图 6　2008 年七夕牛郎庙民众祭祀场景
（叶莺拍摄，2008 年）

从上述沂源的案例可见，牛郎织女这个传说只有流传地，而不存在所谓的起源地。笔者觉得四大传说都存在这样的问题，不过笔者只能从牛郎织女传说来讲，它的起源地就是天上的那两个星宿，对于这类传说，我们确实可以换个角度再做更多的思考。

第四编

故　事

去粗取精话非遗

——从徐文长故事说起[*]

刘守华[**]

摘　要：徐文长故事是中国机智人物故事群中具有广泛影响的代表作，近期台湾学者将其和鲁迅笔下阿Q的"精神胜利法"相关联，剖析其负面价值。本文对此进行讨论商榷，在辨析故事复杂构成形态的同时，还以《皮匠驸马》等故事角色的狡黠行为为例，提出在对非物质文化遗产中民间文学类代表作的研究评审中，须本着激浊扬清、去粗取精的科学态度，涤荡"国民劣根性"之遗存。

关键词：非物质文化遗产；徐文长故事；皮匠驸马；国民劣根性；去粗取精

2014年第6期《民间文化论坛》，发表了台北东吴大学鹿忆鹿教授的长文《从徐文长到阿Q的精神胜利法》，评说以徐文长故事为代表的海峡两岸流行的"机智人物故事"，认为"徐文长常耍的小聪明，充其量只得'精神上的胜利'，鲁迅的阿Q继承的似乎就是徐文长等人的'精神胜利法'"。徐文长故事盛传于江浙一带，从五四新文化运动期间直至20世纪80年代，均为中国民间文艺学家所关注。近年又被列入浙江省的非物质文化遗产名录之内，受到保护。此文将它和阿Q的"精神胜利法"联系

---

[*] 原刊于《贵州民族大学学报》（哲学社会科学版）2015年第2期。
[**] 刘守华，华中师范大学教授。

起来，专论其负面价值，再次引起人们对鲁迅所痛切涤荡的"国民劣根性"的关注，并触及当下在非遗保护工程中我们对那些民众喜爱与传承的流行故事的科学评判及传承利用问题。笔者在颇受启迪的同时，也由此激发出一些新的思考，特撰此文参与讨论。

一 徐文长故事的复杂构成

被大陆学者视为"机智人物故事"代表作的徐文长故事，其基本特征是以徐文长这一"机智人物"为中心串联而成的系列故事，其构成比较复杂。在1984年6月于湖北咸宁市举行的中国机智人物专题讨论会上，吕洪年在关于徐文长故事的精彩发言中就指出，徐文长故事实际上是由关于徐文长这个历史人物的传说逸事、绍兴师爷的故事以及一些"恶作剧"故事混杂串联而成，是用"箭垛式"手法构成的故事群，既不同于那些由历史原型生发而来的历史人物传说，也不同于小说家精心塑造的艺术典型。这个故事群中，有些表达出民众对压迫剥削者的抗争情绪，具有反封建的积极意义；也有关于主人公"以歪制歪"阿Q式的"精神胜利法"或低劣的"恶作剧"故事混杂其间。中国社会科学院文学所多年致力于机智人物故事研究的祁连休先生，2001年出版专著《智谋与妙趣——中国机智人物故事研究》一书，以63万字的宏大篇幅，对机智人物故事的方方面面，从其思想艺术特征、历史渊源，到人物画廊、类型解析，作了全面细致评述。其中涉及徐文长故事，搜求和解读的作品达三四百篇之多，他特别指出，这些故事的艺术境界不仅具有两重性，而且是"本世纪前半叶记录、刊行的故事，大量是表现其人坏的、恶的作品，而表现其人好的、善的一面的作品则很少。表现其人好的、善的一面的作品，主要写其人嘲弄官府、富豪、帮助贫弱的作为。……表现其人坏的、恶的一面的作品，主要写其人以各式各样的手腕和办法对付无辜民众，甚至亲友，不少作品趣味庸俗，格调低下，思想性很差"。这两个时期作品中人物形象的反差之大，"在中国机智人物故事里面是绝无仅有的"。作者深究其原因在于：这种现象的产生，除了这个故事主人公引人注目的原因外，还有两个方面的因素很起作用。首先，不同时代、不同社会层面的讲述人、采录者的趣味、追求不一样，对于故事主人公的理解和刻画也不相同。其次，采录者受到主客观条件的影响和限制。……加之在发表的时候，编选者又作了较多的筛选，表现出明显的倾向性。①

这部机智人物故事研究专著在占有充分资料的基础上对徐文长故事形态的精当评述，值得称道。从1924年7月周作人于《北京晨报副刊》刊出首篇徐文长故事开始，到现在的近百年中，在广大时空背景上采录得到的徐文长故事达三四百篇，我们在对这些纷乱故事文本进行解读辨析时，务须尊重上述特点。"徐文长故事"不是一件完整的口头语言艺术作品，这个故事群中的主角徐文长，也不是一个完整的艺术典型，更不是历史上实有其人的文士徐文长。因而不宜笼统地对这个故事和这一角色给予简单的肯定或否定。在这方面，不能不和文艺评论家评判鲁迅笔下的《阿Q正传》的思路相区别。

二　激浊扬清，去粗取精

鹿忆鹿的文章着意于揭示在徐文长故事的部分流行篇目中所含的阿Q式的"精神胜利法"的消极性，文章尖锐指出："徐文长故事中的小混混角色，没事与人耍耍小聪明，教训当权者，更多的内容是欺压比自己卑微的、势单力孤的小百姓，甚至占占可怜女人的便宜，以此沾沾自喜，这是小人物的劣根性。鲁迅在《阿Q正传》中所塑造的阿Q似乎是代表了民族的劣根性，而这种劣根性在徐文长故事类型中的主角身上也一览无遗。"在徐文长故事已列入浙江省非遗保护名录受到社会肯定的情况下，仔细辨析其文化内涵的两重性，尖锐揭示出所含"精神胜利法"的消极性，这对我们在实施非遗保护工程中怎样更加科学合理地保护传承这类传统民间文学代表作是具有积极启迪意义的，故笔者撰文对此文予以称道。

笔者还想以一个在中国机智人物故事中广为流行的《皮匠驸马》故事为例，它讲的是一个"一字不识"的皮匠，竟然以自己超常的"机智"蒙骗宫廷上下，娶了公主成为驸马爷。故事中的那位乡间小伙子，在京

---

① 祁连休：《智谋与妙趣》，河北教育出版社2001年版，第337—339页。

城里凑热闹看招赘驸马的皇榜时，因随口说自己"一字不识"竟然被误认为学问渊博，天下只有一个字不认识的大才子。在后来的宫廷面试中，他随口以"瘪古"来对"盘古"，说"瘪古是盘古的爹"；又以"扁夫子"来对"孔夫子"，说"扁夫子是孔夫子的爹"，在信口胡诌中挣得荣华富贵。这本是以"语言误解"构成喜剧性故事的一个著名民间故事类型，就它称道一位处于社会底层的文盲因"语言误解"而意外获得时来运的传奇经历而言，在口头传承中被大众津津乐道是不难理解的。可是用心深究，主人公实际上是以文盲的狡黠也就是胡搅蛮缠得以混迹于上流社会之中。这样的人生境界和艺术趣味，同阿Q的"精神胜利法"十分契合；闹剧中还蕴含着对社会乱象的尖锐嘲讽。这样的闹剧在旧时代动乱的社会生活中屡见不鲜，相关角色之狡黠心性一直延伸到现今为人们所痛心疾首的商业欺诈行为之中，虽花样翻新，却根柢依旧，祸害更烈，促使我们不能不把它们作为"国民劣根性"在口头文学中留下的一种形迹予以揭露和涤荡。

中国从2005年开始，即全面实施非物质文化遗产保护工程。民间文学和民间艺术作为其中的重要组成部分，从普查采录、研究评审到活态传承、合理利用等诸方面都有巨大进展，成为中国民间文学事业又一个黄金季节。但工作中仍有一些不尽完善的薄弱环节有待解决。就政府发布的《国家级非物质文化遗产名录评审原则与标准》而论，民间文学的评审标准是：（1）具有重要历史、文化、语言、学术价值；（2）主要是通过族群、个人口传心授方式传承；（3）当代还在一定群体中有较大数量的传承和流传；（4）具有鲜明的传统特点，且影响较为深远；（5）在较广泛的地区或某个族群中有着突出的文化代表性或标志性。[①] 在这里，完全撇开了我们长时期所沿用的对待文化遗产应"剔除其封建性的糟粕，吸收其民主性的精华"的原则。以至于在非遗项目的评审取舍及随后的传承开发过程中，常常忽视对作品内容与价值观精粗高下的科学辨析。为此，笔者便于2008年写成《非遗保护热潮中的困惑与思考》一文专论此事，文章写道："历史上的文化事象复杂纷纭，即使是经岁月的淘洗而

---

① 湖北省非物质文化遗产保护中心：《非物质文化遗产保护法律文件选编》，2013年，第168页。

遗留至今的那些非物质文化项目，同样也有美、丑、精、粗、高、下之分。而我们的研究和评说多注重其吸引人的表层形态而缺乏对其文化内核的细致辨析，对此有必要引起人们的关注，从而使这一文化工程真正达到'三个有利于'（有利于增强中华民族的文化认同，有利于维护国家统一和民族团结，有利于促进社会和谐和可持续发展）的目标。"①

近几年中，有感于某些地方在旅游开发中以低俗的民间文艺节目吸引游客的不良倾向，笔者曾以"去粗取精，去伪存真"为主旨在非遗保护研讨会上作专题发言，并郑重提出，应大力提倡科学方法，对民间文学类非物质文化遗产本体构成的真伪精粗进行认真鉴别，也对它生存传播的社会影响进行合理评判，使它的精粹能滋养中华文化的健康肌体，避免陷入盲目性，被社会文化浊流所裹挟污染而走向反面。②

现在回到中国机智人物故事上来。近现代盛传于民间口头的机智人物故事，本体构成繁复多样，精粗混杂。主人公常用的机巧骗术本为学人所诟病，大陆学人通常以其作为备受欺压凌辱的下层民众的机智抗争给予同情褒扬，使这类作品身价倍增，而较少剖析揭示其中所含"国民劣根性"的负面影响。而就笔者所感知的社会文化状况而论，社会转型、市场经济生活中利益竞争的加剧，使得种种商业欺诈行为泛滥成灾（传销就是人们深恶痛绝的毒瘤之一），加之文艺活动对过度娱乐搞笑效果和票房价值的肆意追求（以精巧骗术构成的《卖拐》等喜剧小品的风行就是一例），非遗保护工程在许多地方又存有"重申报，轻保护"，急于以争上国家名录来给地方旅游名片添彩的急功近利倾向，这就更加漠视对民间文化领域价值观的辨析考评。因而现今就徐文长故事进行讨论，在民间文化领域激浊扬清、去粗取精，涤荡种种"国民劣根性"之遗存，我以为是适时之举，应受到文化界的认真关注。

---

① 刘守华：《非遗保护热潮中的困惑与思考》，《文化学刊》2009年第2期。
② 刘守华：《非物质文化遗产保护工程与中国民间文学》，《华中师范大学学报》2011年第4期。

非物质文化遗产与区域文化软实力建设

——以国家非遗"喀左·东蒙民间故事"为例[*]

刘思诚[**]

摘 要：非物质文化遗产是区域文化的重要组成部分，是提升区域文化软实力的重要资源。本文以 2006 年首批入选国家非遗名录的"喀左·东蒙民间故事"为例，挖掘了喀左东蒙民间故事独特的文化价值，分析了当前非遗保护和社会利用工作的成果和局限，提出了提升辽西区域文化软实力及国际影响力的具体对策。喀左东蒙民间故事具有融合蒙汉民族文化和粘连历史地理文明的文化价值。当前非遗保护工作取得了显著的成就，出版了十二卷本《喀左·东蒙民间故事》，但也存在一定的局限；社会利用工作存在较大空白，亟待填补。非遗保护是坚实基础，社会利用是灵魂生命。两方面相互依存，缺一不可。

关键词：非物质文化遗产；"喀左·东蒙民间故事"；区域文化软实力；非遗保护；社会利用

非物质文化遗产（简称"非遗"）是一个世界性的文化概念。这一说法有一个概念化的过程，即从 1972 年通过《保护世界文化和自然遗产公约》到 2003 年联合国教科文组织第 32 届全体大会通过《保护非物质文

---

[*] 原文刊于《辽宁师范大学学报》（社会科学版）2019 年第 1 期。
[**] 刘思诚，辽宁师范大学文学院讲师。

化遗产公约》（简称《公约》）。①《公约》是世界性的文化保护倡议，体现了全人类各民族文化的多样性和共享性。刘魁立认为，"每个民族是否善待自己的传统文化，是否继承和弘扬自己优秀的民族文化传统，也是关乎人类文化多样性发展的大事。……宝贵的文化遗产还具有鲜明的共享性特点，可以被不同的社会群体甚至是不同的民族或国家所享用。正因为有了这种共享性特点，它才使我们的非物质文化遗产保护具有了重大的世界性的意义"②。我国从2004年加入联合国《公约》就积极推进本国非遗保护工作，从2005年颁布《国务院办公厅关于加强我国非物质文化遗产保护工作的意见》到2011年通过《中华人民共和国非物质文化遗产法》直至今天，我国非遗保护工作在国内外取得了令人瞩目的成就。在国际上，我国入选联合国教科文组织世界非物质文化遗产名录的项目共有39项（2008年6项，2009年22项，2010年7项，2011年1项，2012年1项，2013年1项，2016年1项），数量居世界第一；在国内，我国确立了国家、省、市、县的四级保护体系，目前仅就国家级非遗名录而言，共命名了国家级非遗项目1372项〔第一批（2006年）518项，第二批（2008年）510项，第三批（2011年）191项，第四批（2014年）153项〕，国家级非遗传承人3068人〔第一批（2007年）226人，第二批（2008年）551人，第三批（2009年）711人，第四批（2012年）498人，第五批（2017年）1082人〕。

  非物质文化遗产建设促进了世界性的文化交流与合作。在全球化时代，尤其是继习近平总书记提出"一带一路"倡议，提出构建人类命运共同体的中国方案，我们认识到开放合作的重要性。习近平总书记曾强调："一项没有文化支撑的事业难以持续长久。"民心相通、文明互鉴是经济合作的基础。文化具有多样性，我们在尊重各国文化的基础上，还要找到沟通的钥匙。《公约》为各国各民族文化交流提供了世界性的平台，如民间故事，相同或相似民间故事类型和母题是不同国家和民族的文化和思维方式早已相遇的重要依据，为未来深入合作交流奠定了基础。我国各级非遗项目是我国民族文化的重要载体，能够在国际合作中促进

---

① 巴莫曲布嫫：《非物质文化遗产：从概念到实践》，《民族艺术》2008年第1期。
② 刘魁立：《从人的本质看非物质文化遗产》，《江西社会科学》2005年第1期。

跨文化对话，深化民心相通；同时，提升区域文化软实力，拉动地方产业协同发展。

本文以 2006 年首批入选国家非遗名录的"喀左·东蒙民间故事"为例，探讨基于地方非物质文化遗产保护和利用工作提升区域文化软实力及国际影响力的具体对策。"喀左·东蒙民间故事"是流传于辽宁省喀喇沁左翼蒙古族自治县的民间故事，是在辽宁省乃至全国范围内具有代表性的民间故事，"是东蒙民族乃至中华民族的心灵史"①，具有融合蒙汉民族文化和粘连历史地理文明的文化价值，而且在非遗保护方面取得了突出的成果，即 2008 年十二卷本《喀左·东蒙民间故事》②的出版。"《喀左·东蒙民间故事》的出版，不仅为中国非物质文化遗产的系列工程，贡献了一处独特的中华民族文化的展示平台，也为世界心仪人类非物质文化遗产的各地域各民族的人民提供了一个关注的窗口。"③加强"喀左·东蒙民间故事"非遗保护和社会利用工作，能够提升辽西区域文化软实力，助力打造辽宁参与"一带一路"尤其是中蒙俄经济走廊建设的文化名片，拉动辽宁文化旅游、文化贸易、民俗教育等相关产业协同发展。

一 "喀左·东蒙民间故事"的文化价值

（一）融合蒙汉民族文化

我国是一个多民族统一的国家，民族融合是一个长期的历史进程，喀左地区是一个民族融合的典型区域。"喀左·东蒙民间故事"反映了草原文明和农耕文明的生产、生活方式的有机结合，反映了以蒙汉融合为主的民族文化融合，既保留了蒙古族民族文化传统，又在融合的过程中结合辽西区域文化特点实现了传统的再生产，创造了凸显民族融合特色

---

① 靳宏琴：《总序：中华民族心灵史的瑰丽乐章》，《喀左·东蒙民间故事·综合卷》（一），辽宁民族出版社 2008 年版，第 21 页。落款时间：2008 年 6 月 9 日。
② 《喀左·东蒙民间故事》编委会：《喀左·东蒙民间故事》（十二卷），辽宁民族出版社 2008 年版。
③ 靳宏琴：《总序：中华民族心灵史的瑰丽乐章》，《喀左·东蒙民间故事·综合卷》（一），辽宁民族出版社 2008 年版，第 22 页。落款时间：2008 年 6 月 9 日。

的辽西区域文化。

关于"喀左·东蒙民间故事",《中国非物质文化遗产百科全书(代表性项目卷)》的介绍如下:

> 喀左·东蒙民间故事是流传于辽宁省喀喇沁左翼蒙古族自治县的一种口头文学。
>
> 喀喇沁左翼地处辽宁省西部,这里的蒙古族比其他地区的蒙古族较早定居下来,由游牧转向农耕。在由猎转牧、由牧而农的漫长历史过程中,这里的民众创造出了独树一帜的民间文学形式,其中折射着鲜明的草原文化与农耕文化交汇相融的特色。东蒙民间故事内容丰富,题材广泛,文化个性鲜明,既包括对蒙古族形成初期对宇宙的认识,如对日月星辰的崇拜等;也有追述狩猎、游牧时期生活的内容,如射箭、骑马、挤奶、住毡房等;还有农耕生活的内容,如种庄稼、砍柴、养鸡鸭等,与其他地区蒙古族有所不同。喀左东蒙民间故事描述了东蒙地区三百年来蒙、满、汉民族在政治、经济及文化等方面互动的历史,对这些民族协力农耕开发辽西及其文化融合作了多方面的展现。
>
> 喀左·东蒙民间故事凝聚了蒙古族人民的智慧,对于研究喀喇沁、土默特等东蒙各部蒙古族历史、文化,考察蒙古族文化的变迁,具有重要的参考价值。[①]

这段文字反映了《喀左·东蒙民间故事》所承载的独特的文化价值。《喀左·东蒙民间故事》具有民族融合的文化特点,是草原文明和农耕文明的有机融合。其故事题材内容极为丰富,既反映了蒙古族的故事传统、民俗观念和民俗活动,又折射出东蒙地区三百年来蒙、满、汉民族在政治、经济和文化等方面互动的历史。

"早期喀左县较著名的民间故事在蒙古族聚居地区传播。随着蒙汉联姻,故事逐渐传播到蒙汉杂居地区,因此不仅有蒙古族讲述者,也有汉

---

① 冯骥才:《中国非物质文化遗产百科全书·代表性项目卷》(上),中国文联出版社2015年版,第21页。

族讲述者、故事家,他们通过说唱的形式一代一代传承下来,共同丰富并繁荣了喀左东蒙民间故事。"① "喀左·东蒙民间故事"在讲述和传播方面也体现了蒙汉民族文化融合的区域文化特点,不仅在蒙古族聚居区传播,还在汉族及其他民族中传播。

根据地方志记录,"县境内,东周时为东胡地,魏晋南北朝时为鲜卑地,唐代为库莫奚地,正是蒙古人先祖活动范围。后来东胡北遁,鲜卑南下,库莫奚西迁。至蒙古汗国时,蒙古国王太师木华黎率大军来利州(今大城子),利州节度使举城投降。但蒙古大军并没有留此定居。现今居于境内的蒙古人,主要是明代先后来此的乌良哈部、喀喇沁部、土默特部和清代汉人'随旗'(入蒙古籍)的后裔。还有少部分其他部的蒙古人先后移居于此"②。蒙古族的祖先很早就在喀左地区留下生活的足迹,蒙古族祖先与这片土地的联系可追溯至东周时期。今天喀左的蒙古族主要是明代来此定居蒙古族部落的后裔。"喀左·东蒙民间故事"中有大量关于成吉思汗的传说故事,如《铁木真和雪莲花》《成吉思汗和昭都将军》③。

"明朝中期,喀喇沁部由自己的家乡贝加尔湖,逐渐游牧到锡拉木伦河以南,占据了渤海湾以西、长城以北的大片疆域。明崇祯八年(1635)至清康熙年间,喀喇沁部先后被划分为左、中、右三旗,随着汉族的大批迁入,逐渐由游牧民族转为农耕民族。在由猎转牧、由牧而农的历史过程中,喀喇沁人民创造和丰富了具有东蒙地域特色的民间文学。"④ 这则资料记录了明代蒙古族来喀左地区定居、转变生产方式和民族融合的过程,"喀左·东蒙民间故事"就是在民族融合的过程中创造、传承和丰富发展的。"喀左·东蒙民间故事"中有大量关于喀左蒙古族来历的传说,如《喀喇沁的由来》《四十八旗王爷的来

---

① 《喀左·东蒙民间故事》,2010-2-4,http://www.lnwh.gov.cn/print/13147.html。
② 《喀喇沁左翼蒙古族自治县概况》编写组:《喀喇沁左翼蒙古族自治县概况》(修订本),民族出版社2009年版,第9页。
③ 《喀左·东蒙民间故事》编委会:《喀左·东蒙民间故事·蒙古族故事家额尔敦朝克图卷》(上),辽宁民族出版社2008年版,第15—34页。
④ 《喀左·东蒙民间故事》,2010-2-4,http://www.lnwh.gov.cn/print/13147.html。

历》①。

"喀左·东蒙民间故事"承载了融合蒙汉民族文化的特点：首先，继承了深厚的蒙古族民间故事传统，有极为丰富的动物故事、蒙古族机智人物巴拉根仓的故事和民间宗庙传说故事等；其次，创造了融合蒙汉民族文化的故事，如《蒙古人敬关公》②等；最后，涵盖了许多汉族民间故事的常见题材和故事类型，如"巧女和呆女婿"的系列故事等。

（二）粘连历史地理文明

在历史时间方面，从目前的考古发现来看，喀左地区是一片蕴藏着早期中华文明的沃土。第一，喀左有古老的旧石器时期人类遗址，如鸽子洞遗址，是省级文物保护单位。第二，喀左有新石器时期红山文化遗址，如东嘴山遗址，是国家级文物保护单位，也是"迄今为止，我国发现的形态最早、规模最大、层次最高的一处具有郊祭性质的史前社坛遗址，是后世南郊祀天、北郊祭地之礼的重要文化源头"③。红山文化是中华文明最早的文化痕迹之一，"红山文化是整个东北地区新石器时代晚期最重要的一种考古学文化"④。1979年，辽西喀左东山嘴红山文化遗址的发现及其独特性，使喀左地区成为推动挖掘和阐释中华早期文明的重要考古场所，表明喀左地区在我国民族文化起源史上的重要地位。⑤第三，还有不少省市级文物保护单位，它们都彰显了喀左地区蕴藏着深厚的民族历史文化。详见表1。

---

① 《喀左·东蒙民间故事》编委会：《喀左·东蒙民间故事·综合卷》（一），辽宁民族出版社2008年版，第19—27页。
② 《喀左·东蒙民间故事》编委会：《喀左·东蒙民间故事·蒙古族故事家额尔敦朝克图卷》（上卷），辽宁民族出版社2008年版，第113—119页。
③ 田广林：《论东山嘴祭坛与中国古代的郊社之礼》，《辽宁师范大学学报》（社会科学版）2008年第1期。
④ 田野：《红山文化80年——评述与展望》，《辽宁师范大学学报》（社会科学版）2015年第3期。
⑤ 郭大顺、张克举：《辽宁省喀左县东山嘴红山文化建筑群址发掘简报》，《文物》1984年第11期。

表1　喀喇沁左翼蒙古族自治县境内国家、省、市级文物保护单位①

名称	时代	所在地	级别
红山文化祭祀遗址	红山文化时期	兴隆庄乡东山嘴	国家级
笔架山遗址	商周时期	平房子镇北洞村	省级
鸽子洞	旧石器中期	水泉乡西地村	省级
康泰真墓碑	金、元时期	大城子镇洞上村	省级
精严禅寺佛塔	辽、金时期	大城子镇内	省级
天成观	清代	大城子镇内	省级
古铜矿遗址	商周至金元时期	六官营子镇滴达水村	市级
龙山县故城址	辽、金、元时期	白塔子镇白塔子村南	市级
白狼县故城址	西汉	平房子镇黄道营子村南	市级
大城小城遗址	商周时期	公营子镇塔子沟西	市级
土城子城遗址	战国时期	山咀子镇黄家店村	市级
东三家喇嘛山遗址	红山文化夏家店上下层	大城子镇小河湾村东山	市级
普云寺（奶奶庙）	清代	南公营子镇中学院内	市级
普佑寺（楼子庙）	清代	南公营子镇政府院内	市级
守性寺	清代	大城子镇古塔分校院内	市级
富庶县故城址	辽、金时期	公营子镇土城子村东	市级
双洞遗址	新石器时期	尤杖子乡朝阳洞	市级

在地理空间方面，喀左位于辽西，地处辽、冀、蒙三省交会地带，是蒙古族、汉族和其他少数民族几百年来长期杂居的地区，因此促成了其生产、生活方式的融合，促成了草原文明和农耕文明的有机结合。"喀左·东蒙民间故事"是这种融合和结合的产物，创造了一种更开放、更包容和更具魅力的文化形态，承载了民众的想象和记忆，具有独特的文化魅力。"喀左·东蒙民间故事"中有大量承载着这些古老历史地理文明的地方传说，如鸽子洞遗址传说《鸽子洞的金鸽子》《金仙洞的金仙呼

---

① 《喀喇沁左翼蒙古族自治县概况》编写组：《喀喇沁左翼蒙古族自治县概况》（修订本），民族出版社2009年版，第32页。

恨》①，天成观传说《皇叔修道观》《半个猪槽子》②，朝阳洞传说《朝阳洞牤牛战猛虎》《朝阳洞灵蛇护宝》③，等等。

二 "喀左·东蒙民间故事"搜集整理与社会利用的成果与局限

（一）搜集整理工作的成果与局限

"喀左·东蒙民间故事"资料的搜集整理是非遗保护的重要内容，是社会利用的基础性工作。在搜集整理工作方面，目前已经取得了巨大的成就，出版了卷帙浩繁的故事资料，构建了重要的故事资料系统。

我国自先秦时期就有采风的传统。近现代以来，自五四新文化运动时期，尤其是延安文艺时期形成的民间文学搜集传统，经过新中国初期十七年举全国之力开展的民间文学搜集活动，到20世纪80年代启动的"中国民间文学三套集成"（《中国民间故事集成》《中国歌谣集成》《中国谚语集成》）编纂工作，在现代田野作业理论与方法的指导下初步建立了中国民间文学的资料系统。"中国民间文学三套集成"编纂工作自1984年正式启动延续至2009年，陆续出版省卷本90卷，县卷本（内部资料）4000多卷，总字数超过40亿字，被誉为中国的"文化长城"。④

《中国民间故事集成·辽宁卷》就是辽宁省民间故事的代表性作品，能够反映辽宁省民间故事搜集整理工作最重要的成果。《中国民间故事集成·辽宁卷》出版于1994年，⑤共收入喀左民间故事14篇。这些喀左民间故事都来源于启动"中国民间文学三套集成"搜集整理工作期间的成

---

① 《喀左·东蒙民间故事》编委会：《喀左·东蒙民间故事·综合卷》（一），辽宁民族出版社2008年版，第81—88页。
② 《喀左·东蒙民间故事》编委会：《喀左·东蒙民间故事·综合卷》（二），辽宁民族出版社2008年版，第41—48页。
③ 《喀左·东蒙民间故事》编委会：《喀左·东蒙民间故事·蒙古族故事家索都卷》，辽宁民族出版社2008年版，第36—41页。
④ 刘洋：《纪念"中国民间文学三套集成"启动30周年》，《中国艺术报》2014年5月30日。
⑤ 中国民间文学集成全国编辑委员会、中国民间文学集成辽宁卷编辑委员会：《中国民间故事集成·辽宁卷》，1994年。

果。据《朝阳市少数民族志》记载,早在20世纪80年代初,在编纂"中国民间文学三套集成"的号召下,喀左县于1981年就开始组织专人负责喀左民间传说故事的搜集整理工作,搜集整理一手资料达400余万字,1983年出版了蒙古族故事集《敖木伦河的珍珠》第一辑(内部资料),① 共收入故事28篇,其中6篇曾于1982年选入故事集《小喇嘛降妖》② 在全国发行。③ 乌丙安在为《敖木伦河的珍珠》(第一辑)作的序言中指出,"早在这以前,春风文艺出版社出版了《满族民间故事选》、蒙古族民间故事选《小喇嘛降妖》等,已经引起了国内外民间文学界的重视"④。《敖木伦河的珍珠》第二至六辑共约400篇,100万字,其第二辑是蒙古族民间故事专集;第三辑属综合集;第四辑是辽宁省民间文学研究会理事、民间故事家、"胡尔沁"东哨乡蒙古族老人武德胜讲述专集;第五辑是蒙古老人刘永兰讲述专集;第六辑是蒙古族老人金荣讲述专集。⑤

2008年,十二卷本《喀左·东蒙民间故事》(蒙汉双语)出版,并于2009年荣获第九届中国民间文艺山花奖。⑥ 其负责人靳宏琴和佟涛分别在《〈喀左·东蒙民间故事〉总序:中华民族心灵史的瑰丽乐章》和《担负起沉重的历史责任——"喀左·东蒙民间故事"立项申报及其管理的感悟》的序言中叙述了搜集整理喀左东蒙民间故事的经过。能够组织搜集整理如此数量庞大的故事资料本,离不开辽宁"喀左·东蒙民间故事"搜集整理团队高度的文化使命感和身体力行的艰苦奋斗。负责人靳宏琴表示,目前出版的十二卷本仅仅是"喀左·东蒙民间故事"的一部

---

① 喀喇沁左翼蒙古族自治县文化馆:《敖木伦河的珍珠:喀左县蒙古族民间传说故事选》(第一辑),内部资料,1983年。
② 《小喇嘛降妖(蒙古族民间故事选)》,春风文艺出版社1982年版。
③ 朝阳市民族事务委员会:《朝阳市少数民族志》,辽宁民族出版社2004年版,第139页。
④ 乌丙安:《序》,《敖木伦河的珍珠:喀左县蒙古族民间传说故事选》(第一辑),内部资料,1983:1,落款时间:1983。
⑤ 朝阳市民族事务委员会编:《朝阳市少数民族志》,辽宁民族出版社2004年版,第140页。
⑥ 袁丽梅、靳宏琴:《赢得山花烂漫时》,2010 - 3 - 31,http://www.lnwh.gov.cn/detail-ff/13992.html。

分，搜集整理工作还在继续，正在编辑第十三至二十四卷。① "喀左·东蒙民间故事"已有的惊人藏量和可供进一步发掘的故事资料，昭示着这是一座亟待开启的文化宝库。

就目前搜集整理工作取得的成果来看，也还存在以下两点局限。

第一，在搜集整理资料的形式方面，限于设备和技术条件，目前的民间故事资料以文本形式为主，亟待补充音视频资料，提升"喀左·东蒙民间故事"多种形式的传播力。根据中国非物质文化遗产网的介绍，"随着时间的流逝，喀喇沁左翼蒙古族民间文学的老一辈传承人相继离去，传承的谱系已难以续写，具有重要的口述史价值的东蒙民间文学正在淡出人们的记忆。尤其令人焦虑的是，当地文化部门近20年来采录下来的录音资料已开始出现消磁和失真现象，处于贫困地区的基层文化部门无计可施，东蒙民间文学真正处在严重的濒危状况，急需保护和抢救"②。

第二，在搜集整理故事文本的规范性方面，目前出版的十二卷《喀左·东蒙民间故事》存在故事分类标准不统一的现象，对采录原则与方法缺少理论反思。

（二）社会利用工作的成果与局限

在社会利用方面，2015年，十五篇《喀左·东蒙民间故事》由曲艺家许同贵改编为十五段音像评书，许同贵指出："这些根据《喀左·东蒙民间故事》改编的评书已录制成光盘，在朝阳当地的学校里播放，将来还要通过电台、电视台加以推广。"③ 负责人佟涛解释道，将《喀左·东蒙民间故事》改编为评书是非遗进校园计划的一部分。④

与搜集整理成果相比，"喀左·东蒙民间故事"在社会利用方面还远远不够。不过，负责人靳宏琴表示，喀左县正在计划举办国家级理论研

---

① 郭宝平：《喀左为啥把抢救故事当成大事》，《辽宁日报》2010年6月28日B05版。
② 《喀左·东蒙民间故事》，http://www.ihchina.cn/5/10636.html。
③ 王臻青：《〈喀左·东蒙民间故事〉被改编成评书》，《辽宁日报》2015年2月11日第A10版。
④ 王臻青：《〈喀左·东蒙民间故事〉被改编成评书》，《辽宁日报》2015年2月11日第A10版。

讨会，创建东蒙民俗文化博物馆，力争使喀左县成为全国乃至世界东蒙民族文化的研究中心。①

就目前的社会利用情况来看，局限主要有以下两点。

第一，理论研究基本处于空白状态。"喀左·东蒙民间故事"的国家级非遗地位和数量庞大的故事资料系统为其理论研究和文化传播奠定了良好的基础；但是，目前其在理论研究方面存在明显空白，关于"喀左·东蒙民间故事"的研究成果目前仅有两篇学术论文和一篇硕士学位论文，②在文化传播方面也没有转化为提升区域文化软实力的文化资源。例如，民间故事常见的研究范式故事类型研究基本处于空白状态，也就难以开展关于思想内涵和艺术形式的讨论和比较研究，难以开展文化传播、社会功能的综合研究。

第二，田野作业未能建立故事讲述家个案。刘永芹是唯一入选国家级非遗传承人名录的传承人。《中国非物质文化遗产百科全书·传承人卷》对刘永芹的介绍如下：

（编号：03—0784），女，蒙古族，辽宁省喀喇沁左翼蒙古族自治县人。2006年5月，"喀左·东蒙民间故事"被列入国家级非物质文化遗产名录民间文学类，项目编号Ⅰ—19。2009年6月，刘永芹入选为第三批国家级非物质文化遗产项目代表性传承人，辽宁省喀喇沁左翼蒙古族自治县申报。刘永芹能讲述的民间故事已达到215篇，整理完毕的有201篇。③

除了蒙古族故事讲述家刘永芹，还有近十位"满腹故事"的故事讲述家。他们能够熟练运用民族形式，在前辈故事讲述家的基础上，形成

---

① 郭宝平：《喀左为啥把抢救故事当成大事》，《辽宁日报》，2010年6月28日第B05版。
② 吴智嘉：《浅析〈喀左·东蒙古民间故事〉中的天人之际》，《商业文化》（学术版）2010年第6期；郭恩琪：《浅谈喀左东蒙民间故事传承》，《辽宁师专学报》（社会科学版）2017年第3期；司玉华：《喀左东蒙民间故事喇嘛形象研究》，硕士学位论文，辽宁大学，2014年。
③ 冯骥才：《中国非物质文化遗产百科全书·传承人卷》，中国文联出版社2015年版，第13页。

鲜明的个人风格。在《喀左·东蒙民间故事》十二卷中，有九卷（第四至第十二卷）都是以故事讲述家的名字命名的，分别是：《蒙古族故事家额尔敦朝克图卷》（上、下卷）、《蒙古族故事家乌云其其格卷》、《蒙古族故事家金荣卷》（上、下卷）、《蒙古族故事家都达古勒、宝音卷》、《蒙古族故事家索都卷》《蒙古族故事家宝颜巴图卷》《汉族故事家马建友卷》。在《中国民间故事集成·辽宁卷》的 14 篇喀左民间故事中，由蒙古族故事家武德胜讲述的多达 10 篇，附录中有对武德胜的专门介绍。以上这些都说明喀左东蒙民间故事有诸多杰出的故事讲述家，但遗憾的是，目前尚未形成以上故事讲述家的田野个案。搜集者撰写的采录报告主要停留在故事讲述家的生平经历和部分故事题材的介绍，对于搜集、整理、翻译的原则和方法没有进行理论反思，没有回应我国近百年来在搜集史上的重要问题，对于故事讲述家的表演情境和讲述特点也没有说明和研究。

三　基于"喀左·东蒙民间故事"提升辽西区域文化软实力的对策

鉴于"喀左·东蒙民间故事"具有融合蒙汉民族文化和粘连历史地理文明的重要文化价值，基于搜集整理和社会利用方面的已有成果，本节将针对其局限和不足，提出基于"喀左·东蒙民间故事"提升区域文化软实力的对策。

（一）非遗保护是坚实基础

1. 利用数字化技术，打造非遗文化数据库

首先，要在已有搜集整理成果的基础上，补充搜集整理"喀左·东蒙民间故事"文本和音视频，利用数字化技术，搜集整理更为完整的量多、质优、形式丰富的故事资料基础。

其次，构建分类体系，打造非遗文化数据库。黄永林、谈国新主张通过深度开发数字化技术采集、保存、展示与传播非遗，提出建立非遗

资源数字化分类体系。① 这种分类标准可以基于民俗学（含民间文艺学）的学科分类标准，如钟敬文主编经典教材《民俗学概论》和《民间文学概论》，也可基于目前通用的非遗分类标准，如中国非物质文化遗产数字博物馆的国家名录数据库分类方法。对于地方非遗保护工作来说，在此基础之上还要结合当地非遗项目的文化特点设计分类要素。针对"喀左·东蒙民间故事"，就要充分考虑其融合蒙汉民族文化和粘连历史地理文明的文化特点。

最后，以"喀左·东蒙民间故事"资料为基础，整合喀左地区各级非遗项目、文物保护单位和民俗文化活动等文化资源，发挥文化合力，建立对公众开放的"喀左·东蒙民间故事"非遗文化数据库，可根据体裁形式、题材内容、故事类型、民族特色、地标建筑、传说人物等要素，实现分类检索、阅读视听和转载分享功能等。

2. 锻造传承人队伍，重视学生群体

1982年，乌丙安首次提出传承人理论，"常见的故事转述人固然也能起到传播故事的作用，但是，真正传播民间故事、发挥民间故事作用的，主要还是民间故事传承人"②，因此，"代表性传承人的保护是非物质文化遗产保护工作的重中之重"③。乌忠恕在采录报告中提到自己在1983年系统地学习了这篇文章之后，开始对故事讲述家武德胜进行专访。④ 但从整体上来看，我们还应进一步重视喀左故事讲述家的作用。针对"喀左·东蒙民间故事"，我们要在重视保护代表性传承人刘永芹的同时，聚集现有近十位"喀左·东蒙民间故事"讲述家，组建故事讲述家队伍。在不打乱故事讲述家日常生产、生活状态，不影响民间故事在其民俗文化生活圈传播的前提下，通过录制视频或定期安排故事讲述家为当地民众或游客现场讲述故事等方式，在更大的范围内传播辽西区域文化。

同时，在现有传承人和故事讲述家队伍的基础上，重视引导和培养

---

① 黄永林、谈国新：《中国非物质文化遗产数字化保护与开发研究》，《华中师范大学学报》（人文社会科学版）2012年第2期。
② 乌丙安：《民俗文化综论》，长春出版社2014年版，第367页。
③ 乌丙安：《传承人保护日益规范》，《人民日报》2008年10月31日第16版。
④ 乌忠恕：《蒙古族民间故事讲述家武德胜和他的故事——武德胜故事采录报告（代前言）//敖木伦河的珍珠》（第四辑），内部资料，1986：7。

学生群体对非遗文化的热爱。学生是一座城市中最具活力的文化群体，是未来的文化建设的中坚力量。因此，在小学、中学和大学这几个学习阶段，都应该通过开设与非遗文化相关的课程，有意识地让学生通过了解和体验非遗文化，拓展文化视野，增强文化使命感。反过来，让学生未来参与到非遗文化生产和批评之中，可以增强非遗工作的活力。

3. 建设非遗实体博物馆与数字博物馆

在现有实体博物馆的基础上，根据非遗项目设计主题展览，展出"喀左·东蒙民间故事"的搜集整理工作团队、搜集整理手稿、民间艺人剪影、民众生活图景等，让民众对这批民间故事的搜集整理史和故事流传地区的民俗文化有所了解，真实具体可感。开设多种类型的非遗传承活动，增强非遗文化体验。非遗传承人队伍建设可以与实体博物馆建设结合起来，或者在实体博物馆中设置非遗传承人工作室，定期在博物馆中进行非遗展演活动，传播非遗文化。

同时，致力于建设数字博物馆。如将民间文学关键词与喀左地图相结合，可以明显看出"喀左·东蒙民间故事"的地理分布情况，根据感兴趣的地标查阅相应的神话、传说、故事等；还可以开发多语种故事讲述软件，让各国友人都能够有机会通过数字博物馆了解喀左地域文化。数字博物馆可与前文中的"喀左·东蒙民间故事"非遗文化数据库共同建设。

（二）社会利用是灵魂生命

1. 加强民俗学（含民间文艺学）及相邻学科研究

首先，运用民间文艺学理论与方法，系统开展"喀左·东蒙民间故事"研究。如运用国际通用的故事类型研究法（AT分类法），将搜集整理的故事文本资料按照题材内容、故事类型重新分类，建立"喀左·东蒙民间故事"类型系统，并就具有典型性的故事类型展开研究。又如，结合现代民间文学搜集整理史，对搜集整理工作进行理论反思。

其次，在现有故事作品中，筛选和整理喀左东蒙民间故事精选本。十二卷本《喀左·东蒙民间故事》主要是资料性质，讲究资料的全面和忠实，符合民间文学搜集整理的学术规范，是做好非遗保护、学术研究和社会利用工作的基础。但庞大的作品规模和孤立的文本样式不利于喀左东蒙民间故事的推广。我们要通过最大限度地挖掘、阐释和比较诸多喀左东蒙民间故事作品的文化内涵、艺术魅力和民族特色等，筛选和整理一部篇篇经典的《喀左·东蒙民间故事精选本》，适当增设导读、插图和文化阐释等内容。

最后，加强民俗学及相邻学科的整体研究。民间文艺学本来就是民俗学学科的一部分。钟敬文在《民俗学与民间文学——一九七九年七月在北京师大暑期民间文学讲习班上的讲话》中阐释了民俗学理论与方法对于民间文学研究的重要性，"研究民间文学，必须具备一定的民俗志和民俗学知识"①。他指出民俗学对民间文学研究的作用主要体现为：第一，现代的民俗资料，可以被运用去解决或推断古代的民间文学（如歌谣、传说、神话等）的某些问题。第二，民俗学资料可用以论证现代流传的民间文学作品里的社会意义和存在问题。② 朝戈金在《非物质文化遗产：从学理到实践》中强调了非遗研究的整体性原则。他指出："比如游牧文化中的'非遗'事象，从生产活动、生活知识到文学艺术创造，与蒙古人对宇宙和自然的整体认识密切相关，它们共同构成了一个完整的知识体系，就像一个生命体。截取任何一个片段、一个环节来剖析的时候，都需要有对整体的把握。不了解他们的世界观，就不能解读他们仪式活动的蕴含。不了解自然界的规律和法则，就不能理解他们生产活动的那些特别的技能是如何产生和发挥作用的。"③ 喀左东蒙民间故事中蕴藏着喀左人民的精神信仰、民族艺术和社会历史等民俗文化，我们一定要将"喀左·东蒙民间故事"放置在整体文化史和社会史背景下进行研究。

2. 推进学科合作和对外传播

在全球化时代，尤其是"一带一路"背景下，我们要在民俗学（含民间文艺学）研究的基础上，开展与翻译学、国际市场营销学等学科的

---

① 钟敬文：《民俗学与民间文学——一九七九年七月在北京师大暑期民间文学讲习班上的讲话》，《钟敬文民俗学论集》，安徽教育出版社2010年版，第168页。落款时间：1980年1月20日。

② 钟敬文：《民俗学与民间文学——一九七九年七月在北京师大暑期民间文学讲习班上的讲话》，《钟敬文民俗学论集》，安徽教育出版社2010年版，第166—168页。落款时间：1980年1月20日。

③ 朝戈金：《非物质文化遗产：从学理到实践》，《西北民族大学学报》（哲学社会科学版）2015年第2期。

合作，通过将《喀左·东蒙民间故事精选本》翻译为多语种译本，推进喀左东蒙民间故事的对外传播，提升辽宁在建设"中蒙俄经济走廊"过程中的文化影响力。单纯的民俗学专业学者在大量的文本翻译面前捉襟见肘，而单纯的翻译学专业学者往往不了解民间文学的体裁特点和故事类型的学科术语，很难开展传神的文化翻译。只有两个学科的学者合作翻译，才能创造出精良的具有推广价值的故事译本。可先发行英译本，再视情况发行其他语种译本等。

同时，我们要从文化贸易的角度，将好的译本转化为富有国际竞争力的文化产品。借助国际市场营销学的 SWOT 分析法，分析"喀左·东蒙民间故事"在国际文化市场竞争环境中的优势、劣势、机遇和挑战。适当对喀左东蒙民间故事进行整理和改编，找准目标群体，讲好喀左故事，力争让《喀左·东蒙民间故事》译本像《格林童话》一样，成为具有世界级影响力的故事书和文化载体。

3. 发展文化旅游和文化贸易

我们在区域经济文化建设的过程中，长期忽略了一宗重大的文化资源，即非遗文化资源。我们各级非遗项目能够凸显当地文化特色，不仅是一宗巨大的能够彰显民族精神、民众智慧和历史生活的文化资源，还是可以产品化、品牌化和国际化的旅游资源和贸易资源。

2018 年 4 月，文化和旅游部成立。文化和旅游部副部长李金早指出，"文化是旅游最好的资源，旅游是文化最大的市场"[①]。"喀左·东蒙民间故事"作为国家非物质文化遗产，可以助力喀左成为文化旅游的魅力城市，拓展国内外客源市场。在原有货物贸易的基础上，文化贸易水平的高低直接影响了新时代我国国际贸易的综合发展水平。除了故事译本的对外传播，还要有意识地以喀左东蒙民间故事为题材，通过编创形式多样的节目、影视作品、舞台剧、纪录片等，助力中国对外文化贸易市场的开拓，带动区域经济产业发展。"喀左·东蒙民间故事"作为国家非遗项目，应该根据《文化部"一带一路"文化发展行动计划

---

① 李金早：《在中国旅游科学年会暨首届全国旅游管理博士后学术论坛开幕式上的致辞》，2018 - 4 - 20，http://www.sohu.com/a/229033553_152615。

(2016—2020年)》① 积极参与"一带一路"文化交流、文化产业、文化贸易和文化旅游等计划，真正发挥非遗价值，实现社会利用。文化、旅游和贸易三者的有机结合将成为中国未来极具发展潜力的经济发展方式，成为激发区域经济文化产业活力的关键，是新发展理念的体现。

结　语

非物质文化遗产是区域文化的重要组成部分，是提升区域文化软实力的重要资源。国家非遗"喀左·东蒙民间故事"的非遗保护和社会利用工作有利于提升辽西区域文化软实力。"喀左·东蒙民间故事"具有融合蒙汉民族文化和粘连历史地理文明的文化价值。当前非遗保护工作取得了显著的成就，出版了十二卷本《喀左·东蒙民间故事》，但也存在一定的局限；社会利用工作存在较大空白，亟待填补。在非遗保护方面，我们要利用数字化技术，打造非遗文化数据库；锻造传承人队伍，重视学生群体；建设非遗实体博物馆与数字博物馆。在社会利用方面，我们要加强民俗学（含民间文艺学）研究；推进学科合作和对外传播；发展文化旅游和文化贸易。非遗保护是坚实基础，社会利用是灵魂生命。两方面相互依存，缺一不可。

---

① 文化部：《文化部"一带一路"文化发展行动计划（2016—2020年）》，2016 - 12 - 28，http：//zwgk. mcprc. gov. cn/auto255/201701/t20170113_477591. html。

第五编

歌 谣

文化生态·文化空间·政府主导与"非遗"关系

——以西北"花儿"的洮岷流派(南路)流行区 KPT 村为个案*

郝苏民**　**戚晓萍*****

摘　要：文章从微观层面剖析文化生态，对洮岷"花儿"中"阿欧怜儿"曲令及其文化内涵所生存的文化空间、政府主导的基层实践现状予以细描。洮岷地区唱"花儿"、听"花儿"、聊"花儿"的文化现象，实为当地的一种口头传统与生活方式，其源出于本土文化生态。断此，传承的文化活水便会成为无源之死水一潭。故"非遗"保护必赖其文化生态组成的文化空间之保护；"主导"作用需到位，不缺位，更不可越位。

关键词：文化生态；"花儿"；"阿欧怜儿"；非物质文化遗产

在甘、青两省毗连的河湟一带，流行着一种被广泛称为"花儿"的山歌，上百年来其传唱的群体除汉族外，还有西北地区的回、撒拉、保安、东乡、土、裕固、藏、蒙古等九个民族的民众。"花儿"是根植于青藏高原、黄土高原与内蒙古高原地区狩猎、游牧和农耕多元生产方式和

---

*　原文刊于《北方民族大学学报》2009 年第 2 期。
**　郝苏民，西北民族大学民族学与社会学学院教授。
***　戚晓萍，甘肃省社会科学院文化研究所副研究员。

多元文化的艺术奇葩，是中国民歌群里能充分体现中国大西北文化空间风貌，富有艺术欣赏价值、历史研究价值的一种至今仍属于相对"原生态"的乡土民歌。它凝练着大西北多元一体的民族文化精神，是区域文化标志性的口头传统。学界对"花儿"的类型认识基本一致，即认为其有两大类别：河州型"花儿"（或称为河湟"花儿"）与洮岷型"花儿"[①]。其中，洮岷型"花儿"又分为以莲花山演唱场域为代表的北路派，和以二郎山为演唱场域的南路派。就流布区域来看，河湟"花儿"分布范围较广，在甘、青、宁、新都有流传；而洮岷型"花儿"则仅仅流传于甘肃的临潭、岷县等地区。就洮岷型"花儿"本身而言，其北路派的传唱区域又大于南路派。在长期的调查研究中我们看到，目前仍处于相对偏僻闭塞的山区地方，"花儿"的传承方式反而被保存得比较完整和丰富，也相对接近"原生态"的传唱类型。文中洮岷南路"花儿"即是此类。"花儿"民歌传至当今，其生存方式的变迁与劲吹不息的世风，已迫使它的创造者、传承者出于商业与经济的诉求而被"包装"成越来越"专业化"的演唱者；这在河湟"花儿"的流传地区，表现得尤其热火。所谓"茶园'花儿'"、作为旅游产品推销的"民俗村'花儿'"，以及以"保护""申遗"为名等选拔的某些专职型"传承人""歌手"，等等，便是昔日"花儿"社会（文化空间）功能发生变迁（异化）的突出现象。与此现状有所不同的是，在洮岷"花儿"南路派流行区内，"花儿"素有的那种创造与享用于一身的群体性特征，那种"'花儿'本是心里的话，不唱是由不得自家"的功能，在相当程度上，仍然运行不衰。对当今整体"花儿"存活现状，最新说法是 2008 年 6 月 25 日新华社记者在《中国文化报》的一篇报道："……与其他民间艺术一样，'花儿'如今也面临着传承断代的危险！"[②] 我们认为，此说总体是可以认同的，这是具有普遍性的一种适应于中国所有"非遗"存活现状的泛说。文中，我们介绍的却是这一总趋势里的另一类现状。

[①] 郗慧民：《西北花儿学》，兰州大学出版社 1989 年版。
[②] 杨寿德、马玲、王雁霖：《"花儿"如何才能更红艳》，《中国文化报》2008 年 6 月 25 日。

一 洮岷南路"花儿"流行地:KPT 村

　　KPT 村（以下简称 K 村）坐落在甘肃省岷县西寨镇洮河的一河湾处，北面和东面均被河水阻隔，南面则是绵延的群山。村里土地资源分为川地和山地两部分。其中，川区海拔为 2210 米左右，南部山峰的海拔高 2800—3050 米。村庄位于川区之东，川之西为农田。全村有 515 户 2286 人，是个较大村庄。但固有耕地很少，记录在册的只有 1926 亩，大多人家的川区耕地在 1 亩之下。为缓解这一困难，村民把目光对准了远处的巍巍高山，几乎家家户户都在远山开荒挖地。山区耕地依山而垦，有什么样的山势就有什么样的农田，一些农田坡度非常大，有的可以达到五六十度，甚至七十多度。在山区耕作，先是爬山，然后才是做农活，劳动强度较大。这里气候高寒阴湿，年平均降水量可以达到 587 毫米，雨期集中在农历七八月间。村南高山经常雾霭朦朦，"花儿"中有词曰："前山拉雾雾拉雾。"每当清晨前山山顶云雾缭绕，当天十有八九便有降雨，而且云雾越大降雨时间也就越长。当地有农谚道"下雨不过二十五"，这里的"二十五"指农历五月二十五，是 K 村对岸 TJB 村的"大庙滩'花儿'会"的会期。农历五月是入夏以来 K 村降水颇多的一个月份，但是进入农历六月后降水反而减少了。这句农谚是说，一个时期以来持续的降雨天气在五月二十五大庙滩会之后会得到缓解。到了农历七月，K 村进入了一年之中最繁忙的秋收季节，而秋雨季节也随之来临，这给秋收带来很大困扰。

　　K 村川地主要种植当归、黄芪等药材，并有小麦和洋芋等农作物。药材种植是家庭"钱袋子"的保障；小麦和洋芋的种植是一个家庭"粮袋子"的保障。川区收成的好坏对村民来说至关重要。耕地少使村民在山区见缝插针地开耕，哪里能种一点粮食就在哪里挖一小块土地，故山区耕地都是一小块一小块的。他们在菜畦大小的土地上种植了大量的油菜、青稞、燕麦、小豆等作物，此中的播种、田间管理及收获等农事劳作特别辛苦。以前村民在离村子近的山林里开了很多荒地，但随着退耕还林工作的展开，这类土地已被收走。然而，村民的粮食危机和经济困难并不因退耕还林而得以解决。于是他们一边交出前期开垦出的近村荒地，一边再去开垦离村庄更远的山林荒地。可以看出，特殊的生态决定了这里的生产节气。也决定了村民的劳动强度和生活节奏。K村家庭分工明确：男人负责赚钱；女人负责管家。村里中青年男性大多外出务工。出去打工的村民一般一过二月二就离家远行，大多于秋收时节回乡，还有一部分则到初冬以后才回家。外出打工者主要从事建筑工作，地点以内蒙古呼和浩特市为主，还有一些人去新疆以及甘肃的一些城市。留守村中的大多是妇女以及老人、孩子，青壮年主妇是一个家庭中的主要农业劳动力，也是日常生活中的"家长"，负责家中大小事务。也有一些女人跟随丈夫到外地打工，对于这些外出姐妹，留在村中的妇女都很羡慕，因为在她们看来，出外打工比天天在地里"苦庄稼"要轻松得多，又能拿现钱。如今，孩子在家庭中得到了充分的关爱，村民非常重视对孩子的教育。适龄青少年平时都忙于学校功课，较少为家里的农事劳作帮忙。只有在秋季抢收农忙的时候，家里的孩子才会被带到地里帮忙。K村建有小学一所，位于村子最西端。因为重视教育，K村是西寨镇最出"人才"的村子。

二 岷县的湫神信仰与洮岷南路的"花儿"与"好家们"

湫者，本义水潭，水潭之神便为湫神。湫神都有自己的湫池，它是村民求雨取水的地方。司水之外，湫神还有看护庄稼，使之免遭雹灾的职能。岷县境内湫神众多，南路18尊、北路18尊，南、北路交叉区18尊，因为"梅川大爷"庞统为南、北路所共祭，故岷县共有湫神53尊。据清康熙四十一年田而樾等人纂辑的《岷州志》记载："岷境称湫神者甚众，惟经长吏给帖者为正神，其他为草野之神。"[①] 因南路的18尊湫神都是经过敕封的正神，故所谓岷县18尊湫神通常就是指南路的18尊。围绕着湫神信仰，在岷县形成了丰富的湫神祭祀活动，随之也产生了很多庙会。其中，"唱'花儿'"是很多庙会活动中的重头大戏之一。这种集会型"花儿"演唱活动，也被称为"花儿会"。有一个值得注意的现象是，

---

① （清）田而樾等：《岷州志：第十一卷风俗岁时》，康熙四十一年刻本。

近年来在一些"花儿"把式（方言，有"行家"之意）的带动下，一些原本不唱"花儿"的庙会也开了唱山，形成了一些由民众自发搞起来的新兴"花儿会"，因为依托于传统庙会，故参与者众多，大有星火燎原之势。湫神张锦是 K 村的保护神，村里有他的本庙。庙里有专门的庙倌，负责平时看护庙宇。五月诸湫神要进行巡域活动，辖域较大的湫神甚至要巡行数十个自然村。在巡行时有"溜佛爷"仪式，即由辖村男子用八抬大轿抬上湫神雕像沿着村庄的街道巡游。"溜佛爷"时，村民都会出来观看，一些"花儿"歌手也借机为佛爷唱"花儿"以娱神乐民。每当此时，轿夫们便会让佛爷落轿听"花儿"。溜佛爷时唱的这种"花儿"因以"灵佛爷"为代表性衬句，故当地人称之为"佛爷'花儿'"。

五月，K 村人亲自参与的庙会主要有两个：一个是五月十九张锦的庙会，另一个是五月二十三与 K 村隔河相望 TJB 村胡大海的庙会。张锦佛爷的庙会正日在五月十九，会期从五月十八开始至五月二十结束。胡大海的庙会正日在五月二十三，会期从五月二十二开始至五月二十四结束。张锦由于辖域只有 K 村一个村，因此庙会规模较小。在这个庙会上唱"花儿"的人也少，主要是 K 村的一些歌手，外村很少有人来唱"花儿"。胡大海神的辖域较大，所以五月二十三的庙会规模也大，"花儿"歌手也多。事实上，洮岷地区有很多民间崇拜性的庙会，并且在当下有愈拜愈盛之势，而庙会的兴旺为"花儿"群体对唱创造了环境。因为，庙会空间的环境与氛围：山林、河滩、曲径、人群，为歌手们提供了对唱的绝佳场所——它与所谓的表演大赛式的登台演唱，是不可同日而语的。民歌"花儿"，是农民为自己享受而创造的产品，它有心中的针对和寄托，有一定的个人（心灵）"功利性"。若完全打入文化商品的市场，"鲜花"缺乏了真情实感的滋养，就有可能变成逢场作戏的"塑料""花儿"！K 村的庙会，为"花儿"的传承和保护提供了一个启示：文化的事文化办，民间的事民间办；所谓政府主导，应是一种责任，但非越俎代庖。所谓"群众观点""以人为本"，是对农民应有基本的信任，不应再有民歌词不经有关基层职能部门人员"审查"就不放心的忧虑！

（一）K 村"花儿"的分类

K 村人所唱的"花儿"属于洮岷"花儿"中的南路派，当地人称之为"阿欧怜儿"。就声乐角度而言,"阿欧怜儿"乐句简单,歌手在演唱中根据个人嗓音条件的不同而有"高音"与"平音"之区别,在起首与结尾句,有的歌手因气息充足可以把节拍拉得很长而形成"前音"与"后音"。就文学角度而言,"阿欧怜儿"以即兴编词见长,见山唱山,遇水唱水。一般歌手心中记忆有大量程式句,在对唱、竞唱中可以出口成章,对答如流,非常精彩。当地"花儿"就内容而言,可分为以下几类。

1. "好'花儿'"类。例词如下。①镢头要挖荞草呢,要听上级领导呢,把计划生育搞好呢,叫养上一个就好呢,给大汉(指家长)的负担还减少呢。②五月端午打杨柳,把你如比甜黄酒,我喝上一口想两口。③莲花山的九甸峡,今晚给你们泡下细叶茶,一解(gai 音)渴来二解乏,三解我们大家心上嘎(sha,形容高兴)。

2. "佛爷'花儿'"。例词如下。①我双手攘开佛堂门,多早把我修成神,我到凡间活不成。②尕笼笼里提梨呢,我今儿个要儿要女呢,要下儿子骑马坐轿呢,要下女子抹锅洗灶呢。③我双膝跪到佛爷堂,佛爷你领我的羊,屋里人(指对偶)得病不起床。

3. "傻'花儿'"类。这类"花儿"演唱只在小圈圈儿里进行,是唱得最隐秘的"花儿",唱"花儿"的人称这种"花儿""害"("害"作形容词)得很,意即出格得很,其内容往往是直白、热辣、充斥情欲色彩。例词如下。女:黄叶白菜拉露水,只要你到我的怀里睡,我亮了挨打不后悔。男:我今儿个来明早儿去,我瞌睡睡上一晚夕,尕妹我俩空背名声都胀气。女:红禽抬下米着呢,人说我恋你着呢,我身子没挨手没动(dou),挨也没挨你的肉。男:把你好比连骨肉,膘又肥来肉又厚,我把你睡着跟前没敢动。女:一根竹子二尺长,把我俩好比两只羊,后面宁叫狼蹿(音:duan;义:追)上,宁叫咬死我俩个奠散场。男:炕上铺的梅花毡,我的肉比棉花绵,黑了我两个就绵对绵,绵得我俩就都喜欢。

4. "心病'花儿'"类。陈述心灵的抑郁,表达身心的悲痛。就所表现的内容而言,它几乎涵盖了K村人生活的方方面面,可以说是K村人的生活之歌。例词如下。①沙石河滩磨一盘,学校来了坐一天,我把心病上的话说完。②板板做了抽匣了,我把我娃丢下了,把他丢得也孽障,就像那阳婆蹿月亮,黑天白日蹿不上。③龟蛋坏了良心了,把我连我娃离开了,离开再一个不见一个了。④家鸡窝里野鸡毛,我脚(jue)踩船尖没站牢,一挂把我闪得鸟,我这会儿重扎根根儿重过桥。

(二)"花儿"歌手和传唱场域

在 K 村,唱"花儿"的大多是已婚妇女,但也有很多老年男性是"花儿"的铁杆歌迷。之所以出现以女性为"花儿"歌唱主体的局面,主要有两个方面的原因。一是由于男女分工的不同,青壮年男子大多到外地打工去了,这就造成了村中缺少中青年男性歌手的客观条件;同时由于家中男主人的外出,女主人唱"花儿"或者与其他男性对唱"花儿"完全可以"自作主张",而不必顾虑丈夫的意愿。二是 K 村素来注重男童的学校教育,村落中好成绩与好孩子对等的集体价值标准使得男孩子自幼就缺乏对"花儿"记忆的兴趣,造成男孩长大后创作"花儿"、演唱"花儿"能力的缺失。村中唱"花儿"的女性,按照年龄自然地形成了两个群体,一是中年妇女圈,一是老年妇女圈。这两个群体,在"花儿"演唱内容的选择上各有偏好,老姊妹们有她们爱唱的"花儿",小姐妹们也有她们爱唱的"花儿"。就整个村落的邻里亲疏关系而言,歌手们彼此之间是一个小团体,相对于与其他民户的关系她们之间显得更亲密。

"花儿"作为一种山歌,它的表演场域以野外为主,有日常劳作中个人性的叙说型"花儿"演唱,有庙会期间山野河滩处群体性的竞唱型"花儿"对歌。在西北农村,历史上"花儿"曾被上层社会认为是下里巴人的淫词野曲,受到排斥与压制。"花儿"演唱由此形成了许多规约,其中有一条就是民众不能在村庄里公然唱"花儿"。就 K 村而言,这条规矩依然存在。如果谁想在村庄里唱"花儿",就得"偷偷摸摸",不为不同类的外人所知。村中的小团体"花儿"演唱,几乎都是在晚间举行。这里,实际上表现出草根社会非常实际地且非常智慧地处理着社会公众不同圈子里的文化与精神需求的伦理、道德之底线。这是值得我们中那些自我感觉良好的"责任者"思考的!别再故作忧心忡忡的"守护神"了!事实上,底层劳动者往往才是真实生活的主人。

K 村的女人是家庭中的主要劳动力,只要天气条件允许,她们总是在田里忙碌。通常,一个会唱"花儿"的女人就会边干活边唱"花儿"。她既是一个导演又是一个演员,她用"花儿"编织一个语境,在这个语境下再创设一些情节或者事件，把自己设计为最夺目的主角，接下来便是一个又一个精彩的"花儿"叙事。"花儿"成了女人远山劳作的伴侣。歌手说，唱唱"花儿"可以让她一个人在田里做活时"不那么心急"。艺术与劳动密不可分——此乃真理也！能够在"花儿"的陪伴下劳作是村人的一大乐事。对于那些田间劳作的"花儿"把式来说，最惬意的莫过于事先把"花儿"搭档约好两个人互相"行活"，这样便可以一连几天边做活边对"花儿"。2008年5月，笔者在田野调查中就目睹了以下一例。

"花儿"歌手甲邀约歌手乙到她的位于远山海拔3000多米的山顶上的田地里给当归苗除草。刚长出的当归苗非常细弱，很多杂草比苗粗壮，拔草时一不小心就会把当归苗也连带着拔出。这是一个需要保持耐心和毅力的工作。当太阳热辣辣地晒得人昏昏欲睡之时，对唱起"花儿"来，真是及时雨、雪中炭。起先，歌手出于逗趣，先用"花儿"向最近处一位独自拔草的中年男子打招呼。那男人出于害羞，没有作回应。于是两位歌手自顾自地对唱了起来。甲：刀刀要切白菜呢，想人把心拿硬呢。乙：（拿硬呢）想死就叫谁抵命呢。甲：我心上就像篦子刮，我眼泪就连袖口擦。甲：只要你把我到心上望，没为金山一个样。乙：（一个样）我迟早落着你身上。甲：六月入了中伏了，缠你就没有功夫了。乙：我手拿青草檐下撂，我多的就瞭上冤家了，少的就做上庄稼了。乙：铃铛脊背麻点点，我们就是人穷可没打扮，我到你那富人的眼前不敢站。甲：三架飞机满天转，火车入了陇西了，这会儿就个家面前站，我背后就没有等的了。乙：你就合佛爷者我喜的欢，八月秋后我把你慢慢缠。

这两个人中，乙的家庭条件比甲家稍微差些。唱罢，乙把"我们就是人穷可没打扮，我到你那富人的眼前不敢站"这两句歌词又念叨了一遍，并自我解嘲说"适合得很呀"。然后同甲切磋道："你给我没对上，你说：'没吃没喝你蹇愁，谁家富着净淌油'就对上了，就有劲儿了。"甲也回应说："不是早瞌睡了么，我们一个跟一个不喘话就早瞌睡了。"听到这里乙也很受鼓舞，说："我给你唱一个你就不瞌睡了。"唱："梦着你到我的家，我的心上猛一欢。"远处拔草的人听了她俩空山缭绕的"花儿"，也不禁赞赏说，"唱得干散"。

（三）五月二十三大庙滩"花儿"会

五月二十三是黑池爷胡大海的庙会，地点就在 TJB 村。以省道 306 为分界线，会场一般设在公路的南北两边。南边一处在洮河北岸的河滩上，地方宽敞，那里有蔽日遮荫的杨树林，小摊贩在会前几日就来这儿占"地盘"、搭建摊子。戏台设在南边的会场上，在三天会期内要唱十本四折大戏。所谓大戏也就是秦腔。北边是高山，山脚下是胡大海的庙、香烛摊以及一些小吃摊，山上全是唱"花儿"、听"花儿"的人群。对当地人来说，过会就是过节，而且是重要的节日。浪（方言，意为游逛）大庙滩会时，孩子们会收到家长发的会钱，数目不低于过年压岁钱。定了亲的姑娘会收到婆家送来的过会钱，供她们到会上去耍。每年这个时候，留在村中的 K 村人几乎个个都要浪一趟大庙滩。五月二十三这一天，村小学还专门给孩子们放假去浪庙会。在大庙滩会上唱"花儿"的有周围村子里的人，有县城里来的人，有岷县其他乡镇来的人，还有从邻县临潭、卓尼等地过来的人。歌手们会尽量往山尖处去，因为越是低处，来往的人就越多，唱"花儿"时受到的影响就越大，反之高处则相对清静便于更投入地对唱"花儿"，并且越往高处上来的人越少，见到熟人的概率也越小，便于歌手尽情发挥。

在 2008 年大庙滩会期间，K 村的几个女歌手相约一同去浪会。由于浪大庙滩会是村人的传统活动，所以她们也就"明火执仗"地前往。一行人直接奔北边的山上而来，首先到庙里给佛爷烧香上蜡，然后才往山上的高处去。在山顶遇到村里先期来到的一些阿婆，阿婆们身后坐着一拨正在唱"花儿"的男子。有阿婆建议她们坐下来以便于男女对唱，于是大家坐到一处对唱"花儿"。但是这些唱"花儿"的男人咬字不清晰，声音也不够洪亮，唱出来的调子直板没有弦（不悠扬婉转）。而且当女歌手以及坐在她们周围的婆娘们为了坐得更舒服些而向别处挪动了一些之后，虽三番几次邀请那些男歌手也挪动一下坐过来，却没有得到响应。这些极大地降低了女歌手继续与这些男歌手对"花儿"的兴趣，女人们自己互相对开了"花儿"。后来，虽然男歌手们摆出要与女歌手对"花儿"的姿态，甚至到女歌手这边试图请她们再坐回原处，但是也没有得到女歌手们的响应。会场上唱"花儿"的人很多，一段时间之后女歌手们找来了一位"花儿"唱得很好的男歌手到她们的小圈子里对"花儿"。这一次找到了行家，双方珠联璧合，对唱得十分投入。由于唱得好，"花儿"圈子周围聚集的人越来越多，先来的找地方坐下，晚来的就安安静静地站在一边。大家听得都很投入，这时有一个卖饮料的过来推销，有人马上制止他"夔吵夔吵"。

　　刚开始，女歌手都会表现得矜持一些，这几乎成了一种规律。"三升青稞煮酒呢，我亲戚朋友都有呢，我羞得阿么开口呢。"当局面打开之后，双方就会唱一些情爱的、戏谑的歌。歌词如下：青红洋缎下轿了，我心病投的人到了，浑身猛嚓轻巧了。/绿头儿萝卜擦子擦，"花儿"人说叫我把你丢了哟，你长得心疼丢不下。/河里淌的烂木头，叫你把我夔丢夔丢万夔丢，我把丢人的心肠万没有。你有你们男人呢，你连那情话把我原哄呢。/你有你们婆娘呢，我还怕把我三般两样呢。/月亮上着墙上呢，你阿么唱"花儿"胡唱呢，我这人群阿里能有婆娘呢。/红铜烟锅墙上挂，那是你哄我的话，你外前的那是谁，你没婆娘我不信。/我一没婆娘二没娃，"花儿"我这就一个人着成脚踏。/一对老鸦沟里飞，你没婆娘心夔灰，有我你把日子推。/背搭背下灰着哩，我把穷汉日子往后推着呢，我把日子推好了，叫你可把我哄了。/没吃没喝你夔愁，谁家富着净喝油。/我是光棍者把光阴没心盘，我没钱再把你不敢缠。/拉下光棍银背了，光棍就无时银背了，把多的睡上瞌睡了。/圈里羊羔花脊背，我为你着没瞌睡，我为你把人学坏，这会儿活得猪嫌狗不爱。/先前我也是老实人，交你好是好不成。/我先前拿你当稀奇，你这会儿把我要蹬呢，你比你是什么气。/镢头挖了菜籽根，我把你没当再的人，脾气投嘛爱得很……

　　当天色不早"花儿"盛宴结束后，歌手和听众便三三两两地散去了。在这一天的归途中，K村的一个女歌手遇到了她心仪已久的男歌手，这位男歌手曾录制过"花儿"VCD，在熟悉"花儿"的民众里小有名气。虽然她和他是初次相交，但她还是极力邀请男歌手及与他同行的朋友一同到她的家里去做客。一个婆娘邀请几个外乡男人晚上到家里做客，这在K村来说是一个超乎想象的大胆举动。为了避嫌，在对外界的解释中她假借了别人的名义。当晚，这几个男人先是在K村的河滩上与村里的女人对唱了一些"花儿"，在村子的"花儿"圈里引起了轰动。然后到另一个女"花儿"歌手家里与这几个人又对唱了大量非常私密的"傻'花儿'"。气氛非常轻松,大家边唱边笑,女歌手们感叹道"真真儿,长这么大没这么热闹过",对"花儿"对得这么默契,"心上猛一欢,是啥都忘了"。这种默契令她们如此开心、舒心,所以她们觉得这天晚上的事即使被丈夫知道了,"就是挨打也划着呢"。

在 K 村,一年之中女人最欢快、最"放纵"的时节不是春节,而是五月过会的时候。过会时家家户户都会准备好吃的,比如甜醅儿、酿皮、凉粉等一些时令小吃,并购买一些蔬菜炒几碟。富裕一些的家庭还要买些新鲜肉食,困难的家庭也会把珍藏的腊肉取出一些食用。五月十九和五月二十三两个会接连进行,在此期间一周左右的时间里,每到夜幕降临,爱好"花儿"的女人们便聚集到村西"花儿"歌手王××家里,唱"花儿"、听"花儿",好不热闹。王××的丈夫在外地工作,平时家中只有她和儿子两个人。男主人不在,对于村里的婆娘们来此唱"花儿"、听"花儿"而言,就方便许多,加上王××为人热情大方,家境也殷实,大伙都愿意到她这儿来。唯一的困难在于,王××的小院与公婆隔壁而居,她的公公以前坚决反对她唱"花儿",曾当面严厉地斥责过她,这令王××一直心有余悸——"我不敢唱,他们爷爷倔呢"。大家唱"花儿"时,会紧闭门窗,严防漏音。不过,王××的婆婆是一个"花儿"迷,每晚必来听"花儿",婆婆鼓励她唱。而公公一向对婆婆疼爱有加,所以有婆婆在这里撑腰,她也就随着大家唱将起来。

通常都是老年歌手带头唱起,她们一出口就是计划生育政策、农村贷款、学生教育等时事、政策性较强的"花儿"。按照一些老歌手的审美观点,她们这个年纪的人绝不适宜再唱与情、爱有关的"花儿",最适合她们唱的就是反映政策、时事的"花儿"。比如斧头剁了白杨了,胡锦涛给国家出了力量了。/骡子跑了平川了,胡锦涛给我们祖祖辈辈平安了。/碟子打下碗着呢,主席给我们贷下款着呢,还叫我们穷人停分(即平分)呢。你看主席孽障(有委屈之义)呢,还叫好好供养学生呢。家庭聚会中的"花儿"演唱,不像山场上的"花儿"竞唱节奏那么紧凑,气氛那么激烈,如果觉得歌手唱的"花儿"不圆委(即圆满),下边的听众也会善意地提出修改建议。比如,"主席给我们贷下款着呢"有歌手把下一句唱成"还叫我们穷人停分呢",有人觉得这一句接得不圆委,觉得如果换成"穷民百姓散着呢"更好。当歌手在一个"花儿"演唱结束后，在间隔较长的时间里还想不出接下来再唱哪段"花儿"时，一些老年听众就会主动提出"你唱，我给你教"。如王××的婆婆就给一个想不起歌词的老歌手教了这么一首花儿——"手拿镰刀割苯子，拉了儿子拉孙子，临完没处靠身子。"其他老年朋友听了这个"花儿"不禁赞道"适合得很""讲究得很"。唱罢，另一个老年听众又给这位老人教了一首"花儿"——"青稞出穗穗打穗，青草绿荫谁不爱，老了就把阳婆晒。"

三 "非遗保护"角度的思考

（一）"阿欧怜儿"是一种什么歌

"阿欧怜儿"是农时歌，是农耕文化之下的季节性歌谣，春夏农闲之际是民众唱"花儿"最繁盛的时刻——它与这里的节气、生产、生活紧紧联结在了一起。"阿欧怜儿"是这里的山野歌，在高山上、河滩边、农田里被触景生情地创作、欣赏、传承——它与这里的地理地貌和人情世故联结在了一起。"阿欧怜儿"是世俗歌，虽然它在诸多庙会节日专门演唱，也有专门唱给佛爷的所谓"佛爷'花儿'"——但它绝非单纯的神圣歌，它只是借助神圣力量去保护自己世俗的心愿并使自己"合法"流传罢了。"阿欧怜儿"是苦情歌，不是"上层人"所谓的纯"爱情"歌，虽然它也有专门看似表"情爱"的所谓"傻'花儿'"，但它极力渲染的"爱情"是对现实生活之非真正"爱情"的婚姻、家庭、感情悲苦的人性调适与反抗。"阿欧怜儿"是竞唱歌，不是演艺歌，把对手"唱跑了"是令歌者最开心的事，熟人间的唱和只是怡情休闲，未见真本领。"阿欧怜儿"是程式歌，它有大量的程式句，歌手们之所以能很快地完成一首"花儿"的创作得益于他们对这些程式句的熟练运用。农村又一代人群的青少年，他们有他们的问题：忙于学业，无暇也无心记忆和运用这些程式句发泄他们的"郁闷"，他们都不唱"花儿"了，不知道随着他们年龄的增长这种情况是否会有改观呢？得走着看。"阿欧怜儿"在这里也是"家族歌"，这是从传承方式上说的。这不表示唱"花儿"是家族事业，而是通过与出色的歌手接触了解后，会发现他们的长辈中也出过"花儿"行里的佼佼者。要唱好"阿欧怜儿"需具备两个起码的条件：嗓音与编词。对"阿欧怜儿"歌手而言，声音条件在三代血亲中往往具有"遗传"性。这种遗传性有的出自自然的生理遗传，有的其实也像编词训练一样，其实是无意间通过对长辈的长期模仿而逐渐培养成的，只是歌手自己不清楚这种潜移默化的模仿与习得，一概认为是"遗传"罢了。

那么，从保护"非遗"的视角看问题，歌手/传承人的发现与培养，是否应是一个关注的"热点"呢？从更深的层面看问题，也不尽然。嗓子再好，环境没了特定气氛，本人没这份心情，他还是不唱"花儿"，说不定他的好嗓子会去唱"卡拉Ok"。K村的情景，使我们终于明白，一代人的社会有其社会的问题，一代人的自身有其自身的问题。不存在"铁打的江山"（一成不变的社会）"流水的人"，一代新人创造着一个"新世界"，"文化"是在族群的文化"根基"上创新、整合的。所以，谈"非遗保护"，不能见物不见人，应是以创造了一切文明的"人"为本，以及人们赖以生存、生活的生态与社会环境（文化空间）为出发点。这才是准确的途径。

（二）"阿欧怜儿"所处的文化生态

当歌者在一个群体中当众演唱时，其实她内心有着极其强烈的表现欲，虽然她口头上可能一再推诿着不唱。听众的反应会直接影响歌手的情绪，如果听众反应热烈，自然会增强歌手的自信；反之，如果听众在听"花儿"的过程中喧嚣，则会破坏歌者的表演情绪，以致令这场"花儿"演唱"流失塌方"。唱"花儿"时最好是能"对上"，也就是说歌手与歌手之间的"花儿"对唱能够对答如流，这样双方就配合默契，可以相互激发碰撞出感情的共鸣，灵感的火花，产生"花儿"精品来。一首"花儿"在被演唱的过程中其结束句可以得到不断的补充，歌手们称之为"补上"。一首"花儿"的句尾在一个高超的"花儿"把式的演唱中常常并不是最后的结句，它可能是三句段，可能是四句段，可能是五句段，也可能是多句段。民众对歌手的演唱所做的评判，主要分为声气、编词、咬字几个方面。比如"三月十八那个婆娘唱得好得很，会编得很。说：'洋芋地里抹帽子，我们两个同岁的，为啥你把我叫个尕妹子。'声气又好。我把这女子爱得很，一句一句清楚得很，我这个聋子也听得见"。"大庙滩那个男人唱得正经，声音细细的，匀匀的。"

"阿欧怜儿"作为一种地方性文化的口头传统,当地特有的自然生态、社会、人文条件为它的生存创造了适宜的环境与氛围。它的存在依赖于当地的文化生态。它的"表演"也不论形式还是内容都打上了当地文化生态的烙印。可以说在 K 村这一特定的文化空间背景下,"花儿"作为一个载体,负载着 K 村人对自然、社会、生活的理解与表达。同时这种理解与表达,有时也反映了人类生活的共同性。如一首"花儿"中唱道"山里种荞荞根红,娘生一个苦命娃,有人养没人疼"。这首"阿欧怜儿"就使人不由得想起民歌《小白菜》,二者有异曲同工之妙。山歌是相通的,源于民众生活是相通的,由此而发的情感也是相通的。

(三)"阿欧怜儿"的保护

"阿欧怜儿"的发展、流变有它自身的规律,不以我们的意志为转移。进行"花儿"保护要遵守各地"花儿"自身的规律。当前,基层相关部门在进行"花儿"保护工作时,主要采用的方式是举办"花儿"演唱比赛和"花儿"物资交流会。这些措施只是让我们看到了舞台上"花儿"演艺的繁华与热闹。从"民"的角度来讲,很多草根歌手对这类的"花儿"演唱奖项和评选存有异议,于是他们宁可到会场上唱、到私人组织的"花儿"赛事中唱,就是不愿参与基层政府组织的所谓"活动"。同时,就报名而言,这种组织的比赛通常是通过各级行政单位一级一级申报的,这种极"正规"的办事作风,很容易把许多草根歌手挤到门外。而这类人往往成为有关部门的视域里的盲点。如果进一步具体到哪个村有哪些歌手,这些歌手都参加哪些"花儿"会,在会上他们唱哪些"花儿",再逐一追问一句为什么,那么如此种种细节问题,有关部门的"管家"往往一无所知。缺乏对基层情况的了解,何谈保护?因为保护和单纯的"不要出问题"式的"管理",性质完全是不同的。就洮岷南路"花儿"这一地方性文化口头传统而言,它与它的文化生态环境之间存在着相互为一的对应关系,要保护"花儿",从根本上说首先要保护它赖以生存的文化生态(含传承人)。而各地文化生态之差异,便导致各地"非遗"目前存在的处境,及其被保护的态度、手段以及"政府主导"在基层的实际状况等都有所不同。对俗称为"阿欧怜儿"的洮岷南路"花儿",进行了一个村落空间的"花儿志"或曰非物质文化遗产的抢救与保护的调研后，我们感觉到，在即便是已被列入了国家级"非遗"名录的情况下，"花儿"保护中实际存在的问题也并非如此简单！那么，问题都涉及哪些方面呢？我们前面的调研叙述，已经提供了民间生活中的实际状态，同时我们也想提供另一方面的看法与操作。请看以下几个采访。

第一个采访：

  采访人（笔者）：请谈一谈岷县"非遗"保护的各级组织机构及运作机制。被访人（岷县××局×长）：岷县有专门的"非遗"保护中心，与县××馆是一套人马两块牌子。采：岷县"非遗"传承人有几位，是谁，分属哪个门类？被：岷县有已公示的国家级传承人四位（四人具体是谁？答：没记住）。采：传承人是如何确定的？被：主要从四个方面进行考虑。(1) 看传承人"血统"，即他是跟谁学的技艺。(2) 需要长期从事本行业，要有十几年二十年以上的从业经历，并且业务熟练。(3) 本人带有学生，能把技艺向后传。(4) 要有活动场所。采：对于民间组织兴办的"花儿"比赛您怎么看？被：县××局已经成功举办了九届"花儿"会，对民间的"花儿"比赛有辐射带动作用，现在很多乡镇照此模仿，常举办乡下的"花儿"比赛。对此，县××局是非常支持的，因为这不但能发展"非遗"而且能活跃群众文化生活。还有，举办这些活动有赞助商，不需要县上进行财政投入，这种既不需要经费又能开展文化工作的事情实在很好。采："花儿"比赛中主要的赞助商有哪些，他们怎么收回成本？被：有××酒厂、××牌曲酒、××牌电视等。这些企业大多在"花儿"会中采取冠名的形式，因借助"花儿"会提高企业知名度，故不需要收回成本。

第二个采访：

  采访人：请谈一谈您对"非遗"的认识。被访人（岷县××局×副局长，主管"非遗"工作）：岷县"非遗"申报工作走在全市前列，从2004年就开始了普查工作，2005年向省上申报了五项名录，2006年全部获得立项。至今有国家级"非遗"2项，省级"非遗"8项。在"非遗"保护工作中最重要的是保护"传承人"。采：请谈一谈县上在"非遗"保护工作方面所实施的具体措施。被：（1）在基层进行"非遗"项目的普查工作。（2）与传承人进行面对面交流，告诉他们要多培养徒弟；告诫他们要保护好手中的珍贵遗产，如木版画的木版，不可轻易出售。（3）关于"花儿"的保护工作。①曾设想把"花儿"编入乡土教材，供学生学习。但像学"花儿"最好的办法还是师傅带徒弟，在"花儿"会现场学习。在现实中安排专门授课的形式不现实，一方面教育酬劳无法保证，另一方面歌手都外出打工去了。②在县城举办"花儿"歌手大奖赛，发现、培养优秀的"花儿"歌手。③对民间组织的乡下"花儿"大赛的组织者和参赛者进行辅导。辅导前者怎么组织比赛，辅导后者克服不敢上场的胆怯心理。采：岷县在"非遗"保护工作中的经费投入是怎样的？被：在县"非遗"保护工作中，由于国家和省上的资金都没到位，而县上本身又没什么经费，所以很多具体保护工作难以开展，比如给传承人发工资、让"花儿"歌手带薪带徒等。经费缺乏制约了县"非遗"保护工作的开展。

第三个采访：

采访人：请您谈谈对"非遗"保护工作的认识。被采访人（岷县××部×部长）：岷县的庙会很有生命力，老百姓对这个东西非常认可，世世代代流传不息。只要老百姓生活需要，即使你不管它（不去保护它），它也照样兴旺，它有自己的发展规律。反过来，如果老百姓的生活不需要了，按它自身规律它要灭亡的话，那也是我们的力量所无法阻挡的。

第四个采访：

采访人（侧面了解县当地文化基层单位关于"非遗"工作开展实况）。被采访人（岷县××局局长）：县××局下设县××馆，县××馆在各乡镇有相应的××站。但是××站平时都没怎么开展文化工作，而是根据所在乡镇的实际工作需要抓了别的工作。

第五个采访：

采访人：你知道非物质文化遗产吗？知道传承人吗？被采访人（岷县××镇文化专干）：说不上，不清楚。采：县××馆是否对你们这些各个乡镇的专干进行过"非遗"培训？被采访人：没有。采：县××馆平时给你们都安排哪些文化工作？被：每年主要就是组织五月十七的"花儿"歌手比赛。今年县上取消了五月十七的"花儿"比赛，也就没组织。另外，今年县上还搞了县传统庙会的"摸底"工作。采：县××馆组织你们进行过普查、调查工作吗？被：没有。采：平时是怎么组织"花儿"歌手参加县上比赛的？被：××镇唱"花儿"好的也就那么两三个，他们先把要唱的词写好交到镇上，由主管文化的乡镇领导审批后，认为合格就可以报名了。比赛中要求歌词内容健康，统一服装。如果在县上得了奖，那么回来后乡上会支付歌手的误工费和车费，但如果没得奖，那么费用自理。近年，歌手去县上参赛的热情也越来越低，少有人报名了。采：县上对××镇参赛选手的态度怎么样？被：××镇是"扎刀令"（这里"扎刀令"其实指的是洮岷南路"花儿"）的发源地，这些歌手在县上历届"花儿"比赛中都有出色表现。"阿欧怜儿"在比赛中不太受重视，而且歌手成绩也不突出。所以县上对报名的"阿欧怜儿"歌手也欢迎，出于不打击其积极性的考虑；但也不极力鼓励参加，如果不参加也不限制。采：在××镇有专门的文化站办公室、办公设备吗？被：没有。镇上本来房屋就不多，镇干部都是两人一间宿舍，哪来的房子给文化站做办公室，办公设备更不用说了。你在这儿时间也长了，了解我们这儿的情况，平时哪处理什么文化工作，都抓计划生育去了：结扎、放环。

"刘三姐歌谣"考辨

——兼谈作为非遗的"刘三姐歌谣"的保护与传承[*]

韦杨波[**]

摘　要：在刘三姐文化研究和非物质文化遗产保护活动中，"刘三姐歌谣"是一个在内涵和外延上均界定不清的概念。对这一概念进行梳理，既是学者的责任与义务，也是支持、参与非遗保护工作的基础。

关键词："刘三姐歌谣"；考辨；非遗保护

"刘三姐"是岭南珠江流域壮、汉族等族群歌圩文化形象化的产物，是歌唱神圣化的艺术典型。关于刘三姐传说故事，遍及整个华南流域，涉及壮、汉、瑶、苗、仫佬、毛南等民族，这些民族的文化中不同程度保留着刘三姐文化符号的印记，形成了以歌谣为核心的刘三姐民俗文化圈。21世纪文化多样性需求的高涨进一步推动了民俗旅游业的勃兴，歌谣文化成为地方政府打造刘三姐文化品牌、文化企业创办刘三姐文化产业的名片。2006年，"刘三姐歌谣"被列入首批国家级非物质文化遗产保护名录，"刘三姐歌谣"以"国家认证"的方式获得正式、合法的身份。然而不容回避的是，无论是现有的学术认知还是国家非遗名录中对"刘三姐歌谣"这一概念的界定，都既不完整也不够严谨。非物质文化遗产保护运动固然是一种政府行为，但毫无疑问它需要借助学者们对文化规

---

[*]　原文刊于《池河学院学报》2014年第1期。
[**]　韦杨波，河池学院文学与传媒学院讲师。

律的认识，通过行政手段使之转化为实际生产力。因此，从学理上对"刘三姐歌谣"这一概念进行考辨，既是学术使命使然，也是"刘三姐歌谣"文化保护工程的实际需要。

一 从"刘三姐所唱的歌"到"刘三姐歌谣"

广西各地不同民族，因语言各异，习惯表达不同，对其所传唱之歌谣的称谓也不同。如壮族有欢、西、加、比、论、诗、囡等不同叫法，瑶族称勉宗、番、飞、靠等，毛南族称比、欢、排见、耍、朗等。在操西南官话（俗称"桂柳话""官话"）的地区，一般称之为"歌"或"山歌"。身处刘三姐民俗文化圈中心的广西，因其民歌氛围浓郁而有"歌海"的美誉。在刘三姐民俗文化圈内不少善唱民族看来，其喜好唱习山歌的习性被认为与"歌仙刘三姐"的传歌有一定关联，正如一首歌谣所唱："三姐骑驴上青天，留下山歌万万千。如今广西成歌海，都是三姐亲口传。"虽然各地歌手将自身歌唱技艺归之于"歌仙"所授，将所唱之歌附会为"歌仙"所传的现象屡见不鲜，但歌手以日常生活语言自称本地或本民族歌谣时，却并没有"人名+歌谣形式"表述方式，即没有"欢刘三姐""西刘三姐""比刘三姐""刘三姐山歌""刘三姐歌谣"等类似的称谓。可以肯定的是，所谓"刘三姐歌谣""刘三姐山歌""刘三姐歌"并非民间用以指称本地或本民族歌谣的概念，更可能是站在局外人立场上的"他者"们创造的、用以表述民间歌谣的概念。

关于"歌仙刘三姐"的传说最早出现于南宋地理志《舆地纪胜》，更多则见于明清之际的地方志和文人笔记。在《古今文绘稗集》《浔洲府志艺文》《池北偶谈》等典籍中的刘三姐传说，均记载寥寥数首"刘三姐所唱的歌"。此时"刘三姐所唱的歌"并不是被单独记录和评述，而是零星穿插在记述刘三姐的传说故事中。中国现代民俗学于1918年北大歌谣征集运动中诞生，在"眼光向下的革命"[①] 中，民俗学的分支学科——歌谣学应运而生。随着学科分类意识的增强，歌谣开始成为一个独立的学科

---

① 赵世瑜:《眼光向下的革命——中国现代民俗学思想史论》，北京师范大学出版社1982年版。

对象被搜集与研究。20—30年代公开发表的关于"刘三姐"的征集资料，如冯道先《合浦民间恋歌拾缀》、王礼锡《江西山歌与倒青山》、愚民《山歌原始的传说及其他》等文，从歌谣研究角度展现了学者们对刘三姐文化的兴趣。著名民俗学家钟敬文发表的《歌仙刘三妹故事》（中山大学《民间文艺》周刊第五期）、《几则关于刘三妹的故事材料》（中山大学《民俗》周刊第十九、二十合期）两篇文章，亦记有"刘三姐（妹）所唱歌"（七言四句体）若干首。在民国时期有关"刘三姐"的研究中，并没有明确提出"刘三姐歌谣"这样的概念，但在现代学科滥觞背景之下，学者们从民俗学、民间文艺学等角度对"刘三姐"的关注，使"刘三姐所唱的歌"具备了某种类型学意义，也为20世纪50年代以后不少人将"刘三姐所唱之歌"视为一种歌谣类型加以搜集表述和研究奠定了学理基础。

"刘三姐所唱的歌"成为类型学意义的"刘三姐歌谣"，与新中国成立后中国民俗学（民间文学）史上的两次运动有关。一是1950年3月中国民间文艺研究会成立，随后全国各地传统的故事、传说、歌谣、谜语、谚语等民间文学作品得以广泛搜集、整理与出版。《柳州宜山山歌选》《鱼峰山下的恋歌》等歌谣集，均为50年代广西民间文艺工作的成果之一。随着《刘三姐的歌谣的社会影响》《关于"刘三姐歌谣"的思想内容和艺术形式》等论著的发表，"刘三姐歌谣"概念被正式提出；二是20世纪80年代开始的全国性的《歌谣》《民间故事》《谚语》三套集成编纂运动，带动了各省市文化部门、民间文学研究者对地方民间文学资料开展大规模、多种形式的普查、搜集。从20世纪80年代初到21世纪初近20年间整理出版的以"刘三姐歌谣""刘三姐歌""刘三姐山歌"命名的民歌集有《刘三姐歌韵歌例》（蒙光朝、覃惠、区农乐等合编，广西人民出版社1982年版），辑录广西各地传统的七言四句体汉语民歌；1995年，广西民族出版社出版邓凡平主编的《刘三姐丛书》，丛书包括《刘三姐传说集》《刘三姐山歌集》《刘三姐剧本集》《刘三姐评论集》共四种，其中《刘三姐山歌集》辑录了古籍和民间传说中刘三姐所唱的歌、彩调剧《刘三姐》创作组成员采风所得的歌、自称刘三姐后代所唱的歌、剧本中刘三姐角色所唱的歌、诗人和民间歌手歌唱刘三姐的歌，以及被誉为"现代刘三姐"的宜州歌手吴矮娘传唱的歌，等等；2002年，广西民族出版社出版李海峰、邓庆主编的《刘三姐传世山歌》，内收"刘三姐身世歌""刘三姐生活歌""刘三姐爱情歌""刘三姐游历歌"以及附录"后人唱刘三姐"等歌谣篇章。在不同的时空里，"刘三姐所唱及所传歌谣"在民间不断地被发现、搜集和整理，促使更多的学者有意识地将"刘三姐歌谣"视为一种独特的岭南歌谣类型来探究，各类直接以"刘三姐歌谣""刘三姐山歌"命名的歌谣集的出现，体现了这种认识上的深化。

21世纪初，非物质文化遗产开始作为一种独特的遗产类别进入我国语境，2004年中国加入《保护非物质文化遗产公约》，使"非遗"概念迅速传播成为全民性话语。也是在2004年，"刘三姐歌谣"文化保护区在广西宜州市刘三姐乡挂牌成立。随后的2006年，"刘三姐歌谣"正式进入首批国家非物质文化遗产名录。近10年来，在地方政府热衷于申报非物质文化遗产项目以期开发利用地方民俗文化的背景下，学术界和新闻媒体适时介入提供各种学术和舆论支持。在中国知网上输入"全文""刘三姐歌谣"这两个搜索条件进行检索，可以检索到2004—2013年间在学术期刊上发表的文章353篇，报刊上的媒体报道427篇。在非物质文化遗产保护语境之下，"刘三姐歌谣"成为一个显性的公共文化概念，其合法性则以进入国家非遗名录的方式得以确认。

二 "刘三姐歌谣"是一种什么样歌谣？

"刘三姐歌谣"概念的形成源于"刘三姐所唱之歌"。在明清地方志及文人笔记中，"刘三姐所唱之歌"被视为"男女相谑之词"和"时与乐府、子夜、读曲相近"的"粤风"即粤地俍、傜、僮等民族之歌谣。[①]民国时期，学界对"刘三姐唱的歌"的兴趣，除了资料性的搜集、发表，还将其纳入"歌谣—文学起源"的框架中去论述，使之成为重新建构中国文学史的一部分。[②] 从现代学科的角度看，不论是明清地方志和文人笔

[①] 王士禛：《池北偶谈（下册）》，中华书局1982年版，第383—384页。
[②] 梁昭：《民歌传唱与文化书写——跨族群表述中的"刘三姐"事像》，博士学位论文，四川大学，2007年。

记,还是民国时期的相关研究,均对"刘三姐所唱之歌"缺乏细致的认识,及至类型学意义上的"刘三姐歌谣"概念提出后,始有学者对其内容及形式上的特征进行学术性探究。辑录广西各地七言四句体汉语民歌的《刘三姐歌韵歌例》一书对"刘三姐歌"的界定是:"刘三姐家乡劳动人民广为传唱的民歌";相较之下,1992 年出版的《刘三姐纵横》对"刘三姐唱的山歌"的认识要详尽一些,著者覃桂清考察各地刘三姐传说材料后认为,刘三姐会说各少数民族语言,会说汉语,会唱各少数民族的歌,也会唱汉语山歌,从歌式、内容和艺术技巧上看,形式上包括三字头、七言六字和七言四句等在内的"刘三姐唱的汉语山歌",与相邻各省甚至远至安徽、四川、陕西等省的歌谣有着密切的同源关系,刘三姐所唱的汉语山歌是上述地区汉歌传入粤西后与各族歌谣交流融合的产物。① 作为20世纪80—90年代刘三姐文化研究的集大成者,覃桂清对"刘三姐所唱山歌"是"各民族文化交流的产物"的深入性认识,为此后多数"刘三姐歌谣"研究者所认可。在著者看来,"刘三姐唱的山歌"从语言上讲,既有汉语山歌,也有非汉语山歌,但对于其所唱非汉语山歌有何性质特征则未作深究。

近年来率先对"刘三姐歌谣"概念作较完整界定的,是2006年颁布的《第一批国家非物质文化遗产名录》(以下简称《名录》)中编号为023的《刘三姐歌谣》篇:"壮族民间认为,'歌圩'是刘三姐传歌才形成的……宜州市是'刘三姐歌谣'的最有代表性的地区,被认同为刘三姐的故乡。'刘三姐歌谣'大体分为生活歌、生产歌、爱情歌、仪式歌、谜语歌、故事歌及创世古歌七大类……它具有以歌代言的诗性特点和鲜明的民族性。传承比较完整,传播广泛。"② 《名录》中"刘三姐歌谣"的内涵与特质,被概括为"以歌代言的诗性特征""鲜明的民族性"和"传承完整、传播广泛",其外延则包括"生活歌、生产歌、爱情歌、仪式歌、谜语歌、故事歌及创世古歌七大类"。

作为国务院公布的非遗名录,其对"刘三姐歌谣"的界说自然具备

---

① 覃桂清:《刘三姐纵横》,广西民族出版社1992年版,第98—125页。
② 广西壮族自治区宜州市:《刘三姐歌谣》,中国非物质文化遗产网,http://www.ihchina.cn/Article/Index/detail? id = 12223,2013 年12 月20 日。

"盖棺定论"式的权威性，然而仔细推敲不难发现，貌似权威的界定，既在逻辑上经不起推敲也与文化事实存在偏差。事实上，在华南、西南地区，不仅仅是壮族，包括侗族、布依族、傣族、毛南族、仫佬族等在内的壮侗语民族，其歌谣文化同样具有"以歌代言的诗性特征"，因此"以歌代言的诗性特征"并不能成为壮族歌谣和"刘三姐歌谣"区别于其他歌谣类型的本质规定；至于说"刘三姐歌谣"具有"鲜明的民族性"，那么，这所谓的"鲜明的民族性"具体如何体现，《名录》没有进一步阐述。《名录》将"刘三姐歌谣"定位为"壮族歌谣"，而作为南方族群的壮族，其传统文化在历史各个时期一直呈现出鲜明的开放性特征。在漫长的"大杂居小聚居"居住格局中，壮族与汉族及瑶族、仫佬族、毛南族、侗族、苗族等周边民族交流互动频繁，各民族文化"你中有我，我中有你"的现象俯拾皆是。以名录所言"刘三姐歌谣"最有代表性的地区——广西壮族自治区宜州市来说，该市人口 64 万（2008 年），主要居住有壮、汉、瑶、苗、水等少数民族，其中壮族占总人口 74%，汉族占总人口 17%，其他少数民族占 9% 左右。宜州自西汉中央王朝置定周县起便是历代县、州、府、司治所在地，是古代桂西北政治、军事、文化重镇，历朝均有中原文人、官吏或因任职、迁谪，或因考察、羁旅而流寓境内。宜州一带也因此成为汉文化与壮、瑶、苗族、侗等少数民族文化交流、融合较为充分的地域。宜州流行汉歌、壮歌、百姓歌、瑶歌等歌谣，虽然腔调各有千秋，但其句式、押韵规律等与中原汉文化中的律诗、绝句有诸多共同之处。在宜州下枧河流域的壮族村落拉托村，发现从内容与形式上与汉刘向《说苑》中《越人歌》近似的迎客山歌，[①] 再次有力证实了宜州山歌实为多民族文化长期相互吸收、融合的产物。宜州市境内语言多样、方言各异，但其操持者同属壮侗语族群，彼此间语言互通性很强，一个人既能讲桂柳话，又会讲壮话、百姓话或瑶话的情况比较普遍，在传统的宜州歌圩活动中，只要语言相通，不影响相互间的交流即可进行对歌，歌手本人民族身份则无关紧要。《名录》中"族性"为壮族的"刘三姐歌谣"，实际是由多地多民族民众参与传唱的歌谣，即使是以壮族文化为主体，也已经不能轻易体现出所谓"鲜明的民族性"了。

---

① 沈德潜：《详注古诗源（上）》，新民书局 1934 年版，第 19 页。

应该说,《名录》对"刘三姐歌谣"具有"鲜明民族性"特征的认定,部分源于此前形成的关于刘三姐文化的结论。20世纪90年代,农学冠在概括刘三姐文化的特征时就认为:"我们所说刘三姐民俗文化是壮族的,但并非是唯一的、单一的,而是以一民族为主体多民族参与的多民族性。"① 问题是,在迄今为止对刘三姐文化的"民族性"或"多民族性"的内涵、特征还缺乏更深入认识和探讨的情况下,"刘三姐歌谣"的"鲜明民族性"显然也是语焉未详的。

至于"刘三姐歌谣"的外延,《名录》将其概括为"生活歌、生产歌、爱情歌、仪式歌、谜语歌、故事歌及创世古歌七大类",这是以歌谣反映的社会内容为依据对"刘三姐歌谣"的范围进行的划定。而所谓的生活歌、生产歌、爱情歌、仪式歌、谜语歌、故事歌及创世古歌,也并非壮族歌谣或"刘三姐歌谣"独有的类型。同属壮侗语族的仫佬族、毛南族等族,也存在此类内容的歌谣。以宜州邻县——环江县的毛南族民歌为例,即有大量以壮语、毛南语演唱的古歌(创世歌、天地歌)、劳动歌、仪式歌、情歌、生活歌、故事传说歌谣存世,② 抛开不同学者对各地、各民族歌谣分类在概念表述上的差异不论,可以认为,毛南族民歌与"刘三姐歌谣"反映的是同一类型的社会内容。生活歌、生产歌、爱情歌、仪式歌、谜语歌、故事歌及创世古歌,既然也是其他民族歌谣的常见类型,那么名录中对"刘三姐"的歌谣范围的划分,从逻辑上说,不免有定义过宽的嫌疑。

综上所述,从明清方志、笔记视"刘三姐所唱山歌"为"男女相谑之词""粤风"到21世纪初《名录》明确将"刘三姐歌谣"视为一种歌谣类型予以保护,其间对"刘三姐所唱山歌"或"刘三姐歌谣"的概念一直缺乏严谨的学术思考。这从作为《名录》视野里一种歌谣类型的"刘三姐歌谣"难以在中国歌谣大家庭里找到合适定位的事实可见一斑:在中国歌谣分类学研究中,一般以民族、地域、题材(内容)、语言、体

---

① 农学冠:《刘三姐文化初论》,《广西民族学院学报》(哲学社会科学版)1994年第3期。
② 广西壮族自治区少数民族古籍整理规划办公室:《毛南族民歌选》,广西民族出版社1999年版。

裁（句式、调式）等要素为依据对各种民歌进行归类。但依现有分类方法却都难以对"刘三姐歌谣"进行归类。如前所述，壮族虽然是广西乃至华南的主要族群，但刘三姐却是华南包括壮、汉等民族在内共享的文化符号，如果说确实存在"刘三姐歌谣"这么一种歌谣类型，也不能断然说这种歌谣就是壮族或别的某一民族歌谣；刘三姐文化圈以两广为中心，也包括云南、贵州、湖南、江西等省部分地区。刘三姐文化的核心是歌谣，从地域上说，"刘三姐歌谣"既不等同于所谓"刘三姐家乡"宜州之歌谣，也不等同于桂林、柳州等某地歌谣，甚至不能说它就是广西歌谣，而只能笼统定位为传唱于华南地区的歌谣。由于内涵和外延不清，难以再做进一步细分；从题材上看，若以《名录》所言，"刘三姐歌谣"题材广泛，并不局限于特定内容。这也就是说，要从题材上对"刘三姐歌谣"进行归类实际上也很困难；就语言而言，如果说"刘三姐歌谣"的范围早已超出单一民族的界限，成为跨民族、跨语际的传唱，那么很难说它究竟算是壮语歌谣，还是用汉语或其他民族语言演唱的歌谣；而从体裁上看，认为"刘三姐歌谣"有特定句式和曲调的结论，都与歌谣文化的事实及业已达成的基本共识产生矛盾。正如黄桂秋所言："广西整理出版的各种民歌、山歌、情歌集子都被称为'刘三姐歌谣'，或者是刘三姐家乡的歌，而所有这些所谓的刘三姐民歌，都已不是严格意义上的壮族民歌，而是用汉语桂柳方言演唱的七言四句体民歌。"①

刘三姐是华南歌唱民族共享的象征性符号。一方面，在民间，华南各族民众有着将自己所唱之歌归之于刘三姐传授的习惯性表达。另一方面，作为民间歌咏文化的"他者"，部分学者试图以"刘三姐歌谣"这样一个具有理想色彩的概念，表达他们对华南诸族群歌谣文化的宏观概括。在"非物质文化遗产"语境中，"刘三姐歌谣"被重新包装。某种程度而言，21世纪作为非物质文化遗产概念的"刘三姐歌谣"，乃是政治、资本与学术"利益合谋"的产物。

---

① 黄桂秋：《刘三姐文化的人类学解读》，《河池学院学报》2008年第1期。

三 "刘三姐歌谣"保护的共赢策略

21世纪初联合国教科文组织在全球推行的非物质文化遗产保护运动，是从"物质文化遗产"推倒、引申而来，这个概念的演变过程并不是科学化、逻辑化的过程，相反是一种利益博弈、学科驳杂、对象散播的过程。还未确定一个学术模型、科学范式和学科概念体系的情况下，非遗保护运动就应运而生并极速推进，因而非科学化、非学术化、非专业化的现象俯拾皆是。①"刘三姐歌谣"在边界模糊、于歌谣分类体系中的位置不明的情况进入国家非遗名录，正是这种全球性"大跃进"运动的一个产物。非遗保护是一项实践操作性极强的课题，如果连操作对象的性质、范围都搞不清楚，又如何能保证保护的针对性和有效性？新兴的非遗保护运动从整体上看更像是一个政治学或管理学话题，但它离不开学术的参与。而参与非物质文化遗产保护活动也是包括民俗学、人类学、民族学等学科的学者不可推卸的社会职责。

从歌谣文化保护的角度看，学术先行，给"刘三姐歌谣"一个合理的学术定位是必要的前提。如前所述，"刘三姐歌谣"并不是一种明确了内容与形式的具体歌谣样式，而只是概念使用者们对岭南诸族群歌唱文化一种宏观的、整体性的想象和概括。由于刘三姐文化的核心是歌谣，可以认为，刘三姐文化圈内传唱的歌谣在理论上都是"刘三姐歌谣"的组成部分——从空间范围上说，"刘三姐歌谣"是刘三姐文化传播影响的广西、广东及云南、贵州、江西部分地区民间歌谣的总称；从语言上看，"刘三姐歌谣"以跨语际传唱的形态存在，既包括刘三姐文化圈内以汉语方言传承的歌谣，也包括壮侗、苗瑶语族语言传承的歌谣；从形式上看，"刘三姐歌谣"因传唱地域、族群、语言等因素的不同，调式、句式、结构程式呈现多样性特征；"刘三姐歌谣"的思想内容广泛而丰富，包括生活歌、生产歌、爱情歌、仪式歌、谜语歌、故事歌及创世古歌等类型；"刘三姐歌谣"的主体，则是刘三姐文化圈内包括汉族、壮侗、苗瑶语族在内的歌手及受众。与北方歌谣相较，身处岭南、滇黔文化区，作为南

---

① 向云驹：《非物质文化遗产博士课程目录》，中华书局2013年版，第65页。

方族群文化组成部分的"刘三姐歌谣",具有鲜明的"以歌代言"诗性特征。由于是岭南诸族群的长期交流融合的产物,作为刘三姐文化的有机组成部分的"刘三姐歌谣",具有岭南及刘三姐文化所体现出来的鲜明的开放性和包容性特征。

　　严谨的学术研究、论证是"非遗"保护活动的基础性工作,弄清"刘三姐歌谣"性质、特征、范围是学术界的责任,而政府应借助学者对文化规律的认识,通过合理的手段使之转化为实际效益。由于工作主体、目的、方式不同,学术研究与非遗保护运动既有联系也有区别。文化研究的主要研究对象是文化及其规律,而非遗保护运动讨论的是如何保护之类的操作性话题。民俗学家乌丙安在 2008 年中国民俗学年会演讲时,就把非物质文化遗产定位为"工作概念"而非"学科概念"①。实践操作的局限性决定了非遗保护不可能面面俱到,完全按照文化规律办事。如上所述,虽然在理论上"刘三姐歌谣"包括刘三姐文化影响的广西、广东及云南、贵州、江西部分地区民间歌谣,但具体到将"刘三姐歌谣"视为"非遗"进行保护的操作性实践层面,又不可能将上述地域所有的"刘三姐歌谣"予以保护。刘三姐文化圈内,歌谣文化的发展演变进程不一样,有的地方歌谣文化氛围浓厚,原生态的传唱活动保存较为完整。由于基础较好,申遗的成功概率大,这些地方的政府和文化管理部门对于申遗的意愿也高,其歌谣文化最终进入非遗名录并得到政策性保护的可能性也更大。对于进入非遗名录的非遗项目而言,除了获得国家政策上的支持,还有来自官方的资金扶持。在各方资金投入有限的条件下,非遗保护工程本身必然要有所侧重有所扬弃。众所周知,岭南的广东、广西是刘三姐文化积淀最为深厚的省份,然而"自 20 世纪中期,广东逐渐成功地将自身的文化'去蛮夷化',成为国内汉族地区和经济发达地区后,代表着岭南异族歌俗文化的'刘三姐',则不再适宜作为广东文化的表征,相反,广西作为壮族自治区亟须树立具有壮族特性的文化表征,昔日中原人心中'荒蛮'的岭南民俗表征就顺理成章嫁接到今日广西少数民族文化之上","'刘三姐'从岭南文化表征'收缩'

---

① 施爱东:《中国现代民俗学检讨》,社会科学文献出版社 2010 年版,第 194 页。

为广西文化表征"。① 因此，当前"刘三姐歌谣"传承与保护的地理空间范围应限定在有迄今具有仍"歌海"美誉的广西。广西的百色、河池、来宾、柳州和桂林等地区，是刘三姐文化传播的中心地带，原生态的歌谣文化保存也较好，理应是"刘三姐歌谣"保护与传承核心区域。在此区域中，歌谣类文化遗产进入国家级非遗名录的有"刘三姐歌谣"、侗族大歌、布洛陀、密洛陀、那坡壮族民歌、壮族嘹歌等数种，显然寥寥数种歌谣及其"代表作"远不能涵盖丰富多样的广西歌谣全貌。就实践过程及结果而言，当前的非遗保护可谓是一种"厚此薄彼"的保护模式，进入非遗名录和非遗"代表作"的保护对象，往往是集"万千宠爱于一身"，不仅得到社会舆论的极大关注，更有各种政策和资金的倾斜。而这与文化遗产保护中强调的完整性、本真性的原则存在矛盾和冲突。"刘三姐歌谣"是一种跨区域、跨语言、跨族际的共享文化，包括多种具体的歌谣样式，但它们发生、发展与传承有着相似的自然、人文、生态环境。还以"刘三姐歌谣"代表性地区——宜州为例，该市歌谣形式丰富多样，境内各民族互相操持其他民族语言和歌谣的现象也很普遍。作为"山歌之乡"的宜州，其民歌氛围是不同的歌手、不同歌唱语言、不同歌谣体式在相同的自然、人文环境中和谐共生的。刘三姐乡固然是"歌谣文化保护区"，但如果"只见树木不见森林"，忽视对周边乡镇歌谣的保护，孤立的"歌谣文化保护区"又焉能独善其身？

  这样的逻辑放大到整个广西亦是如此，歌仙刘三姐成为广西文化的表征，是包括桂林、柳州、南宁、河池等地歌谣文化长期共同对外展示、塑造的结果。自20世纪80年代广西本土烟草企业将"刘三姐"形象运用到香烟产品上开始，经由桂林"印象·刘三姐"、南宁国际民歌节等一系列文化展示后，刘三姐文化再一次蜚声海内外，在市场经济中显现了强大的品牌效应。围绕刘三姐开展的文化产业建设也是方兴未艾。从民俗文化保护和开发实践来看，保护和开发之间具有一定矛盾性。但对于"刘三姐歌谣"的保护与传承而言，刘三姐文化的开发利用更有可能是一种机遇。与近年来全国各地争抢文化资源、文化名人、文化品牌类似，

---

① 梁昭：《民歌传唱与文化书写——跨族群表述中的"刘三姐"事像》，博士学位论文，四川大学，2007年。

"刘三姐"也是广西各地抢夺的文化品牌。单就"刘三姐故里"之争,柳州、桂林、河池等地民间和官方都曾推出自己的版本和理由。刘三姐品牌过多、过散乃至盲目开发的现象,就是这种明暗交织的争抢带来的副作用。但一个不容忽略的事实是,各地对刘三姐的争抢,体现了地方政府对民间文化的重视,也在一定意义上宣传、提升了广西歌谣文化,相当程度上营造了共赢的文化事实。刘三姐文化的开发和利用,是新时期广西实施文化战略的组成部分,对推动地方旅游经济的发展也有积极影响。当政府将更多精力致力于歌谣文化的保护,企业将更多资金投资歌谣文化的开发时,对歌谣文化的传承发展而言无疑是一种机遇。刘三姐之争和与之伴随的各种开发利用,使长期以来被遮蔽、被边缘化的民间歌谣进入社会主流话语,日渐成为社会大众参与和共享的公共文化,也必将重新焕发歌谣文化主体对其文化的认同自觉。从整体性保护原则出发,对"刘三姐歌谣"的保护,应该大胆超越非遗保护中"非此即彼"的思维模式,打造"共赢"的文化事实。大体思路是:扩大"刘三姐歌谣"保护的范围,桂林、柳州、河池、百色等地歌谣均以"刘三姐歌谣"之名纳入"刘三姐歌谣"保护的大框架内进行操作,以此淡化地方刘三姐之争,减轻"争名"带来的内耗。由于各地歌谣形态各异,境况不一,又应在不改变其原生状态的前提下对各地不同歌谣进行"差异化"保护,即借"刘三姐歌谣"之名,行歌谣保护之实。

四 余论

非物质文化遗产保护运动是有目的、有组织的政府行为,"刘三姐歌谣"文化"申遗"成功,政府是最积极和最大的"推手"。同时不难发现,在"刘三姐歌谣"文化保护区成立及"刘三姐歌谣""申遗"成功的前后,不缺乏公共知识分子们忙碌其中的身影。"刘三姐歌谣"文化保护区的建立和"刘三姐歌谣"申遗成功,学术界作为智力参谋起了重要作用。然而,在非遗传承与保护运动中,积极参与其中的学者们并非无可指摘。2007年11月,由广西地方高校河池学院和广西宜州市委、市政府共同举办的"全国刘三姐文化研讨会",邀请中国社会科学院、北京大学、广西社会科学院、广西民族大学等区内外教学、科研院所的专家学者赴会。研讨会呼吁"运用科学的方法对刘三姐文化开展多方面研究"，但与会学者提交的论文和会上的发言，多数仍集中在对刘三姐文化的现实意义、社会价值、刘三姐文化产业化、刘三姐文化品牌等问题的关注。① 学者们在当前非物质文化遗产保护运动中的表现，部分如青年民俗学家施爱东所言："都在忙于各种事务性的工作，对策性的、操作层面的议论多于学理性的、思辨性的挖掘和阐释"，"为了取得所谓的信任与支持，获取持续的利益和资源，非物质文化遗产学界的学者们正逐步将非物质文化遗产神化为民族精神的象征，试图借助民族主义话语把自己操作成民族精神的守护者"。② 学术界对"刘三姐歌谣"是什么这样的理论性问题不做或者不愿深究，正是拥有部分话语权的学者们在现实利益和求真的学术立场之间摇摆不定的结果。很显然，如果想证明非物质文化遗产并非只是一顶虚拟的文化桂冠，不论是政府还是公共知识分子们都有很长的路要走。

---

① 银建军、谭为宜：《"全国刘三姐文化研讨会"综述》，《河池学院学报》2007年第6期。
② 施爱东：《中国现代民俗学检讨》，社会科学文献出版社2010年版，第194页。

第六编

说　唱

靖江宝卷与非物质文化遗产保护*

廖明君**

靖江宝卷源于古老的民间说唱艺术,有近300年的历史,是我国古代宝卷至今还在农村讲唱、传承的"活化石"。

一 靖江宝卷的非物质文化遗产特征

(一) 非物质文化遗产的基本界定与范围

非物质文化遗产主要是指由各族人民世代相承的、与群众生活密切相关的各种传统文化表现形式(如民俗活动、表演艺术、传统知识和技能,以及与之相关的器具、实物、手工制品等)和文化空间。

非物质文化遗产的主要范围有:(1)口头传统,包括作为非物质文化遗产载体的语言;口头传统是指在相关社区中长期口耳相传的以语言艺术为主要手段的文化表现形式,如史诗、叙事诗、歌谣、说唱、神话、传说、故事等以及与之相关的表演活动。(2)传统表演艺术,包括传统的音乐、舞蹈、戏曲、曲艺、杂技等各种民间表演艺术和传统展演形式。(3)民俗活动、礼仪、节庆,指广大民众世代传承的民俗生活、人生礼仪、岁时活动、节日庆典、传统仪式和礼俗,民间体育和竞技,以及有关生产、生活的其他习俗。(4)有关自然界和宇宙的民间传统知识和实践,主要指各族人民在长期生产、生活实践中创造和积累的知识和经验,

---

* 原文刊于《民族艺术》2007年第3期。
** 廖明君,广西民族文化艺术研究院研究员。

例如时间、空间观念，天文、地理、历法和气象知识，农业活动和相关知识，生态知识与环境保护实践，传统养生和医疗知识等。（5）传统的手工艺技能，主要指民间工艺以及器具制作、民居建筑、陶瓷、织染、金属工艺、造纸、印刷、酿造等传统手工技艺，也包括剪纸、雕塑等民间造型艺术。（6）与上述文化表现形式相关的文化空间，主要指集中开展民众传统文化活动的地点，也可以是一段通常定期展现特定事件的时间。

非物质文化遗产可分为传统的文化表现形式，如民俗活动、表演艺术、传统知识和技能等和文化空间即定期举行传统文化活动或集中展现传统文化表现形式的场所，兼具空间性和时间性。

根据以上有关非物质文化遗产的基本界定和主要范围，作为一种特殊的民间说唱艺术品种，宝卷演唱显然是一种非常重要的非物质文化遗产，属于口头传统类。

（二）从非物质文化遗产的界定看靖江宝卷的非物质文化遗产特征

1. 传统性

世代相承是非物质文化遗产的主要特征之一，靖江宝卷具有近三百年历史，分为"圣卷"、"草卷"和"科仪卷"三类。靖江宝卷亦圣亦俗、亦庄亦谐，韵散结合、词曲互映，依存于延生做会的宗教民俗活动，并在民间信仰的氛围下表达乐生入世的生活主题。如已经收集整理出版的《圣卷选本》收有三茅宝卷、大圣宝卷、香山观世音宝卷、花灯缘（《梓潼宝卷》节选）；《草卷选本》收有张四姐大闹东京（《月宫宝卷》）、血汗衫记（《土地宝卷》）、九殿卖药、十把穿金扇（上、下）、江阴要塞起义记。同时，靖江宝卷艺术性强，其情节曲折，故事情节较为完整，有主线、副线，人物形象丰满，具有中国传统文学的特色。

此外，创作宝卷的民间艺人还善于以一件事件为由头，衍生出许许多多故事，给听众以峰回路转、柳暗花明的感觉。很显然，靖江宝卷源于古老的民间说唱艺术，无论是其表现形式还是演唱内容，都具有较强的传统性。

2. 地域性

非物质文化遗产强调是在相关社区中长期传承的文化表现形式。靖江宝卷以纯粹的靖江方言说唱形式流传于世，并自成体系，独具地方特色。其中"圣卷"是靖江最富特色的宝卷，演唱的都是神佛故事；贯穿因果报应，劝人行善积德"草卷"则主要是演唱历史传说、民间故事。一方面，在靖江宝卷中，往往都包含有大量的民间传说、故事、笑话，以增加讲经的趣味性。更为重要的是，宝卷中还有大量靖江民俗的描写，具有丰富的民间文化内涵。另一方面，靖江宝卷演唱时使用的是纯粹的靖江方言，念白、唱词都以方言押韵，往往三言两语就能把某一形象刻画得无比生动。此外，宝卷还大量化入靖江民间俗语、谚语、谜语、民歌等。

因此，靖江宝卷具有较强的地域性。这也是靖江宝卷具有强大生命力的原因所在。

3. 活态性

活态性也是非物质文化遗产的主要特征之一，指的是非物质文化遗产代代相传、流传有序，依然保持着原生态。比如那些按照传统规范来进行的民俗事象，正在生活其中的古老民居，仍旧操作着的工艺流程，依然自娱自乐的民间艺术，等等。

在靖江，讲经艺人宣讲宝卷多是耳闻心记，一句句由师傅口授亲传，一代又一代，仅靠口耳相传。在讲经发展的全盛时期（约在民国初年），靖江有讲经艺人一百多人。目前有讲经艺人六七十人，年纪大的已八九十岁，而年轻的才二十多岁，其中包括女讲经艺人近十名。

由于种种原因，宝卷这一颇具特色的传统说唱艺术，在我国大多数地区均已失传，而靖江宝卷则是我国唯一的仍在民间以"做会讲经"形式讲唱、传承的"活化石"。因此，活态性是靖江宝卷的又一重要特征。

总之，靖江宝卷不但是一种重要的非物质文化遗产，同时还具有传统性、地域性和活态性等特征。

二 靖江宝卷的非物质文化遗产价值

（一）突出的历史价值

靖江讲经主要流传于靖江讲吴方言的老岸地区。靖江讲经的渊源可上溯到三国两晋南北朝时期传扬佛经的梵呗和唱导。当时以歌咏形式传扬佛经教义，至唐代发展为俗讲和僧讲，其中，俗讲面向普通大众，9世纪上半叶已极兴盛，"愚夫冶妇乐闻其说，听者填咽寺舍"。至宋代，俗讲已成为瓦肆勾栏会伎之一。而有关专家的考察表明，这种讲唱技艺传入靖江据说与岳飞有关：南宋初年，大量中原地区的百姓随王朝南迁，将北宋汴梁瓦舍中的种种表演技艺带到南方，而随岳飞队伍南迁到靖江的"江淮流民"中的民间艺人，带来讲唱技艺。靖江讲经的基本形式为说唱结合，一唱众和，唱腔有平调、单调、含十字、滚龙调、挂金锁、打莲花等，与唐宋变文曲牌相近。讲经道具有佛尺、木鱼、铃具。佛尺相当于说评书用的醒木，木鱼和铃具作乐器使用。四面环江的孤岛地理形势，加之长江以北吴方言孤岛的语言文化背景，形成了靖江农村独具特色的民间文化环境，因而至今还保留着许多古老的特色。几百年来，靖江宝卷在民众的生活中扮演着重要的角色，并以绵绵的生命力，跨越时空，延续至今，成为民间文化的"活化石"，从中我们可以了解到具有江南农耕生活背景的历史与文化。因此，靖江宝卷首先具有非常突出而宝贵的历史价值。

（二）重要的学术价值

几百年的世代传承，使得靖江宝卷成为不可多得的乡土文化史料、民间文艺读本和社会风俗画卷，可纳入民俗学、宗教学、民间文学等学科的研究范畴。如靖江宝卷在内容上涉及行业店铺、园中花卉、医药知识、装束服饰、农业灾害、礼俗仪仗、三餐食谱、儒典知识、巫术信仰、周边国度等；同时，其形式也包括了诗歌、民谣、故事、传说、谚语、谜语等多种文体，韵散结合、雅俗交并。因此，不论在内容方面还是在形式方面，靖江宝卷都具有重要的跨学科的学术价值，吸引了北京大学、扬州大学、前苏联科学院，日本东京学艺大学、东海大学、东京外国语大学等科研院所以及美国学者的关注，并获得高度的肯定与评价。

三 靖江宝卷的保护与传承

（一）重新认识靖江宝卷，提高保护靖江宝卷的意识

众所周知，优秀的非物质文化遗产是一个国家、一个民族、一个地

区发展的根基和力量的源泉，也是发展先进文化的重要基石。保护非物质文化遗产，是维护和加强民族团结的重要保证，也是全面建设和谐社会的需要。因此，需要以新的眼光来重新认识靖江宝卷所具有的重要价值，保护好靖江宝卷这一独具特色的非物质文化遗产，满足广大人民群众日益增长的精神文化生活需求的迫切需要。

（二）认清民间信仰与封建迷信的区别，解决保护靖江宝卷的核心问题

在靖江地区，无论宝卷还是做会，都带有一定所谓的"迷信"色彩，比如，烧香、点烛、供纸马、迎神、送神等，无不弥漫着浓郁的民间宗教氛围。因此，长期以来，许多人喜欢习惯性地将靖江宝卷与"封建迷信"联系在一起，并因之而对靖江宝卷持否定态度。实际上，透过外在的种种形式，靖江宝卷主要的价值取向，就是劝世行善。例如，《香山观世音宝卷》说："宝卷是部劝世文，忠孝二字劝善人"；"宝卷初展开，劝人要行善，积德前程远，存仁后步宽。"此外，《三茅宝卷》中有："国正天星顺，官清民乐安。妻贤夫祸少，子孝父心宽"之说，也旨在劝世。也正因为如此，靖江人习惯统称宝卷为"忠孝宝卷"，从圣卷到草卷，不但每部宝卷的开篇都有一段长长的道德说教，而且在其后的情节展开上，通过"贤人"悲欢离合的故事生动感人地演绎以"善"为核心的中国传统道德。这些善行大体上如车锡伦教授所归纳的：尚礼仪、守国法；敬天地，礼神明；孝敬父母，家庭和睦；邻里互助，乡党团结；敬老爱幼，救济贫困；惩治邪恶，广行善事，等等。如此，即便是用现代的眼光来审视，这些道德行为准则仍有许多积极向上的内容，对今天所提倡的"和谐社会"建设仍有一定的教育和规范作用。所以，我们认为，靖江宝卷并不是所谓的"封建迷信"。由于历史的原因，靖江宝卷在民间俗信的外在形式下，积淀着"劝世行善"核心思想。一定的文化是一定社会政治经济等的发展产物，靖江宝卷这一重要的非物质文化遗产，是靖江人民世世代代的创造和积累，积淀着各个历史时期的社会因子。我们要建设"和谐社会"，就必须依托历史，立足现实，尊重过去，面向未来，充分发挥靖江宝卷这些具有多元重要价值的非物质文化遗产的作用。当然，对靖江宝卷中某些落后因素，也需要在扬弃过程中按照面向现代化、面向世界、面向未来的方向与思路，用科学的态度予以剔除。总之，认清民间信仰与封建迷信的区别，将靖江宝卷从传统的"封建迷信"的认知中恢复其原有的文化定位，是靖江宝卷保护工作的关键所在。

（三）整合社会各界的力量，推动靖江宝卷的保护传承工作

1. 各级政府特别是文化行政部门是保护靖江宝卷的主导者。

文化建设属于政府的三大建设即政治建设、经济建设、文化建设中的一项，当然也是政府的重要职能。另外，为公民提供公共文化服务，是政府义不容辞的责任。因此，保护好靖江宝卷这一重要的非物质文化遗产，也是当地政府的重要责任。当地政府应在规划和经费等方面发挥主导作用，积极推动靖江宝卷的保护传承工作。

2. 学术界特别是从事非物质文化遗产研究的专家学者是保护靖江宝卷的指导者。

靖江宝卷历史悠久，内容丰富多彩，保护工作涉及面广，因此，需要围绕靖江宝卷的重大理论和实践问题，组织各类文化单位、科研机构、高等院校的专家学者共同开展有关靖江宝卷的认定、保存、传播、保护和利用等领域的研究，加大靖江宝卷保护工作的学术支撑力度。同时，要建立靖江宝卷保护专家咨询制度，推进靖江宝卷保护工作的科学化。

3. 社会各界特别是具体创造出靖江宝卷这一非物质文化遗产的人民群众是保护传承靖江宝卷的主体者。

靖江宝卷这一非物质文化遗产所具有的活态性，要求必须在特定的文化生态环境中来保护与传承，这就决定了作为靖江宝卷的创造者、所有者和传承者的人民群众必须是保护与传承的主体，政府和学术界起到的应该是支持、帮助、引导民众的作用，而绝不能代替民众来保护传承。因此，要充分发挥广大民众的保护积极性，让他们主动自觉地开展保护传承工作。

目前，靖江市有关方面已为保护传承靖江宝卷做了大量卓有成效的工作，将保护经费列入年度财政预算，制定了保护规划，健全保护传承机制，成立了讲经研究会，市电视台开辟了专题栏目，扩大了宝卷讲经的社会影响。同时，开展了资源普查，先后搜集整理了200多万字的宝卷资料，并组织申报中国民间文化之乡，等等。这些都是保护传承靖江宝卷的重要举措，对于提高靖江城市文化品位、知名度和推动经济社会发展都具有极大的作用。总之，靖江宝卷及其讲唱具有突出的历史价值和重要的学术价值，既是靖江的特色文化，也是中华民族非常宝贵的非物质文化遗产。

遗产化境域中的昆曲保护研究[*]

钱永平[**]

摘 要：在当代，曾受冷遇的昆曲因"人类口头和非物质遗产代表作"而为大众所熟悉，它内在的遗产价值并不能对此给予充分的解释，其决定性因素在于昆曲成为非遗代表作的过程中被赋予本身之外的政治、经济、文化等价值，即"传统"被发明的过程。本文从不同视角关注昆曲以"非遗"名义实现其意义、价值的话语构建、转换途径，反思政府、商业外界力量的介入对昆曲传承造成的利与不利之影响，在此基础上讨论关系昆曲传承的核心因素、传播等保护问题。

关键词：昆曲；非物质文化遗产；意义转换；保护；传播

一 问题的提出

从戏剧史的研究中我们知道，明代流行于吴中民间的昆山腔被以魏良辅为首的歌唱群体加工提炼后，在社会上逐渐产生影响，16世纪中叶，随着梁辰鱼的《浣纱记》从歌唱走向了戏曲表演，此后获得了迅猛发展，在民间广场和官宦府第的厅堂中进行演出。昆曲在演员与具有文化修养的官僚、文士、曲友的长期互动中，逐渐变得精致细腻，并进入明清宫廷为帝王演出，成为皇家各种庆典的主要演出剧种，以皇家贵胄为代表

---

[*] 原刊于《文化遗产》2011年第2期。
[**] 钱永平，中山大学中文系非物质文化遗产专业2008级博士研究生，晋中学院晋中文化生态研究中心副主任。

的上层社会表示出独尊昆曲的态度,随着清末社会动荡多变,推动昆曲发展的文人仕子不断没落、老化、逝世,昆曲与其他剧种在比拼如何以自身表演吸引民众的过程中走向了衰败,不再是剧坛霸主,以其风雅退居文人名绅的文化活动中。

几百年来昆曲盛衰消长,命悬一线时却总能绝处逢生,始终保留了一丝传承血脉,1921年,由商贾名绅(张紫东、贝晋眉、徐镜清、穆藕初等)资助创办的"苏州昆剧传习所",培养昆曲表演人才,使昆曲以"昆曲"之面貌延续至1949年以后,但昆曲的民间演出状况不佳,演员谋生困难,对这一状况的改善成为1956年有关人士改编昆曲《十五贯》的最初动机,但成为昆曲发展史上的又一标志事件,1954年后,在国家的支持下,以俞振飞先生为代表的著名昆曲艺人培养出新中国昆曲骨干力量。1978年"文革"结束后,国家转入正常运行,文化部实施昆曲振兴计划,成立昆曲剧团,继续培养昆曲艺术人才。

但长期以来,昆曲在我国内地的表演情况并不乐观,在观众、演出、人才培养方面有诸多困难。由于缺少观众,它面临"台上演员比台下观众多"的尴尬,1999年6月,文化部附属的"振兴昆剧指导委员会"举行会议,各位研究专家、文化官员第八次提议举办全国昆曲艺术节,希望改变这个窘境,但是没有地方政府愿意出资承办,因为平时的昆曲专场演出都没有人看,更何况专门为昆曲举行的文化节?一直到2000年,文化部才在苏州举办了第一届昆曲艺术节。在这样的耽搁中,昆曲演出剧目从传字辈艺人的700出下滑至目前少于100出,演出呈萎缩趋势,演员为了谋生,冒着荒废演技的危险另谋他路,如在摄影楼为别人化妆。北京昆剧团和上海昆剧团先后面临与其他戏剧团"合并"的文化指令。[①]这些都导致昆曲传承人才的培养难上加难。曾担任上海昆剧团团长的蔡正仁在一个学术访谈中谈及昆曲前途的问题时表达了他的隐忧:教学师资、学生来源、投入经费、学生"归口"(工作去向),他"觉得绝对不应该让这样的剧种衰亡,应该要发扬;但是又觉得要做的事情太多,有

---

① 杨守松:《昆曲之路》,人民文学出版社2009年版。

点力不从心"①。他意识到了昆曲面临的危机和传承的关键,但并没有十足的信心来解决,却有诸多无奈。1999 年,"上海戏曲学校招收 25 人,但报名的只有 50 余人,录取比例是 2∶1,2004 年,这批学生毕业,分入上海昆剧团,后因艺术水平达不到要求,一半已改行,留下的大部分也只是跑跑龙套"②。这种状况一直到 2001 年,昆曲被联合国教科文组织宣布为"人类口头和非物质遗产代表作"才发生改变。

回顾历史,昆曲总能吸引有关人士不遗余力地保护它,原因在于它极高的艺术魅力,因此,从历史、文化、艺术等角度,将昆曲视为中国艺术宝库里极其重要的遗产,是值得后世欣赏的文化经典,早已是共识,也是它成为"人类口头和非物质遗产代表作"的重要标准。但是,从它受冷遇到引起公众关注这一过程来看,昆曲内在的遗产价值并不能给出足够的解释,其决定性因素在于昆曲成为非遗代表作的过程中被赋予本身之外的政治、经济、文化等价值。我们必须从不同视角关注昆曲以"非遗"名义实现其意义、价值的话语构建、转换途径,反思政府、商业外界力量的介入对昆曲传承造成的利与不利之影响,在此基础上,讨论关系昆曲传承的保护问题。

二 昆曲作为遗产的民族、地方文化意义的构建

(一) 昆曲意义构建的途径——遗产的选择性

传统文化表达形式要成为遗产,首先面临被选择的过程,有研究者认为,遗产是当代社会希望继承的东西,我们所认为的遗产并非都会受到社会的重视,社会只是按一定的价值原则有选择地保存历史遗产。③ 选择(selection)是保护传统文化实践的有效方法,相应带来文化意义的转换和重构,是遗产实践的结构性特征,在这点上,遗产制造与名录制造并没有区别,这种选择性所引发的意义重构在联合国教科文组织设置非

---

① 蔡正仁访谈,访问者:洪惟助,时间:1992 年 2 月 12 日。选自(台湾)洪惟助主编《昆曲演艺家、曲家及学者访问录》,台北:"国家"出版社 2002 年版,第 188 页。
② 梁谷音:《保护文化遗产之我见》,《戏曲研究》2009 年第 2 期。
③ [英]戴伦·J. 蒂莫西、斯蒂芬·W. 博伊德:《遗产旅游》,程尽能主译,旅游教育出版社 2007 年版,第 2 页。

遗代表作名录的过程中得到了充分的体现。① 联合国教科文组织起草、制定《保护非物质文化遗产公约》（ICHC）时，就是否需要模仿《世界遗产名录》（the World Heritage List）设置一个非遗杰出代表作名录（a Masterpieces List）的问题在各国代表之间展开了激烈讨论，以日本为代表的部分国家希望在韩国"人间珍宝体系"（System of World Living Human Treasures）和1998年启动的"人类口头与非物质文化遗产代表作"（the Proclamation of Masterpieces of the Oral and Intangible Heritage of Humanity）项目基础上建立一个非遗代表作名录（the Representative List of the Intangible Cultural Heritage of Humanity），以激发非遗所在国的文化认同和保护积极性，认为如果只是建立一个没有选择性的登记体系（the international Register of the Intangible Cultural Heritage），那么非遗就仅是一个巨大的数据库而已。来自加勒比地区（the Caribbean）国家的代表认为仿照《世界遗产名录》设置非遗名录会导致非遗的精英主义和等级化，以杰出价值（exceptional value）作为非遗评审标准，只会使非遗名录成为宣传本国文化丰富性的工具，建议设立不以选择为基础的非遗国际登记体系。而有些国家（主要是一些北欧国家）则认为根本不需要任何名录，最后，日本及其盟友成功拒绝了来自加勒比地区国家的建议，联合国教科文组织大会决定设立"人类非物质文化遗产代表作名录"（the Representative List of the Intangible Cultural Heritage of Humanity），由公约缔约国提交申请，联合国教科文组织总干事指定的委员会展开评审工作。名录评审不以"杰出性"作为标准，以突出非遗对文化认同、文化多样性及国际社会和平发展的重要性，但仍以选择性作为非遗名录的结构性要素。可以看出，各国传统文化表达形式被评为非遗的过程，也是其价值和意义经相关权威界定、批准后成为保护理由的合法化过程。那些没有被评为非遗的传统文化表达形式，由于缺少权威价值评定这一环节，则可能寂寂无名地被历史湮没。

联合国教科文组织是世界最大的政府间组织之一，由它制定的一系

---

① Valdimar Tryggvi Hafstein: Intangible Heritage As a List—— From Masterpieces to Representation, 选自 Intangible Heritage, （ed.）, *Laurajane Smith and Natsuko Akagawa*, Published by Routledge in the USA, 2009, pp. 93 – 111。

列文件通常具有权威性，包括《保护非物质文化遗产公约》，一国的非物质文化被联合国教科文组织认定为遗产，意味着提升了非遗所在国的国际声誉。2001 年，中国艺术研究院在准备申报材料时，选定昆曲、古琴、蒙古长调、剪纸、川剧五个项目，经过讨论，专家确定首选昆曲，其余四项作为备选项目提交给联合国教科文组织，之后昆曲以全票通过评审。在这个世界最大的文化交流平台上，昆曲经我国相关部门论证、审批、申请，联合国教科文组织有关机构的评审、命名等一系列程序，从传统文化中被选择出来，进入"人类口头遗产和非物质遗产代表作"名录中，开始携带遗产所拥有的各种文化资本，具有了较之其他文化形式的优越性和正当性，使社会资源向其倾斜，这种新形成的差异化结构背后潜藏的资本优势引得其他剧种相关利益者在"申遗"之路上前赴后继。

（二）昆曲民族象征和地方形象的构建

首先，昆曲申遗的成功使其成为政治主体用以凝聚民族认同的文化资本。"文化资本是布迪厄'实践社会学'的关键词，在他看来，文化资本既是人们进入'社会场域'时所采取的特有的资本形式，也是参与社会权力竞争必备的'入场券'和符号。"[①] 对于正在经济上崛起的中国，文化的重要性日益凸显，"没有文化的凝聚力，文化身份认同就将出现问题。在经济起飞之后，全盘西化之中还有什么东西能够代表东方文化？如果我们没有意识到本土文化的重要性，那么崛起速度越快，文化则越弱"[②]。联合国教科文组织倡导的非遗保护适时出现了，成为非遗代表作的昆曲被迅速以不同的方式表述为民族文化的象征，"按布迪厄（Pierre Bourdieu）的说法，被认可（recognition）或被重视是一种象征资本（symbolic capital），是一种以某些合理的要求表现出来，从而不易为人所察觉的权力，寻求的是来自他人的欣赏、尊重、敬意，以及提供其他服务等等"[③]。这多少有点悖论，自己创造的文化要经他者的肯定才能引起自身对它们的重新关注。一百多年前，日本看到西方对浮世绘有着浓厚

---

① 彭兆荣：《遗产：反思与阐释》，云南教育出版社 2008 年版，第 14 页。
② 王岳川：《中国文化软实力与文化安全》，《光明日报》2010 年 7 月 29 日第 10 版。
③ 转引自范可《"申遗"：传统与地方的全球化再现》，《广西民族大学学报》2008 年第 5 期。

的兴趣时，才意识到要珍视自己的传统文化并用来加强国民认同。我国在联合国教科文组织的推动下，将非遗与增强民族认同感、归属感、构建和谐社会的目标联系起来，成为国家文化建设的理念，这种转变有效地把文化认同感与政治认同感整合在一起，"形成公民的民族身份，通过诉诸本民族的具有凝聚力与认同感的非物质文化遗产，以此激发全体民众的民族—国家情感"[①]。

　　昆曲在被"发明"为民族文化象征的过程中，为政治权威或有政治声望的人物所肯定是重要环节，显示着艺术背后的社会等级秩序。2004年，以国家政协副主席王选为首的政协常委提交了《关于加大昆曲抢救和保护力度的几点建议》，并得到了国家领导人的批示；2005年元旦，苏州昆曲演员在中国人民政治协商会议全国委员举行的新年茶话会上表演青春版《牡丹亭》一折《惊梦》，胡锦涛主席接见昆曲演员。随后，中央财政部决定在2005—2009年，每年拨出专款1000万元给文化部，用以抢救昆曲。2005年，北京昆剧团取消合并的"体制改革"，同时，北京市政府把对北京昆剧团的扶持经费纳入财政。2007年，苏州昆剧院随国家领导人温家宝总理出访日本，在东京国立剧场表演昆曲《牡丹亭·惊梦》，是温家宝总理开启"融冰之旅"的重要内容之一。这与日本政府文部省规定官员要用本国的"无形文化财"——能剧、歌舞伎、狂言等传统艺术招待外宾有异曲同工之处。当代遗产语境中的昆曲，俨然成为处理国与国之间关系的外交策略。政治权力运作使昆曲作为遗产的社会意义进一步延伸，有学者指出，遗产在民族—国家的名义之下已经具有了非同寻常的政治共同体的符号含义，展现了巨大文化想象空间。[②]

　　历史上官宦富绅拿昆曲应酬宾客是常事，而且，明清时期的昆曲由于获得社会上层势力皇帝、王公大臣的喜爱，变得"神圣""高贵"起来，帝王的爱好完全可以成为政治风向标，面对花部对昆曲霸主地位的挑战，清官府采取了禁演花部的行为。1956年，看似偶然却又必然的因素使昆曲《十五贯》符合了当时的意识形态而被国家高层大加肯定，昆曲在今天正经历着与过去相似的境遇，重获政治高层的重视。从相似的

---

① 刘晓春：《非物质文化遗产的地方性与公共性》，《广西民族大学学报》2008年第3期。
② 彭兆荣：《遗产：反思与阐释》，云南教育出版社2008年版，第36页。

历史事件，不同的时代中能解读出影响昆曲发展的不同文化、经济、政治等外在因素，也许是戏剧史研究的有趣话题。在当代，遗产把时代要求、保护者的呼声、政治主体的文化态度整合在一起，将昆曲塑造成中国文化的象征，让昆曲再次告别了昔日的冷遇。

其次，昆曲地方价值的重新确立。在一个标榜个性和独特性的时代，各个地方孜孜以求的是以何形象"出位"并获得他者的认可，以赢得更多的发展机遇，通过把源自地方的传统文化表达形式申报为"非遗"，呼应联合国教科文组织的非遗保护，以文化展示地方形象，促进地方经济增长，不啻为好办法，而这也不是非遗公约的意外成果。昆曲发源地苏州是一个早就闻名于世的历史文化名城，继1997年苏州园林进入《世界遗产名录》后，2001年昆曲又成为世界非遗代表作，无形中提升了苏州在人们心中的旅游价值，加深了游客对苏州的印象和文化体验，这种效果是其他传播方式不可比拟的，昆曲成为苏州拓展国际旅游、展示地方形象的最佳名片，打造昆曲之乡，成为苏州市将昆曲保护纳入政府文化事业的重要动机之一。2001年后，苏州市在昆曲方面的作为明显积极起来，抢救传统剧目、资助苏州昆剧院、昆剧传习所，成立昆曲研究中心、昆曲博物馆等机构；把苏州昆曲学校作为昆曲"幼苗"培养基地；出资修建昆曲沁兰厅，修复昆曲博物馆古戏台；以中国昆剧艺术节和苏州虎丘曲会为昆剧艺术保护展示舞台，建设"昆曲之乡"（苏州昆山市），打造园林、古镇相结合的昆曲演出点。①

再次，借着遗产所指向的保护目标，除联合国教科文组织、中央和地方政府出台的保护举措外，表演团体、学术团体、舆论媒体、民间组织围绕昆曲展开的活动较之以往也更为活跃。各大昆曲剧团在国内外有了更多表演机会，各类研讨会的召开、有关昆曲保护的论著发表出版、媒体对大众的反复宣传，阐释着昆曲的民族文化特性，利用堪比英国戏剧的比喻促进国人对昆曲文化态度的转变。很多人虽从没听过昆曲，但知道昆曲是非遗，为进一步的昆曲保护奠定了大众基础，这也是联合国教科文组织出台非遗公约的本意。2002年，联合国教科文组织在里约热内卢召开专家会议，对2001年第一批非遗代表作的影响进行评估，认为

---

① 中国文物信息网，http://www.sach.gov.cn/tabid/301/InfoID/4424/Default.aspx。

非遗代表作有效地增强了所在国和地方对非遗重要价值的认识和迫切需要保护的意识，使人们以自己国家的遗产为荣，强化了自身的文化认同。①

上述状况与 2000 年第一届昆曲节的举办之艰难形成鲜明对比，可以看出，遗产作为文化资本产生的权力效应惊人。毋庸置疑，无论昆曲在中国文学、艺术发展史上是多么经典，对它的保护却是凭着外部因素运作起来的。联合国教科文组织将昆曲缔造成遗产是成功的，也让追随它的国家权力、学术研究、昆曲表演、商业经营等不同主体带着各自的目的从中看到非遗传达出的多层意义，对昆曲的传承也产生了不同的影响。在不同的社会条件下，也会产生截然不同的效果，这正是昆曲表演家蔡正仁在提及昆曲前途时"觉得要做的事情太多，有点力不从心"背后所包含的意思，他的主观意愿遭遇不相称的社会现实而难以转化成行动。

如果说传统是在特定时空中代代传递而又持续更新的文化模式，那么昆曲仅凭自身的艺术表演已经很难在传统中实现有活力的传承，更不要说占据日常文化生活的主流，事实上任何一种艺术都不能永久占据着人们的精神世界，对艺术风格成熟但已相对凝固的昆曲，以遗产的文化实践方式，由专门的机构辅以外部力量，让其获得第二次生命，并不是一件坏事，这本身就是昆曲应对现实处境的活态变化之一，可以说，昆曲通过"遗产化"遵循和利用当代社会规则，制造出新的意义，获得了新的存在基础，开始再现于大众的日常生活中。

三 商业化对昆曲传承造成的影响

随着消费社会商业力量向各个领域的扩展，完成昆曲演出的因素除专业人员的文化创造力外，还有各种科学技术、商业、媒介等，在这些不同因素的作用下，昆曲既推动了自身的发展，也潜藏着不利于传承的

---

① N. Aikawa-Farue: From the Proclamation of Masterpieces to the Convention for the Safeguarding of Intangible Cultural Heritage, 选自 Intangible Heritage, (ed.) *Laurajane Smith and Natsuko Akagawa*, Published by Routledge in the USA, 2009, pp. 34 – 35。

危险因素。

（一）昆曲多元化的发展现状

当代昆曲表演依据当下审美观念改进各个角色的戏服、道具，在舞台演出中运用新技术增强视觉效果，引入体现传统文化的元素，利用古建筑、园林实景烘托演员的优秀表演，这些不同形式的制作使同一个昆曲剧目有了诸多版本，如苏昆的《长生殿》和上昆的全本《长生殿》，"临川四梦"：《南柯记》印象版，《邯郸梦》经典版，《牡丹亭》菁萃版，《紫钗记》偶像版，江昆的《1699·桃花扇》，北昆精华版《牡丹亭》，园林实景版《牡丹亭》。在中外结合上，有苏昆与日本歌舞伎演员坂东玉三郎合作的中日版《牡丹亭》，张军和比利时钢琴家尚·马龙合作的"当爵士遇上昆曲"表演，2010 年 5 月第九届中国艺术节江昆表演的《1699·桃花扇》清唱剧版中加入了西洋唱法。在保证表演水准的前提下，这无疑会使昆曲表演达到美轮美奂的境界，有利于消除大众对昆曲"老套""哼哼唧唧"的刻板印象，用不同的理念培育大众对昆曲的欣赏能力，也显示出昆曲多元化的发展现状。

（二）影响昆曲传承的危险因素

1. 昆曲的形式化制作

当代商业文化在形式和内容关系的处理上，会把形式放在首位，甚至有玩弄形式的意味，除以形式的多变表现创作者的"创意"外，有时会忽略内容深度的重要性，导致形式有无明确的指涉意义，能否流传久远，都并不重要，而是通过反复更新，衍生出不同的形式，这是当代商业文化生产最明显的特征。昆曲演出也受影响，青春版《牡丹亭》表演在遵循传统精神的基础上，大胆起用年轻演员以符合当代青年的审美取向，在舞美效果上结合了现代理念，使演出获得了成功。北京皇家粮仓厅堂版《牡丹亭》在制作过程中，也以选择符合当代视觉审美的年轻演员为首要因素，另外，各式乐器、戏服的面料与绣工、头饰制作、演员妆面都很讲究；表演时，每一回目开始，都是衣饰炫目的四花神提着白纸灯笼上场，一位书家挽袖捻笔在灯笼上题写回目的名字，高高地挂起来。戏台两侧四个玻璃缸里游着红的白的鱼，"惊梦"时风吹花落，就从鱼缸上边的房梁飘下玫瑰花瓣;"离魂"前秋雨寂寥,梁上又哗哗泄下水帘。① 总而言之,园林、古建筑实景+昆曲、西服+戏服、钢琴+笛子、爵士+昆曲、西洋合唱+昆曲各种混搭,都有用新奇形式增强欣赏效果的倾向,从中人们对昆曲到底获得哪些印象呢?这将是一个仁者见仁、智者见智,充满主观色彩的回答。

而从昆曲传承的角度需要理性看待的是,演员的表演水准如何?当代人是否真的从中深谙了昆曲的精妙?艺术共鸣在哪个层次上产生?是在具有视觉魅力的舞台效果、演员的漂亮、演员的服装上,还是在演员的唱腔、身段表演上?"有不少行家私下批评青春版《牡丹亭》,说有些身段太离谱,'太火''太洒',不合乎昆曲含蓄蕴藉的风格。也有人对吐音咬字的含混不清表示极度不满,认为是演员的躲懒,以唱流行曲的方式企图蒙混过关。这是对演员唱做功夫提出苛刻的批评,认为他们在舞台上展示'四功五法'的功力不到家,远逊目前还活跃在舞台上的老演员。"② 还有学者提出,"昆曲的传承单靠那些能吸引年轻人的传播手段是不够的,关键在于要最大限度地、尽可能地继承传统的手法,让深谙这个剧种精妙之处的戏迷观众们说好,这才是一个剧种恢复生机的根本"③。上述昆曲研究者的观点为我们提供了另一个维度的认识,也提醒昆曲保护必须以昆曲演员精湛的表演技艺引导大众欣赏为主导方向。

2. 作为商业资源的昆曲

在关于非遗的讨论中,保护与利用一直是个焦点问题,利用主要指将非遗作为商业资源,研究者对此褒贬不一。④ 如果非遗传承者以自身技艺为资本展开市场经营,并能将获得的部分利润用于提高非遗内在品质,实现自我提升,这是非遗发展最理想不过的状态。历史上昆曲艺人就曾凭借表演谋生,而这在今天显然很难。昆曲成为非遗之后,知名度上升,其利用价值大大增加,越来越多的商业资本赞助昆曲演出和传承活动,其目的基本是出于文化责任感或利用昆曲塑造良好的公关形象或二者兼

---

① 李宏宇:《坐 请坐 请上坐》,《南方周末》2007 年 8 月 16 日第 22 版。
② 郑培凯:《昆曲青春化与商品化的困境》,《书城》2008 年第 5 期。
③ 傅谨:《非物质文化遗产保护与戏剧发展》,《四川戏剧》2010 年第 4 期。
④ 刘锡诚:《"非遗"产业化:一个备受争议的问题》,《河南教育学院学报》2010 年第 4 期。

而有之，并不直接干预昆曲的表演或以自身盈利为目的，在这种情况下，艺术人员仍是昆曲表演的主要决定者，不受外来因素的过多钳制，可以全身心投入昆曲的创作、表演中去。

而另一种商业形式则是需要予以注意的，即把昆曲视为资源，作为商业经营的组成部分用以盈利。不可否认，这为昆曲演员提供了更多的实践机会，尤其是对年轻演员而言，起着推广昆曲的积极作用。但昆曲进入这个层面的商业运作，对它是促进还是破坏，已经不由任何人来决定了，而首先取决于经济收益。在古镇周庄，承办方利用昆曲提高旅游项目的文化品位，修建了仿古戏台，邀请苏昆演员表演昆曲，① 这给游客提供了一种文化体验，但是作为旅游项目的昆曲演出具体情形如何，其形态和功能是否有变化，昆曲是否只是古镇的活态景观？游客又如何感受昆曲？昆曲在旅游消费中是否存在着遗产价值的流失？在这个场合提供何种水平的昆曲表演的决定因素是什么？这需要不同专业人员进行调查研究，以做出全面的评估。

在园林、古建筑、仿古建筑等经营场所中，昆曲成为增加商业利润的项目之一，"良辰美景奈何天，赏心乐事谁家院"的意境成为文化创意，以实景再现（苏州桃花坞）建成主题消费场所。部分场合的昆曲表演，演员要漂亮，相对而言，表演技艺并不重要，重要的是昆曲作为夸耀性、附庸风雅的象征文化，在商家营造的与其匹配的一系列物件中传达出来，这不是人人都能消费得起的。受到媒体关注的北京皇家粮仓2007年开始演出昆曲厅堂版《牡丹亭》，只对50—60人开放，从最低票价580元、最高票价1980元到万元以上的包房，成为各国国家元首、领导、社会名流、文化学者、商界人士欣赏昆曲的重要场合，被认为是昆曲商业运作的成功形式。人们在这样的场所欣赏昆曲，在获得最舒适的感性刺激时，也是通过它体现自身高雅的美学品味，确立自身社会地位的过程，在消费中把它当作追求荣誉、满足自我的象征符号。这时的昆曲变成了人们认可和信赖的消费符号，发挥着区分社会阶层的作用，以遗产的名义，不断地附上与表演无关的人为表述，体现制作者和消费者各自的欲望和想象。昆曲在这个过程中几乎不能以表演本身主导观众，

---

① 王晓彤：《昆曲天天演看客不掏钱》，《中国文化报》2002年7月27日第002版。

自我抽离和空洞化不可避免。北京皇家粮仓厅堂版《牡丹亭》的投资方对导演（汪世瑜、林兆华）、年轻演员、表演剧目的选定，是受白先勇青春版《牡丹亭》所造成的传播效应影响而展开的，更是以消费群体为主要基点的，① 因此，昆曲表演总是应消费者的要求而进行调整，通常情况下有 8 个回目 100 分钟的演出（早期演出是 12 回目，120 分钟，后更改），有时会应顾客的要求缩成 45 分钟或者 10 分钟，昆曲在这种"快进"模式的消费中，已经很难再现在昆曲细腻表演中传达出来的文化气质，也消磨了其独特"味道"，呈现出与昆曲相似的外在形式。投资方与制作者当然也意识到这种"走马观花式"表演的不足，但是，认为若要改变这种状况，首先要消费者提高自身的鉴赏能力。②

戏曲与"炫耀""奢侈"享受相联系早已有之，这里需要审视的是昆曲服务于外在目的时对其内在传承造成的影响。在当代社会，上述情形使昆曲艺术自律性遭到削弱。不能以演员的表演引导观众，导致的危险后果早有学者指出：昆曲"如果以'青春'相号召，甚或只能依赖奢华的舞台美术——如果观众进入剧场是为了看年轻的帅哥美女，抑或是为了看叶锦添的设计或林兆华的构思，再或者是为了看苏绣，那不是昆曲的光荣，而是她无上的悲哀"③。在这个层面，作为非遗的昆曲如何保持艺术的自律性，如何把追求利润的商业经营与昆曲安身立命的艺术特点有机融合，涉及其原生态和本真性的问题，也是昆曲保护的焦点之一。

---

① 投资方总监制王翔在访谈中形容自己定位的观众是："第一他不知道什么是昆曲，第二他从来不知道汤显祖是谁，第三他不知道汤显祖写过《牡丹亭》，第四他不知道汤显祖的《牡丹亭》里说了一个什么故事。统统都不知道他就进来了。"资料来源：李宏宇：《坐　请坐　请上坐》，《南方周末》2007 年 8 月 16 日第 22 版。

② 昆曲表演家汪世瑜说："很多非常好的唱段，比如袅晴丝、绕池游，这么好的曲牌，还有懒画眉、江儿水，统统都拿掉了。……现在某种程度上，不是演员表演为主，而是形式为主，还是有种新鲜感，以后还是要成为正规演出；剧场看戏不一样，注意剧情发展，注意演员演技。慢慢地厅堂里的观众也会有人这么要求，所以要注重提高演员的演技。"资料来源：李宏宇：《坐　请坐　请上坐》，《南方周末》2007 年 8 月 16 日第 22 版。另注：资料出现于 2007 年，目前有哪些变化，尚无实际调查资料。

③ 傅谨：《全本〈长生殿〉与上昆的意义》，《艺术评论》2008 年第 6 期。

四 政府层面的昆曲保护

昆曲成为非遗后,呈现出多样化的发展趋势,民间商业资本介入昆曲,对昆曲传承却并没有强制性义务,那么在尊重、鼓励各方力量积极探索昆曲艺术创新的同时,有必要进一步从遗产角度思索,决定昆曲传承的核心要素是什么。昆曲作为人类精神创造的一个历史形态,在明清时期已经臻于成熟、完美。将昆曲视为遗产,意味着它是送给未来的礼物,在遗产范畴中的昆曲,绝不是以当代文化逻辑对其"大手笔"为根本任务。因此,以"政府为主"的昆曲保护有必要明确其操作对象,即昆曲的行政保护对象不是笼统、整体的昆曲艺术,而是昆曲中构成遗产的核心要素。

涉及非遗行政保护中的具体对象,日本在政策操作上已有经验可资借鉴。日本无形文化财、无形民俗文化财的保护对象是:构成某个艺术能够区别于其他艺术类型而独立存在的部分及其传承,即"型"的传承。[①] 在这方面,我国更多地称之为"本真性""原生态",但容易陷入非遗活态与僵化的纠缠中。有学者用"本生态"这一概念,认为"本生态是非物质文化遗产的存在根据,是基础"[②]。著者在进一步阐述本生态时,举例"京剧表演艺术在其两百多年的发展历史中,唱、做、念、打既有保持又有变化,保持的是其本生态,发展的是其衍生态。但从旦角表演来看,四大名旦风格各有千秋,这是旦角表演的衍生态体现,但同时四大名旦的表演无论怎样变化,都仍然保持了京剧旦角表演的基本特征和风貌,这就是它的本生态的体现"[③]。从中可以看出,著者将非遗本生态界定为各个非遗赖以生存并代代相传的独特艺术样式或技术样式体系,以其作为行政保护的对象时,绝不会导致非遗在当代社会中的僵化

[①] 参见黄贞燕《日韩无形的文化财保护制度》,台湾宜兰:"国立"台湾传统艺术筹备处 2008 年版,第 51—52 页,第 109—111 页。大島暁雄:《無形民俗文化財の保護——無形文化遺産保護条約にむけて》,东京:岩田書院 2007 年出版,第 37 页。内容翻译者:白松强,特此致谢。

[②] 宋俊华:《论非物质文化遗产的本生态和衍生态》,《民俗研究》2008 年第 4 期。

[③] 宋俊华:《论非物质文化遗产的本生态和衍生态》,《民俗研究》2008 年第 4 期。

与停滞。

在关于昆曲传承的讨论中，昆曲研究者、演员、资深观众几乎都认为昆曲的本生态体现在昆曲演员表演的传统折子戏中，强调传统折子戏表演①对昆曲传承的重要性②，在昆曲年轻传承者的培养上，尤为强调传统折子戏表演的重要性。目前的非遗保护工作原则上以"政府主导"，指导方针是以"保护为主"，同时行政资源尤其是财力是有限的，政府应当明确一个时期的保护重点，不能在保护与创新、利用的关系间"荡秋千"以显全面兼顾，因为这样做的后果就是政府也陷入了急功近利的囹圄，忽略了保护的责任。鉴于此，昆曲的行政保护对象应当明确为以演员高水准表演为主的昆曲本生态传承活动，即昆曲赖以存在的传统艺术样式的传承——传统剧目和表演程式，将有限的行政资源专注于国家认定的杰出昆曲传承人、团体进行的传统剧目公开表演、后辈培养等传承活动。

那么已在进行之中的政府昆曲保护工作又如何呢？2005 年《国家昆曲艺术抢救、保护和扶持工程实施方案》规定，5 年内挖掘整理濒临失传的昆曲优秀传统剧目（大戏）15 部，完成昆曲优秀折子戏 200 出的录像工作，并完成 10 台昆曲新创剧目，该方案中，传统剧与新创剧数目比例相当，但是在经费资助安排上倾向于新编剧目。2005 年，文化部对昆曲剧目的资金分配中，每个新编剧目拨款为 80 万元，每个传统整理改编剧目拨款为 40 万元，每个折子戏录像拨款为 12 万元（个别为 8 万元）。2006 年的资金安排大体延续了这样的格局，新创剧目资金依然占据重点。2007 年，"新创"剧目在所有资金资助单项中仍是最高的，但开始向"传统整理改编剧目"倾斜。③ 定期举行的中国昆剧节主要展演文化部资助的昆曲剧目，"2006 年 7 月的第三届中国昆剧节，共上演 8 台大戏，而 7 台是创新剧目，只有上海昆剧团的《邯郸梦》是整理改编剧目。新剧目在艺术形式上讲究当前最时尚的大制作、大舞美，追求声、光、电等技术效果，把昆曲原有的风格和特点扫荡得一干二净。幕一拉开，看不

---

① 注：对传统折子戏与昆曲表演的关系，陆萼庭先生已有详细论述，详见陆萼庭《昆剧演出史稿》（修订本），上海教育出版社 2006 年版，第 164—177 页。

② 参见（台湾）洪惟助主编《昆曲演艺家、曲家及学者访问录》，台北："国家"出版社 2002 年版。

③ 杨守松：《昆曲之路》，人民文学出版社 2009 年版，第 52—53 页。

出是什么剧种，等笛子一起，字幕出现，才知道是昆曲。这些戏各花了近百万，甚至过百万，但会演一过，往往多数都进了库房，再也不演——因为规模过于庞大，演出运营成本太高，无法再演"[1]。这种状况在学者的评价反思中，在 2009 年第四届中国昆剧节上得到改善，其间，各大剧团主要以表演传统名剧为主。2006 年 7 月，苏州市人大通过了《苏州市昆曲保护条例》，在保护对象和经费的条文规定中强调的是传统昆曲的普查、抢救、传承及表演，没有纳入昆曲的当代新编剧，[2] 或许值得注意。

五　昆曲如何进入大众日常生活

戏曲的本质在于表演，必须有观众对演员的表演活动进行观赏。昆曲的衰落在于没有观众，昆曲表演和观众之间的交流中断，演员再精湛的表演技艺也失去了魅力。仅限于国家权威认可、政府工作和学术研究，显然不是昆曲的最佳选择。必须引起大众对昆曲的关注，吸引大众进入剧场欣赏昆曲，渗入大众日常生活是昆曲传承的一个关键环节。对于昆曲演员而言，也是以表演技艺谋生、寻求生存利益最大化、实现人生目标。经常出现的情况是，不是昆曲表演者的艺术水准有问题，而是昆曲工作者不知怎么做才能吸引大众为昆曲掏腰包。回顾 2001 年以后昆曲的发展状况，伴着"遗产"热，不同推广方式的运用推动了昆曲在大众中的传播，使其逐渐"流行"起来。

第一，成功发挥媒体的传播功能和运用市场营销策略。众所周知，在信息时代，依附于商业团体的媒体系统所拥有的传播、操控功能所达到的强度，决定着文化产品在社会中的普及和有效程度，而商业策略的恰当使用，是培育消费群体的重要手段。这凸显出信息传媒时代的特点，只要是传媒能够渗透到的空间，制作者就可以利用媒体制造出人们本来不需要的产品，包括文化艺术，它运用话题制造、影像画面、反复宣传等手段来培育大众对某种产品的接受能力，促进大众适时地消费。这些

---

[1]　梁谷音：《保护文化遗产之我见》，《戏曲研究》2009 年第 2 期。
[2]　参见苏州市人民政府《苏州市昆曲保护条例》第 2 条和第 13 条。

传媒手段用于"遗产"的再生产,也成为"遗产"快速进入大众视野的"看不见的手"。

2001年昆曲成为非遗代表作之初,官方媒体并没有就此形成强大的宣传效应,只是用一个很小的篇幅进行了报道。① 文化部荟萃昆曲表演艺术家举行庆祝展演,但并没有引起大众注意。② 于是就有了这样的现象:对昆曲有相关报道,但不为人所知;有观众,但没有热情的粉丝。现在各个昆剧团演出的增多及突破专家、领导的局限为大众所知,是在利用传媒对与昆曲有关的突出事件反复造势、宣传后才出现的。

青春版《牡丹亭》是对昆曲的一次成功包装和推广传播。从2002年开始筹备到2004年正式公演,它的定位非常明确:吸引年轻观众。排演过程中除了保证表演的传统本色外,制作方还有着很强的营销意识,引入现代娱乐传播机制,利用白先勇先生的个人名望,接受媒体专访;在著名大学举行有关昆曲的讲座、学术研讨会,在各个不同的层面形成热议效果;用巡演中的突出事件进行造势和刺激大众,引来媒体的追随;报道在国外表演中受欢迎的各种细节和各阶层人物的欣赏和评价,等等。最终它在美国表演的成功和带来的反响不仅引起了中美两国领导人的注意,还确立了它在国内的品牌形象,受到了大学生的追捧,为昆曲以后的发展带来周期较长的后续效应。随着联合国教科文组织非遗公约的出台及申遗热的升温,"人类口头与非物质遗产代表作"这一世界性荣誉也整合到媒体对昆曲的轮番传播中。

上昆全本《长生殿》是近年来严格按昆曲"传统表演格范"精心排演制作的,被视为向洪昇原著的靠拢和还原,③ 体现着对传统经典的崇敬和敬畏,但仅有此还不够,制作方为了利用媒体资源吸引观众购票观看,精心设置了公关策略:2007年在上海演出时,演出信息在上海闹市的大型电子显示屏上滚动播出,这几乎首开戏剧演出大型屏幕广告之先河。同时,还在地铁站中进行广告宣传,将演出信息印制在电信电话卡、精

---

① 田青:《中国非物质文化遗产保护的现状与未来》,《解放日报》2010年9月26日第9版。

② 王振华:《昆曲展演有点"冷"——名人、名角谈昆曲》,《华夏时报》2001年10月19日第12版。

③ 刘祯:《从〈长生殿〉看昆曲的传统与精神》,《艺术评论》2008年第6期。

美的单折页上，拓展各种宣传渠道寻找、吸引观众，使上昆全本《长生殿》的演出信息一时成为主流平面媒体、电视、广播、时尚报刊和网站的重要文化新闻。在北京演出前，制作方选在北京"皇家粮仓"召开新闻发布会，利用历史上昆曲的演出习俗——演员祭拜"老郎神"的仪式吸引媒体注意，又以故宫与著名演员（王铁成）为噱头，召开新闻发布会刺激媒体进行新一轮造势，取得极佳效果。①

第二，得到社会公众人物的肯定与欣赏。一件文化产品若获得某些人物、权威机构的认可，尤其是为大众所熟悉、认可的"偶像"类人物的肯定，基于"羊群效应"，就会迅速地在大众中传播开来。对于昆曲，上文提到，这个肯定首先来自联合国这个具有国际影响力的组织授予的"人类口头与非物质遗产代表作"；再者是我国国家领导人的重视；还有就是与明星、名人的合作。白先勇和青春版《牡丹亭》、谭盾和世博会园林实景版《牡丹亭》，王力宏在流行歌曲《在梅边》中"拼贴"昆曲演员张军的唱腔，并邀请张军在他的现场音乐会上表演；于丹著书《于丹·游园惊梦：昆曲艺术审美之旅》（2007），公众人物（如杨振宁、郎朗、鞠萍、刘欢）出现在与昆曲有关的媒体新闻中。这些政治精英和知名度很高的社会各界人士的介入，极大地加快了大众对昆曲的熟悉过程。

第三，社会大众的反应和接受过程。经过媒体传播和公众人物的推荐，昆曲逐渐进入社会大众的生活中，视频网站中昆曲资源和市面发行的昆曲音像制品越来越丰富，网上昆曲论坛也较活跃，不同年龄段的昆曲观众正在形成，昆曲获得了极大的发展空间，在不同层面、不同场合的演出几率增加。如苏昆在1995年演出101场，到2003年增至1200场，2004年以后，各类演出总场次连续三年保持在2000次左右。2005年，苏昆《长生殿》在北京保利大剧院演出，三天的票价从90元被炒到1500元。② 同时，在一些城市也有了昆曲的固定演出：如南京的兰苑剧场、"廿一会所"；北京"皇家粮仓"、梁祝茶馆；杭州胡雪岩故居、江南古镇周庄、苏州昆曲博物馆等场所都有各个昆曲剧团的固定演出。2004—

---

① 中国昆曲全本《长生殿》诞生记，蔡正仁、唐斯复、叶恒峰访谈记，http://v.youku.com/v show/id XMTE3OTY4OTky.html。

② 杨守松：《昆曲之路》，人民文学出版社2009年版，第114、125页。

2005年，上海戏曲学校昆曲班招生名额不过60人，报考人数却达到破纪录的近4000余人，录取比例为70∶1，大大提高了生源素质，为昆曲传承奠定了良好的基础。①

从上述昆曲传播过程可以看出，昆曲保护工作除不断提高昆曲艺术表演水准外，利用当代传媒、商业策略来吸引、培育昆曲消费群体，也是非遗保护工作的重要内容。同时，昆曲通过传媒、公众人物在大众中的传播是有周期性的，当大众逐渐失去了最初传媒对昆曲盖以"民族文化经典"的"高雅""新奇"感觉后，便隐含着昆曲"低迷期"的到来，若要培养起真正喜欢昆曲的消费群体，势必转入提高大众的昆曲鉴赏能力，而鉴赏能力的提高，则需要有充分的时间来使大众接触和体验昆曲。因此，对昆曲的推广越来越注重与学校教育的结合，不断有著名昆曲演员进入校园讲解昆曲。2009年北京大学启动"北京大学昆曲传承计划"，开设《经典昆曲欣赏课》，请海内外知名的昆曲学者和昆曲表演名家来授课，选拔大学生制作"校园版"《牡丹亭》。这是昆曲保护不落入乌托邦式梦想的最基础的行动。

成为遗产的昆曲，承载着文化认同的重要功能，而文化认同的形成不仅在于各种权威通过"遗产"对"传统"的发明，正规的教育学习，更关键的是在无意识的潜移默化中。我们都知道，伴着地方戏长大的祖辈，自然而然地认同戏曲中的文化观，而年青一代看多了好莱坞电影，也就会认同美国文化。在消费时代，昆曲自身既要确保高水准的传承，也要通过诉诸大众感性的休闲消费来构建民族文化认同。

---

① 梁谷音：《保护文化遗产之我见》，《戏曲研究》2009年第2期。

"摩苏昆"传承状况研究*

娜 敏**

摘 要："摩苏昆"是鄂伦春族民间文学的经典,文化底蕴丰富,是鄂伦春民族文化的百科全书。2006年,"摩苏昆"被列入首批国家级非物质文化遗产名录。目前,在现代化的强烈冲击下"摩苏昆"正遭遇传承危机。文章通过对鄂伦春族口传文学的经典"摩苏昆"在现代化语境下传承状况的研究,探求如何对其进行合理保护并促其良性传承。

关键词：鄂伦春族;"摩苏昆";非物质文化遗产;传承

"morsurun'摩苏昆(摩日苏昆)'是鄂伦春族民间长篇说唱叙事文学体裁名称,是鄂伦春人民在漫长的历史时期创造出来的,以'说唱'为表现形式的口头文学。它具有一定的原始史诗(主要是莫日根英雄史诗)的基本属性,是该族古老民间文学艺术主要形体之一。'摩苏昆'作品充分反映了鄂伦春族社会历史、经济文化、宗教信仰、风俗、语言等社会状况、特征和原始社会思想意识形态。具有较高的多学科研究价值。"[①]"摩苏昆"是一种内容十分丰富的说唱艺术,含有悲伤的述说或自述苦情的意思,多以讲唱鄂伦春族英雄莫日根的故事和自己苦难的身世为主。

"'摩苏昆'在当今世界上十分罕见,她发源于原始渔猎文化终结期

---

* 原文刊于《北方民族大学学报》(哲学社会科学版)2012年第3期。
** 娜敏,内蒙古民族大学文学与新闻传播学院。
① 孟淑珍:《鄂伦春语"摩苏昆"探解》,《满语研究》1991年第2期。

的北方冻土地带，是至今仍然存留着的鲜活而质朴的语言艺术'化石'，远远超越现有的地域疆界，成为极具多学科研究价值的民族民间文学艺术形式。"① 20世纪80年代，鄂伦春族民间文化工作者孟淑珍以其家乡逊克县新鄂民族乡为采集点，进行了持续四年的采集活动，将鄂伦春族这一古老的民间说唱文学体裁"摩苏昆"挖掘出来。目前已整理出版《英雄格帕欠》《娃都堪和雅都堪》《波尔卡内莫日根》《布提哈莫日根》《双飞鸟的传说》《鹿的传说》《雅林觉罕和额勒黑汗特尔根吐求亲记》和《诺努兰》等十余篇作品。这些作品中有悲壮的英雄故事，有表现忠贞的爱情故事，有饱受苦难的生活故事，有不甘屈辱的反抗斗争故事，等等。《英雄格帕欠》可称得上是鄂伦春族的英雄史诗，全文73000余字，唱段93个。

目前，关于鄂伦春族说唱叙事文学"摩苏昆"的研究文章有《中国北方民族民间文学的新发现——论鄂伦春史诗"摩苏昆"》（马名超，1988年）、《试论鄂伦春族民间文学瑰宝——"摩苏昆"》（韩有峰，1990年）、《鄂伦春语"摩苏昆"探解》（孟淑珍，1991年）、《"摩苏昆"的韵律》（孟淑珍，1994年）、《伊玛堪与摩苏昆——赫哲族与鄂伦春族说唱文学之比较》（黄任远、闫沙庆，2000年）、《日本阿伊努人的说唱叙事文学——尤卡拉浅析——兼论与鄂伦春族"摩苏昆"之内在联系》（汪立珍，2000年）、《"摩苏昆"初探》（赵华、宋德胤，2002年）、《当代语境下的鄂伦春族"摩苏昆"》（李英，2011年）。各位专家学者从不同的角度研究探讨了鄂伦春族"摩苏昆"，目前尚未有学者专门从事其传承方面的研究。本文力求通过对鄂伦春族口传文学的经典"摩苏昆"在现代化语境下传承状况的研究，探求如何对其进行合理保护并促其良性传承。

一 "摩苏昆"传承地概况

"摩苏昆"这种讲唱艺术形式，最初是在黑龙江省逊克县新鄂民

---

① 马名超：《古老语言艺术的活化石——论鄂伦春史诗摩苏昆》，见《黑龙江民间文学》（17集），中国民间文艺研究会黑龙江分会，1986年。

族乡境内发现的，其后研究人员发现这种艺术形式不仅在小兴安岭的逊克、瑷珲等地的鄂伦春族中普遍流传，在大兴安岭地区呼玛县、塔河县以及内蒙古地区的鄂伦春自治旗也曾广泛传播。可惜的是现在内蒙古地区的鄂伦春族基本上已没有人会讲唱了。目前，"摩苏昆"的传承地域主要为黑龙江省黑河市逊克县及大兴安岭地区呼玛县。笔者分别于2009年7月、2011年7月赴上述两地进行"摩苏昆"传承状况调研。

（一）黑河市概况

黑河市地处大兴安岭东部，小兴安岭北部，境内群山连绵起伏，沟谷纵横。黑河市面积68726平方公里，全市总人口174万，除汉族外，有满、鄂伦春、达斡尔、回等少数民族。黑河历史悠久，早在旧石器时代就有人类在此活动，形成了本地古代土著民族的基础。黑河市下辖三个鄂伦春族民族乡，分别为新鄂鄂伦春民族乡、新兴鄂伦春民族乡以及新生鄂伦春民族乡，生活于该地域的鄂伦春人自称为"毕拉尔千"。著名的"摩苏昆"艺人莫海亭、李水花、魏金祥、初特温、孟德林等都出自"毕拉尔千"。

新鄂是"摩苏昆"的最初搜集地，地处东经128°，北纬48°，坐落于小兴安岭北坡的沾河畔。全乡行政区划面积为6660平方公里。新鄂乡距离逊克县城77公里，共有5个行政村8个自然屯689户2350人。新鄂乡经济以种植业为主，这里曾经是极度贫穷的地方，经过50多年的发展，现已成为产粮大乡。新鄂乡的农民收入高于逊克县的整体水平。鄂伦春族聚居的新鄂村有鄂伦春族人口260人，年平均收入为2800元。新鄂是国家级非物质文化遗产"摩苏昆"传承人莫宝凤的家乡。

（二）大兴安岭地区概况

大兴安岭行政公署行政区面积8.46万平方公里，总人口53万。大兴安岭地理位置独特，它东接小兴安岭，西临内蒙古自治区，南濒松嫩平原，北与俄罗斯隔江相望，是我国最北、纬度最高的边境地区。大兴安岭地区是边疆少数民族聚集地区，这些少数民族成为构建大兴安岭地区乃至整个中国历史的重要部分。鄂伦春民族是拥有悠久历史的少数民族，是大兴安岭地区特色文化资源的重要组成部分。大兴安岭地区下辖两个鄂伦春民族乡——十八站及白银纳，生活于该地区的鄂伦春人自称"库玛尔千"。

白银纳位于呼玛县北部，地处东经125°、北纬52°。全乡鄂伦春族以养殖木耳菌和蘑菇为主要收入来源，该乡鄂伦春族共计280人，鄂族新村220人。白银纳各类民间活动较为活跃，该乡于2006年成立了"呼玛县白银纳鄂伦春民族乡民间艺术团"，演员均为白银纳乡鄂伦春族普通村民，表演节目立足于鄂伦春族传统的民族民间艺术。该艺术团已将"摩苏昆"个别经典篇目搬上舞台，进行演出。2008年，中国民族博物馆将白银纳乡文化站命名为中国民族博物馆"鄂伦春族馆"，并将"鄂伦春族文化研究基地"设立在这里，用大量的图片、实物和艺术作品向世人展示了鄂伦春族悠久的历史文化、古老的宗教信仰及独特的民族风情。

二 "摩苏昆"传承现状

（一）"摩苏昆"搜集地新鄂传承状况

2009年，笔者专门就"摩苏昆"搜集地新鄂传承状况进行了问卷调研。发放问卷60份，收回有效问卷57份。问卷发放对象均为鄂伦春族。

1. "摩苏昆"载体——鄂伦春语的掌握情况

"摩苏昆"是用鄂伦春语进行说唱的民间口头文学，口耳相传是它的主要传承方式。在进行问卷调查的过程中，新鄂村有近十位中青年人表示想要学习"摩苏昆"，而"摩苏昆"蕴含了丰富的民族语言，语言艺术水平极高，没有相当的语言基础是很难学会的。"'摩苏昆'歌手尤其要博学强记，……要具备较高的语言艺术手法和演唱技巧。"[①] 由此可见，鄂伦春语的掌握及传承状况直接影响到"摩苏昆"在现代社会中的存续。下表反映的是当地鄂伦春人掌握本民族语言的情况：

---

① 孟淑珍：《摩苏昆的韵律》，《黑龙江民族丛刊》1994年第2期。

年龄段 \ 选项 人数	熟练使用	只会一点；能听懂，不会说	完全不会
20 岁以下	1	0	5
21—40 岁	0	6	10
41—60 岁	3	23	4
60 岁以上	4	1	0

从上表中我们可以看出不同年龄段的鄂伦春人对本民族语言的掌握情况不尽相同：60 岁以上的老人，有 80% 的人可熟练使用鄂伦春语；41—60 岁的中老年人，只有 10% 的人达到熟练使用的程度；21—40 岁的中青年人中没有人可以熟练使用本民族语；20 岁以下的青少年中有一人能够熟练使用鄂伦春语，但这是一个特例，① 这一年龄段的其他被调研者均完全不会鄂伦春语。该统计表明当地的鄂伦春语已处于濒危状态，民间说唱"摩苏昆"正在失去它的源头活水。

2. 对"摩苏昆"含义的认识情况

目前学界一部分人认为"摩苏昆"属于悲剧说唱，不能作为鄂伦春族民间说唱的代表，还有人认为它既包括悲剧说唱又包括喜剧说唱，从广义上讲可以代表鄂伦春族民间说唱整体。孟淑珍于 20 世纪 80 年代初于当地搜集的，由民间艺人李水花讲唱的《"摩苏昆"的由来》中有这样一段话："拿说唱来说，鄂伦春语叫摩苏昆。摩苏昆就是说说唱唱，唱一段，说一段，说唱内容可丰富了！"可见，"摩苏昆"为鄂伦春族民间说唱的约定俗称。

选项	悲剧较多	喜剧较多	悲喜剧比例相当	不理解
人数	13	3	10	31
比例（%）	22.8	5.2	17.5	54.3

---

① 该被调查者 11 岁，从小在祖母的要求下坚持每天学习鄂伦春语。

上表反映的是当下搜集地鄂伦春人对"摩苏昆"的认识情况。通过问卷统计,我们发现有一半以上的被调查者对于"摩苏昆"本身的含义并不理解,被调查者中只有 17.5% 是从广义上看待"摩苏昆"的。值得一提的是,在问卷调查过程中有六七位中年人认为"摩苏昆"的叫法不正确,应该称为 jiandaren,而 jiandaren 在鄂伦春语中特指民歌。从整体上看,搜集地鄂伦春族民众对"摩苏昆"的认识是含混不清的,这种状况令人堪忧。

3. "摩苏昆"的讲唱情况

在问卷调查过程中,我们设置了"是否会说唱'摩苏昆'"的问题,57 人中只有 4 人回答了是,所占比例仅为总人数的 7%,而这 4 人中掌握"摩苏昆"作品的状况为:

选项	只会片段	会1—2首	会3—4首	5首以上(含5首)
人数	2	1	0	1

能够说唱"摩苏昆"的人已寥寥无几,并限于片段的说唱,能够说唱 5 首以上的是国家级非物质文化遗产传承人莫宝凤。当这几位老人被问到讲述"摩苏昆"故事时是主动讲述的,还是在别人要求下讲述的,所有的老人都选择了后者。关于讲述"摩苏昆"的场合,选项中包括"研讨会"、"文艺表演"、"平常生活"和"接受访问","平常生活"是没有人选的。可见"摩苏昆"的传承已处于濒危状态,能够进行说唱的仅限于个别上年纪的老人,并且局限于小范围的、特殊场合的传承。

(二)"摩苏昆"传承主体

1. 发掘、搜集、抢救者——孟淑珍

孟淑珍,女,鄂伦春族,1951 年出生于黑河市逊克县,现居于黑河市,为黑河市群众文化艺术馆研究员、中国民间文艺家协会会员。孟淑珍从 1979 年开始随同各类采风团在家乡收集民歌及民间故事,由于爱好写作,孟淑珍从此开始大量收集各类素材。回忆起过去的事情,孟老师讲:"小的时候接触过,一边唱一边说的很多,谁也没当回事,它的名称,中年以下的人不太知道。通过老人们的回忆,我就把它单独列了出来,因为它(摩苏昆)本身就是单一的。"孟淑珍不但挖掘、保存了鄂伦春族珍贵的民间说唱,还积极参与了"摩苏昆"国家级非物质文化遗产的申报活动。对于"摩苏昆"的传承问题,孟淑珍忧心忡忡,在她看来,因为鄂伦春族人口过少,又是分散居住,不容易形成大的气候,加之民族语言的消失,新一代鄂伦春人对传统文化的陌生,传承是非常困难的。尽管如此,孟淑珍一直在为"摩苏昆"的传承做着不懈的努力。通过多年的坚持不懈,她已采录了大量的"摩苏昆"说唱故事,录制整理了48盒录音磁带。她还积极担任鄂伦春族民间艺术团体的顾问,组织"摩苏昆"培训班,接待各方学者专家的调研,等等。

2. 国家级非物质文化遗产代表性传承人——莫宝凤

莫宝凤,女,鄂伦春族,1934年出生于小兴安岭额尔坡依河畔,现居于黑河市逊克县新鄂乡。2007年6月,莫宝凤被中国文学艺术界联合会、中国民间文艺家协会命名为"中国民间文化杰出传承人"。2008年1月,国家文化部、中国非物质文化遗产保护中心正式批准莫宝凤为第二批国家级非物质文化遗产传承人。莫宝凤从小深受鄂伦春族民间说唱文化的熏陶和影响,她的爷爷、奶奶、父母亲及大爷大娘等均为讲唱能手。莫宝凤本人也非常热爱民间讲唱,她说:"从小就爱好这玩意,哪块讲故事,哪块有这个说唱啊、唱歌啦,我必须得听,人家撵我也得偷着听呢。"受到周围浓郁的讲唱氛围的陶冶,加之莫宝凤本人聪颖好学,记忆力强,她在当地脱颖而出,成为有名的歌手。她的代表作品有《英雄格帕欠》《双飞鸟》《雅林觉罕和额勒黑汗》《鹿之歌》等。在访谈过程中,我们询问莫宝凤老人,如果有人想跟她学"摩苏昆"的话,她是否愿意教,老人说:"行,能不教吗?选上了你不教干啥呀。"同时,她表示自己年岁已高,身体也大不如前,不可能主动找人去教,只能是通过办班、录音、录像、上门求教的方式来教授。莫宝凤老人不顾年迈体弱,一直参与"摩苏昆"的抢救活动,积极配合各类录音、表演及访谈活动。

3. 传习者——孟淑卿

孟淑卿,女,鄂伦春族,1942年生人,现居于大兴安岭地区呼玛县白银纳乡,白银纳乡原乡长。孟大娘在访谈中说到,鄂伦春族过去的说唱特别丰富,她自己虽听过很多,但没在意,如今时代变了,人们都不唱了。2007年参加"摩苏昆"培训班后，孟淑卿开始对说唱慢慢入门了。她说："听听关扣妮她们七十多岁老太太唱，我就想'哎呀，我姥姥也这么唱来的，我爷爷也那么唱来的'。这样就一点一点回忆起来了。"现在，孟淑卿经常放"摩苏昆"录音听，并琢磨其中所蕴含的丰富语言、多彩的故事情节以及离奇的想象，她说："'摩苏昆'就是从生活当中出来的，没有生活就没有'摩苏昆'。现在'摩苏昆'把整个历史给反映出来了，又在咱们眼前似的。"孟淑卿还将"摩苏昆"里的故事讲给自己的外孙听，在讲的同时也教会了外孙鄂伦春语，可谓一举两得，既拉近了祖孙感情，又传承了民族文化。

作为民族文化的杰出代表，传承人是民族民间文化的重要承载者，在传承中占有主体位置，他们享有荣誉，受到人们的信赖和崇敬。不论是作为搜集者的孟淑珍，还是作为国家级非物质文化遗产传承人的莫宝凤，以及传习者孟淑卿，她们作为传承人虽然只是少数，但对于"摩苏昆"的现代传承起到了巨大的推动作用。

（三）"摩苏昆"培训班及其影响

黑龙江省为了确保不让鄂伦春族文化断档、失传，政府组织专人对鄂伦春族的民族语言、歌曲、舞蹈等独具特色的民族文化进行调研和记录。省文化厅文化遗产保护中心组织了专门的"国家级非物质文化遗产名录'摩苏昆'保护工程"课题组，对"摩苏昆"进行专题研究。课题组成员为黑龙江省民研所原所长韩有峰、黑河市群众艺术馆催存发、黑河市群众艺术馆孟淑珍、黑河文化局戏工室王文龙，其中韩有峰、孟淑珍二人为鄂伦春族。课题组对省内外鄂伦春族民间说唱情况进行了调研，并于2007年、2008年举办了两届"摩苏昆"培训班。

2007年10月21日，为期七天的第一期"摩苏昆"讲唱培训班在黑河市举办，省内外专家、学者和新老传承者50多人参与此次活动。2008年10月12日，第二期"摩苏昆"传承培训班在大兴安岭地区加格达奇举办，参加本期培训的有省民族研究所、黑河市艺术研究所、鄂伦春民间讲唱传承人及保护中心的工作人员等。两期培训班共培养了20余名"摩苏昆"讲唱人员，留下了宝贵的声像资料，为"摩苏昆"的传承和发展做了重要的铺垫工作。目前，国家级非物质文化遗产项目课题组韩有峰等人已经录制了"摩苏昆"代表性传承人莫宝凤、大兴安岭地区最后一个女萨满关扣妮等人讲唱的十几盘"摩苏昆"录像带。

"摩苏昆"培训班的举办对"摩苏昆"这一濒危民族民间艺术的保护与传承有着极其重要的作用。黑河市逊克县新鄂乡的孟淑英在采访时说到,新鄂乡较省内其他鄂伦春民族乡的经济发达,原来一直以此为傲,参加了第一次培训班之后才了解到逊克县在本民族语言文化保护上的落后,意识到了自己的压力和责任。从那以后,她开始慢慢回忆熟悉鄂伦春语,听录音带学习鄂伦春族"摩苏昆",希望能为本民族文化的传承做出一份贡献。大兴安岭地区塔河县十八站乡的葛淑贤、呼玛县白银纳乡的孟淑卿等人在访谈中表示,他们之前并不了解"摩苏昆",这两次培训班不仅使他们开始了了解了"摩苏昆",更是认识到"摩苏昆"的魅力以及本民族文化的濒危处境。

三 传承中存在的问题及对策探讨

(一)传承面临的主要问题

1. 语言危机

鄂伦春族有本民族语言,无文字,其语言属于阿尔泰语系满—通古斯语族。虽然没有本民族文字,但鄂伦春族的语言却异常丰富。其词语具有一词多用、一词多义及用声调、语气、语音作为补充来巧妙组合和运用的特点;其语言结构比较单纯,语音、语气却比较复杂,某些语句极短却包含复杂的内容。鄂伦春族的语言艺术,是其民族民间口头文学传承发展的关键。"摩苏昆"是依托于鄂伦春语进行口耳传承的说唱文学,然而目前语言问题已经严重影响了"摩苏昆"的传承。

2. 区域性方言的差异造成认识上的困难

生活于不同区域的鄂伦春人在方言上有一定的差异,如"母马"一词,毕拉尔千称 gea,库玛尔千称 qin。在十八站及白银纳采访的过程中,只有参加过"摩苏昆"传承培训班的人才知道"摩苏昆"指的是鄂伦春族的民间说唱,其他人包括七八十岁的老人都从没听说过"摩苏昆"。白银纳村萨满传承人关扣妮讲:"以前没有(听说过'摩苏昆'),我听他们下边的(黑河)说的,这边没有这个话。我们这儿叫 daliwur。"这种方言上的差异，造成了相当一部分鄂伦春人对民间说唱"摩苏昆"感到陌生甚至怀疑。

3. 语言文化上的差异造成翻译上的"误读"

在访谈中莫宝凤对我们讲："这个用汉族话说白了，成'摩苏昆'了，我们自己说 meruburen，他说不清楚就给说白了。""摩苏昆"的搜集整理者孟淑珍说："出现这些都是由于语言方面的障碍，文化上的差异。"研究鄂伦春族传统的民间说唱，需要既懂民间文学又懂鄂伦春语的研究者，当然还要了解鄂伦春族的社会、历史、经济、文化和宗教传统等各方面。唯有如此，才能弥合文化上的差异，较为真实和客观地解读鄂伦春族的民间说唱艺术。

4. 存在文化断层现象

如在调研过程中，新鄂村的一部分鄂伦春人将"摩苏昆"理解为民歌（jiandaren）。针对这一现象我们询问了传承人莫宝凤，老人说："小孩都不明白，'摩苏昆'始终是有，祖祖辈辈。"又如，在十八站采访的人中只有年近七十的魏双奎和葛福连对我们讲起他们小时候听老人们说唱的情景，而至于有无专门的鄂伦春语来称呼这种说唱形式他们是不清楚的。可见，鄂伦春族的文化断层现象已相当严重，一部分老年人已开始淡忘民族的口传文化，中青年人则对此基本不了解。

5. 传承所需的财力支撑不足

黑龙江省文化厅文化遗产保护中心虽然组织了专门的"国家级非物质文化遗产名录'摩苏昆'保护工程"课题组进行专题研究，然而并没有给予课题组充分的项目资金。据课题组成员孟淑珍讲，课题组现在使用的经费是 1987 年下拨的 25 万元，如今已所剩无几。

（二）实现"摩苏昆"良性传承的几点建议

（1）地方各级政府应加强对鄂伦春民众进行民族语言认知方面的宣传工作，促使他们自动、自发、自觉地拯救自己的民族语言。建议将鄂伦春语保留较好的白银纳鄂伦春民族乡设为鄂伦春语传承基地，其他地域的鄂伦春族可派代表到此交流学习。

（2）求同存异。既然"摩苏昆"已经作为鄂伦春族民间说唱艺术的代表被评为国家级非物质文化遗产，为了今后交流与沟通的方便，建议各地域的鄂伦春族同胞能够"求大同，存小异"。即在民间说唱的称谓上采用"摩苏昆"这一名称作为通称，各地存在不同方言称谓的也予以保留，在该地域内部使用。

（3）鼓励和培养一批鄂伦春本民族的研究人员进行"摩苏昆"的研究工作。现在急需一批既懂本民族语言又受过正规专业训练的青年鄂伦春族民间文化工作者，深入"摩苏昆"的研究中。

（4）借助传承人的威望和号召力，成立艺术团，对"摩苏昆"经典说唱篇目进行改编，将其搬上舞台，让更多的人能够了解和欣赏到鄂伦春族说唱艺术的魅力，扩大其影响力。

（5）下拨用于"摩苏昆"传承的专项资金。制定地方专项资金的管理方法和管理制度，对于国家下拨的专项资金进行科学有效的管理。对于"摩苏昆"培训班这种反响好、群众呼声高的活动，应给予财政上的支持，尽可能保证每年举办一次，让更多的人参与其中。

结　语

半个世纪以来，随着生产方式的转变，精神娱乐方式的改变，鄂伦春人的社会生活发生了翻天覆地的变化。这种变化带来的后果利弊参半，他们在享受现代物质文明的同时，却丢失了珍贵的民族文化。目前，鄂伦春族民族语言的流失程度及文化断层现象十分严重。根植于鄂伦春族传统文化世代口耳相传的"摩苏昆"，其传承可谓步履维艰。近年来，随着世界各国对多元文化的日益关注，我国也越来越重视对各民族非物质文化遗产的保护，鄂伦春族民间说唱艺术"摩苏昆"的传承出现了新的转机。传承人的评定，培训班的举办，艺术团体的成立等，都为鄂伦春族民间说唱"摩苏昆"的传承注入了鲜活的血液。"摩苏昆"的传承应牢牢把握住这一机遇。笔者以鄂伦春族老人孟淑卿的话作为本文的结尾："岁数大的努力争取，岁数小的努力学习，这个事情就能办好了。"

佛山"龙舟说唱"的活态传承与保护[*]

谢中元[**]

摘　要：主要存活于广东佛山顺德的龙舟说唱因其地方性、底层性、流动性特点历来缺少学术观照，本文即以帕里—洛德"口头程式诗学"及鲍曼的表演理论为参照并辅以田野调查法，从文字文本转向表演中的说唱，考察龙舟说唱艺人学艺的阶段性状态，论析龙舟说唱表演的惯常和即时情境，深描其程式化的唱腔及锣鼓技艺，从而呈现龙舟说唱以口传身授为传承方式、以表演情境为依存场域、以声腔锣鼓为生成技术的活态传承特点。最后认为在表面热闹的传承传播景象背后隐藏着致其濒危的诸多因素，调动保护主体的可持续性参与、实施对重点传承人的供养式保护、激活遗产的造血式传承是实施龙舟说唱保护的尝试性路径。

关键词：龙舟说唱；口传；活态传承；表演；濒危

申遗节奏的放缓以及"申遗热"的降温，意味着非遗保护进入了"后申遗时期"，对非遗个体施以"面向特殊性"的审视与反思就成为当前紧急而关键的任务。作为2006年入围首批国家级名录的非遗，龙舟说唱无疑是一个值得注目的个案。龙舟说唱被称为"龙舟歌"或"唱龙舟"，目前存活于佛山、东莞、广州等珠三角粤语方言区，其艺人数量、表演风格、活跃程度等因时因地而异，尤以佛山顺德的传承最为凸显，"一向以来，凡以演唱龙舟为生的，十有八九是顺德人，故行内公认以顺

---

[*] 原文刊于《文化遗产》2014年第2期。
[**] 谢中元，佛山科学技术学院岭南文化研究院副研究员。

德话为正宗"①。然而由于其方言障碍、底层气息以及流动特质所限，身为乡民小传统的龙舟说唱并未得到足够的学术观照，国内已有少量研究要么仅作基本介绍，要么只解析其唱词文本，忽略了它作为口头非遗的活态传承特性，其口头诗学价值和濒危趋向并未得到充分阐述。下文参照国外的帕里—洛德"口头程式诗学"以及鲍曼的表演理论并辅以田野调查法，对佛山濒危非遗龙舟说唱的活态传承机理与保护路径试作探讨。

一 口传身授：佛山龙舟说唱的传承方式

龙舟说唱一般有两种形式：一种是艺人个体挨家串户说唱吉利的祝颂词，博取住户打赏零钱和食物，与"莲花落""鲤鱼歌""喃银树"等沿门乞讨的"乞儿歌"相似。康保成先生曾认为，广东的龙舟歌是莲花落的一种，且源于沿门逐疫。②另一种是艺人个体或群体以短篇为主、以中长篇为辅的说唱表演，具有曲艺的舞台特征，有的甚至直接演变为粤剧的一种曲牌。艺人表演龙舟说唱以手持带有木雕小龙舟的长棍为标识，以敲击胸前所挂的小锣小鼓作为间歇吟诵的伴奏，以在村落乡间"祝颂"为主要功能；表现形式上，以七言粤语韵文为基本句式，四句一组，唱词浅白，内容从神话故事至时政生活无所不包，宜于叙事抒情；表演时声腔短促，高昂起伏，诙谐有趣，富于现场感染效果。就其本体而言，"龙舟是口语的作品，多数是写民间疾苦，生活琐事。这类唱书本来很多，可惜收进木刻本的却不多"③。作为粤语方言区的民间"小传统"，龙舟说唱及其传人在精英书写与经典叙述中一直缺席并失语。文献记载的阙如，导致产生了多种关于龙舟说唱来源的纷纭说法——"乾隆年间广东顺德县破落子弟所创、天地会为宣传革命所制、由南音发展而来、由弹词发展而来、源于木鱼"④，且至今未有确实定论。这意味着龙舟说

---

① 陈勇新：《龙舟歌》，广东人民出版社2005年版，第12—13页。
② 康保成：《"沿门逐疫"初探》，《戏剧文学》1990年第3期。
③ 符公望：《龙舟和南音》，载《方言文学》第一辑，香港新民主出版社1949年版。
④ 参见吴瑞卿《广府话说唱本木鱼书的研究》，博士学位论文，香港中文大学研究院中国语文学部，1989年。

唱与文人文艺不同,正是依靠"口传"的方式在地方社会代代延续。

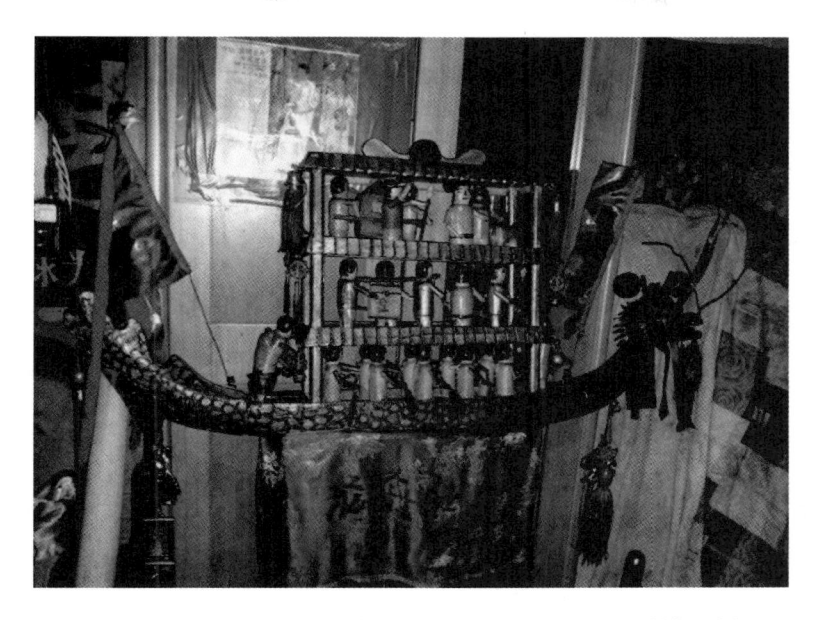

图1 龙舟说唱艺人刘仕泉家中珍藏的祖传木雕龙舟(谢中元摄)

所谓"口传",是指以传授者的口头讲授、承习者的耳朵承接共同完成,又称"口耳相传"。关于口头传统的传承过程与方式,哈佛大学学者阿尔伯特·贝茨·洛德的研究可提供有价值的启思。20世纪30年代和50年代,洛德与老师帕里专门到南斯拉夫地区对活态的口传文艺开展长期田野调查,所提出的口头程式理论揭示,不以书面材料为辅助的"口传"具有独特的传承机制、表达方式以及自身法则,即在传送环节中不立文字、不依文本,口头歌手不需要逐字逐句地记背文本。他们的依据是,在口头语境中表演与创作是同一时刻的两个方面,口头歌手以表演的形式来进行创作,既坚持从传统中传承而来的主题、类型、技巧、语言等,也根据现场的表演情境进行即兴的创作。当然"口头表演中的创作"是口头艺人臻于佳境的表演状态,表演和创作的同步进行要求口头传统的承习者强化记忆以便准确复述,并依靠记忆和重复掌握关键技术。正如美国传播学者沃尔特·翁所论,在口语文化里,记忆术和套语,使人们能够以有组织的方式构建知识。①

图 2　国家级传承人尤学尧生前应邀为村落乡亲
表演龙舟说唱（顺德非遗中心供图）

　　顺德已故和健在的龙舟说唱老艺人所受教育程度普遍不高，大多为小学及以下文化程度，处于文盲或半文盲状态，他们怎样才能抵达即兴编创的表演状态？洛德在南斯拉夫地区的田野调查可提供有价值的参考。他发现口头歌手学艺要经过三个阶段：第一阶段，聆听老艺人的演唱，熟悉并吸收口头诗歌的韵律、节奏、主题和内容等；第二阶段是学歌阶段，年轻的歌手必须学会足够的程式以演唱诗歌，这需要反复模仿、不断实践以及大量运用，从而在不知不觉中抵达融会贯通的状态；第三阶段是增加演唱篇目，提高演唱技巧，这个时候歌手开始进入咖啡馆、节日以及非正式的集会场合演唱，听众的要求使他不断积累、重新组合、反复修正口头诗歌的程式和主题，最终使他在传统中游刃有余。口头歌手成熟的标志在于，能驾驭程式化的技巧进行熟练的演唱，有足够的主题素材成竹在胸，能按照自己的意志扩充、缩小或重新创作

---

①　[美] 沃尔特·翁：《口语文化与书面文化——词语的技术化》，何道宽译，北京大学出版社 2008 年版，第 25 页。

他的歌。① "三阶段"说呈现了口头传承的表现形态，对"表演中的创作"机制给予有效解释。

借此观之，龙舟说唱的口传方式契合了洛德所提出的"三阶段"说。艺人学习龙舟说唱都是从聆听开始，通过长期的耳濡目染以及循序渐进的模仿构建记忆模式，并在传授者有意或无意的表演示范下反复自我纠正，渐渐达到"表演中的创作"佳境。两位已故的龙舟说唱国家级传承人尤学尧、伍于筹的从艺经历就是鲜活的例证。② 尤学尧十六七岁与龙舟说唱结缘，拜在老龙舟艺人尤镇发门下，每天帮着师傅挑行李，挨家挨户唱龙舟，在久而久之的聆听揣摩中掌握了说唱腔调和锣鼓技艺。伍于筹做过小生意，也当过鱼行师傅，他学唱龙舟并未正式拜师。据他回忆，在龙舟说唱的兴盛期，仅杏坛就有二十多个以唱龙舟为生的"龙舟公"，每遇年节喜庆、嫁娶乔迁等喜事，"龙舟公"就会被邀请唱曲助兴，"龙舟德""龙舟九"等一批"龙舟公"白天出外卖唱演出，晚上经常寄宿在伍于筹家里，伍于筹耳濡目染，再加上老艺人的指点，慢慢掌握了龙舟说唱的技巧。现为广东省级传承人的陈振球也自述没有正式拜师，他是用拉感情、套近乎的方式获取老艺人的信任，慢慢靠近"龙舟宁""龙舟迈""龙舟会""龙舟镇""龙舟崧"等老艺人，反复聆听他们的龙舟歌并暗自揣摩演练。如陈振球所言："你听得多，吸收得多，自然会唱。如果你听得不多，也唱得不多，唱起来就会是半桶水的状态。"③ 三位传承人的学艺经历表明，老艺人既不教唱龙舟歌，也不授予文字稿，没有简谱，只有音韵，学习者只能通过聆听、默记、说唱的长期训练才能达到圆熟程度。

由于文化程度不高的龙舟老艺人很难用书写方式记录龙舟唱词，而且不会轻易手把手传授用以讨赏谋生的说唱技艺，因此学艺者需要经历聆听、默记、说唱的长期过程，以自修自炼的方式达到熟能生巧的状态。

---

① ［美］阿尔伯特·贝茨·洛德：《故事的歌手》，尹虎彬译，中华书局2004年版，第28—35页。

② 参见蔡敏珊《顺德龙舟说唱艺人尤学尧、伍于筹：国家级非遗传承人》，《南方日报》2008年2月29日。

③ 陈志刚、陈晓勤：《陈振球：龙舟说唱有韵无谱，都是口耳相传》，《南方都市报》2012年11月8日。

**图3 国家级传承人伍于筹生前在首届杏坛镇龙舟说唱
大赛中获冠军（顺德非遗中心供图）**

其中聆听是源泉，是感知和学习的过程；默记是基础，旨在模仿和储藏；说唱则属于传播和传承的阶段。口头艺人经过三个阶段的聆听记忆、吸收消化、内化创造，在口头传承的实践中磨炼出自己的表演技艺，进而形成具有个人特色的表演风格。杰出的龙舟说唱艺人尽管不善文墨，不通书写，但都经历曲折，博闻强识，储歌丰富，能即兴说唱龙舟。由是可知，"口传"作为龙舟说唱的传承方式是毋庸置疑的。不过，对于口头非遗这样的传承特点，非遗研究者多以"口传心授"予以概纳。有论者认为："一般在使用'口传心授'这一说法时，常常主要说的是'口传'，强调的是其'口传'的含义。'心授'二字，在'口传心授'这一说法中实际已经虚化了。"口传心授中的心授"只是一个无法落实、没有多少实际意义的说法"①。也就是说承习者心智悟性的高低固然影响着他对说唱技艺的接受程度,但不能忽视的是,"口传"和"身授"在表演型非遗的实际传承过程中是融合在一起的。比如,龙舟说唱艺人表演时除了输出声音唱腔,还以"一龙两锣三条棍"为道具,以敲击锣鼓为辅助手段,表现为嘴、喉、手、眼等身体部位的综合性演绎。在表演中,"一龙"(木雕龙舟)只是艺人的身份标识;"两锣"(一锣一鼓)和"三条棍"(竹管、敲锣鼓小棒以及支撑木雕龙舟的龙舟棍)中的竹管、小棒则是辅助说唱的操演工具。对锣鼓敲击技艺的熟练与否,影响着学习者说唱水平的高低。

在龙舟说唱学艺者的习得过程中,老艺人的口头传授与身体示范相互配合与补充,共同发挥着传承说唱技艺的作用。受益于民间心照不宣的"口传身授"方法,龙舟说唱的传承谱系得以构织,其中以"师传"最为典型。在顺德杏坛镇北水村,老艺人何龄(1896年生)、尤庆崧(1914年生)、尤镇发(1925年生)、尤伟明(1928年生)、尤学尧(1937年生)等构成了一条清晰的师徒传承链;而已故国家级传承人伍于筹则拜师于"龙舟德"等艺人;现为广东省级传承人的陈振球(1941年生)则转益多师,先后承艺于尤镇发(杏坛北水人)、尤庆崧(杏坛北水人)、刘万奇(龙江官田人)、龙舟宁(顺德勒流)等艺人。此外"家传"也是不可忽视的一脉,杏坛吕地的龙舟艺人刘仕泉(1947年生)祖辈都以唱龙舟为生,他从其父刘万成(1902年生)、其祖父刘万奇(1850年生)等传承而来,成为刘家的第六代说唱传人。这些成熟艺人的技艺能力、表现水平决定着龙舟说唱的价值程度以及文化含量。得益于他们的传续接力,龙舟说唱才不至于断裂消亡,并一直存活至今。

二 "惯常"与"即时":佛山龙舟说唱的表演情境

与文字文本不同,口头传统还以在语境中的表演为存在形式。而语境包括文化语境和社会语境,并可细分为意义语境、风俗制度语境、交

---

① 海震:《论戏曲音乐传统传承方式——"口传心授"辨析》,《戏曲艺术》2012年第2期。

流系统语境、社会基础、个人语境、情境性语境等六个小层面。① 口头非遗的语境既能扩延到文化、社会、历史、国家和民族等宏大背景，也可缩微至表演行为发生的具体场景和时空。研究龙舟说唱之类的口头非遗，不能仅仅关注脱离了活态表演情境的歌本、刻本或者唱本，因为"被我们习惯性地视为口头传统素材的文本，仅仅只是对深度情境的人类行为单薄、部分的记录而已"②。表演情境是观照龙舟说唱的必要切入点。

图4　龙舟说唱的传承环境——顺德杏坛的逢简水乡村落（谢中元摄）

从宏大语境而言，龙舟说唱存活于"好歌"之风盛行的粤方言区。如屈大均所云："粤俗好歌，凡有吉庆，必唱歌以为欢乐"，"其歌也，辞不必全雅，平仄不必全叶，以俚言土音衬贴之，唱一句或延半刻，曼节长声，自回自复，不肯一往而尽，辞必极其艳，情必极其至，使人喜悦悲酸而不能已，此其为善之大端也"，"而风俗好歌，儿女子天机所触，虽未尝目接诗书，亦解白口唱和，自然合韵"③。粤地盛行的"好歌"风

---

① 杨利慧：《表演理论与叙事研究》，《民俗研究》2004年第1期。
② ［美］理查德·鲍曼：《作为表演的口头艺术》，杨利慧、安德明译，广西师范大学出版社2008年版，第103页。
③ （清）屈大均：《广东新语》（卷十二·诗语），中华书局1985年版，第358页。

俗为龙舟说唱的被认同与被传承营造了充盈的地方文化气息；而顺德水乡村落的人文地理作为与龙舟说唱关系最为密切的环境范围，是滋育龙舟说唱存活延续的"文化生态壁龛"①。龙舟说唱的主要存活区域——顺德杏坛地处西江下游，形似锦鲤鱼，古称锦鲤沙，四周环水，西江干流、东海水道、甘竹溪、顺德支流、容桂水道、一更涌等六道水道流经境域，致使各村落河涌贯穿，房舍集中，形成了一个由河涌、古桥、巷口、祠堂、榕树、集市等构织而成的水乡村落空间。再加上这里属亚热带季风气候，冬短夏长，春秋两季长短相当，温暖湿润，乡民户外活动时间长，易聚易散，为龙舟说唱艺人沿门说唱、登台表演提供了适宜的文化生态环境。

图5 龙舟说唱老艺人在村落榕树下集体表演（顺德非遗中心供图）

龙舟说唱本身属于活态的表演，其所依存的表演情境具有惯常性，而惯常性的表演情境正是表演的理想状态。这种理想状态表现为，由惯

---

① 参见高小康《文化生态壁龛：非遗保护的生态"红线"》，《中国文化报》2012年11月19日。

常的表演者，在惯常的时间地点，以惯常的表演方式，为惯常的听众表演。① 正因具有约定俗成、相对固定的表演时间，理想状态的表演情境一经形成便具有稳固性、规约性，牵引着口传艺人和听众自觉遵守并沿袭传统的表演习惯。杏坛镇北水村的何龄、尤庆嵩、尤镇发、尤伟明、尤学尧以及杏坛镇吕地村的刘奇、刘万成、刘仕泉等职业与半职业艺人是惯常的龙舟说唱表演者；年节祭仪、庙会庆典等水乡村落民俗时间是惯常的表演时间。说唱表演尤以正月初一至初七最为频密，从正月初一开始，龙舟艺人走街串巷，沿门说唱，祝颂讨赏，意为"贺正"，元宵节之后转淡，说唱进入消歇期。据陈振球回忆，20世纪70年代，大良、北滘、陈村、勒流和伦教等是比较兴旺的城镇和半城镇，家家户户都是平房，过年的时候家家户户敞开大门，每到一户献唱，户主会拿出元宝、蜡烛和香举行仪式。而过年以外的说唱表演时间一般是龙潭圩日、土地诞日等具有地方民俗意义的特殊时间，如杏坛镇苏马大队的马家每年八月初二会进行祭拜土地公的土地诞仪式，并邀请龙舟公说唱龙舟。② 显然，在地方社会约定俗成的龙舟说唱惯常表演时间具有特定的社会、文化和历史意义，不会被轻易干扰并更改。

　　龙舟说唱表演的惯常情境还意味着，龙舟说唱形成了标准化、程式化、结构性的表演体系。艺人表演时遵循传统既成的表演方式、主题、内容以及风格等，以契合粤语方言人群的接受习惯。比如，龙舟艺人经常肩扛木雕龙舟，手拎一锣，身缠一鼓，一边敲打一边唱"敲锣鼓，唱龙舟，唱首龙舟可解闷愁"，从而开始龙舟说唱的惯常性表演。此外，还随着表演空间的迁移形成惯常的表演体式。龙舟艺人沿门说唱讨赏，和在码头渡口、集市商铺等地方面对来去匆匆的人群表演，均以简短的说唱为主；而在村头树下、地堂茶楼、神坛社庙等地方面对歇息的受众，则可以进行中长篇故事的演绎。更为重要的是，龙舟说唱的表演对象为村落街巷的粤语乡民，龙舟艺人便以运用顺德方言俚语说唱为惯常的表

---

① 杨利慧：《从"自然语境"到"实际语境"——反思民俗学的田野作业追求》，《民俗研究》2006年第2期。
② 访谈时间：2013年10月18日上午，访谈人：谢中元，受访人：龙舟说唱广东省级传承人陈振球，访谈地点：顺德杏坛文化站二楼。

图 6　2006 年龙舟说唱老艺人在祖庙三月三民俗会表演龙舟说唱（顺德非遗中心供图）

演方式，塑造粤语听众的地方文化认同。在说唱表演中，艺人会运用非正式性的口语语句，使之符合乡村市井之中的娱乐需求。以极受欢迎的龙舟歌《新年祝愿》为例，该歌有句"只喺（是）寥寥无几，个个都已经上咗（了）七八十勾（岁）"，此句运用了"喺""咗""勾"三个俚语，以"勾"字最为特别。在顺德杏坛的语言惯习中"勾"兼具动词和

图 7　龙舟说唱广东省级传承人陈振球在说唱《水浒传》之《武松打虎》（谢中元摄）

名词属性，意为"岁"，代表年龄。虽然"勾"属于俚语中较为粗俗的部分，但并无贬义色彩。巧唱"勾"字，不但实现了押韵，也增添了诙谐色彩，容易引发粤语听众的笑声。

　　龙舟说唱的表演情境除了具有惯常性，还具备即时性。这意味着由表演时的时空、气氛、听众等元素构成的表演情境有动态生成的流动性特征，"口头传统的形式、功能和意义无法通过将他们视为静止的、与现实相剥离的文本而获得完全的理解；口头传统植根于生产与接受的过程当中"①。对龙舟艺人而言，需要在即时性情境中根据现场交流互动的活动主题、人数气氛、时间限度等因素即兴编创。陈振球等龙舟艺人的表演正是如此，每逢龙母诞，年轻人对龙母传说陌生而好奇，他们就说唱《龙颜如丽日，母泽似甘霖》，引导年青一代认知龙母传说；遇到土地神诞，则说唱《土地公旦（诞）好热闹》，唤起老一辈村民的怀旧共鸣；在村民集会之时，多说唱有警醒世人意义的故事，如将《聊斋志异》改编成《杜小雷》，通过儿媳妇刻薄婆婆而变成猪的故事来警醒世人尊老爱幼；而在宣传戒烟戒赌、破除迷信等政策的官方场合，则说唱《大闹烟

图8　龙舟艺人刘仕泉（右一）在表演龙舟说唱（谢中元摄）

---

①　[美] 理查德·鲍曼：《作为表演的口头艺术》，杨利慧、安德明译，广西师范大学出版社2008年版，第110页。

公》《正字龙舟大闹鸦片佬》规劝烟民戒烟，营造家庭和谐。

从根本上说，表演的即时性情境源于"影响诗歌形式的演唱的核心成分是听众的可变性和不确定性。听众的不确定性，要求歌手要有全神贯注的能力，以便使自己能够演唱；这也能考察出他的戏剧性的应变能力、能够抓住听众注意力的叙述技巧"①。听众的接受反应会即时传递给表演者，表演者同时根据听众的反应创造性利用自身储备的文化资源，即时调适说唱内容和风格，与现场听众形成双向的互动。据龙舟艺人叶潮回忆：龙舟说唱的题材和乐谱是恒定的，而歌词是即兴的。正月唱迎春花，"迎春花开放，又到了末年，大门柑橘摆放，多顺境，柑橘摆放，恭喜你发财又添丁……恭喜你子孙代代传"；店铺开张，商家卖什么就唱什么，卖衣唱衣，即兴编创内容；端午唱"一帆风顺，夺得锦标归"之类的吉祥话。② 在笔者所听的一次龙舟说唱表演中，艺人直接将"四"忽略，把"三""五"连接起来说唱，使歌词改成"龙舟到，到你门来，一添贵子二添财，三添福禄寿，五添状元来"，避免发生因"四（sei^3）"与"死（sei^2）"发音相近而引发的粤语听众的抵触情绪。

进而论之，一个成熟的龙舟艺人既能遵循惯常性情境，又能在即时性情境中根据听众的表情反应、掌声大小、喝彩程度等即时改变词语，拉长音调，或者转换韵脚。在即时语境中采取灵活的表演策略，意味着艺人不是要完成固态文本的单向输出，而是在互动的交流语境中促生表演的新生性特质。因此，在表演者与听众互动中即时生成的龙舟说唱本就没有权威的定本，每一次的龙舟说唱表演都是一个独一无二的表演事件。表演者在遵守惯常音韵的压力下甚至会违反逻辑、因韵造句。比如在龙舟歌《扬正气，促和谐》中，艺人为确保押韵，唱出了"要似雷锋、焦裕禄、孔繁森咁样谱写出密切联系群众，艰苦奋斗的英雄史诗"的生硬词句。临场即兴编创的不规则唱词，肯定会对听众的接受带来理解上的障碍。不过，"表演中的创作"作为口头非遗的表现方式，决定了龙舟

---

① ［美］阿尔伯特·贝茨·洛德：《故事的歌手》，尹虎彬译，中华书局2004年版，第22页。

② 肖楚熊：《龙舟说唱艺人——番禺"顺德公"叶潮的故事》，http：//gdssh.blog.163.com/blog/static/17568208020112298233367/。

说唱的特殊美学价值,所以不能从文本诗学的视角对龙舟说唱予以简单的否定性阐释。

三 程式化的声腔锣鼓:佛山龙舟说唱的生成依托

口头艺人的即兴编创能力是如何形成的?在洛德看来,歌手的记忆传统和表演创新相结合,形成了以重复的片语为恒定形态的程式,程式有助于对说唱长篇史诗的歌手快速进入创作的状态。龙舟说唱历来以短篇幅为主,与演唱长篇史诗相比,短歌说唱给艺人带来的即兴编创压力较小,艺人不必调遣大量程式化的片语,因此,龙舟说唱各类表演中的词语重复现象几无可见。洛德也指出,程式研究必须首先考虑到韵律和音乐,在表演中一个词从语音上预示着下一个词的出现,一个词组对于下一个将要出现的词语的暗示,不仅仅是由意义、意义出现的先后顺序,而且也是由声学价值所决定的。[①] 所以龙舟说唱艺人的即兴表演不以调遣片语为手段,而以声腔韵律的重复为主要生成技术。

龙舟说唱的常见唱腔包括虾喉、玉喉、猫喉、豆沙喉等,由于没有音乐伴奏、起板和过门,腔调为吟诵式,基本是循字取腔(俗称"问字攞腔"),节拍无严格限制。据龙舟艺人刘仕泉陈述,龙舟说唱的唱腔达到十一种之多,而他自己因为长期表演,所掌握的唱腔达到十三种,可以根据不同的场景随时运用。[②] 此外,龙舟歌的唱词以七言韵文为基本句式,四句一组,上句押韵自由,下句必须押韵,唱词可以突破七字句、十字句的限制;唱词之韵,可为 8 韵、16 韵甚至 36 韵,最常用的韵有"家头韵""多河韵""闲难韵"等,用韵可加可减。据此,龙舟艺人在学艺阶段经过听和学的反复训练,大量聆听说唱腔调并沉浸其中,从而对意义以及表达意义的词语的组合方式形成足够的听觉积累,并把对词

[①] [美]阿尔伯特·贝茨·洛德:《故事的歌手》,尹虎彬译,中华书局 2004 年版,第 42—44 页。

[②] 访谈时间:2013 年 10 月 18 日下午,访谈人:谢中元,受访人:龙舟说唱艺人刘仕泉,访谈地点:顺德杏坛文化站二楼。

语语音模式的习惯转化为对声音韵律的本能敏锐。所以龙舟说唱老艺人普遍认为，学徒只要专心聆听唱腔二至三个月并辅以基本的学习训练，就可以在头脑中形成龙舟说唱的节拍以及说唱模式，熟练把握住韵律与词语的关系。

由此，"程式本身并不太重要，对理解这种口头技巧来说，这种隐含的程式模式，以及依这些模式去遣词造句的能力，显得更为重要"[①]。艺人在头脑中形成龙舟歌的旋律、格律、句法以及声学上的模式，从而帮助自己即兴编创。以龙舟说唱的声韵构形进行分析，可予以印证。每一首龙舟歌的开始都是用"影头"或"影头音段"起韵，用在全篇的开头或每转一个韵的开始处。"影头"一般是由三个句子构成，第一句是三至五个字的仄声句，第二句是三至五个字的尖平句，第三句是七字或七字以上的沉平句。如陈振球表演的龙舟说唱《好人之星》"大家静，我开声，龙舟唱出鼓不停"，以及《龙颜如丽日，母泽似甘霖》"龙舟唱，锣鼓响，鼓声带来如意与吉祥"，就是这种"影头"模式的体现。如果将"影头"的句数增加至四句，就变成了"影头音段"，这样的话第一句是三字及以上的仄声句，第二句是三字及以上的沉平句或尖平句，第三句是仄声句，第四句是沉平句。比如，陈振球的《为桑麻人扶街欢庆八月初二土地旦（诞）而歌》"土地公旦（诞）好高兴，家家都将佳肴整，初二神社香火盛，香烛果品奉神明"，陈振球的《土地公旦（诞）好热闹》"今日是土地公旦（诞），做会的有二十多班，一早便商量各样的筹办，忙这忙那有得闲"，便是"影头音段"的声学构形。龙舟说唱的主体部分是"中间音段"，它由一句仄声句、尖平句、仄声句和沉平句组成，句子均为七字或以上，但段数往往没有限定。在龙舟艺人的即时编创过程中，"中间音段"每一句不管是平声还是仄声均保持押韵，以达到顺利生成句子、制造听觉美感的效果。正是因为熟悉了程式化的结构以及可以不断重复的韵律模式，成熟的艺人可以在表演中快速创作。

当然，不能忽视龙舟说唱的辅助工具"锣鼓"的声律功能，有龙舟艺人认为"锣鼓是龙舟说唱的灵魂，敲不好，没法体现龙舟的

[①] ［美］阿尔伯特·贝茨·洛德：《故事的歌手》，尹虎彬译，中华书局2004年版，第60页。

图9　龙舟说唱所用的锣鼓、小棍、碟（谢中元摄）

味道"①。龙舟艺人刘仕泉、陈振球等也在接受笔者的访谈中认为锣鼓敲击技法是艺人需要掌握的主要技艺。从形态上看，龙舟说唱表演所用的铜质小锣直径约15厘米，吊挂于艺人左手食指；小鼓为木边、牛皮面（双面），鼓高约3寸，直径约20厘米，鼓边设有小铁环并连接一根麻绳，挂于左手食指上；右手小鼓棒木质，长约15厘米，直径约1厘米。至为关键的是锣鼓敲击方法，小鼓棒先斜角敲击小锣，同时落点在鼓正面，也可直接敲击小鼓。龙舟艺人一般打的是一长三短鼓，五大一小锣；有单打、双打、短点、长点之分；以小锣小鼓作间歇伴奏，用它代替起板和过门，以帮助艺人赢得即兴编创的缓冲时间，显得声腔短促、高昂跌宕。龙舟艺人陈振球在给学员培训时传授过用"得（敲鼓边）、督（敲鼓）、撑（敲锣、鼓）"组合而成的锣鼓击法，提炼出"得督撑、得督撑督撑督撑、撑撑撑撑督撑督撑督撑撑"的基本鼓点。龙舟艺人刘仕泉也积累了锣鼓敲击的固定程式，在与笔者交流时他表演了乔巴鼓、威风锣鼓、醒狮鼓等鼓点，并强调把常见鼓点变幻组合可以达到复杂的效果。

那么，龙舟艺人在聆听唱腔的基础上，再经过锣鼓敲击训练获得与之相匹配的节奏感，从而将节奏和韵律内化到记忆当中，这样有助于进

---

① 林凤群：《看龙舟鼓，说龙舟曲——访龙舟说唱歌手陈石》，《中国文化报》2000年8月10日第8版。

入龙舟说唱的表演状态。对精于唱腔和锣鼓的老艺人而言，登台表演说唱一两个小时随意而轻松，因为他只需要根据不同的现场和主题说唱不同的祝颂词。所以，声腔锣鼓技法是艺人经过长期聆听、模仿、揣摩、表演实践后自觉形成的核心技艺，体现出口头非遗的表演性、规律性、程式性。当然，其程式本身是在传统的互动表演语境中积淀而成的，与听众所处的社会、文化、历史交流语境形成互文关系。如鲍曼所言，"在一个社会的交流体系的所有话语中，表演形式往往存在于那些最显著地文本化的、通常是集结成群的、可记忆的和可重复的形式当中。同样的，在一个社区的交流性的传统语料库当中，表演往往存在于那些被最为有意识地传统化的形式当中，也就是说它们被理解和建构为一个通过互文关系连接起来的更大的重复序列的一部分"①。龙舟说唱表演传统对于惯常粤语听众的长期浸润，使听众在聆听说唱的过程中形成了心理期待，而这种期待和龙舟说唱的形式内容又共同组构了表演传统的互文关系，并在代代传承中不断被重复延续。

四 佛山龙舟说唱的濒危趋向及其保护

龙舟说唱以口传身授为传承方式、以表演情境为依存场域、以声腔锣鼓程式为生成依托的传承特点，决定了它的活态传承具有变异、流动特性且是易趋于断裂的。就可见的现象而言，由于村落环境的改变，传统民居多为平房，大门敞开，有利于龙舟艺人逐户表演，而现在户户都是装有铁门铁栅栏的高楼，"你在下面唱，上面还是一无所知，不知道你在下面唱过龙舟，没有人会给龙舟公利是"②。龙舟说唱原生形态的单人沿门说唱趋于消失，而具有"文化展演"性质的表演成为龙舟说唱的存活方式。具体包括两种，一是在神社祭仪场域说唱龙舟歌，笔者在顺德杏坛调研时发现了《杏坛各村庄神坛社庙吉旦表》，表上所列的神社活动

---

① ［美］理查德·鲍曼：《作为表演的口头艺术》，杨利慧、安德明译，广西师范大学出版社2008年版，第78—79页。
② 陈晓勤、麦靖怡：《陈振球：龙舟说唱有韵无谱，都是口耳相传》，《南方都市报》2012年11月8日 B16—17版。

多达 111 个，贯穿了从正月初一至十二月底的一整年时间。陈振球等龙舟艺人会受邀或主动到这些在特定时间举办的以祭神为旨归的神社祭仪活动说唱龙舟；二是在娱乐舞台上进行纯粹的说唱表演，这类由官方、商家或者个人设立的表演舞台以娱人造乐为目的，艺人受邀参演多会被付以 200—1000 元的报酬。这两类表演契合了乡民受众的怀旧想象与认同心理，客观上有助于扩大龙舟说唱遗产的传播范围。

图 10　顺德杏坛镇麦村老人宴上的龙舟说唱表演（谢中元摄）

此外，自龙舟说唱 2006 年入围国家级非遗之后，顺德杏坛文化部门开办了"民俗民间艺术培训基地"，招募近 30 名学员开展龙舟说唱培训，并组织这批老学员编印了《龙舟说唱词集》；同时在麦村小学、杏坛中学选拔中小学生开展龙舟说唱培训。正因社会力量的介入，龙舟说唱从仅有两三个艺人的濒危险境进入"起死回生"的状态。经过办班教学和推广传播，龙舟说唱除了拥有技艺相对成熟的传承人陈振球、刘仕泉、陈广、梁桂芬等，也聚集了一批通过学习培训而掌握部分技艺的学习人员黎银凤、梁章来、梁群有、周途科、梁永昌等。随着非遗保护的逐渐深入以及龙舟艺人的集体助推，原本属于私人卖唱技艺的龙舟说唱开始转换为带有公共文化属性的非遗，并从艺人个体安身立命的依凭过渡为凝聚乡民社会认同的符号。虽然艺人也可以通过表演龙舟说唱获取酬劳，但已跟历史上沿门说唱讨赏的情形大不相同，艺人更多地以展演非遗的名义在各类空间表演说唱。省级传承人陈振球每次表演时都会挂出国家级非遗的宣传小旗及海报，以强化民众对"遗产"符号的认知。

图11　龙舟说唱省级传承人陈振球在龙潭"龙母诞"中表演龙舟说唱（谢中元摄）

佛山顺德杏坛的龙舟说唱传承与传播看似景象繁荣，但其背后的问题与危机不容忽视。可见的事实是，艺人老龄化现象十分突出，经济回报太少导致年轻传人难招；成熟艺人的人数不多且年龄均在60岁甚至70岁以上，"人亡艺绝"极易发生。更为隐秘的趋势在于，龙舟说唱艺人的技艺衰退不可逆转。由于龙舟说唱的活态传承特性，艺人的表演从未产生所谓权威、勘定的文字文本，其精华并不以"正确""优美"等为评判标准，而是呈现出"在表演中创作"的口头特质。但在当下的龙舟说唱传承中不仅出现了指导性的唱词歌本，而且老艺人的表演也多以背诵底稿的方式出现。笔者在访谈陈振球间隙临时邀请他即兴表演，他表示老艺人伍于筹、尤镇发就可以脱离任何稿本，即景生情，根据不同的时间、场合、受众以及环境进行"表演中的创作"，而且保持唱腔圆润、吐字流畅的风格。而他自称无法临场编创，只能提前创作并背诵底稿之后说唱。洛德曾指出，从口头创作到一种对固定文本的简单表演的过渡，从创作到重复制作的过渡,是口头传承可能死亡的最普遍的形式之一。① 从即兴编创的口头表演衰减为对文本唱词的复述背诵,将是龙舟说唱丧失口头魅力的根本原因。

龙舟说唱技艺的代际衰减还体现为复杂技艺的失传。据艺人刘仕泉陈述,其父"龙舟万"临终前口传"三点五环"技艺,希望下一辈掌握传承。"三点"指同时用左右脚底、膝头打钢锣,"五环"指右手指扎棍,打背后中鼓,左右五指分别夹碟、竹筒,尾二指挂两面钢锣、苏碟,食指挂一面小鼓,右手穿带钢铃、风铃配音,手脚全身齐动,以此表现令人惊叹的音声效果。但刘仕泉坦承无法领会父辈的复杂技法,最多只能在锣鼓的基础上用中指套竹管击打小碟,即便这样的技法在顺德也无第二人可以操演。②

龙舟说唱传承过程中的技艺遗失、特色打折已经渗透到最近的"社会传承"环节。在"杏坛民俗民间艺术培训基地"经过速成培训的老学员除了能够表演写定的个别唱本,大多缺乏歌词编创能力以及熟练的锣鼓技巧,而且在"申遗热"之后普遍热情冷却。而经过艺人指导的中小学生思维活跃,接受能力强,是传承龙舟说唱的好载体,但是他们除了参加有限的晚会和比赛,一旦学业转换,就会脱离杏坛水乡,不再参与说唱表演。如陈振球所言:"只是某些学校例如麦村小学等,就会有这种开设课程。就教会他们一首简单的歌曲,但也只是一首,其他就不会的了。学生学业比较紧,这些事情他们也不会紧张的。我也没有很多精力去抓紧他们每一个人,他们自己不重视,学校也不重视,当学完之后,学会了一两首,表演完就算了,就等于散水了。"③ 老龄学员和学生学员不能称为学理意义上的传承人,只能被定义为基于某种兴趣或目的而暂时参与其中的学习者。学习者在扩大非遗的传播半径、提升民众的认同指数上固然能起到良性的助推作用,但如果学习者没有通过持续性的习

---

① [美]阿尔伯特·贝茨·洛德:《故事的歌手》,尹虎彬译,中华书局2004年版,第187页。
② 访谈时间:2013年10月18日下午,访谈人:谢中元,受访人:龙舟说唱艺人刘仕泉,访谈地点:顺德杏坛文化站二楼。
③ 访谈时间:2013年10月18日中午,访谈人:谢中元,受访人:龙舟说唱广东省级传承人陈振球,访谈地点:顺德杏坛文化站二楼。

得训练变身为传承人，龙舟说唱仍然缺乏得力的传承主体。

最让人忧虑的是，水乡村落中的大量中青年人外出务工，导致整个受众环节发生了断裂。正如刘魁立所言："比传承人去世更关键的是听众的消失。与其说传承人代表了那个传统，不如说听众代表了那个传统。"①缺乏新生听众将是导致龙舟说唱濒危不可逆转的因素。如上迹象表明，传承人和受众是龙舟说唱得以活态传承的主要力量。调动保护主体的可持续性参与，激活传承主体的传承能力，唤起年轻受众的文化认同，就成为保护龙舟说唱的尝试性路径。

首先，保护主体的可持续性参与不可或缺。对龙舟说唱而言，政府、高校、媒体及社会团体等都是实际保护主体，在以往的保护实践中民间与官方保护主体的作用已经显现。杏坛镇行政权力的运用以及机构人员的主观重视，使得自生自灭的龙舟说唱传承人得以重新被认识，使他们从水乡村落的普通民众变身为享有荣誉的非遗传承人；陈勇新、任百强等地方研究者的阐说建言，让龙舟说唱脱离了无名状态，获得了被认同的文化身份；本地媒体的聚焦关注、宣介传播，让龙舟说唱被认可的进程加快，也使传承人的影响力有所提升。在"后申遗时期"，各方保护主体应继续发挥各自的行政、学术、舆论、资金等方面的优势，持续扶持、参与推进龙舟说唱及其传承人的保护。特别是要举荐技艺成熟、根基纯正的龙舟艺人（如刘仕泉、陈广等）进入传承人名录，避免发生"劣币驱逐良币"的现象，也可以启动龙舟说唱的"数字化保护"，采用数字采集、储存、处理、展示、传播等技术，将龙舟说唱转换、再现、复原成可共享、可再生的数字形态，并以新的视角加以解读，以新的方式加以保存，以新的需求加以利用。

其次，养护传承主体的身体生活尤须施行。龙舟说唱这种"活"的口头传统依托传承人载体，并以技艺、形象与声音为表现手段，在活态传承中极易式微消亡，传承人的"人亡艺绝"正是非遗保护中的常见悲剧。保护龙舟说唱的重点就在于，对龙舟说唱艺人尤其是对全能艺人、高才艺人、老龄艺人等重点传承人予以养护。这就需要以传承人为本位，通过关心传承人的生活，保养传承人的身体，保障他们的身体健康和寿

---

① 参见胡妍妍《民间文学的当代命运》，《人民日报》2013年8月16日第24版。

图 12　顺德杏坛镇麦村老人宴上女艺人的龙舟说唱表演（谢中元摄）

命延续，让他们的文化传承生命也得以有效延长。必要时可针对老弱多病、老无所依的传承人实施"温室型""圈养型"的静态养护，比如，把高龄艺人送至福利院，为其提供良好的医疗和生活条件，给予全方位的供养呵护；或者开辟绿色通道，定期供应衣食，发放生活补贴，提供医疗保险等；或者为失业的老艺人安排工作，提供住处，将其生活和医疗费用纳入财政预算，等等。总之，尽量解决传承人的后顾之忧，让传承人延长传承生命，是保护重点传承人的基本措施。

再次，激活龙舟说唱的造血式传承值得探索。在粤语方言区活态传承的龙舟说唱不能脱离水乡村落文化空间与生活场域，在此基础上探索"生产性保护"，旨在通过生产性措施将龙舟说唱转化为文化资源和效益。比如，依托逢简水乡的旅游景观，开展商业性的龙舟说唱表演活动；支持艺人开展龙舟说唱表演创新，将单人说唱改为双人对唱及群口齐唱，并尝试添加小乐队伴奏等，让它融入歌舞剧表演，使其实现新的空间转换；在大型文化演出和娱乐活动中邀请艺人参与，为其提供专门面向公众的表演机会；将艺人表演的龙舟说唱艺术契入传统节庆活动、群众文娱活动等，以此培育年轻听众的审美认同。也就是说，通过给艺人提供社会表达机会、经济增值渠道，扩大他们的民间影响和表演空间，让艺人在升腾的文化自信中自觉开展传承实践。

对保护主体的调动有赖于地方政府的顶层设计与机制筹划，非某个力量独立可为。而对非遗项目及传承人实施"静态养护",不仅需要地方魄力和财力的双重支撑,而且在不与他法配合的情况下极易陷入临终关怀的窠臼。激活龙舟说唱的自我造血式传承,让龙舟说唱从遗产转换为资源,从而探索适度的市场化、商业化,将是帮助艺人获取自信、自尊以及传承动力的必经之路。只有让龙舟说唱更好地融入生活、贴近需求、适应变化,才能赢得受众的认同以及社会的容纳。在这个利益博弈、话语交锋的时代,保护龙舟说唱注定是一场攻坚战!

国家话语与代表性传承人*的认定

——以满族说部为例**

高荷红***

摘　要：继20世纪50年代发起大规模的民族识别和民族社会历史调查，80年代完成"民族民间文艺十套艺术集成"的搜集工作后，21世纪以来对文化事业影响比较大的国家政策乃至世界性的大环境就是保护非物质文化遗产。在我国非遗文化保护下的四级传承人体系中，传承人在享有所给予的权利的同时，还要承担相应的责任和义务。能够获得国家级传承人的称号首先需要得到文化部国家层面、专家学者的认同，而这一切对该民族的民族认同、民族感情的凝聚意义重大。本文意以国家级非遗代表性项目满族说部代表性传承人富育光的个人经历，来解读非遗与传承人保护过程中国家话语与非遗传承人之间的博弈。

关键词：国家级传承人；非物质文化遗产；满族说部

从全国范围来看，20世纪对民间文化有组织有领导的大规模调查有两次，第一次是1955—1962年间进行的民族识别，对各少数民族的民间文化做了全面详尽的调查；第二次是自1979年起由文化部、国家民委、中国文联及相关艺术家协会联合开展的"民族民间文艺十套集成"志书

---

*　全称应为国家级非物质文化遗产代表性项目代表性传承人，下文简称代表性传承人或传承人。

**　原文刊于《民族文学研究》2015年第4期，有改动。

***　高荷红，中国社会科学院民族文学研究所研究员。

的编撰、普查及研究工作。"十套集成"涵盖了戏曲、民间音乐、民间舞蹈、曲艺、民间文学 5 个艺术门类的 10 个领域，搜集的各类资料极其丰富。① 非物质文化遗产普查是 21 世纪之初进行的一次大规模的文化普查，是掌握全国及各地区非物质文化遗产蕴藏状况和了解民情民心的重要手段。

在非物质文化遗产大规模普查之后，文化部已公布了四批国家级非物质文化遗产代表性名录，名录公布后还公布了享有该文化遗产项目的代表性传承人。2006 年，第一批国家级非物质文化遗产名录为 518 项，2007 年，第一批非物质文化遗产国家级传承人名录为 224 名（民间文学、杂技与竞技、民间美术、传统手工技艺、传统医药）②。实际上，并非每一项名录都有相对应的遗产传承人，以民间文学为例，第一批、第三批、第四批民间文学都为 31 项，而国家级传承人为 32 人、25 人、20 人。

无论是非物质文化遗产项目的申报还是国家级传承人的申报都不是简单的过程，一般都是由文化部门组织相关人员进行申报，项目的申报包括七个部分。国家级传承人的申报需要由传承人填写的项目包括：个人简历；传承谱系；学习与实践经历；技艺特点；个人成就；授徒传艺情况；参与社会公益性活动情况（展演、宣传、讲座等）；持有该项目的相关实物、资料情况；为该项目的保护传承所做的其他贡献等方面内容。而选择哪个项目、哪位传承人进行申报多半由当地文化部门决定。从申报到得以获批需要漫长的等待。第一批国家级传承人的获批就经过了从地方到国家多个部门的工作，"首先是各地积极组织申报工作，认真准备申报材料；其次是在个人申请、当地文化行政部门审核、省级文化行政部门审核评议推荐的基础上，按照国家级非物质文化遗产项目代表性传承人评审工作规则和《文化部办公厅关于推荐国家级非物质文化遗产项目代表性传承人的通知》（办社图函〔2007〕111 号）要求，文化部组织有关专家对全国 31 个省、自治区、直辖市及相关部门推荐申报的十大

---

① 中国艺术研究院中国非物质文化遗产保护中心编：《中国非物质文化遗产普查手册》，文化艺术出版社 2007 年版，第 6 页。

② 国家级非物质文化遗产代表性项目代表性传承人第二批、第三批、第四批分别发布于 2008 年、2009 年、2012 年。

类，共 1138 名国家级非物质文化遗产项目代表性传承人的材料，分门别类逐项进行审议；再次，专家评审会和评审委员会根据其掌握技能情况、代表性、传承能力等进行认真评审和科学认定"①。通过两轮评审，某一国家级代表性遗产项目代表性传承人推荐名单才得以产生。

无疑，无论是确定"非遗"的项目还是传承人，专家委员会都具有最终话语权，专家委员会成员由文化部、财政部和国家民委、中国文联等有关部委各学科专家组成。这些来自主流意识形态和学术界的专家掌握了话语权，而传统文化及其承载者，则成了有待官僚机构和学术界评估、认可和命名的对象。在实际工作中，根据规定的申报程序，从最基本的申报开始，很多文化的承载者就没有发言权。

目前，"非遗"代表性名录和传承人体系都有国家和省、市、县四级，国家级为最高级别。作为非物质文化遗产代表性项目的代表性传承人，应当符合下列条件：熟练掌握其传承的非物质文化遗产；在特定领域内具有代表性，并在一定区域内具有较大影响；积极开展传承活动。②同时，还应当履行下列义务：开展传承活动，培养后继人才；妥善保存相关的实物、资料；配合文化主管部门和其他有关部门进行非物质文化遗产调查；参与非物质文化遗产公益性宣传。③ 正如很多学者探讨过的，选择评判的权利在各级文化机构官方和各级专家委员会。"非遗"代表性传承人的不同批次、不同级别，意味着传承人之间等级的差异。同时，官方认定的传承人由于其官方渠道而被赋予合法的权威性，也影响了外界对于传承人地位、技艺水平的判断。然而，不可否认的是，无论是"非遗"项目还是代表性传承人的申报、评审以及纳入名录体系，都是各方利益博弈的结果。官方的认定与民间的认同，往往存在一定差异。由于官方认定制度的介入，官方指定的传承人与其他具有丰富民俗生活体验、未被官方认定的传承人之间，不仅构成了相互竞争的态势，对"非遗"的传承发展产生了积极的影响，同时也改变了"非遗"传承人之间

---

① 《文化部办公厅关于公示第一批国家级非物质文化遗产项目代表性传承人推荐名单的公告》，http://www.gov.cn/zwgk/2007-05/23/content_623301.htm。
② 《非遗法》第二十九条，http://wenku.baidu.com/view/6afa4407cc17552707220802.html。
③ 《非遗法》第三十一条，http://wenku.baidu.com/view/6afa4407cc17552707220802.html。

的人际关系生态。①

一　非遗项目传承人：从省级到国家级

非遗传承人是非物质文化遗产传承中至关重要的因素。有的项目因人而设，自然会出现人亡歌歇的状况，文化部门较为看重这类传承人的保护。在四级传承人体系中，无论是县市还是省级都需要省内专家的评定。国家级代表性传承人的推荐程序要复杂一些。推荐表需要推荐省组织专家评审委员会的评议，一般而言，被推荐人应为省级传承人，选择谁为省级传承人完全由当地文化主管部门确定。满族说部省级传承人有9位，其中有傅英仁、马亚川、关墨卿、富育光、孟阳、赵东升、何世环等。在申报第一批满族说部国家级传承人时，吉林省文化厅选择了富育光和赵东升。但二人一个为萨满教专家广为人知，一个是连中医资格都未通过。时隔五年，在推荐第四批国家级传承人时，吉林省文化厅仅选择了富育光，最后得到文化部的认同。可以想见，另一位传承人在文化部门的决策下与国家级传承人失之交臂，也许会产生心理上的不平衡，影响对传承人职责的履行。赫哲族伊玛堪传承人吴明新、吴宝臣在黑龙江省文化部门的力推下，2008年成为第一批国家级传承人。但令人遗憾的是，非常优秀的民间文化传承人因各种原因仍然为省级："锡伯族长篇叙事"代表性传承人何钧佑于公示期间过世；因所传承的项目为市级或省级，该项目传承人即使再优秀也无法位列其中；有的因不关心文化部门的相关信息而痛失良机；更遗憾的现实是因文化部门的权衡而与之失之交臂等。

代表性传承人的四级制人为地将传承人分出几等，某种程度上刺激了传承人的积极性，也留给了他们向更上一级争取的积极性。如市级传承人希望能有机会成为省级传承人，那么重要的一点就是很好地履行传承人的职责，能够"开展传承活动，培养后继人才"，如果他们做得好，使得传承谱系清晰化、年轻化，能够推动该项遗产进入省级名录，他们

---

① 刘晓春：《非物质文化遗产传承人的若干理论与实践问题》，《思想战线》2012年第6期。

就有可能成为省级传承人。而操作过程中也容易出现意料之外的情况，以黑龙江省齐齐哈尔市"富裕三家子满语"为例，2008年4月，该项目被纳入齐齐哈尔市第一批非物质文化遗产名录；2010年，富裕县人民政府向16位资深的满族语言文化传承人颁发了证书，每人每月给予200元的奖励；2013年，由该项目衍生的"三家子用满语讲民间故事"通过专家评审成为省级项目，省级传承人却另有其人。由此对三家子的16位满语传承人产生了巨大冲击。这种制度，"改变了传承人之间的人际关系生态，既具有其积极作用，也具有负面影响，主要表现在官方认定制度挫败了非官方传承人传承'非遗'的积极性"[①]。

传承人具有极大的带动意义，因为国家会给予一定的经济补偿。级别越高、声望越高，经济补偿也越高，《中华人民共和国非物质文化遗产法》规定了传承人若不能履行相应的传承义务或丧失传承能力，可取消其代表性传承人资格，或重新认定该项目的代表性传承人，这样对省市一级的传承人就有一定的促进作用。如赫哲族伊玛堪目前有4名省级传承人，2名国家级传承人，省级传承人学习传承伊玛堪的热情就非常高。当然，对有的传承人来说，他们更在意的是这一名号带来的意义。如富育光认为满族说部能有国家级传承人是国家对这一民间文学类别的肯定，对继续传承满族说部有着非凡的意义，也对民族认同有着重要的作用。

二 图表解读：满族说部代表性传承人富育光

满族说部代表性传承人分为省级和国家级，省级传承人主要分布在黑龙江、吉林两省，每年由吉林省文化厅负责保护事宜，国家级传承人仅有富育光一人。富育光一共掌握20余部满族说部，家传的有《萨大人传》《飞啸三巧传奇》《东海沉冤录》《苏木妈妈》《扎呼泰妈妈》；由他人说唱，富希陆记录、整理的有《天宫大战》《恩切布库》《雪妃娘娘和包鲁嘎汗》《西林安班玛发》《奥克敦妈妈》，这些都先后传

---

① 刘晓春：《非物质文化遗产传承人的若干理论与实践问题》，《思想战线》2012年第6期。

给了富育光;① 富育光本人搜集多部，如《乌布西奔妈妈》《鳌拜巴图鲁》《两世罕王传·王杲传》《忠烈罕王遗事》《傅恒大学士与窦尔敦》《松水凤楼传》《黑水英豪传》《雪山罕王传》《金兀术传奇》《萨哈连船王》等。

经过审慎斟酌，富育光填报的推荐表很具说服力。他多年从事满族民间文化调查研究、萨满教研究，乃个中翘楚；他熟悉非物质文化遗产政策，知晓如何填写才符合要求。作为申请成功的个案，我们尝试一一来解读该表内容。

"传承谱系"中概要地介绍了三百多年来富察氏六部说部的传承脉络，其中重点为《萨大人传》：

> 我姓满族富察氏，正黄旗，祖上康熙二十二年（1682）奉旨由宁古塔（今宁安市）北戍瑷辉，传至我辈十四代，三百二十九年。曾祖发福凌阿咸丰朝侍卫；太爷伊郎阿清同治、光绪两朝瑷珲副都统衙门委哨官，通晓俄罗斯及北方民族方言土语，大半生从事边疆要务。1900年庚子，在大岭与凤翔将军抗俄殉难有功晋三品衔，长子德连世袭拨什库（《瑷珲县志》有载）。我家至今老辈人晓说满语、供祭家传满文谱牒、沿袭续谱祭祖古礼。阖族不忘祖德，"每岁春秋，恭听祖宗乌勒本，勿堕锐志"，缅怀本家族著名抗俄将领萨布素老英雄。凡婚嫁、丧葬、祭礼毕之余兴，必由族中长者或萨满述说开拓北疆之艰，颂唱富察氏家书《萨大人传》，激励儿孙，遂成传统。解放后，传讲说部之习不改。我族传承谱系是：
>
> 传讲《萨大人传》三百年，首创自康熙五十年三代祖果拉查；四代祖嘎哈延请萨布素后裔并京中族瑞再修《萨大人传》；六代祖达期哈增修订稿《萨大人传》，传藏世代长子袭；八代与九代阙失；十代祖发福凌阿倡讲《萨大人传》；十一代太爷依郎阿承袭《萨大人

---

① 富育光对《萨大人传》和《雪妃娘娘和包鲁嘎汗》还进行了有意识的后续调查和搜集。富育光搜集的《七彩神火》中有赵法师讲述的关于康熙东巡时的故事，与萨布素也有一点关系，后来他将这三篇故事加入其讲述的《萨大人传》中（见《萨大人传》，第631—636页）。1983年，富育光又到爱辉镇西岗子村，听叶福昌讲萨布素传奇故事，他认为这是富察氏家族的传本，叶福昌老人讲的是雅克萨战争中萨布素的英勇表现。

传》及传讲《雪山罕王传》《傅恒大学士与窦尔敦》等；十二代祖父富察德连承袭《萨大人传》及《雪山罕王传》《傅恒大学士与窦尔敦》等；祖母郭霍洛美容，出身于满洲齐齐哈尔郭氏名门，通晓女红书文，擅长歌舞，在娘家带来《飞啸三巧传奇》《东海沉冤录》《雪妃娘娘与包鲁嘎汗》等满族说部。十三代家父富希陆承袭《萨大人传》与其父富察德连和其母口传之全部遗产；二姑及二姑父张石头，性格开朗口才好，在我祖母影响下，也擅长讲唱说部。我父富希陆先生能记忆祖传许多篇说部，与我二姑父与他常在一起切磋和协助追忆说部有很大关系。十四代传人长子富育光，另三子富亚光、张石头长女表姐张月娥（现年82岁）和小儿子张胜利。我因在长春工作，亚光弟与他们来往密切。父富希陆先生身体很好，1977年冬突染病，自知年寿不永，函召我们返里，病中常为家传说部未能吐尽而慨叹。1980年春病笃，我与世光弟速归，病中老人口述《萨大人传》，殷嘱光大之，呕心践之。5月病逝，享年六十九。

我们看到，满族说部传承脉络非常清晰，某种意义上是调查者有意为之的。富育光先后写了多篇文章，如"满族说部调查（一）（二）""满族传统说部《松水凤楼传》的流传与采录""满族说部的传承与采录——《鳌拜巴图鲁》、《傅恒大学士与窦尔敦》、《扎忽泰妈妈》"。跟富育光有关的说部，几乎每一部都附有他撰写的传承与采录情况。

富育光曾充满感情地讲述了幼时的"学习及实践经历"，尤其是"乌勒本"的学习和实践。他特别说明，"乌勒本"与满族说部之间是有异有同的：①

> 我从小在奶奶、父母和族中长辈膝前长大，直到二十二岁考入大学，才远离开黑龙江畔大五家子故乡。那里地处边陲，保持着满族人固有的语言和习俗。想当年最诱人的盛举，就是聆听妈妈、玛发、萨满和族中推选的师傅们讲唱说部"乌勒本"，沁人肺腑，听也听不够。我就是在那温馨、古朴的氛围中被熏陶，度过难忘的少年

---

① 其异同详见高荷红《满族说部传承研究》，中国社会科学出版社2011年版，第20页。

和青年时代。我受长辈影响，非常尊敬为家族讲唱说部的人，把他们看成圣人，跟随学说学唱"乌勒本"。那时，只要尽心，机会很多。因为家族隔三岔五就有盛会，不仅阖族乐聚，就连附近的鄂伦春、达斡尔、汉族叔叔大爷们，都划船、骑马赶来，热闹异常。凡有此事，我都在奶奶怀里专心默记古歌古词。我打小聪明伶俐，痴迷学习，总像个小大人一样努力仿效，学说"乌勒本"，晚上睡觉奶奶从我衣裳里掏出不少提示助记用的小石子，备受奶奶、爸爸的慰藉和宠爱。又因为我从小在奶奶身边长大，对我影响甚大。我非常崇拜奶奶，她是全家族德高望重的满族说部"乌勒本"传人。她每逢说唱说部，总喜欢我在身边。奶奶出身名门，记忆力和口才好，能歌善舞，从她娘家带过来几部满族说部。我父亲富希陆先生，从小受她教育，不图官宦，安守农村，用满文为同族写谱书和萨满神本、讲唱"乌勒本"。她的二女婿，即我的二姑父张石头，在她培养下也是"乌勒本"说部传人，在瑷珲和孙吴两县颇有名气。我就是在这样家庭中成长起来，从小会说《音姜萨满》和《萨大人传》说部段子，受到本族二叔和叔叔们夸奖。在逢年过节的风雪天，跟随过大人们坐上大马爬犁去外屯说唱说部。1946年春至1947年春，我在去黑河中学读书离开故乡前，在大五家子、小五家子、蓝旗沟、下马厂村屯，都参与过族内或族外的年节歌会，讲唱满族说部各种段子。我学会压场子、转调、单挑儿，被公认是族中擅讲满族"乌勒本"的"小涉夫"（小师傅），成为其中一员，直到1950年我在黑河完小当教员后，族里每有重大活动还找我回去一块说满族说部。我热心于满族说部，是牢记奶奶曾说的："学说乌勒本，要有金子一样的嘴，有一颗爱族的心。"我暗下决心，像父辈一样，献身于民族文化中去。1954年秋，蒙全村推荐，送我调干考大学，得到所在单位黑河专员公署总工会党委特批。天遂人愿，我没有给故乡丢脸，考上了东北人民大学，毕业后按我的志愿从事民族文化抢救大业。童年时代的影响，青年时代的训诲，多少慈祥可敬的面孔和声音，朝夕鞭策我，不可偷闲地去为传承民族文化苦斗。往昔经历给我打下刻骨记忆。所以，在我投身于中国民族学研究中，总是向组织向同人大声疾呼，不懈努力，把我从童年时候就积聚起来的中国北方生存记忆史，全部口述出来，记录下来。欣逢盛世，为我开拓了坦平大道，三十多年来我风雨无阻地一直向前走着。

最引人瞩目的是富育光填写的"满族说部"的技艺特点部分：

满族说部是满族先民世代生存记忆的口述史，是对先贤和氏族英雄的礼赞，不同一般讲"朱奔"（瞎话古曲），崇高而神圣。其传承特征，正如《太平御览》称：满族自古"无文墨，以语言为约"，代代口耳相传。我从小学说说部，熟知三大技法："布亚昂卡"（小口）、"安巴昂卡"（大口）、"它莫突"（记忆符号）。我在长辈教育和影响下，七岁乍学唱说部时，就是先跟大人说唱学说"小口"的说部"引子"（雅鲁顺）或小段《尼姜萨玛》等练嘴巴。及长，在奶奶和父亲诱导下，学说"大口"，即"放说"《萨大人传》《雪妃娘娘和包鲁嘎汗》等长篇说部，我学说之初深切体会，满族说部是祖上留传下来教育儿孙的百科全书，洋洋大观，有的能说上数月，必须有驾驭能耐。这就全靠助记物，俗称"它莫突"。父亲教我密窍："学说或记忆说部，万变不离其宗，一定牢记'抓骨、入心、葡萄蔓'。"抓骨，就是要理解和驾驭说部核心要点，关乎壮胆、成功与失败。每部虽皆庞然可畏，但其内核却如同一条长龙，有一根脊梁骨通贯全身，由它再统揽头、肋骨和四肢，内容自然就会摆弄清楚。讲起说部来，犹如大元帅稳坐中军帐，不乱不慌，谈吐若定。入心，关乎全局效果，讲唱说部必须全神贯注，身心投入，才会激发生成喜怒哀乐忧恐惊，自发调动起滔滔记忆和表演才华，狠抓住听众的心。所说"葡萄蔓"，系对"抓骨、入心"密窍记忆法的高超总结。记忆或讲述长篇说部，如同吃吐大串葡萄，总蔓是全故事，蔓上每一挂葡萄都是全故事的分支细节，一定掌握好各环节和分寸。由总蔓切入吃吐，进入葡萄挂中一粒一粒地吃吐，吃吐一挂再吃吐一挂，循序渐进，环环紧扣地吃吐完毕。说部强调说唱结合，以说为主，古有蛇、鸟、鱼、狍皮蒙成之花鼓、扎板、口弦（给督罕）伴奏，佐以堆石、结绳、积木等法助记。记得先父曾讲过奶奶留下的一首摆弄嫩江宝石就能说"乌勒本"的口诀："紫纹龙鳞奇石块，红黑黄白模样怪,嬉笑怒骂全都有,外加条穗一大串。"父亲戏称"石头书"。我富察氏家族,清代有满文《萨大人传》文本,一直传藏到民国时代。后来,多次撰写过有汉文的大小满族说部手抄传本。①

我至今能熟记众多长篇说部,因我从小说满语,考入大学后又攻读满文。说唱"密窍"除父亲传之外,本人多年来独立创造出绘图制表法和卡片襄助记忆,即可见图悟出,说写自如。

三大技法指"布亚昂卡"(小口)、"安巴昂卡"(大口)、"它莫突"(记忆符号),这是学艺的渐进过程;"抓骨、入心、葡萄蔓"是记忆满族说部极为重要的记忆方法;"乌勒本"的口诀"紫纹龙鳞奇石块,红黑黄白模样怪,嬉笑怒骂全都有,外加条穗一大串"则是助记手段。这些方法是富育光祖辈传承的精华,跟口头诗学中艺人的学艺过程相似,也从另一方面佐证了富育光何以能将篇幅如此宏大的说部讲述记录传承下来的原因。当然,富育光体悟出的"绘图制表法和卡片襄助记忆"成效更大,笔者在富育光处看到几乎每一部说部都有这样的表和卡片。

作为代表性传承人,富育光需要履行相应的义务:开展传承活动,培养后继人才。作为省级传承人时,他已自觉地考虑收徒传承。成为国家级传承人之后,富育光的收徒意识更为强烈。

2007年,我回黑龙江省黑河市故乡拜访族人,述说祖传说部已被国务院批准为第一批国家级非物质文化遗产名录的福音,叩拜族谱与祖坟,不辜负国家的关怀和期望,做好传承与保护,在四嘉子村,与胞弟富亚光阖家商议,因我月娥表姐和我们兄弟年事已高,本家族说部《萨大人传》等的传承,交由亚光弟第二子富利民承继,为第十五代传承人,他聪明好学,有弘扬本民族文化的热情和责任心。

富利民侄儿是我的第一传人,除此,在北京、吉林又培养了说部传人。

---

① 富育光申报第四批非物质文化遗产国家级传承人时使用的文档,2013年1月28日笔者在长春其家中——拍照记录。

因为家庭生计问题，虽然富利民很希望传承该说部，但目前未能传承下来。

而家族外对此感兴趣的还有：

> 宋熙东，36 岁，满族正白旗，北京市个体满族歌唱家。他通晓满语，2001 年初以来，背着乐器和行囊，长期深入北京、辽宁、吉林、黑龙江省满族聚居地区考察满族古文化遗存，记录民间满语和满族古歌古谣，颇有成就和影响。2007 年 3 月，闻悉我在做满族家传说部的调查和录音后，他来我家，看到许多遗存文物和满文资料，决意拜我为师，学唱满族说部《萨大人传》，传讲满族说部《萨大人传》，是我的满族说部的传人。为使其讲唱满语更准确，我引荐他从 2001 年以来几次赴黑龙江省孙吴县四季屯村，向我儿时的故乡长辈、我尊称何世环奶奶学习，她现已 83 岁高龄，仍在说流畅的满语口语，是故乡中能说满语的寥寥少数几位长老。熙东就住她家，像亲孙子一样，学满语和学唱讲述满族说部。现在他能用满语讲唱大段《萨大人传》，多次在北京、长春、哈尔滨、内蒙古等地讲唱，获得好评。

宋熙东跟随富育光学习《萨大人传》一些篇幅段落，经过努力练习背诵，后来得以在很多大小场合为专家展示过。

富育光另外还收了两个徒弟，主要从音乐方面着手：

> 2008 年 6 月，收何新生父子为徒，何新生，62 岁，满族正蓝旗，吉林市满族博物馆副馆长，著名满族音乐家；何新生子何钧宇，32 岁，吉林市歌舞剧团作曲家。他们父子与我，将满族古老的说部讲唱曲调和定场歌（雅鲁顺）恢复过来，利用吉林市满族博物馆为基地，在市文化局领导大力支持下，从 2010 年以来组织全馆举办"满族乌勒本演出展示会"，为了宣传和活态传承与保护，民间艺术家和学生讲述和演唱满族说部《萨大人传》《雪妃娘娘与包鲁嘎汗》等选段，受到热烈称赞和好评。在我们共同努力下，一直坚持至今，成为该展馆保留节目。在吉林市影响下，伊通满族自治县满族艺术剧

团,亦增设讲唱满族说部节目,生动活泼,倍增该团的知名度。

2017 年,在黑龙江省黑河市四嘉子家中老宅,富育光举行了正式收徒仪式,徒弟四名,即富利民、王文忠、宋熙东、安紫波。

我们看到整个申报表逻辑清晰,理论性很强,传承谱系梳理得很清晰,[①] 尤其是便于记忆的口诀和技艺特点的总结更与学界口头程式理论相契合。这与富育光一直致力于满族文化的搜集、整理、研究、推广,有较强的学习意识和与学者间的互动沟通能力关系密切。

三 辐射圈:传承人的影响

值得思考的问题是为何富育光执着于成为国家级传承人。作为耄耋老人,他声望高、荣誉多、著作等身,对他而言,国家级传承人每年的经济补偿应不是他考虑的主要因素,那么究竟为何呢?经过与他的沟通交流我认为,他的终极目标就是能够成为满族民间文化代言人,通过掌握巨大的话语权使得满族说部文本经典化。通过多年的辛勤耕耘,他已成为满族民族文化符号的象征。目前看,富育光为满族说部之贡献或称之为影响有以下几个方面。

(一) 回归传统

相较于几千万的满族普通民众,满族及其先民留下来 40 余部的说部逾千万字,但仅在东北三省、河北省几个县乡个别村屯内流传传承,掌握该传统的是极少数的民众。近年来随着满族说部的集中出版、学者调查研究的深入,满族民众开始恢复对满族语言的热情,对满族说部的认同感逐渐加强。黑龙江省黑河市红色边疆农场即富育光儿时生活之地大五家子,该地将满语作为民间交流语言的仅有一、两位老人,他们能够讲述个别单词。富育光近年来多次回大五家子调研,与民众交流。在此影响下,2013 年,笔者到大五家子调研时发现,当地 50 岁以上老人见面时习惯用满语彼此交流,满语单词的恢复和满语的学习已经成为他们日

[①] 据富育光本人所述,这是他依据刘魁立、刘锡城先生的建议而形成的总结。

常交流活动,他们时常聚在一起用满语讲述现在和过去的生活。2007年,笔者到辽宁新宾等地调查时,无人知晓①满族说部、"乌勒本"等词;2014年,当其他学者再次调查时,传承人有意识地将满族说部、乌勒本纳入当地民间文学的类别之中。②

满语原为满族说部传承的主要媒介,现在民众有意识地恢复在某种意义上也是对满族文化传统的回归。

(二) 获得学术界的尊重和认同

多年来坚持不懈地行走在满族乡屯中,富育光充分了解并掌握了满族说部在民间的蕴藏分布图。在搜集保留了大量的满族说部文本的基础上,他积极协力推进了满族说部进入第一批国家级非物质文化遗产名录。在满族说部文本出版之前,他撰写多篇论文界定满族说部、乌勒本的概念,构建其学术体系,勾勒每一部文本的传承脉络。而学者对满族说部、乌勒本的认知都不可避免深受其文之影响,遵从其对满族说部和乌勒本的概念和解读;对其人的访谈内容也成为诸多学者撰文之依据。在成为国家级传承人之后,富育光本人依旧奔走在满族聚居地,对满族说部的传承投入了更多精力。

(三) 依靠新媒介传播方式

满族说部传承人有文化、擅书写,能够将满族说部世代传承下去,关键在于其家族对文化素质的重视。当然,听众的存在和支持也非常重要,如果没有满族民众对长篇说部的喜闻乐听,就没有满族说部长期流传的沃土。进入21世纪,在依托传统的基础上,新型媒介使满族说部的传播超越了乡土社会。

何新生利用工作之便,以吉林市满族博物馆《吉林满族陈列》展览为载体,在各个展厅中,借助于版面、人物雕塑及展品,在原展线、原

---

① 笔者2007年在新宾对部分地方文化人的调查所得。
② 中国社会科学院博士研究生刘先福在新宾调查查树元(努尔哈赤传说故事的传承人)时,查树元称自己为乌勒本的传承人,而在2007年笔者的调查过程中,他及其他地方文化人对吉林说部集成委员会的调查还是一头雾水,仅将乌勒本等同为当地的"讲古趣儿"。

解说词中融入相关的满族说部段子进行常态化的不同形式演讲,① 该形式对满族说部常态化传承及扩大在民众中的影响有一定的积极意义。

满族说部走入学校将其活态传承与校园文化相结合,使学生这一群体成为潜在传承人。吉林电子信息职业技术学院以《尼山萨满》为例,开展了满族说部活态传承的尝试。②

年轻人使用电子媒介加以传承,"满语、满文、汉文、印刷文本,更为丰富的电子媒介,还有其他方式都会促进满族说部这一文类焕发青春,保持传承活态。电子媒介使用者更多的是年轻人,'讲古'的危机需要电子媒介来解决"③。

(四)"传承人现象"

伴随着因非物质文化遗产而获得各种名誉的传承人,他们面对的听众已不再是以往的乡邻,而更多的是采录者、学者专家、媒体。当面临这些受众时,他们有意识地转变自己的角色,不仅注意彼此之间的互动,而且随时调整自己的看法和观点。在这一过程中,他们带着自己各自的标签或特色,总结出一套民间文学专业的学生所熟悉的理论和方法,而这些理论和方法源于他们的讲述经历和生活的磨炼。由此已形成"传承人现象"。

积极争取成为更高一级的传承人是每个传承人积极付出的目标,他们大都愿意与专家、学者、研究人员、媒体保持良好的关系,在此过程中也有彼此间的较量和竞争,我们相信也愿意相信这是一种良性的循环,虽然我们从前文看到与满族说部有关的国家文化政策的影响,也看到学者和国家权力对口头传统带来的各种方面的影响,但民众为自己文化的传承是最重要的一环,他们的主动性、积极性是非常重要的。作为国家级传承人,富育光的所言、所行、所写对满族说部的辐射影响会日渐显著。

---

① 何新生、王明辉:《论满族说部常态化展演与满族博物馆的软实力提升——从吉林市满族博物馆谈起》,载《满族古老记忆的当代解读——满族传统说部论集(第一辑)》,长春出版社2012年版,第312页。

② 关迪:《论原生态满语满族说部的活态传承——从尼山萨满谈起》,载《满族古老记忆的当代解读——满族传统说部论集(第一辑)》,长春出版社2012年版,第319—320页。

③ 高荷红:《技术的力量:媒介对满族说部传承的影响》,载《满族古老记忆的当代解读——满族传统说部论集(第一辑)》,长春出版社2012年版,第305页。

非物质文化遗产保护背景下的四川格萨尔说唱艺人阿尼近况调查[*]

郭建勋[**]

摘　要：针对10年前的田野调查，本次回访重点调查了非物质文化遗产保护背景下，作为国家级非物质文化遗产代表性传人的格萨尔说唱艺人阿尼，在日常生活、文化观念、说唱情况、当地格萨尔史诗的氛围和影响力等方面的情况。调查显示，非物质文化遗产保护让阿尼将精力更多地投入对外宣传和文化展演中。较之十年前，阿尼在当地社会的影响力并没有显著提高，格萨尔史诗的生存和传承空间也没有明显改善。调查发现，阿尼在当地传承格萨尔史诗的主要方式是在政府安排下，以学校教育为依托进行的，同时他与人合作，将部分史诗内容刻版存于德格印经院。基于地方政府的扶持、保护地方文化政策和当地历史和文化传统的两种传承方式，既是格萨尔史诗传承中的重要问题，也涉及如何评价吟诵艺人的地位和作用。调查认为，格萨尔史诗说唱依然要面对从口传身授到学校培养，从日常生活方式到保护对象的老问题，同时还要处理非物质文化遗产保护中出现的新问题：谁的遗产，如何保护和传承。

关键词：格萨尔说唱；非物质文化遗产；文化展演；学校传承；刻版传承；日常生活

---

[*] 原文刊于《民族学刊》2016年第2期。
[**] 郭建勋，西南民族大学旅游与历史文化学院副教授。

非物质文化遗产保护背景下的四川格萨尔说唱艺人阿尼近况调查　◆　247

2004 年，当阿尼还是四川德格一位受到国家格萨尔办公室重点关注、当时在四川影响较大的、最年轻的一位格萨尔说唱艺人时，我对格萨尔史诗生存状况、史诗的说唱、传承情况进行了田野调查，[①] 调查中提出了说唱艺人逐渐脱离说唱的文化环境、后继无人的问题，同时提出设立由知名学者组成的专家委员会，确立有价值的项目为国家重点保护项目，提供给有贡献和有重要价值的民间艺人资金的建议。[②] 2005 年，阿尼被中国文学艺术界联合会、中国民间文艺家协会命名为 166 位首批中国民间文化杰出传承人之一。2006 年，格萨尔史诗被国务院批准列入第一批国家级非物质文化遗产名录。2007 年，阿尼被认定为国家级非物质文化遗产项目《格萨尔》的代表性传承人之一。

自 2004 年 8 月的田野调查后，我与阿尼一直保持联系，我也特别留意收集与他相关的所有信息。2006 年 6 月，阿尼送孙女泽仁曲珍到杭州浙江艺术职业学院学习，途经成都时，我请他们在成都罗马假日广场聚会，当时他刚从尼泊尔回来，其间谈到一些他所看到的与莲花生大师有关的圣迹。同年 7 月，我作为四川省民间文艺家协会承担的"中国唐卡艺术集成——德格八邦卷"课题组成员之一，与课题组一道到德格进行田野调查，到阿尼家中拜望他。在当地政府举行的欢迎晚会上，阿尼在德格雀儿山宾馆旁的演艺厅——格萨尔大舞台演唱了"赛马登位"片段，在一大群年龄比他小很多的俊男靓女表演的藏族流行音乐和舞蹈中，显得有些特别，也有些孤独。2007 年，在首届"中国成都国际非物质文化遗产节"上，阿尼在成都的非物质文化遗产保护公园设立的四川甘孜馆进行现场表演时，我与他进行了短暂的交谈。我特别留意到，表演处放了一本印有我写的阿尼情况的《格萨尔故里》杂志。2011 年，我到德格调研，阿尼外出而未见面，只见到其孙女泽仁曲珍。其间，阿尼多次参加各级政府组织的交流演出团队，到国内外参加文化交流和演出。因为是组织行为，加之他对成都也不熟悉，他经过成都时，我们也很难见面，只能打电话告知一下，我也借此了解他的诸多情况。

---

① 田野调查报告发表在《民间文化论坛》第 4 期上，并全文收录到当年刘守华教授编辑的《中国民间文艺学年鉴》。

② 郭建勋：《格萨尔说唱艺人阿尼生存现状调查》，《民间文化论坛》2005 年第 4 期。

经过近10年的观察、交流和收集,我已积累了一定数量的阿尼的资料。10年后,阿尼的日常生活状况、观念及史诗说唱情况,较10年前有何变化?国家的非物质文化遗产政策和措施对《格萨尔》史诗传承的作用有哪些,效果如何?

为此,我决定于2014年暑期对阿尼进行田野回访。7月初,我打电话向阿尼约定具体时间,他很高兴地说7月底8月初他会待在德格,因为他们全家都要回到老家——德格县格洛洞乡色巴沟,参加当地前后近十天的重大佛事活动。8月中旬,他应邀到云南香格里拉①进行格萨尔史诗传承教学活动。② 2014年8月5日,我见到阿尼并对他进行了详细访谈。本调查以此次访谈和观察为基础,综合历年访谈和收集的报刊、网络资料写成。

一 再寻阿尼

2014年7月26日,我们坐上了从四川康定到德格的公共汽车。因为国道317线正在进行改造升级,前往德格的天险雀儿山也正在开挖隧道,从康定到德格的路况不好,公共汽车要开两天,且每天都是早上6点左右出发,晚上7、8点钟才到目的地。在汽车上,乘客们慢慢都会熟悉起来。与我邻座的是一位家住德格县城的老阿婆,在聊天中我提到了阿尼,

---

① 云南《迪庆日报》报道,维西县文体广电局在2014年8月18日举行了为期一个月的《格萨尔》说唱艺术培训班。报道称:因维西县掌握藏语的人为数不多,所以《格萨尔》说唱艺术的传承受到了严重限制,《格萨尔》说唱面临失传,针对这一现状,该局将传承及保护《格萨尔》说唱艺术这项工作纳入2014年非物质文化遗产保护工作的重点,积极向上级争取资金,力求做好非物质文化遗产保护工作;维西县文化馆根据当地实际情况制作了切实可行的《格萨尔》说唱艺术传承保护方案,并联合塔城镇人民政府不远千里到格萨尔的故乡四川省德格县邀请到了国家级非物质文化遗产代表性传承人阿尼老师到维西授课。http://www.xgll.com.cn/xwzx/2014-08/25/content_147536.htmhttp://www.xgll.com.cn/xwzx/2014-08/25/content_147536.htm。

② 据云南省非物质文化遗产保护网报道,培训分两年三期完成,每期时间为一个月。第一期2014年8月18日开始,9月16日结束,有20余名学员参加,由阿尼老师讲授《天界书》《出生书》《赛马得维》等三本书。初期,由于语言有些障碍,给培训带来了困难,但在阿尼老师、文化馆工作人员以及学员们的共同努力下,不断寻求通俗易懂的学习方法,最终使培训顺利进行。本期培训达到600人次以上,共收集到DV视频资料3000余分钟、文本资料200余页、五洲传播音像出版社出版的格萨尔故事DVD碟《赛马称王》8盘,取得阶段性成效。http://www.ynich.cn/Article/ShowArticle.asp?ArticleID=1651。

她有些神秘地笑着说,他是"仲①巴"(sgrung-ba),她告诉我,阿尼搬家了,其他情况她也不了解。到达德格的晚上,我给当地朋友说起此行要调查阿尼时,他们似乎也并没有特别的反应和建议。

8月5日早上,我起得很早,到德格印经院(当地称巴宫),10年前我与阿尼相遇的地方,试图再次偶遇。但当我围绕巴宫转了几圈后,依然没有发现阿尼的身影,看来他还没有从老家格洛洞返回县城,我担心他是否忘记了一个多月前的约定。我问了在德格印经院外卖首饰的藏族姑娘,这几天是否见到阿尼来转巴宫。她一脸茫然,摇了摇头说,她不知道我要找的阿尼具体是谁,无法告诉我更多关于阿尼的信息。我随后分别找了几位转经的当地中年妇女打听,她们仍不清楚我要找的阿尼具体指谁,我接着解释说,要找的是格萨尔说唱艺人、仲巴阿尼,她们还是不认识。最后是一位汉语比较流利的退休女干部,告诉我阿尼回老家色巴沟参加活动,好多天都没来转经了。他现住在德格藏医院附近,叫我现在去找下他的住址。我随后到了藏医院附近寻找阿尼的新住处,早上8点10分左右,街上行人稀少,无法打听到阿尼的准确住处。近中午时,我终于打通了阿尼的电话,他说他正在回来的路上,我们约定一个小时后在饭店见面。中午11点左右,在德格的步行街附近,我一眼认出了远远走来的阿尼,等他走近时,我发现时光似乎没有在他身上留下痕迹,他依然身板硬朗,面色红润,声音洪亮。阿尼说:"别人看到我都说,那个说唱艺人一直都没有老啊!"阿尼还说自己的唱功也不减当年,现在的嗓音与自己二十多岁时的磁带录音做对比都没太大差别。阿尼相信是格萨尔一直在保佑他,保佑他的健康。他觉得自己能做的就是一直尽全力把格萨尔的工作做好,让更多的人了解格萨尔。

二 再见阿尼

到了饭店,我们边吃边聊。他说,自从2007年被认定为国家级非物

---

① "仲"是一个古藏文词语,传统上用来指两类叙述形式。第一类涵盖了对古代历史事件的全部叙述,一些经典范本构成了《岭·格萨尔王》。见曲杰·南喀诺布著《苯教与西藏神话的起源》,向红笳、才让太译,中国藏学出版社2014年版,第13页。

质文化遗产项目《格萨尔》的代表性传承人后，自己更加忙碌。除了参加当地政府组织的说唱活动之外，也常常被省里和国家的相关部委邀请参加文化交流和宣传活动。2007年起，阿尼前往成都参加了三届国际非物质文化遗产节。阿尼于2010年去台湾、2012年去香港说唱《格萨尔》。还随中央统战部到英国进行了半个月的文化交流活动，英国的环境和社会风气，给阿尼留下了深刻印象。

他说，自己在德格的日常生活依旧，早晨4点30分起床念经一个小时，洗漱后亲自供水，然后念《格萨尔》的经，一天至少要念三个小时。另外，阿尼每天到德格印经院转经，每天转一百一十圈。阿尼这样解释他的这份坚持："我十六岁就在梦里答应格萨尔做好三件事，一要保持身体，第二保护嗓子，第三把格萨尔传承下去。"阿尼说转经的时候会经常碰到陌生人上前询问自己："您就是说唱格萨尔故事的阿尼吧。"

现在阿尼在德格的主要工作是在德格中学给中学生们上课。从2013年3月起，德格中学开设《格萨尔》说唱的兴趣班，阿尼在每周的一、三、五，分别给四个班131名学生进行1—2课时的《格萨尔》史诗说唱技艺的传授，2013年，阿尼共向学生们讲授了《格萨尔》的7种唱腔，计划教完36种唱腔及格萨尔史诗天界书等内容。① 2013年康巴文化研究院成立之际，阿尼带领自己的学生进行了《格萨尔》的百人说唱。②

吃过饭后，我们随阿尼回家，沿着格萨尔大街，往藏医院方向漫步，午后的德格县城，阳光有些火辣，阿尼的谈兴仍浓。没走多远，到德格县人民医院后，我们左拐，走进了司根龙巷口，阿尼的新家就在这里。相比而言，现在房屋的规模、面积较在印经院对面的房屋要小得多，视野也不如原来的房子。据阿尼说，现住的房子是两年（2012年）前买的，总共花费35万元，儿子出了14.5万元，单位出了1.6万元，剩下的钱由自己变卖饰品和原来做生意时的积蓄等凑集的。

现住的这间房子，白铁制的楼梯从屋外直接通向二楼，楼梯较窄且陡。我们走进阿尼的新家，发现家庭成员也有了很大的变化，现在阿尼

---

① 见阿尼基本情况简介打印件。
② 2014年7月23—25日，在德格县麦宿举行的"耍坝子"中，当地年轻人表演时大多演唱的是流行歌曲，有一位在德格中学上学的女生演唱了"赛马登位"的片段。

家中有 5 口人，分别是阿尼的妻子及两人养育的刚上初中的女儿，孙女泽仁曲珍及其女儿。37 岁的妻子毕业于德格中学。① 问及阿尼选择现在的妻子的原因，阿尼说，很重要的是因为她的文化好，是他记录整理格萨尔说唱时的好帮手。除了操持家务外，她在家的重要工作就是抄录格萨尔史诗。此外，阿尼现在年龄也大了，外出演出很累，需要随身携带的与格萨尔说唱相关的头盔、铠甲、鼓、海螺、马鞭、格萨尔文本越来越多，而且常常是刚到一个地方落脚，第二天又背起沉重的行囊到另一个地方，身体吃不消，外出也需要妻子的照顾。

曾经跟阿尼学过格萨尔的孙女到外面求学的想法，在 2004 年之前，就一直存在。② 2006 年，15 岁的她到浙江艺术职业学院附中（浙江艺术学校）上学，成为一名进修生。原因是该学院的张老师到德格旅行，见到阿尼和泽仁曲珍，出于让曲珍到杭州学习音乐、继承格萨尔说唱艺术的目的。同时希望她回到西藏传承格萨尔说唱艺术。张老师想去西藏，跟曲珍一起，进行格萨尔说唱艺术的研究，将《格萨尔王传》记下谱和词，译成中文、英语，编辑成书；开办格萨尔说唱艺术培训班，建立起一支格萨尔说唱艺术队伍。③ 关于这一点，他在另一则同题的博客文章中说到这个想法时，认为这多少有些理想主义的色彩。④ 张老师回到杭州后，发动他的挚友，一起为曲珍设立教育基金，4 个家庭共同承担起曲珍今后的学习、生活等费用。原计划让她在 3—4 年中完成乐理、视唱等音乐基础课程，学好钢琴和一门民族乐器，学好文化课；4 年后，参加高考，并争取考入中央民族大学音乐专业。2009 年，四川藏区实行 9 + 3 免费职业教育项目启动后，泽仁曲珍回到四川，在天全县高级职业中学上了三年学。关于这个选择，在那篇博客文章中似乎也有答案。文章写道，人生是不能设计的，曲珍以后的路怎么走，还得尊重她自己的选择。只

---

① 关于阿尼之前与卓玛拉措的婚姻，一位游客在博客中有详细的描述，http://blog.sina.com.cn/s/blog_49458d31010006ei.html。博客中还附上了一张阿尼女艺人与年轻等五人外出时的合影。

② 具体情况参见郭建勋《格萨尔说唱艺人阿尼生存现状调查》，《民间文化论坛》2005 年第 4 期。

③ 《西子湖和雪域高原的艺术情缘》，http://www.zj.xinhuanet.com/magazine/2007 - 03/28/content_9633453.html。

④ 《藏族少女曲珍降临浙江》，http://blog.tianya.cn/post - 117537 - 7538990 - 1.shtml。

要曲珍能够健康快乐地成长,音乐天赋没有被荒废,将来能用她金子般的嗓子唱歌给更多人听,这就足够了。① 现实情况是,曲珍从天全高级职业中学毕业后,在德格县团委实习,一年前考上了德格县马尼干戈乡政府工作人员,现已是一个 8 个月大的婴儿的母亲。10 年前唱歌或当文艺兵的理想没有实现,继承格萨尔说唱的可能性也越来越小。

  我们到阿尼家时,阿尼的妻子忙着照管重孙女,上初中的女儿在客厅里跑来跑去,孙女曲珍跟我们打了招呼后忙着上班去了。我们坐在拥挤的客厅里喝清茶。而阿尼则在格萨尔说唱、相关物品展示的小屋子里忙碌起来,直到他叫我们进去,并郑重地给我们献上哈达,给每人送上"格萨尔保佑你"的祝福。② 在这里,他将自己获得的证书、奖状,外出演出、开会的照片,与他有关的报道,一一展示给我们看。此外,还有近 100 册与格萨尔史诗有关的汉藏文书籍。③ 另一书架上,则是用白色、红色、蓝色、黄色等布包裹得整整齐齐的印刷好的藏文格萨尔史诗,以及妻子用工工整整的藏文书写的、厚厚的数十本格萨尔史诗。他还特意制作了共 3 页的汉文"阿尼基本情况简介",里面介绍了阿尼的出生年月、出生地,以及格萨尔说唱艺人及国家级非物质文化遗产传承人的称号。后面依次介绍了从 2003 年至今,他在德格县领取的从 300 元到 1500 元的工资变化情况。接着记载了从 1984 年至今,阿尼所获得的各种奖励、参加的活动。在这些奖励中,除与格萨尔说唱有关的外,2006 年,因捐资助学,获得德格县委和政府的表彰;2010 年获得甘孜州委宣传部等部门颁发的"中青年德艺双馨文艺工作者"称号;2011 年,阿尼获得德格县委和政府联合表彰的德格首届"优秀人才"称号。

  在聊天中,阿尼一再表示,自己一直把钱看得很淡。阿尼说:人家把我唱的(格萨尔)光碟卖了,人家富了的多得很。但是我从来没有想过这些,(我觉得)重要的是一定要把这个故事传承下去、延续下去。如果遇到想通过他的说唱表演来赚钱的活动主办方,阿尼就很不愿意去说

---

① 《藏族少女曲珍降临浙江》,http://blog.tianya.cn/post-117537-7538990-1.shtml。
② 2004 年的田野调查中,我没有被邀请进他的这个小屋子,只能在门口观察。
③ 书架的上面一排最右边,放了一本《唐史通俗演义》,下面一本放的是《古希腊神话故事》。其他的都与格萨尔史诗有关,且多是藏文版。

唱。反之，受喇嘛寺的邀请去说唱时，阿尼一般不会收钱，阿尼觉得被他们邀请自己也很荣幸。

不过，据我们观察，对于四世同堂的阿尼来讲，现实生活中一直面临不小的生活压力。从2003年到2005年，德格县政府每月发给阿尼300元，2005年聘用他为德格县文化旅游局的临时工，每月工资为500元，2008年至今，每月工资为1500元。从2013年起，阿尼每周上课有300元的补助。此外，作为《格萨尔》的代表性传承人，国家每年发放1万元的补助，这些是阿尼的主要经济来源。而对于外出参加的说唱活动，也不是每次都有补助，阿尼说自己现在年龄大了，可生活上还没什么保障，希望能把自己纳入体制内，成为文化局一名编制内的正式员工。①

三 再访阿尼

在阿尼家中，我们针对格萨尔史诗的说唱和传承情况访谈了阿尼。现在阿尼说唱和传承格萨尔的主要形式有两种，一是政府组织的外出文化活动，二是为来德格考察、旅游观光人士，政务接待时的演出表演。2008年7月，阿尼随"格萨尔千幅唐卡"展览组在奥运会期间的北京进行了历时40天的德格县格萨尔文化宣传活动。在展厅一角，阿尼每天为参观者进行说唱表演。展厅另一角，两位唐卡画师用黄金和其他矿物颜料现场作画。2008年8月8日上午，热地观看格萨尔唐卡展，他亲手为阿尼戴上哈达，鼓励他将《格萨尔》说唱艺术发扬光大。参观结束前，热地等领导同志和观众一起欣赏了藏族歌舞和《格萨尔》说唱艺人表演。② 2012年7月，德格县举办庆"七一"非物质文化遗产保护传承展。报道这样描述："在二展台，更庆镇国家级传承人阿尼在说唱演艺中不仅以精湛的技艺和别致新颖的格调而独树一帜，而且其充满神秘的音律表现呈现着本土民间文化的精髓，让许多人驻足聆听。"③ 2013年8月，在德格成立甘孜藏族自治州康巴文化研究院仪式上，举行了包括百人格萨

---

① 近年来政府给予阿尼的表彰，在精神层面给予了体制内的待遇。
② http://news.sina.com.cn/c/2008-08-11/093116097214.shtml.
③ http://sc.wenming.cn/zbsc/gzz/201207/t20120703_740665.html.

尔说唱在内的百幅精品唐卡、百人藏文书法及"非遗"传承表演、百人锅庄表演等活动。① 在记者的报道中，有两篇是从格萨尔说唱切入的。在《在格萨尔故里听格萨尔说唱》的报道中描述了阿尼在德格的主要传承工作。在当地政府的扶持下，三四年前，德格中学成立了格萨尔说唱班，131个孩子成了阿尼的口传弟子。在阿尼老师眼中，说唱班的孩子们都很有天分。"有些娃娃特别努力，特别有文化，声音又好。条件齐全的人能占到学生的70%应该没问题。"② 相似的报道还有《格萨尔说唱艺人阿尼的选择：活一天就要唱一天》。③ 2014年7月13日，湖南师范大学美术学院赴四川甘孜藏族自治州社会实践团的学生也听了阿尼为他们演唱的格萨尔片段。从上述例子看出，有关格萨尔史诗的说唱表演，大多出于政府行为，基于当地民众日常生活的需要几乎没有。

虽然在德格中学开设的兴趣班上不乏说唱条件不错的学生，但阿尼现在还没有正式的传承人。在一则关于阿尼的介绍中，详细叙述了传承人的变化情况，最后的结论是：虽然寻找传人的工作屡屡受挫，但是他（指阿尼）总会想尽办法，让身边的人一起来传唱格萨尔王的故事。对阿尼来说，活一天就要唱一天。④ 在这些报道中，充满了一个人在战斗的悲壮，阿尼说，正式的传承人要慢慢来选，除了要有出色的嗓音，关键的是一定得具备相当的毅力。拿他自己来讲，自16岁开始学习说唱《格萨尔》，到现在还没有读完《格萨尔》的书。而在当下的社会环境里，要求传承人做到这一点更是不易。所以阿尼说自己现在能做的就是先把工作做好，不管民族、宗教教派，只要前来讨论关于《格萨尔》的问题，他一定接待好，以感谢他们对格萨尔工作的支持。

10年来，阿尼在传承观念上的重要变化是，他认为《格萨尔》的保护传承工作不能光靠嘴唱了。从2009年开始，阿尼作了一件重要事情，他与别人合作将格萨尔史诗中的《天岭卜筮》《英雄诞生》《占领玛域》《赛马七宝》《大食财宝宗》五部雕刻成版，所需经费11760元，相关资

---

① http：//economy.scdaily.cn/zjxw/content/2013 - 08/21/content_5899815.htm? node = 3615.

② http：//roll.sohu.com/20130916/n386687225.shtml.

③ http：//roll.sohu.com/20130827/n385177554.shtml.

④ http：//www.tibet3.com/tibetcul/content/2012 - 07/23/content_877020.htm.

料中特别注明"完全自费"。雕刻工作完成后，这些印版将全部存入德格印经院。① 杨恩洪的调查显示，对于藏民族来说，格萨尔不仅是一位民族英雄，也是保佑自己的神灵。在家里保存一部《格萨尔》的手抄本，已经成为藏族家庭的传统。牧民们希望通过格萨尔的无边威力，避邪降魔，给家人带来吉祥如意。在德格，由于印经院的存在，书写传统、文化保存意识对百姓的日常生活有很大的影响，老百姓的口语与书面语相对统一，语言清晰，音、义与文法文字同步，易于接受文本知识，百姓有较高的藏文阅读能力。德格寺院林立，其中不少寺院中收藏有《格萨尔王

---

① 在大型纪录片《魅力四川》第四集解说词中，是这样描述的：甘孜州德格县，德格印经院正对面的雕版房内，《格萨尔》说唱艺人阿尼正和制作雕版的师傅合作，要将《格萨尔》最经典的故事用传统的雕版技艺记录下来。这是德格印经院自1729年创建以来，首次将雕版印刷应用于《格萨尔》史诗的记载。如今，德格印经院里古老的印版，又将增添新的内容。《格萨尔》最经典的三个故事《天界篇》《英雄诞生》和《赛马登位》将在德格印经院被记录下来，那些被传唱千年的古老故事将作为藏民族最宝贵的文化财富，以一种新的方式永久保存在德格印经院。而新华网题为《德格印经院将收藏木雕版〈格萨尔〉》的报道则更加全面，也更感性。小刻刀在一块长33厘米宽6厘米的桦木板上轻盈跳动，木屑抖落处，黑色的藏文字母密密排列出来。当这样的木质雕版再组合起来，就是63岁的民间艺人阿尼所唱的："在那黄金宝座上，坐着世界雄狮王，面如重枣牙如雪，格萨尔本领世无双……"中国著名的藏文印经院德格印经院本月启动项目，将把世界最长史诗《格萨尔》的核心内容以这种传统的木板雕刻方式重新记录下来。据悉，这是印经院首次把传承数百年的雕版印刷用于《格萨尔》的记载。作为中国格萨尔文化遗产项目代表性传承人之一，阿尼将与"德格印经院藏族雕版印刷技艺"第一代传人彭措泽仁合作，把格萨尔王最经典的《天界篇》《英雄诞生》和《赛马登位》雕刻成版。这两位生活在格萨尔王诞生地——四川省甘孜藏族自治州德格县的老艺人，希望通过努力，为中国民族文化遗产的保护做点"力所能及"的工作。"就算我不在了，今后世世代代的人们依然能在印经院读到这些史诗，一想到这里，我就特别高兴"，阿尼说，始建于1729年的德格印经院，是世界上保存藏文木刻印版最多、内容最丰富的地方，目前共收藏30多万张印版，内容涉及藏区宗教经典论释、天文、地理、历史、历算、医药、文学等领域，部部经典。2010年，阿尼的想法得到当地政府的支持，他与德格印经院签订了雕刻印版的协议。在位于德格印经院正对面的雕版房内，格萨尔故事纸膜的书写工作已经完成。彭措泽仁已经为阿尼准备好了500多块书版，这些顺直无结的红叶桦木坯板，经过烘干、推光、刨平，做成了印版。彭措泽仁说，经书雕版印制，需要先由藏文书写员严格按照《藏文书法标准四十条》和印版的尺寸内容进行书写在纸膜上，雕版工人将写在雕纸上的内容，文字朝下覆盖在印版上，等候一段时间，将印版上的纸膜磨去，文字就印在雕版上了。专业的雕刻艺人用小刻刀将文字之外的空白全部镂去，剩下的就是凸凹有致的藏文内容。尽管现代人以舞台剧、唐卡、小说，甚至漫画和网络游戏等多样的方式来演绎《格萨尔》，但这部史诗得以流传千年的最基本的方式仍是民间艺人的口头传唱，以及手抄本与木刻本的保存和传播。中国研究格萨尔最权威的专家之一，61岁的研究员角巴东主说，目前，全国整理出版了98部格萨尔的木刻本、手抄本的原文和83部艺人说唱本。

传》的各种抄本、刻本。夏察寺"文革"前就曾藏有70多部抄本、刻本,而竹庆寺更是每年必跳一次《格萨尔》恰姆。① 届时事先焚香、煨桑,极为庄严肃穆。待鼓乐齐鸣,众僧入场之际,又是那么隆重而热烈。老百姓心中对格萨尔王的崇敬之情达到了与神佛同等的程度。部分原因是宁玛派将格萨尔视为该派的护法之一,而原德格土司境内有著名的宁玛派嘎拖、白玉、竹庆、协庆寺。由于抄本在民间和寺院广为流传,加之当地的文化人较多,在新中国成立前就形成了"仲丹"的形式,即人们茶余饭后,或逢年过节之时聚在一起,由一个个懂藏文的人拿着《格萨尔王传》的本子唱上几段。人们已经把它作为一种娱乐活动,很少有人以此为生。由于德格人的文化水准普遍较高,他们均熟谙《格萨尔王传》的故事情节,虽反复听唱,却仍乐此不疲。② 看来阿尼刻印格萨尔进行传承的观念是有其历史和文化基础的。

四　余论

10年后的阿尼,因格萨尔获得了更高的社会知名度,获得了更多的对外宣传、展演的机会。客观上讲,阿尼与其他艺人一道,扩大了格萨尔在国内外的影响力。在成为国家级传承人后,他也获得了一些实实在在的经济上的好处,改善了生存环境,但是,较之10年前,阿尼在当地社会的影响力并没有显著提高,格萨尔史诗的生存和传承空间也没有明显改善。阿尼在当地传承格萨尔史诗的主要方式是在政府安排下,以学校教育为依托进行的,同时他与人合作,将部分史诗内容刻版存于德格印经院。基于地方政府的扶持、保护地方文化政策和当地历史和文化传统的两种传承方式,既是格萨尔史诗传承中的重要问题,也涉及如何评价吟诵艺人的地位和作用。

从大的环境而言,德格成为康巴文化的集中地,与印刷技术、土司

---

① 据记载,格萨尔藏戏是由该寺开创并发展起来,而后逐渐流行起来,如今已遍布五省藏区,藏传佛教许多寺院、民间文艺团体,甚至在国外也有格萨尔藏戏表演,见德格县寺院志编纂委员会、政协德格县委员会编《德格县寺院志》,民族出版社2011年版,第161页。
② 杨恩洪:《民间诗神》,中国藏学出版社1995年版,第351页。

与印经院关系密切,从格萨尔史诗在德格宁玛派到民间的影响,仲丹的广泛存在,可以看出格萨尔拥有自精英到民间社会的广泛群体,有着良好的文化空间和氛围。其背后有土司代表的政治力量和寺院代表的文化精英的维护,可以使格萨尔史诗化为文本和仪式。在面临各种势力或文化衰弱之际,也能通过这种方式保存文化。文字、经版、宗教仪式,仲丹等在政治、宗教和日常生活上的使用,促成了德格为格萨尔故里这种文化记忆的获得和形成。

在说唱史诗中,应如何认识书写与口语的关系?英国人类学家杰克·古迪认为,书写的到来让记忆长篇文本不再必要。口语文化可能不会在每次表演中都发生巨大变化,书写将文本固定化。然而这个文本还是要求记忆,并当作口语背诵出来。① 在这一思路下,结合格萨尔史诗的传唱情况看,德格格萨尔艺人的特点鲜明。阿尼与前妻卓玛拉措,均以照本说唱,而在学习中,主要传承的是曲调,提高的是技艺。② 因此,文本的格萨尔对他们来说至关重要,说唱的前提是要懂藏文和有好的嗓音。而过去大多数说唱艺人是不认识藏文字的"文盲",多产生于牧区,常年浪迹各地,社会地位不高。同时,说唱格萨尔,无论是从获得说唱技艺,还是在说唱的神圣化过程,乃至日常生活和游历过程,都与宗教信仰有密切关联。③ 这一现象与春秋时的盲人④瞽蒙⑤有相似性,瞽蒙从巫、史、诗乐的角色,慢慢被娱乐的"优"取代,淡出宫廷,泯入民间,成为卖

---

① [英]杰克·古迪:《神话、仪式与口述》,李源译,中国人民大学出版社2014年版,第152页。

② 杨恩洪:《民间诗神》,中国藏学出版社1995年版,第352页。

③ 在一篇介绍青海治多县格萨尔说唱艺人的经历中,才仁索南最后被确认为仲巴,还是通过几位活佛开通脉络,并获得了法阿尼玛卿样式的艺人帽,每次说唱前,要在融上师、本尊佛和护法神于一体的格萨尔颂文进行煨桑。将帽子在桑烟上顺时针绕晃三圈后,就可进入说唱状态。同时以后要经常在大山顶上放风巴挂经幡,敬祭本族的山神。后来,他又朝拜其他活佛。见文扎《从长江源著名格萨尔说唱艺人才仁索南先生说起》,甘孜州格萨尔办公室编《格萨尔故里》,2010年第1、2期合订本,内部印刷,第114—115页。

④ 这与重文字和书写,轻口语和口传的传统有关。文盲一词是文明人自大幻觉的创造,有文则明,有文字的人看没有文字的人,好像处在黑暗中,或就是睁眼瞎。参见叶舒宪《人类学关键词》,广西师范大学出版社2006年版,第31页。

⑤ 瞽蒙掌播鼗、柷、敔、埙、箫、管、弦、歌。讽诵,世奠系,鼓琴瑟。掌九德六诗之歌,以役大师。见《周礼·春官·宗伯第三》。

艺行乞的民间艺人。而阿尼之名，除了他讲的意为"乖巧"之意，我以为，也许仍有信仰的成分。① 关于这一点，诺布旺丹有过评论，其中谈到如何定位和评价被口头诗学理论贬低的吟诵艺人与口头诗人的问题。②

这里涉及口头与书写，民间文化与精英文化等复杂的问题，但如何看待吟诵艺人及格萨尔传承的走势，是有必要讨论的。杰克·古迪认为，帕里、洛德基于南斯拉夫餐馆歌曲，尤其是程式化的表达方式，将其视作口语传统的代表史诗。然而南斯拉夫文化绝对不是纯粹的口语文化，其口语形式深受共存的书写文化影响。③ 书写的发明把所有文化内部都分成两个群体，两种亚文化，一个主要由能阅读的人构成，另一个则是由不能阅读的人构成，而人们在与同伴交流中相当一部分是通过会话而不是书写实现的。④ 这一点，提醒我们要更关注过去没有得到足够重视的格萨尔史诗中书写传统及社会等级间的对立与转换关系。书面诗人和传统学者，带有知识精英阶层的光环，而鲁巴、仲巴则带有歧视意义，旨在与文人或书面诗人相区别。⑤ 不可否认，在口头与书面二元对立的模式下出现口头诗学理论，自然就对受到书面语言影响的吟诵艺人或口头诗人评价不高。人类学兴起后，书写权威受到挑战，口传文化的价值得以重新评估。文字兴起导致生命交流方式的终结；减弱记忆力；终止了人的诗意的生存。⑥《故事歌手》中的许多观点是在语言学和人类学转向背景下产生的。杰克·古迪提醒我们，史诗传承不仅是口传身授和民间传承的自足方式，在发展中也会受到上层社会和文字的影响。他说，史诗是有文字社会的早期特征，过去它通常被看作口语文化的代表作品，由职业吟游诗人在宫廷或军营里演唱。而纯粹口语文化的史诗记录却很少。史诗容易出现在有重要战士阶层的早期国家，他们乐意聆听祖先们勇敢

---

① 在安多语中，阿尼意为先祖老翁，也含有美丽、幸福或博大无畏等意。在与德格相邻的甘孜县，民间宗教职业者的名称也叫阿尼。见《甘孜藏族自治州民族志》，第107页。
② 诺布旺丹：《艺人、文本和语境》，青海人民出版社2014年版，第36—37页。
③ ［英］杰克·古迪：《神话、仪式与口述》，李源译，中国人民大学出版社2014年版，第117页。
④ ［英］杰克·古迪：《神话、仪式与口述》，李源译，中国人民大学出版社2014年版，第150页。
⑤ 诺布旺丹：《艺人、文本和语境》，青海人民出版社2014年版，第29页。
⑥ ［美］休斯顿·史密斯：《人的宗教》，刘安云译，海南出版社2002年版，第398页。

的劫掠故事。这些社会早已有文字书写能力,只是文本通常用于记诵,由演唱者口头叙述,而不是大声阅读出来,或者是在首领与战士聚会时由专业行吟诗人背诵出来。这些其实都是早已写下来的作品。其实也只有被写下来之后,才可能被我们了解,才能被人准确记忆。① 这提醒我们在格萨尔史诗传承的思考中,不能脱离具体的时空去讨论艺人的说唱方式和说唱类型的优劣,这样又会走到独尊口传和轻视文字、文本在说唱传承中的作用的一面。

此外,对阿尼的调查依然反映出从口传身授到学校培养,从日常生活方式到保护对象的老问题,以及非遗保护中出现的新问题:谁的遗产,如何保护和传承。从口传身授到学校培养,从日常生活方式到保护对象,格萨尔艺人纷纷走向更加广阔的世界,在日常生活中的影响力越来越小;非物质文化遗产保护兴起后,格萨尔史诗上升为国家级非物质文化遗产保护对象,成为民族国家的文化象征,在对外文化展演中,影响力得到扩大。遗憾的是,与外面的热闹相比,在格萨尔史诗传承的地方,文化氛围并没有得到明显提升。谁的格萨尔史诗?谁来说唱?谁在聆听?当传唱、聆听、保存格萨尔曾经是德格乃至藏区民众生活的重要内容时,或者说当地的一种生活方式时,也无所谓保护的问题。而今,在多种原因影响下,当史诗的文化空间持续缩小和说唱氛围不断减弱时,当格萨尔在当地日常生活和重要仪式中的影响越来越小,当听、唱格萨尔不再是当地生活中的必然内容时,国家也好、国际组织也罢,应该如何作为;当地日常生活中有无增加如格萨尔史诗等文化要素的可能性,重塑文化持有人的文化空间,等等。上述提法有多大的可能性和可行性,需要我们对社会文化变迁进行历史的考察,② 也要对当下文化遗产保护实践进行更多的调查、探索和总结。

---

① [英] 杰克·古迪:《神话、仪式与口述》,李源译,中国人民大学出版社 2014 年版,第 43—44 页。
② 杰克·古迪的研究表明,史诗发展背后,始终是有国家文化或大传统的影响,而这种影响的途径有许多,其中通过文字、仪式、聚会实现渗透和传播。

第七编

理论与方法

彝语口传文化数字化采集方法及其保护与传承研究

——以毕摩、苏尼、口弦、阿都高腔为例[*]

陈顺强　苏连科[**]

摘　要：彝族口传文化丰富多彩，语言生动、形象、诙谐幽默，用书面语言是无法表达的，更是无法翻译的，如果将其移植或复制到书本上就会失去其原有的精髓和灵魂。本文结合语言学、语音学、语音声学、语音生理学以及民族学的相关原理和技术，简要介绍了基于电子设备和实验仪器等数字化手段，以科学、合理和适用的原则对彝语口传文化（本文里只提毕摩、苏尼、口弦、阿都高腔）语音、视频、嗓音以及呼吸等信号进行数据采集、分析和处理过程，最后提出如何利用数字化的方法对彝语口传文化进行保护与传承。

关键词：彝语；口传文化；数字化采集；保护

我国是一个多民族世代相处多元一体的国家，各族人民共同创造了光辉灿烂的中华文化，其中，丰富多彩的民间口传文化是各族人民在长期生产生活实践中智慧的结晶。彝族民间口传文化相当丰富，如彝族神

---

[*] 原文刊于《西南民族大学学报》（人文社会科学版）2012年第11期，基金项目：2010年度国家社科基金重大招标项目"中国有声语言及口传文化保护与传承的数字化方法及其基础理论研究"（项目编号：10&ZD125）阶段性成果。

[**] 陈顺强，西南民族大学现代教育技术中心教师。

苏连科，西南民族大学彝学学院教授。

话、传说、故事、民歌、民谣、史诗等，是中华民族文化不可分割的重要组成部分。古代的彝族社会没有中原汉民族那样高度文明，其政治、经济和文化都远远落后于中原地区，受到社会生产力、科技文明水平低等种种原因的制约，彝族人民用于记录语言文化的介质也相当有限，导致大多数彝族优秀文化只能靠口耳相传的方式来世世代代传承。所以，彝族神话"支格阿尔"、史诗"妈妈的女儿"等这些优秀的文化在民间都是以口传的形式存在的。彝族的口传文化语言生动、形象、诙谐幽默，用书面语言是无法表达的，更是无法翻译的。但这些却是彝族文化的精华，应当利用一些科学的方法对其进行收集整理、保护和传承。本文主要介绍根据语音学、民族学等原理和技术利用电子仪器对彝族口传文化进行数字化采集，然后对各种数据信息进行分析、处理，提取数字信号进行计算并建立数据库，最后提出如何利用数字化的方法对彝语口传文化进行保护与传承。

一　彝族口传文化之毕摩、苏尼、口弦、高腔

当今社会多元文化的交流频繁，外来强势文化渗透甚至吞噬着本土弱势文化，文化同化现象日益加剧使得许多优秀传统文化已经濒临灭绝。彝语口传文化曾经是彝族民间广为流传、家喻户晓的精神文明，是彝族人民道德教育的范本，文化传承的载体，而如今已经失去了往日的辉煌，在信息化时代网络、电视媒体高度发达的今天，彝语口传文化已经渐渐淡出历史舞台，甚至已经处于消亡状态，抢救和保护迫在眉睫。

有幸的是近年来国家出台一系列政策大力弘扬、支持民族文化发展，《文化部"十二五"时期文化改革发展规划》中明确指出"非物质文化遗产要利用数字化保护和传播"，并制定了非物质文化遗产数字化保护工程统一标准，建设非物质文化遗产普查资源库、项目库、专题数据库、研究资料库，建设覆盖全国的数字化保护系统平台等的措施。借这样一个良好的契机，本课题组先后奔赴四川凉山彝族自治州盐源县、普格县，云南省宁蒗彝族自治县等地进行农村实地调查，并选取毕摩、苏尼、口弦演奏和阿都高腔等进行数字化采集，建立了这些口传文化的语音信号及其他数字信号参数数据库。我们之所以选取毕摩、苏尼、口弦和高腔

作为研究保护对象，一是因为毕摩、苏尼、口弦和阿都高腔是彝族地区广为流传、家喻户晓的传统文化，在彝族口传文化中形式多样、内容丰富、特色鲜明，而且都濒临消亡需加以保护，现在采集并保护好的这些语音信号及数据库，即使到百年后口传文化失传或消亡，我们也可以利用这些信号、数据恢复和合成原来模样，起到最好的传承和保护作用；二是因为从语言学、声学、语音学的角度来讲，毕摩、苏尼、口弦和阿都高腔的声音比较有特色，具有代表性，能做出很多成果，目前还没有这方面的研究报道，如此选取能填补此研究领域的空白；三是因为通过这些科学方法和技术大力挖掘民间散存的即将失传的文化，能够加强文化交流，努力推动社会主义文化大发展大繁荣。

1. 毕摩

毕摩是神圣的职业，享有极高的社会声誉，故有"毕摩在座，土司到来不起身"之说。毕摩是彝语的音译，"毕"指的是"念经、诵经"，"摩"指的是掌握一定知识文化的长者。毕摩是专指为人们做礼赞、祈祷（兹玛毕）、祭祀的人，毕摩通识古彝文和现代彝文（1980年规范的彝文），比较优秀的毕摩能吟诵几十卷甚至上百卷经文，掌握着大量的彝文典籍，在彝族民间被认为是知识最丰富的人。毕摩的主要职能是：（1）主持祭祀，如超度灵魂（彝语叫马都毕、尼木）、招魂（日库）等；（2）除灾祛祸治病疗疾，如彝族民众在遇到时运不好、身体欠佳的时候认为是神灵作祟，必须请毕摩作法事念经占卜，有些毕摩通过蒸疗、敷疗以及熏疗术等方法为轻微中风者治病。毕摩除了祭祀、祈福等职能外，还具有传播文化的功能。毕摩书包罗万象，囊括了彝族传统文化的精髓部分，包括彝族原始宗教、哲学思想、伦理道德、天文地理、历法、礼俗等。毕摩诵经的韵律非常美妙，时而高低起伏，时而宛转悠扬，时而抑扬顿挫，时而工整时而押韵，一般来讲每卷经文的韵律都不一样。毕摩使用的法器"其克"一般是在超度灵魂、制灵牌时使用；"乌吐"有镇魔降妖之功用，一般是在祭祀、祈福、除灾祛祸、治病疗疾等场合使用；"勒伟"是毕摩的保护伞和避邪物，一般用篾编成，形如大斗笠。毕摩通过念诵经文等形式和神、鬼沟通，充当人们与鬼神之间、祖先之间的矛盾调和者，并通过象征性极强的祭祀、巫术等行为方式处理人与鬼怪神灵的关系，以求得人丁安康、五谷丰登、六畜兴旺。所以说，毕摩既是彝族民间宗教活动的主持者和组织者，又是彝族宗教和信仰的代表人物。

2. 苏尼

苏尼是彝族民间比较神圣的职业，其所从事的活动和毕摩一样，为民众祛除灾难，化解祸害，治疗疾病，占卜运程等。苏尼是用"俄萨"（神灵）来"尼"（跳神），一般人是做不了苏尼这个职业的，它既不是传承祖业，也不是拜师学习而得，而是神授无师自通。很多时候是死去的先辈、亲人和主子、好友等的灵魂所变成的"俄萨"，但必须是成为"尼神"的"俄萨"。苏尼一般被翻译为"巫师"，男性巫师叫"苏尼"，女性巫师叫"嫫尼"。苏尼一般没有什么经书，在跳神时候先用祭祀品如牛、羊、猪等牲口和酒来邀请天神、地神、山神和祖神、过往神灵附体助法，用敲打羊皮鼓、摇法铃道具与各路神灵、鬼怪对话。苏尼在神鬼相交的彝族宗教信仰和精神世界中扮演着重要角色，在彝族民间民众的生产生活中，他们是沟通人类与鬼神之间的使者。

3. 口弦

彝族的口弦是一种很独特的演奏乐器，一般是长约三寸、宽约五公分的用铜制造的簧片，中间精心打制出舌尖状的簧牙，有单片、二片、三片和四片，有的口弦是竹片制成。演奏时左手将口弦簧片牙对着嘴唇，右手手指上下或里外来回弹动弦片，依靠喉头颤动，口腔气流交替，唇形变化的形式，演奏出美妙的近似口语旋律的乐曲。演奏者一般是彝族民间妇女，也有男性。姑娘们远嫁他乡思念家人或者心情忧闷的时候为了抒发情感会弹奏口弦。在民间，小伙子向姑娘求爱也会用口弦代替语言传递讯号，姑娘也会用口弦声音表露心愿，不用语言，双方都能会意。心灵手巧的人能弹奏出一首首赏心悦目的歌谣。

4. 阿都高腔

彝族是个能歌善舞的民族，每逢过年过节、婚丧嫁娶、社交活动等场合，男女老幼皆喜欢唱歌，以歌会友、以歌表达情感，所以彝族民间流传着相当丰富的民谣。阿都高腔就是其中之一，顾名思义，阿都高腔是以非常高亢的腔调演唱的彝语民谣，盛称"吖"或"哄"，是彝族民歌中一种独具魅力、别具一格的艺术形式。其曲调高亢悠长、唱腔优美、节拍自由、韵味浓厚，颇具感染力，是彝族民间一颗璀璨的明珠。在凉山彝族阿都方言所在的地区最为流行，尤其以有"火把之乡"美誉的普格最广泛流传,很受欢迎。阿都高腔的特点是高音尖腔假声悠长,一段一乐句,同一曲调稍加变化反复演唱,起腔多作五至八度式大挑,突然跳升至高音,然后以假声歌唱,临末以本嗓音拖腔,然后以四至五度或七至八度兀作下跌,戛然而止,结束全句。其音韵和谐,节拍自由,或热烈奔放,响遏行云,或低沉缠绵,幽怨哀伤,如泣如诉,不绝于耳。①

二 口传文化数字化采集方法

口传文化作为非物质文化遗产的重要组成部分,全世界都在关注并设法加以保护,但是由于种种因素,到目前为止对它的保护、传承方法都没有形成共识。北京大学著名的语音学专家孔江平教授曾经说:"在现有科学技术条件下,我们可以最大限度地进行有声语言和口传文化的保护和传承,比如用语音多模态的方法采集语音信号、面部视频信号、嗓音 EGG 信号、呼吸信号、气流气压信号、高速数字成像声带振动信号、X 光动态声道信号、核磁共振(MRI)声道信号等。在语音多模态研究的基础上,可以对某一种有声语言或口传文化进行建模性研究,并在建立相关声学和生理模型的基础上对有声语言和口传文化进行有效的保护和传承。"

本次毕摩诵经数字化采集地点选在四川凉山彝族自治州盐源县,毕摩是盐源县卫城镇磨盘村的曲比你色,男性,46 岁,是彝族沙马曲比毕摩世家优秀传承人,从事毕摩活动 20 余年,语音纯正,具有丰富的祭祀、祈祷、礼赞等毕摩经验;苏尼采集点也选在凉山盐源县,苏尼是盐源县卫城镇磨盘村七组体久补都,男性,51 岁,从事苏尼十几年,经验非常丰富;口弦采集地点选在云南省宁蒗彝族自治县,口弦弹奏者是中国彝族优秀的口弦演奏家马国国,女性,36 岁,她分别用一片、二片和三片口弦弹奏了"火把节之夜""思念""妈妈的女儿""胸前的口弦""妈妈"等;因为阿都高腔是凉山彝族阿都地区比较独特的民谣,所以采集点选在凉山彝族自治州普格县,演唱者沙正华,男性,42 岁,另一个

---

① 《阿措色子·阿都高腔》,《数字报》2010 年 12 月 4 日, http://www.lsrb.cn/html/2010-12/04/content_4942.htm。

演唱者叫苏子嫫阿果，女性，53岁，都是当地优秀的高腔演唱者。

在数字化采集语音之前，首先必须搭建一个用于田野的语音实验平台。一个可移动的田野语音实验平台包括：录音系统、嗓音信号采集系统、呼吸信号采集系统、心率信号采集器、指电压信号采集器、视频采集系统。设备有 PowerLab 数据采集器、电子声门仪、肌电脑电仪、喉头仪（EGG）等实验仪器。录音和分析软件采用的是肌电脑电仪自带的 Labchart 7，该软件有 16 个信号采集通道，本次采集信号使用了第 7—12 通道。其中，第 7 通道是用来采集声音信号的，由电容话筒等仪器组成；第 8 通道是用来采集嗓音信号的，由电子声门仪（EGG）等仪器组成；第 9、10 通道分别用来采集胸呼吸信号和腹呼吸信号；第 11 通道是用来采集心率信号的通道；第 12 通道是用来采集指电压信号的通道。信号处理和分析软件用的是 AdobeAudition 软件。这些电子设备和实验仪器，用来采集语音、视频、嗓音以及呼吸等信号，为田野调查语音研究者提供精确翔实的语音实验素材。

1. 语音信号采集

利用录音平台对声音信号进行采集。因为本课题所涉及的彝语口文化只能在当地民间进行数字化采集，在采集语音的时候要考虑到语音质量等因素，所以在采集设备上有一定的要求，不能用简单的录音笔，必须使用专业的录音平台。本录音平台包括：话筒、笔记本电脑、调音台、外置声卡。电容话筒选择领夹式心形指向型的，笔记本电脑我们用的是自身噪声较小的便携式联想 Think-Pad，调音台选用 DECOMS 小型调音台，外置声卡选用 USB 接口、便携式的。设备连接方法：笔记本电脑 USB 接口上接声卡，声卡与调音台连接，话筒插入调音台。

2. 嗓音信号采集

嗓音图谱、模型是语音学研究非常重要的部分。我们利用电子声门仪即喉头仪（EGG）来提取毕摩诵经、苏尼诵经、口弦弹奏、高腔演唱时的嗓音信号，能提取的信号包括：毕摩、苏尼、口弦、高腔正常嗓音信号、挤喉音、气嗓音、紧嗓音、气泡音等。由美国 KAY 出品的嗓音信号采集系统由仪器主体、喉头电极感应采集器、导线、电源等组成。电子声门仪主要测量的是喉头间的电阻变化，把一对电子感应片分别固定在喉结两边，贴紧甲状软骨。发声时，一个高频信号以非常微弱的流量从一个电子感应片发送，被另一个接收到。当声带振动时，流量会出现幅度调整。采集到的信号（EGG）就能反映出声门阻抗的变化。当声带完全接触，即声门完全关闭时，阻抗值最小；当声带分开，即声门完全开启时，阻抗大大增加。

3. 呼吸信号采集

彝语是有声调的语言，其拥有非常丰富的韵律，仅仅通过声音的基频、音长和振幅参数去研究彝语的韵律特征是达不到预想的效果的，还得结合发音人的生理信号即胸呼吸信号和腹呼吸信号进行深入研究。需利用 PowerLab 信号采集系统加 MLT1132 呼吸带传感器，MLT1132 呼吸带传感器用来测量呼吸导致的胸腹部位的变化。呼吸带传感器一条系在发音人胸部，另一条系在发音人的腹部，然后利用电压设备来检测发音人在发音时呼吸带长度的变化，从而获取呼吸节奏的信号。

4. 心率、指电压信号采集

心率信号利用 PowerLab 信号采集系统的第 11 通道和 Labchart 7 软件进行采集。指电压信号的采集是通过 PowerLab 信号采集系统、肌电脑电仪和 Labchart 7 软件进行采集。

5. 视频信号采集

视频采集系统不需要太复杂，因为本次视频采集是在田野进行，所以大型的摄像设备不是很便捷，我们利用 SONY 小型高清摄像机。该摄像机小巧便捷，容易携带，且其画质能达到高清水平，能满足想要达到的视频采集目标。

除了以上五个方面的采集方法外，我们还结合电子腭位仪，选择 2 位发音标准、口齿清楚的男女朗诵彝语单音节、双音节、多音节采集语音、嗓音、呼吸、心率和指电压等信号进行研究。之后我们对彝语诗歌、散文、故事、尔比尔吉、克智等民间口传文化进行数字化采集。在采集过程中都是先让诵经者或者是演唱者吟诵或者是演唱一遍，再以一般的语速口述一遍。

三 口传文化数字化保护与传承

人类历史的车轮滚滚前行从未停歇，其间人类经历了远古、中古、古代、近代、现代无数次革新，而文化产生于人类进化的漫长过程中。自从有了文化，人们就开始寻求文化传承的方式，古人用骨头、竹简、木简等记录着点点滴滴的文化。随着时代的进步和科学技术的不断更新，我们现在利用数码录像机、数字录音笔、光盘等数字化的手段和媒介来记录着文化。

民族文化的保护传承是所有民族都会面临的问题，而且是一个永恒的课题。对民族文化的保护与传承有各种各样的方法，比如对民族文化的专业性研究，对物质和非物质文化遗产的保护等。但是，有一些文化及其保护却必须在具有特定的文化语境和文化氛围中才能够完成其具有生命力的传承，比如，以说唱形式保存发扬的口传文化。口传文化是民族文化中最具生命力的文化形式，不仅仅是传递民族的历史和文化信息、制约和维系社会生产生活、强化民族的自我认识等，更重要的是它是一种文化生态，这个文化生态形式承载的是一个民族的灵魂，无法也不能够移植、复制到书本上。

根据彝语口传文化毕摩、苏尼、口弦和高腔等自身特性，我们利用先进的电子仪器，以科学、合理和适用的采集方法，用数字化的形式建立了彝语口传文化各种信号数据库。这些数据库主要包括：（1）彝语口传文化语音数据库，内容有毕摩语音数据库、苏尼语音数据库、口弦音数据库和高腔声音数据库；（2）彝语口传文化嗓音数据库，内容有毕摩诵经嗓音数据库、苏尼诵经嗓音数据库、口弦嗓音数据库和高腔嗓音数据库；（3）彝语口传文化 EGG 数据库；（4）彝语音节和口传文化电子腭位数据库；（5）基于呼吸信号的彝语口传文化韵律数据库；（6）彝语口传文化视频信号数据库等。根据研究目标、研究内容，利用现有的实验设备和科研团队，我们建立了彝语口传文化数字化分析平台。这些分析平台包括：（1）彝语语音分析系统；（2）彝语口传文化嗓音分析系统；（3）彝语口传文化声道分析系统；（4）彝语口传文化呼吸信号分析系统；（5）彝语口传文化电子腭位分析系统；（6）彝语口传文化心率、指电压信号分析系统。结合以上这些数据库和分析结果。用以上数字化分析平台，把采集的各种信号进行分析处理，得出各种信号的参数图。如以毕摩诵经为例，毕摩的一句话切分成一个音段，就是一张语图，包括它的基频、音长、共振峰等各种信号图。分析一个音段，无论切分得多小，都必然占有一段时间，只有能够反映频率、振幅和时间三维关系的频谱，才能把一个音段的声学特性全面表现出来，现代语音学研究常用的语图仪就具有这样的功能。[①] 我们也利用语图仪把彝语口传文化语音做成一张张语图，然后以出版物的形式出版一系列彝语口传文化语图书籍以及音频视频光盘。

利用这些数据库和分析系统我们可以从语音声学的视角更进一步深入研究彝语口传文化，利用科学的方法更好地保护、传承和弘扬彝族口传文化。以毕摩、苏尼诵经为例，通过已采集的毕摩和苏尼诵经语音信号、嗓音信号、呼吸信号，我们可以从中提取其音长、音高、音强、基频、共振峰、开商、速度商、语音重置最大值和最小值、重置时间、重置覆盖时长等参数。以后可以开展以下方面的研究：（1）彝语发声模型研究，彝语单音节、双音节、多音节以及毕摩、苏尼、口弦和高腔声调的嗓音声学模型研究，为后面嗓音感知和嗓音的参数合成奠定基础；（2）基于呼吸信号的彝族口传文化韵律研究，结合呼吸、嗓音和声学三种基本信号来研究毕摩、苏尼和高腔的韵律；（3）彝族口弦声学特征研究，包括口弦的频谱、韵律研究；（4）毕摩、苏尼、高腔读白与诵或唱之间的语速对比研究；（5）彝语语音位系统研究；（6）彝语口传文化声调的声学研究；（7）彝族民歌语音声学研究，从声学和语音学的角度研究彝族民歌民谣，其研究领域十分广阔，为民乐声乐教学提供理论基础。在研究过程中不能仅仅考虑语音学单一的研究方向，也不能闭门造车式地研究口传文化。研究过程一定要结合相关科学领域，在研究方法上可以与声学、生理学、心理学相结合，在研究内容上可以与语音工程、语音病理、声乐教学，甚至还要和民族学等相关学科相结合，这样才能拓宽研究领域，得到更多的社会经济效益。[②]

结　语

当今社会高速发展促使国际交流不断扩大，网络时代的到来，令只

[①]　林涛、王理嘉：《语音学教程》，北京大学出版社1992年版，第52—53页。
[②]　孔江平：《语音多模态研究和多元化语音学研究》，《中国语音学报》（第一辑）2008年第4期。

有数字化的电子介质形式的文化遗产才会被广泛传播并得到传承。这次对彝族地区口传文化进行实地调研，利用数字化方法采集、保护和传承毕摩、苏尼、口弦和高腔等口传文化后笔者感受颇多：（1）彝语口传文化已经处于消亡边缘，对其搜集、整理和保护刻不容缓，对它进行数字化采集和保护与传承是为优秀灿烂的彝族传统文化的保护和传承作出的一大贡献，有非常重要的意义；（2）我们所采用的采集方法和保护手段非常适合彝语口传文化的数字化保护与传承，以后将利用这些方法和手段去抢救、保护更多的口传文化；（3）通过科学的方法建立彝语口传文化资源库，这可以更好地保护彝语语言资源和文化资源，使其永久保存。这些资源库已完整保留了彝语口传文化的生理信息、物理信息和文化信息，为当代文化产业发展提供技术支撑，为未来文化产业提供宝贵资源，以便于更多的当代人和未来的学者能对这些文化进行理论研究。假设在不可预见的未来，即使彝语濒危、彝族文化消亡，人们也能根据这些语言文化资源库的信息，完全展示、合成和恢复其原样。目前彝语口传文化数字化研究报道很少，研究空间广阔、研究范畴宽广，前景光明，但研究历程也会很艰辛，希望更多的专家学者关心支持我们这项科研工作。

口 述[*]

李 菲[**]

摘　要：从世界遗产体系的发展脉络来看，对"非遗"口头属性的重视是对文字文明长期遮蔽之下的口述传统的"再发现"。这种"再发现"很大程度上是在西方文明"口头/书写"大分野的二元框架下展开的。因此，对"口述"作为文化之原生表达范式，尤其是中国本土语境中有关"述"的实践形态、内在特征及其价值伦理等，有必要进行深入的溯源和梳理。

关键词：述；口述；非物质文化遗产

"口述"：遗产体系的观念变革

"口述"按字面意思的理解为口头表述，更通俗地说，便是用嘴讲话。作为人区别于动物之基本文化行为，它包括两个层次的意指：既指示"口"之"述"这一动态行为，亦指示"口"之"所述"这一客观呈现的行为结果。二者共同构成了人类重要的"口头传统"的文化实践

---

[*] 原文刊于《民族艺术》2013年第4期，为国家社科基金重大项目"中国非物质文化遗产体系探索研究"（项目号：11&ZD123）、2013年度四川大学中央高校基本科研业务青年教师科研启动基金项目"台港地区代表性人类学家口述史撰写与研究"（项目号：skq201318）阶段性成果。

[**] 李菲，四川大学文学人类学博士，厦门大学历史学博士后，教育部重点研究基地四川大学中国俗文化研究所副教授。

系统。

在世界遗产体系中,"口述"是一个具有革命性意义的关键概念,在遗产术语转译的中国本土语境中,亦有两个与之近似概念:"口头"与"口传"。1989年《保护传统文化和民俗的建议》首次提出要保护"口头传承"(transmitted orally)的"民俗"(folklore)和"口头传统"(oral tradition),成为世界遗产运动从单一保护物质形态遗产向保护非物质形态遗产转向的一个历史性节点。经由1998年《人类口头和非物质遗产代表作条例》到2003年《保护非物质文化遗产公约》(简称《公约》)的发展,以"口头"属性为核心特征的非物质文化遗产已经成为世界遗产体系中的又一个保护重心。至此,"口述"("口头"或"口传")可以在三个层次上将人们对"非物质文化遗产"的理解导向深入:

其一,在具体分类上,可直接对应于2003年《公约》中"非物质文化遗产"所涵括五大方面之第1条:"口头传统和表现形式,包括作为非物质文化遗产媒介的语言";①

其二,作为非物质文化遗产的内在特征:对"口头性"作为第一属性的反复强调在"非遗"概念诞生过程中是既定的历史事实,"口头"属性与"非物质"属性紧密联系;

其三,揭示了非物质文化遗产的现象学本质:身口相传的非物质文化遗产是与人的主体在世存有(being)须臾不可分离的活态(living)存在与传承。

从世界遗产体系的发展脉络来看,对"非遗"口头属性的重视是对文字文明长期遮蔽之下的口述传统的"再发现"。这种"再发现"很大程度上是在西方文明"口头/书写"大分野的二元框架下展开的。因此,对"口述"作为文化之原生表达范式,尤其是中国本土语境中有关"述"的实践形态、内在特征及其价值伦理等,有必要进行深入的溯源和梳理。

---

① 《保护非物质文化遗产公约》中文官方版译文,参见中国非物质文化遗产保护中心、中国艺术研究院编《中国非物质文化遗产普查手册》,文化艺术出版社2007年版,第251页。

逻各斯与口头传统:"口述"的西方知识谱系

(一) 语音中心主义与"逻各斯"

在马克思那里,以"口"而"述"的语言能力是人与动物相区分的标志之一。在前文字时代,人们主要通过口头方式来彼此交流,创造文化。即便步入文字时代之后,文字书写也并非从一开始就在西方知识传统中占据优势地位。

以英语为例,Oral 一词表示"口头的""口述的""口语的",其词源可以追溯到后期拉丁语中的 Oralis,其词根为拉丁语 Os,意为"嘴巴"。英语以及西方其他拼音文字都显现出一种典型的重口头言说、重声音的"语音中心主义"。在黑格尔看来,拼音文字记录声音,记录"内在的言说",可以说是一种较好的文字形式。与此相比,表意的中国文字由于缺乏适当的"正音(orthoepic)发展之手段",不能像西方拼音文字那样直接呈现个人的口头语言,而是用符号来再现观念,因此只能是"发育不全的语言"的例证。[①]

古希腊的学者们相信,在通达意义之源的理解与阐释之途中,言说具有文字符号所无法比拟的优越性。与言说相比,文字只是一种派生的交流形式。[②] 这个意义之源即古希腊哲学的观念核心"逻各斯"(λογος)。"逻各斯"一词虽然经常被翻译为"理性"或"思想",但它最初和最主要的意思却是"言说"。"逻各斯"既意味着"思想"(denken),又意味着"言说"(sprechen),二者从字面和意涵上均完美地融为一体。因此,对逻各斯的追寻唯有通过言说的方式来进行。[③] 基于上述"逻各斯"中心观念,苏格拉底这位"西方哲学史上最重要的人物"平生不立文字,仅以口头讲学的方式来宣扬自己的思想。后世所见的苏格拉底著作均为其弟子根据他的讲述记录而成。受老师苏格拉底的影响,柏拉图极力推崇口头的传授和交谈方式,并反复强调某些最高深、最困难

[①] 张隆溪:《道与逻各斯》,冯川译,四川人民出版社1998年版,第63、72、61—62页。
[②] 潘德荣:《语音中心论与文字中心论》,《学术界》2002年第2期。
[③] 张隆溪:《道与逻各斯》,冯川译,四川人民出版社1998年版,第63、72、61—62页。

的问题或对象只能以口头方式来加以讨论和处理。柏拉图充分强调了书写相对于口述的辩证法从属地位，因而他的著作无一例外都以对话录或交谈的形式来表现其哲学思想。对话录形式在相当程度上模仿了真实的口头交流，也促成了柏拉图哲学的广泛传播。① 身为柏拉图的得意弟子，亚里士多德则认为，口语是心灵的经验的符号，而文字则是口语的符号，前者具有更贴近心灵的优越性。② 不仅"希腊三贤"这二代师生之间以身授口传的方式接续思想的薪火，在更早些的毕达哥拉斯学派中，那些有幸在小圈子内亲耳聆听过毕达哥拉斯教诲的人在毕氏门徒中也享有最高的地位，并因而获得了一个专门的称呼，叫作"声闻家"（akusmatikoi）。③

从柏拉图开始，在后来的西方哲学传统中形成了一种雅克·德里达所谓的"形上等级制"：一方面，口头语言能够立刻实现"内在的言说"，因而被认为是充分的，而作为一种"外在的表达"，书面语言则是不受信任的；另一方面，就与"自我"的关系而言，在"有生命的对话"中，口头言说——而不是书面语言——包含了"纯粹的自我"，表达了"我本身"。④ 当然，除了哲学思想方面的影响，口头表述还在形式上鼓励了流畅、夸张和滔滔不绝。古希腊、罗马的演说家和修辞学家们发扬了这种称之为"复言"（copia）的传统，并逐渐将这种修辞方式从一种公共言说艺术改造为后世书写文本中的一种写作艺术。⑤

与早期西方哲学领域中的逻各斯中心主义相呼应，在宗教领域，口述传统也发挥着无可取代的重要作用。《圣经》的开篇"创世记"中，上帝说"要有光"就有了光。上帝用言说形式创造世界的这一神话表达更早可追溯到公元前2000年的古巴比伦史诗《吉尔伽美什》。《吉尔伽美

---

① 先刚：《书写与口传的张力——柏拉图哲学的独特表达方式》，《学术学刊》2010年第7期。

② ［古希腊］亚里士多德：《范畴篇解释篇》，方书春译，商务印书馆1986年版，第55页。

③ G. S. Kirk/J. E. Raven/M. Schofield（hrsg.），Die vorsokratischen Philosop hen. Einf hrung, Texte und Kommentare. Stuttgart/Weimar, 1994 u. 2001. KRS 280. 转引自先刚《书写与口传的张力——柏拉图哲学的独特表达方式》，《学术学刊》2010年第7期。

④ 张隆溪：《道与逻各斯》，冯川译，四川人民出版社1998年版，第63、72、61—62页。

⑤ ［美］瓦尔特·翁：《基于口传的思维和表述特点》，张海洋译，《民族文学研究》2000年增刊，第20页。

什》中写道："让你嘴说的话，成为你眼见的事物。"言语创世神话隐喻式地表明：口头语言在人类认知从混沌到有序的发展过程中扮演着极为重要的中介角色。① 除教义体系之外，口述传统在《圣经》的传承体系中也位居核心。自耶稣离世后至公元第二世纪中叶前后，耶稣的"圣言传统"（sayings tradition）在早期基督教传承中占有至高无上的地位。以《圣言录》为例，耶稣在世时说的是亚兰语（Aramaic），因而最早的《圣言录》应该是以亚兰语传述的，后来才由《福音书》的作者以通俗希腊文（Koine Greek）对其诵本辑录进行翻译加工。《圣言录》最核心的特征即是重听闻、重领悟、实践，目的在于使听闻领受者能得救赎永生。② 在《圣经》传统中，上帝对子民讲的话便是"圣谕"。《圣经》由此保留了非常多的口语积淀与口传特征，只不过在后来才被逐渐改写为书面文本。

（二）口述与文字的大分野

口头表达是所有人类的特性，适用于一切社会类型。相比而言，文字书写则是一种具有区隔性功能的文化实践。在书写出现的第一个五千年中，没有任何社会拥有普遍的读写能力。文字的出现因而不仅将社会分成了文字社会和无文字社会，还在文字社会内部将其成员分成拥有读写能力的人和不拥有读写能力的人。③ 从实践层面讲，文字社会与无文字社会各自具有其独特的文化生产机制和演进法则，体现了人类社会多元化的原生样态。然而在后来的发展中，文字与书写日渐与权力话语结盟，从而在西方知识传统中引发了所谓"大分野"的价值偏转。西方知识界所谓的"大分野"，指的是在口述传统与文字书写之间横亘着一道认识论意义上的分水岭。书写研究（literacy study）以一种简单的二分法在口头/书写、原始/文明、前逻辑/逻辑、文盲/识字者、神话/经验等等一系列二元对立项之间进行等值互换，从而将文字或书写确立为衡量人类文化演进与文明程度的唯一尺度。人类文化表达的多元化样态由此遭致武

---

① 叶舒宪：《圣经比喻》，广西师范大学出版社2003年版，第48—49页。
② 蔡彦仁：《从宗教历史学看口述〈论语〉的传承与特征》，《世界宗教研究》1994年第3期。
③ ［英］杰克·古迪：《口传、书写和文化社会》，梁昭译，《重庆文理学院学报》2011年第2期。

断切割，文字中心主义话语也随之成为西方中心主义的基本文化逻辑。①

与口述传统相比，文字书写有着颇为不同的实践指向。如果说口述传统重在个体面对面的生命对话中实现思想的流动，那文字书写则以知识的定型化为第一特征。在西方文明源头之一的两河流域，楔形文字一经发明就被用于固化早期的苏美尔法典。瓦尔特·翁认为，正是由于文字书写和书面文本接管了知识的存储功能，心智不再忙于记忆，开始专注于思考。② 知识的这一"创造"与"储存"功能的分离过程与西方日后盛行的"身/心"二元观有着一脉相承的关联，思想开始成为"形而上"的心灵的特权，口头表达由于无法与滞重的身体切断联系，因而远离了知识精英的殿堂，沦为乡野之民的"民俗"——口头传述的传统信仰、神话、故事和实践。

此外，从知识传播过程来看，美国古典学者艾瑞克·哈夫洛克和英国人类学家杰克·古迪均指出，古希腊文字的发明和传播意味着书写对西方认知传统发展起到关键作用。不论"希腊三贤"如何坚持书写相对于口述的辩证法从属地位，字母书写的引入事实上对古希腊启蒙运动产生了重要影响。以柏拉图的著述为例，尽管他竭力模仿了真实的口头对话，但他的对话体散文同时也正是西方知识界开始放弃口头规则的重要表征，西方的思维方式由此出现了决定的转折。再后来，随着印刷术的发明，书写一方面成为欧洲社会实现知识快速传播的工具，另一方面也成为西方文明向非西方世界大肆扩张的利器。由此，文字书写最终实现了它对于口头表述的优势性逆转。③

---

① 20世纪60年代初，一场关于口承文化的讨论成为当时西方学术界的关注焦点。古典学者艾瑞克·哈夫洛克（《柏拉图导言》1963），人类学家杰克·古迪（《书写的逻辑成果》1963），传播学家麦克鲁汉（《古腾堡星光灿烂》1962），结构主义人类学家列维·斯特劳斯（《野性的思维》1962），古典学者、精神分析和心灵研究专家瓦尔特·翁（《口承与书写——语词的技术》）等大批学者，纷纷参与到口承与书写这组人类认知与现代心智的"大分野"论争之中。参见巴莫曲布嫫《口头传统·书写文化·电子传媒——兼谈文化多样性讨论中的民俗学视界》，《广西民族研究》2004年第2期。

② [美]瓦尔特·翁：《基于口传的思维和表述特点》，张海洋译，《民族文学研究》2000年增刊，第21页。

③ 巴莫曲布嫫：《口头传统·书写文化·电子传媒——兼谈文化多样性讨论中的民俗学视界》，《广西民族研究》2004年第2期。

纵观西方口述传统从"逻各斯"中心到边缘的逆转过程，值得注意的是，早期社会的文字发明并不必然排斥口传，唯有当文字成为政治统治、资源争夺、权力占有的工具时，口传才被挤压至边缘，"逻各斯"亦不再是"思想"与"言说"的两位一体。

（三）重返口头传统：西方近现代以来的口述研究

从18世纪开始，欧洲浪漫主义的民族主义者试图从口头史诗、民间故事和民族语言中寻找日渐失落的传统。于是，西方学术界对文字中心主义的反思从对口头传承起源问题的"大理论"探讨揭开帷幕。在其后西方口述研究的两百余年中，浪漫主义的民族主义、太阳神话、文化进化论、传播论、口头程式理论、结构主义、象征—阐释学派、精神分析学说、表演理论等理论和方法流派分别对何为"口头传承"给出了林林总总的界定："一个民族民间精神的表达""原始神话时代以来的语言疾病""原始或野蛮时代的遗留物""作为记忆手段和传统参照的文本形式""作为深层结构体现的口头传承""作为自我写照的口头传承""作为心理投射的口头传承""作为创作过程的口头传承"，等等。① 上述观点充分揭示了人类口头表述行为的多种样态和多层次内涵，体现出在不同思想脉络、不同社会历史语境中人们对"口述"的多种阐释可能，同时也启发了今天我们面对"口述"一词应该继续保持一种开放性的态度。

回顾西方口述研究的发展历程可以发现，在各个社会学科中尤以人类学、民俗学和新史学对此用力最专。人类学从研究空间上的"他者"出发，发现了西方之外的"原始文化"。这些"他文化"与西方"己文化"最大的差异之一即无文字传统的口头属性。②

民俗学则由研究时间上的"他者"出发，从对"古物"的关注发展到对遗存至今的口头民俗、口传史诗和民间故事的搜集与研究。来自世

---

① ［美］罗斯玛丽·列维·朱姆沃尔特：《口头传承研究方法纵谈》，尹虎彬译，《民族文学研究》2000年增刊，第12页。

② 人类学一贯坚持以田野民族志方法对无文字社会和无文字族群的口述传统进行研究，由此认识他者，反观自身，以祛除文化的"自我中心主义"。面对当今全球化进程所导致的文化均质化现象，人类学更重视口述传统作为格尔茨所谓"地方性知识"所具有的特殊价值意义。

界各地的民族志和民俗志都揭示了口承传统的多元性和重要意义。① 作为新史学的分支之一，口述史学展现了"口述"作为研究材料、方法以及作为一种历史记忆、呈现方式的重要价值，主张将历史归还给普通民众以及西方之外那些"没有历史的人民"。② 今天，遗产学作为西方知识生产的最新成果，也是口述研究的一股新生力量。正是由于西方知识界对文字中心话语的全面反思以及人类学、民俗学、口述史学等对口承传统的共同关注，推动了世界遗产体系在物质形态文明、文字社会文明、工业社会文明之外去发现更为多元的人类文化样态，并促成了口头性、非物质性的"无形文化遗产"（intangible heritage）最终诞生。

循"道"之"述"：本土语境中的口述传统

在现代汉语中，"口述"一词包含动词（"以口而述"）和名词（"口之所述"）两种语态，但"口述"二字组为一词联合使用乃是一个相当晚近的现象。20世纪90年代以来，"口述"一词由于西方"口述史"观念的引入日渐为中国学界所熟识，也因为冠以"××口述实录"之名的通俗读物在坊间大行其道而受到一般民众关注。在传统的文学、民俗学、文化研究领域，与"口述"一词表示相似意涵且更为惯用常见的概念是"口头"和"口传"，比如"民间口头文学""口头传统""口传史诗"等。其中尤以"口头"最为通俗，代表了与文字书写相区分的另一套文化表达传统。在古代汉语中，"口"字与"述"字罕有合用之例，而用以

---

① 以欧洲古典学中著名的"荷马问题"为例，口头诗学大师帕里于20世纪30年代发现了荷马史诗文本背后的口头传统，实现了从"传统的荷马"到"口头的荷马"的飞跃。（参见[美]约翰·迈尔斯·弗利《口头诗学：帕里—洛德理论》，朝戈金译，社会科学文献出版社2000年版，第21—38页。）20世纪60年代，帕里的弟子洛德进一步通过《故事歌手》提出了"帕里—洛德"学说，建立了"口头程式"理论，深化了口头诗学。（参见洛德《故事歌手》，尹虎彬译，中华书局2004年版。）随着"口头程式"理论的日益成熟，民俗学与口传文学研究范式开始从以"文本"为中心向以"表演"为中心过渡，试图通过动态的口述过程来透视人类社会。相关综述参见尹虎彬《古代经典与口头传统》，中国社会科学出版社2002年版，第11—14页；段静《近现代中、西口头文学研究综述》，《世界民族》2011年第5期。

② 1938年，美国历史学家亚伦·芮文斯出版了《通往历史之路》，首次呼吁进行"口述史学"的研究，之后逐渐得到历史学界的响应。口述史研究于20世纪90年代末引介到中国。

表达"口述"之义的汉字则浩如烟海——如曰、言、语、诵、议、说等。在中国汉字中,绝大部分"言"字旁和一部分"口"字旁的汉字从词源学考据来看均与口头表达行为相关,充分展现了"口述"之难以计数的种种可能形态。将"口述"一词重置于本土语境进行考察和阐释,或可从发生学意义及其历史演变轨迹之中发掘出某些深意来。

(一)"述"的知识实践:"元叙事"

经过漫长的无文字纪元,在距今三千多年的殷商时代,甲骨文出现,中华文明开始步入文字书写纪元。虽然近年来大量出土文献足以证明先秦时代文字书写已经成为知识传播的媒介,但口传仍是文字书写之基础,① 而且我国最早的书写文献皆为辑录口头传统的口述文本文献。以传世的《国语》《尚书》《诗经》等为例来看,上古时代的口述传统是包含宇宙论、天人观、伦理信条、神话传说、英雄传奇、抒情纪事、实用知识甚至政府文告在内的"元叙事"。②

1."述"的多样化实践

上古时代口述传统的"元叙事"首先在具体社会情境中体现为一系列有着精细划分的实践形式。如战国时期的《国语·周语》中有这样一段记载:"故天子听政,使公卿至于列士献诗,瞽献曲,史献书,师箴,瞍赋,矇诵,百工谏,庶人传语,近臣尽规,亲戚补察,瞽史教诲,耆艾修之,而后王斟酌焉,是以事行而不悖。"这段文字生动地再现了一个中国古代政治实践——"听政"的经典场景,各种口述实践——献诗、箴、赋、诵、谏、传语、尽规、教诲等在此场景中居于显著位置。其中,每一种口述实践的具体形态又都能在上古文献中找到多处描述和注解文字,并在彼此间形成一种往复的互文关系。如:诗,"在心为志,发言为诗"(《毛诗序》),"诵其言,谓之诗"(《汉书·艺文志》);赋,"《传》曰:不歌而诵谓之赋"(《汉书·艺文志·诗赋略》);诵,"诵则非直背文,又为吟咏,以声节之"(段玉裁《说文解字注》);谏,"谏,证也"(《说文》),"谏诤,直言以悟人也"(《广韵》);诲,"诲,说教也"

---

① 刘成荣:《瞽史、音乐与〈左传〉口传说》,《北方论丛》2008 年第 4 期。
② 朱国华:《口传文学:作为元叙事的符号权力》,《求是学刊》2003 年第 1 期。

(《说文》);传语,"百工卑贱,见时得失不得达,传以语王也"(《国语·周语》,韦昭注);尽规,"尽其规计以告王也"(《国语·周语》,韦昭注)。这些形形色色功效不同的口述实践按照仪礼、职官、等级等文化法则相辅相成地衔接成为一条完整的行为链条。与此同时,那些以书写文本形式出现的书、箴,也需要在那个面对面场景中加以口头念诵,与其他口头表达形式相得益彰,共同为天子"听"政创制一套确保"事行而不悖"的运作机制。

2. 述的实践主体

值得注意的是,以上这些划分精细的口述行为是由分工不同的人员来承担的。其中有专司特定职务的士、瞽、史、师、瞍、矇等,也有身份地位高低不同的近臣、亲戚、庶人等。这些人不同程度地参与天子的治理过程,以巫、觋、史、瞽、矇、瞍为代表,他们成了上古口述话语权力的重要掌握者。

《说文》云:"巫,祝也",又云"祝,祭主赞词者,从人口,从示"。《易》曰:"兑,为口为巫。""祝"即为男巫,其甲骨字形就是一个人跪地开口而呼的形象。《汉书·郊祀志上》载"民之精爽不贰,齐肃聪明者,神或降之。在男曰觋,在女曰巫"。《说文》也说巫"能事无形,以舞降神"。巫、觋、祝,能与天地鬼神对话,都是天赋异禀的超常之人。他们"能知山川之号,高祖之主,宗庙之事,昭穆之世,齐敬之勤,礼节之宜,威仪之则,容貌之崇,忠信之质,之服,……能知四时之生,牺牲之物,玉帛之类,采服之仪,彝器之量,次主之度,屏摄之位,坛场之所,上下之神,氏姓之出……"(《国语·楚语下》)实际上,巫就是古代社会掌握着口述"元叙事"话语权力的最早的"百科全书式"的知识分子,并且自夏代以降,巫的后继者"祭师"构成了中国历史上第一个知识分子集团。①

同样身为古代社会中重要的口述主体,瞽、瞍、矇因视觉能力的缺损而获得了超乎寻常的听觉能力、感知与领悟能力,其身体与心智都体现出某种与巫者相类似的"非常"特征。东晋王嘉《拾遗记》卷三载"师旷者……熏目为瞽人,以绝塞众虑,专心于星算音律之中"。王嘉此

---

① 童恩正:《中国古代的巫》,《中国社会科学》1995年第5期。

说的由来虽不可考，但这则逸闻的确有些夸张地表达了早期文化观念中"口述—音声—听觉"与"书写—文字—视觉"两大实践系统的内在对立。① 至于"史"，饶龙隼先生在考察《尚书》早期传写形式时曾对其作过一番考证："在史官之职事与文字记载发生联系之前，其职事即如'史'之原始义，是口宣王命，则史所掌管的历史资料一定是通过口耳言传而保留下来。"②

就这样，上古时期的口述话语权力执掌者巫、史、瞽，利用"神赋"或"非常"的能力获得了拥有强大元叙事动力的神圣知识，并与统治者结成了某种事实上的同谋和依存关系：一方面，统治者需要他们为其权力、地位提供合法化的辩护；另一方面，他们也从统治者处分享了权力。③

（二）"述"的知识哲学："循""道"之"述"

1. "述"与"循"

作为象形文字的典型代表，"口"字像人之五官中张开的嘴形，其字形跟释义都是很清晰的。相比之下，"述"字则包含了多维的意涵。

在古代典籍中，"述"字对后世影响最深的一句话乃是《论语》中的"述而不作"。由"述"字的表层意义出发，可以揭示出以《论语》为代表的中国早期文化中伟大的口述传统。《论语》以"子曰"接续了《尚书》所开创的"帝曰"语录体，并成为先秦时期口述语体的典范。据统计，《论语》全文共使用语气词18个，类别和出现次数是：诸14、尔3、与35、然2、无1、焉44、唯1、者34、哉45、矣138、而4、耳3、乎104、夫28、兮5、云6、已25、也469。④ 一本《论语》就是一部孔子讲话的"口述实录"，体现了鲜明的口头表达特征。而由"述"字的本义出发，则可以进一步揭示这个口述传统的思想内核："循道"之"述"。《说文解字》卷二释"述"："循也。从辵术声。"又释"循，行顺也"；"辵，

---

① 饶恒久：《先秦时期历史档案的口述者——瞽矇职守与〈国语〉、〈左传〉的讲诵增饰》，《社会科学战线》2006年第6期。
② 饶龙隼：《中国文学源流述考》，江西高校出版社2000年版，第64页。转引自宁登国、赵立伟《先秦口头传播与"事语"类史料的形成》，《甘肃社会科学》2008年第4期。
③ 朱国华：《口传文学：作为元叙事的符号权力》，《求是学刊》2003年第1期。
④ 邹霞：《语体学视野中的论语研究》，硕士学位论文，云南师范大学，2008年。

乍行乍止也"。循的本义为"顺着前面的路走"。"辵"即且走且停。

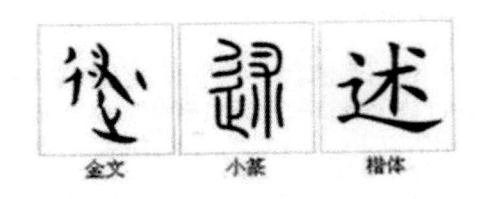

"述"字字体流变①

除《论语·述而》外，"述"字在先秦其他典籍中的使用情况大致是：《礼记·中庸》出现四次，《诗经》一次，《左传》一次，《乐记》三次，《尚书》三次。虽然当代学界倾向于其引申义，如杨伯峻在《论语译注》释"述"为"阐释"，但从先秦其他典籍的使用语境来判断，"述"的基本含义都是"遵循"。因此，将"述而不作"之"述"解释为"循"，基本可以定谳。② 后来儒家为了教谕世人，多将"述而不作"视为孔子自谦之辞。但《礼记·中庸》中说："虽有其位，苟无其德，不敢作礼乐焉。虽有其德，苟无其位，亦不敢作礼乐焉。"孔子的思想主要以仁为核心，但以礼为法度，而礼的核心内容正是继承传统。③ 因此，孔子之"述"乃取法上古礼、乐、道的"循道"与跟从先贤脚步的"践迹"，④ 在此意义上，"述"是继承的核心；与此同时，他"寓作于述"，"既述且作"，在此意义上，"述"是创新的依据。因此，孔子的"述而不作"实质上代表了那个时代对待"遗产"传承与创新的态度。⑤

2. "述"与"道"

进一步来看，"述"的知识哲学与实践还与形而上学之"道"一脉贯通。《说文》云"道，所行道也"。"道"字从辵，从首，本义为从头而

---

① "述"字百度百科搜索：http：//baike.baidu.com/view/324319.htm#refIndex_6_324319。
② 周远斌：《"述而不作"本义考》，《理论学刊》2006年第1期。
③ 徐兆寿：《论孔子"述而不作"的误读与历史语境》，《甘肃社会科学》2008年第3期。
④ 叶舒宪：《孔子〈论语〉与口传文化传统》，《兰州大学学报》2006年第2期。
⑤ 宋立林：《三谈"述而不作"》，《光明日报》2011年12月2日第15版。

行。在《道与逻各斯》中,张隆溪对"道"的思想—言说二重性更有深入分析。"道"字在《老子》全篇第一行中重复了三遍。这种重复通过利用"道"的两重含义——思想与言说,揭示了二者之间的内在关联。① 从词义考据来看,"述"字与"道"字都有两层意思:其一为"循道"与"践迹";其二为"言说"与"口传"。二者都指涉了上古时期知识哲学的内涵和知识实践的方式,恰恰也形成了强烈的互文关系。

《庄子·大宗师》中,南伯子葵问女偊是从哪里闻知"道"的。女偊回答说:"闻诸副墨之子,副墨之子闻诸洛诵之孙,洛诵之孙闻之瞻明,瞻明闻之聂许,聂许闻之需役,需役闻之於讴,於讴闻之玄冥,玄冥闻之参寥,参寥闻之疑始。"在庄子寓言式的笔触下,"道"通过口耳之"述"的知识实践具象化为一个个大概皆属杜撰的人名——洛诵、聂许、需役、於讴,等等。他们通过言说的阶梯,一级一级通达于"道"之所存。"道"的追溯因而也构成了一条"闻道"者的生命链条。无独有偶,先秦史籍文献中大量存在着以"吾闻之……"或以"昔……"为标志开首的记叙,以及频频出现的"闻""告""赴""语""复"等词,表明所转述的信息均来自亲闻,并以口耳相传的方式代代相传。这些口述史料的书面载录不仅是保留了更是刻意凸显了口头言说的特点。因为先秦的知识伦理将是否遵循古人的训诫或汲取历史教训,作为检验言行正当性的重要标准。② 因而,《庄子》对"道"之始源的追寻充分体现了"述"之多重意涵——"闻道"—"口传"—"生命体悟"的三者合一。这即是中国古代知识生产与传承的内在机制。

(三)"述"的知识伦理:"知行合一"

1. "述"的身体认知与生命哲学

口述实践是通过一套复杂的身体操演技术来实现的。比如"巫"作为上古口述权力的执掌者,同时也是上古信仰仪式操演的执仪者。"巫"字的甲骨文字形就直观地表现了巫者通过对"规"和"矩"这两种器物

---

① 张隆溪:《道与逻各斯》,冯川译,四川人民出版社1998年版,第7页。
② 宁登国、赵立伟:《先秦口头传播与"事语"类史料的形成》,《甘肃社会科学》2008年第4期。

的使用来把握圆（天）方（地）。① 而瞽、矇、瞍对视觉感官缺损与身体其他感官强化的控制与平衡，更需通过长时间严格的身体训练方能实现。口述作为一种身体认知实践，与手势、体姿、表情、动作以及身体对具体器物、场景的使用和把控相"合谋"，在更大范围内构成了一个复杂的身体实践系统。因而，口述不仅可以准确地传达思想和知识，更包含了大量不可言传的直觉和不可推理的意识，② 其最高境界便可达至"意在言外"的效果。

同时，口述实践还强调身体的在场性。布迪厄认为，书面文字的传播方式深刻地改变了传统知识与身体的全部关系，更确切地说，是深刻地改变了知识生产和再生产过程中人对身体的使用。③ 孔子和苏格拉底的思想都是他们亲口讲出来的，这显示了早期知识与人的身体和生命是不可分割的。言说是言说者生命的一部分，由此听闻者便可以分享言说者生命的活力。④ 正是在与生命的关系上，言说与文字显现出了巨大的差异。在中国古代圣贤那里，无形之"道"不是悬置于文字的叠册累牒之中，而是通过口的表达而鲜活，通过耳的倾听而传递，在口耳相传的过程中心领神会。这揭示了"口述"知识哲学的原生样态：知识本非僵死的文字符号和文本，而是"活态的生命交流方式"。⑤ 换言之，庄子笔下"女偊闻道"的寓言可以在现象学意义上得到重新解读——道之所存即是口"述"、耳"闻"与体"悟"合一的人之所存。口述传统内在地揭示了人的在世存有。

2. "述"的知识伦理：从"知行合一"到"三不朽"

从早期的"巫"到后世的"儒"，中国传统知识话语在形态、媒质、效用等方面均发生了许多重大转变。但李亦园先生敏锐地指出，其实儒家并未抛弃巫的口头传统，尤其孔子与其门人实际上是重新诠释了巫者

---

① 张光直：《连续与破裂：一个文明起源新说的草稿》，收入乔健《印第安人的诵歌：中国人类学家对拿瓦侯、祖尼、玛雅等北美原住民族的研究》，广西师范大学出版社2004年版，第124页。

② 纳日碧力戈：《作为操演的民间口述和作为行动的社会记忆》，《广西民族学院学报》2003年第3期。

③ [法] 布迪厄：《实践感》，蒋梓骅译，译林出版社2003年版，第113页。

④ [美] 休斯顿·史密斯：《人的宗教》，刘安云译，海南出版社2001年版，第396页。

⑤ 叶舒宪：《孔子〈论语〉与口传文化传统》，《兰州大学学报》2006年第2期。

身体力行的知识体验。作为知识的技术手段，他们强调朗声背诵或吟诵是通过身体来学习和记忆的重要方法。① 作为身心的修养功夫，诵咏在于调节人与世界达成内部与外部的交融和谐。中国古人所谓"修身"，正是讲求将言、知、道充实为自我身体的一部分，方能算是成功的。② 而作为知识的伦理旨归，中国古代文人的最高追求乃是"言""行"合一，进而"知""行"合一，最终达成"立德、立功、立言"之"三不朽"。

《荀子·劝学》有云："君子之学也，入乎耳，着乎心，布乎四体，形乎动静。"口述知识经过口耳相授，扎根于"心"，进而与"四体"相融合，然后在人之行为实践的"动静"之间得以体现，成为与生命统一的知识。换言之，"言"与"知"唯有通过"行"的实践才称得上是真正的"君子之学"。明代大儒王守仁在《传习录·卷上》中说："某尝说知是行的主意，行是知的功夫。知是行之始，行是知之成。若会得时，只说一个知，已自有行在；只说一个行，已自有知在。古人所以既说一个知，又说一个行者，只为世间有一种人懵懵懂懂的任意去做，全不解思惟省察，也只是个冥行妄作。所以必说个知，方才行得……某今说个知行合一，正是对病的药。"③ 王守仁的"知行合一说"提出了中国古代哲学中认识论和实践论相统一的主张，与我国伦理思想史上"三不朽"的重要命题有着一脉相承的内在关系。

《左传·襄公二十四年》载叔孙豹言"太上有立德，其次有立功，其次有立言，虽久不废，此之谓三不朽"。孔颖达在《春秋左传正义》中将其阐释为："立德谓创制垂法，博施济众"，"立功谓拯厄除难，功济于时"，"立言谓言得其要，理足可传"。"三不朽"乃是中国传统知识分子追求"言"（口传与书写的知识）"功"（践行与功业）与"德"（思想

---

① 李亦园：《和谐与超越的身体实践：中国传统气与内在修炼文化的个人观察》，《气的文化研究：文化、气与传统医学学术研讨会》，台湾中研院民族学研究所，2000年，第13—14、第19页。

② 乔健：《传统的延续：拿瓦侯与中国模式》，《印第安人的诵歌：中国人类学家对拿瓦侯、祖尼、玛雅等北美原住民族的研究》，广西师范大学出版社2004年版，第22页。

③ 王阳明：《传习录·卷上》，徐爱·录。见陈荣捷著《王阳明传习录详注集评》，台湾学生书局1983年版，第33—34页。

与道德）三层次的高度统一，其境界之高远，乃至于人们认为历史上真正能够做到"三不朽"的人只有"两个半"——孔子、王守仁与曾国藩（半个）。当我们再次返回古汉语中的"述"字时，"述"之多维价值意涵由此可以得到全面的揭示：

"述"为循道之言，亦为循道之行。知行合一，是为"三不朽"。

结　语

口述是人类原生性的文化表达范式之一。它在不同的地方、族群、社会与历史中生长出了多样化的实践形态、内在特征与价值伦理。路丝·芬尼甘在为《文化人类学百科词典》（1996）撰写的词条"口述传统"中指出，"口述"一词在理解上容易造成歧义，一方面源自其本身所具有的"双重意义的模糊性"——既指"非书面的"（unwritten），又指"口头的"（verbal）；另一方面也与不同文化情境中何为"口述"的区分尺度与观念有关。[①] 本文以中国传统话语中有关"述"的知识智慧来对话今天西方的"口述"研究，旨在激发出新的理解面向，同时也强调："口述"在过去、现在与未来，都不应该是一个被固化的遗产关键词。

[①] ［美］路丝·芬尼甘：《口述传统与口述历史》，许斌、胡鸿保编译，《湖北民族学院学报》2004年第1期；许斌、胡鸿保：《对口述传统的纵横思考》，《思想战线》2004年第6期。

谁在叙事　为何叙事　如何叙事："非遗"保护的田野立论与概念拓展[*]

江　帆[**]

摘　要：近年来的民间文学类非物质文化遗产保护田野实践，从不同维度展现了民间文学类文化遗产的复杂样态，以往使用的"传承人""语境""文本生产"等被建构出来用以学术表述的概念，已难覆盖研究对象，不具有永恒的意义。本文认为，应该对近年来的相关田野实践与学术发现予以充分关注，将这一文化事象所呈现出的多层次、多元化、非中心化、差异性以及不确定性等特点纳入当下的学术参照与研究框架，以推动相关研究更接近事实本身。

关键词：传承人；语境；文本生产；概念拓展

近年来，在"非遗"助推下，我国的民间文学类非物质文化遗产保护与研究取得了很大进展。与此同时，这类文化遗产保护的田野实践也向学术界提出了一些亟待明晰且具有学理意义的新问题，诸如"传承人""语境""文本生产"等民间文学研究领域经常使用的基本概念，在其内涵与外延方面，近年来都已呈现出某些拓展与变化。其所构成的冲击与挑战，已不同程度地影响到我们对民间文学类文化遗产的认知与判断。

---

[*] 原文刊于《文化遗产》2014年第3期。本文为国家社科基金重大委托项目"中国少数民族语言与文化研究"子课题——"何钧佑锡伯族长篇口承叙事研究"成果之一。

[**] 江帆，辽宁大学文学院民俗学专业教授。

本文立足于辽宁省 6 个列入国家级和省级保护视域的民间文学类文化遗产保护的田野实践，以一种"田野视角"，围绕当下非遗保护中"谁在叙事""为何叙事""如何叙事"等问题，结合这类文化遗产在其本体的"生活世界"中相对"自然显现"的样态，就这些概念何以会发生拓展与变化提出思考与立论。

一 本文举要的辽宁省 6 个民间文学类非遗项目的基本情况

截至 2013 年年底，辽宁省共有国家级、省级民间文学类非遗项目 16 项，本文选取系此中影响较大且具有代表性的 6 个项目进行研究。

1. 谭振山民间故事：入选第一批国家级非物质文化遗产名录，谭振山（1925—2011），汉族，农民，小学文化，讲述故事 1062 则，目前已全部摄像、录音，采录完毕，已出版《谭振山故事精选》《谭振山及其讲述故事》2 卷，全集待出，谭振山为该项目国家级传承人。

2. 古渔雁民间故事：入选第一批国家级非物质文化遗产名录，代表性传承人刘则亭（1944—），汉族，文化站长，小学文化，可讲述 500 余则古渔雁故事，已出版《古渔雁民间故事精选》，刘则亭为该项目国家级传承人。

3. 辽东满族民间故事：入选第二批国家级非物质文化遗产名录，2008 年 7 月，辽宁省民间文艺家协会会同辽宁大学民俗学专业师生 28 人，组成 6 个采录组，分赴辽宁东部满族聚集地区进行采录，整理出版《满族民间故事·辽东卷》上、中、下三卷，爱新觉罗·庆凯、崔勇为该项目的国家级传承人。

4. 何钧佑锡伯族民间故事：入选第三批国家级非物质文化遗产名录，何钧佑（1924—2012），其家族祖辈传承多部反映锡伯族先民社会生活的长篇叙事，自 2008 年起，沈阳市于洪区文化馆会同辽宁大学民俗学专业师生，历时 4 年，以摄像、录音设备，采录、整理了何钧佑老人讲述的《喜利妈妈西征英雄传奇》《海尔堪大神传奇》《檀石槐统一鲜卑》等八部作品，计 100 余万字，出版四卷本《何钧佑锡伯族长篇故事全集》，何钧佑本人获评国家级传承人，因在公示期间离世而自动撤名。

5. 杨久清民间故事：入选第二批辽宁省非物质文化遗产名录，杨久清（1919—），男，回族，农民，小学文化，可讲述故事千余则，已摄像、录音、采录998则，《杨久清民间故事全集》待出，杨久清获评省级传承人。

6. 王树铮民间故事：入选第四批辽宁省非物质文化遗产名录，王树铮（1928—），男，汉族，乡村教师，高中文化，可讲述故事500余则，已全部由其亲属以文字记录形式采录下来，新民市文化馆会同辽宁大学采录组录音采录120则，出版《王树铮民间故事》，王树铮获评省级传承人。

基于对上述个案的田野考察，参照美国史诗研究专家约翰·迈尔斯·弗里和芬兰民俗学家劳里·航柯等学者对口头诗歌文本类型的界定，从创编、演述、接受三个方面考量，对这6个民间文学类项目的特质与属性可做出一些基本判断，列简表如下：

项目名称＼从创编到接受	创编	演述	接受	项目特质与属性
谭振山民间故事	口头	口头	听觉	口头文本或口传文本
古渔雁民间故事	口头	口头	听觉/视觉	口头文本或口传文本
辽东满族民间故事	口头	口头	听觉	口头文本或口传文本
何钧佑锡伯族民间故事（长篇）	口头/书写	口头/书写	听觉/视觉	源于口头的文本/以传统为取向的文本？
杨久清民间故事	口头	口头	听觉	口头文本或口传文本
王树铮民间故事	口头/书写	口头/书写	听觉/视觉	源于口头的文本

上述6个项目所涉及的代表性传承人如谭振山、刘则亭、杨久清、王树铮以及满族民间文学项目中的故事家，笔者在20世纪80年代即已结识，对这些传承人及其讲述活动、个人生活史都比较熟悉。此中唯何钧佑老人结识较晚，自2008年发现这一线索后，笔者便一直指导并参与对其家族传承的锡伯族长篇叙事的调查、采录与研究工作，对此项目及传承人也比较了解。

二 谁在叙事——关于"传承人"的田野立论与概念拓展

早在20世纪30年代,面对工业革命对西方社会生活的快速渗入,德国文艺批评家、哲学家本雅明在其著名的《讲故事的人》一文中便慨叹:"讲故事这门艺术已是日薄西山";"讲故事缓缓地隐退,变成某种古代遗风"。① 本雅明对西方社会民间叙事走向衰竭的慨叹具有预言的意味,真实地道出了60年后中国民间文学类文化遗产的境遇。

据统计,在20世纪80年代进行的全国性民间文学普查中,我国各地发现的民间故事家多达9900多人(1986年)。而仅在辽宁省,1987年的统计数据是省境内发现能讲述百则以上的故事家112人,此中的佼佼者如金德顺、李马氏、李成明、佟凤乙、谭振山、武德胜、李占春、姜淑珍、石雅茹、何忠良、杨久清、薛天智、王树铮、白清桂、彭永发、赵福臣、洪福来、查树元、爱新觉罗·庆凯、富察德生等,每人都能讲述数百则故事,他们讲述的精彩故事,大都被收录到辽宁省各级民间文学集成卷本中,同时还编印出版故事家专辑14部。可以说,在20世纪80年代之前,各种样态的民间叙事活动作为一种生活文化,在辽宁城乡基本上还都处于一种"自在状态"。

倏忽间30年过去了,当下进行的民间文学类非物质文化遗产保护,却不得不面对这样的事实:历经三十载的社会变迁,人生起伏,当年的故事家群体无论其整体置身的社会环境,还是个体的生存状态,都发生了极大的变化,一些赫赫有名的故事家陆续离世,他们所乐道的那些承传千载、脍炙人口的故事也人去歌歇,像风一样地散去了。如今,当我们再次把目光投向田野,今日的辽沈大地,是否还有人在讲述传统的故事,吟唱古老的歌谣,演述悠远的史诗?

我们知道,民间文学作为一类强调口头传统的民俗文化,其基本特征是以人为载体进行传承的,对民间文学的研究离不开对其载体的研究,

---

① [德]瓦尔特·本雅明:《讲故事的人》,《本雅明文选》,张耀平译,中国社会科学出版社1999年版,第296页。

尤其是对这一传统的积极携带者——传承人的研究。自 20 世纪 80 年代以来，我国学术界在民间文学传承人研究方面取得了不少的成果，针对"传承人"这一基本概念，也形成了许多共识。在以往的学术语境中，"民间故事传承人"的概念通常包括以下一些元素：能够讲述较多数量的故事；具有较高的讲述技巧，讲述活动在当地有一定的知名度；有独特的讲述风格与创造才能；有自己的传承线路；等等。在这一研究视域下，学者们在以往的田野实践中，按图索骥，聚焦的传承人多是所谓"下层的""无文字的""前工业文明的"的社会之民或文化程度不高的讲述者。

　　需要指出的是，"民间文学传承人"原系学术界出于研究和表述需要而建构出来的概念，这一概念正如有学者近年来指出的，"这种被表述的、被建构的文化远不及文化本身的真实样貌"[①]。在近年来我国的"非遗"保护实践中，我们发现，以往民间文学研究武库中的"传承人"概念，已难以覆盖现实生活中民间文学演述与传承群体丰富而又复杂的样态，一些有着城市生活背景以及接受过高等教育的讲述者，以其对传统民间叙事的执着"讲述"与多样"传承"，相继进入国家级或省级的"非遗"保护视域，被认同为"民间故事传承人"。他们对民间文学研究视域的"闯入"，在讲述者及传承形态层面，都向研究者提出一系列充满挑战的新问题。

　　以何钧佑老人为例，他曾经名列民间文学类"国家级传承人"被公示，因恰在公示期间离世而最终流失此名录。毫无疑问，作为"民间文学传承人"，何钧佑的资质已获得"国家"层面的认同。但是，何钧佑在社会阶层隶属与角色内质构成等方面，却都与以往我们熟悉的讲述者明显有别。何钧佑的人生经历十分复杂，他出生于锡伯族官宦世家，祖父曾是清代盛京得胜营的骁骑校，父亲当过统领。何钧佑受过高等教育，喜欢历史与哲学，大学肄业；曾任国家干部，此间被错划为"右派"20年；被遣送"劳改"，还蒙冤入狱多年。此外，他还有在苏联工作的经历。何氏家族有说书讲古的传统，在锡伯族先民社会，把讲述（或说唱）

---

　　① 刘晓春：《文化本真性：从本质论到建构论——"遗产主义"时代的观念启蒙》，《民俗研究》2013 年第 4 期。

部落英雄或部落历史的长篇叙事统称"郭尔敏朱伯","郭尔敏"系锡伯语"长长的"之意,"朱伯"具指故事。据何钧佑介绍,其高祖父曾用锡伯文字记述"喜利妈妈传奇"故事,并经常讲给家中的孩子们听。何钧佑祖父的大哥也给他讲述过反映锡伯族先民鲜卑医圣传奇的"黄柯与神袋子"等,这些叙事每部都长达十几万字,堪称我国北方民族口承文学中的珍品。何钧佑天资聪颖,从小博闻强记,喜爱听故事、讲故事,尤其爱听鲜卑英雄的传奇故事。然而,成年后坎坷的人生经历与充满凶险的生存氛围,却使他在人生鼎盛的青壮年时期不得不保持缄默,丧失了讲述的动力。但是,这些家族世代传承下来的古老叙事却似冬眠的种子,始终深藏在他的心中,从未枯死,一直在等待抽芽展叶的机会。直到晚年,何钧佑的生活走上正轨,出于对本民族文化保护与传承的责任感,从 2005 年起,他以 80 岁年迈之躯,一边给村邻们讲述这些故事,一边动手记录、整理这些叙事文本。2008 年春天,笔者在其家中亲眼见到老人一笔一画记述下来的这些叙事文稿,竟多达七八十万字。遗憾的是,当"非遗保护"的脚步走近这位老人时,他因年事已高,只能手捧文稿持卷讲述了。毋庸置疑,何钧佑这些与众不同的人生经历,他对家传叙事的"书写式"传承以及"持卷讲述",足以使他与以往学术界认定的"讲述者"拉开距离,成为民间文学研究视野中的"这一个"。

再看故事家王树铮。王树铮现年 86 岁,他出生于名门世家,祖父是沈城名医。王家家境殷实,家中藏书丰富。王树铮从小接受正规的学校教育,在语言文字方面颇有造诣。王氏家族有说书讲古的传统,王树铮从小就听多位家族长辈讲故事,他喜欢将书上的内容与听来的故事比较,常常把书上的内容融入故事中,再讲给别人。这种从书面文学中吸取滋养与调料,再对传统故事进行"添油加醋",在王树铮那里十分自然,习以为常。

王树铮的一生历尽坎坷与沧桑,他年轻时当过教师,1957 年被错划为"右派",遣送农村监督劳动,妻子也因此与他离了婚。青年时代的王树铮性格倔强,坚持写信申诉冤屈,结果反而又因此入狱 8 年。由于长时间被打入社会"另册",王树铮基本丧失了在人前说话的自由以及讲故事的自信心。即使后来落实了政策,生活恢复了正常,他仍心有余悸,生怕再度"祸从口出",变得很少在人前讲话,更谈不上四处讲故事了。

近年来启动的"非遗"保护,使王树铮再度进入公众的视野。当他期盼着可以快意地讲故事时,殊不知,传统故事的听众早已被现代化之风吹得无处寻觅。王树铮不甘心肚子里的故事失传,选择了对故事的"别样传承"——将故事记录下来,守护着文稿,再寻找出版的机会,想以这种方式让他的故事传世。2012年,辽宁大学采录组采录了王树铮讲述的120则故事,此时的王树铮虽年过八旬,但头脑清晰,讲起故事来声情并茂,很有感染力,讲述质量不减当年。这120则故事王树铮都有手书文稿,但面对采录,他都是脱稿讲述的。据统计,王树铮记述整理的故事文稿近20万字。

与王树铮类似的还有"古渔雁"民间故事传承人刘则亭。刘则亭是国家公职人员,一直担任辽河口小镇二界沟的文化站长。他数十年来居家守地地从事赶海"渔雁"这一特殊群体的口头叙事的搜集采录工作,刘则亭本人也喜欢传讲这些故事,他把自己采集和讲述的"古渔雁"故事都用文字记录了下来,计有230余篇故事文稿,先后整理出版了几部"古渔雁"故事集。

上述个案中何钧佑、王树铮、刘则亭这三位传承人,都具有将口头故事转换为书面文字的动力与条件。当然,他们记述整理后的这些故事,在性质上已与故事的"口头形态"拉开了距离,他们对故事的传承,也与传统的传承方式有很大不同,口头讲述辅以文本记述,是这类故事家进行故事传承的主要方式。可以说,在本文举述的辽宁民间文学类项目中,既有像谭振山、庆凯、杨久清等讲述短篇民间故事,受教育程度不高甚至根本不识字,长期身处社会基层的故事家;也有何钧佑、王树铮、刘则亭等凸显着"知识型"与"精英型"文化特征以及带有城市生活背景的传承人。

现在的问题是:在主张民间文化传承人应当完全来自民间的学者眼中,何钧佑、王树铮、刘则亭这类传承人似乎都有一些与"民间"的"不搭调"之处,他们要么有城市生活背景,要么有现代教育背景,要么是国家公职人员或者教师,持有非民间的社会身份,甚或一些人的家庭背景也欠缺与民间文化环境的关联,如此等等。如果将他们与金德顺、李马氏、李成明、佟凤乙、谭振山等传统学术范式中"理想的"传承人比较，横看竖看终归都不够"正宗"。

然而，学者们尽可以对"理想的"与"标准的"民间文学传承人保持着一厢情愿的学术想象，也可以按图索骥地寻找自己认同的研究对象，这似乎也不是太大的难事。只是，摆在我们面前的田野事实是：在古往今来的民间文学传承活动中，确有如同何钧佑、王树铮、刘则亭等带有"知识型"与"精英型"文化特质的传承人活跃的身影。这些人可能身处"文人"或"社会精英"阶层，但他们在精神上却从未脱离过"民间"，尤其对民间文学有着长久的深深眷恋。他们喜爱讲故事，也乐于动手记述和整理故事，想方设法去传播故事。他们口头讲述的故事也好，以文本传承的故事也罢，虽然经过一定的"加工"和"润色"，但"叙事"的根基与主干却始终紧紧依附着民间文化传统。故而，无论怎样考量，他们口中、笔下的故事仍然与作家文学有着本质的区别，若将他们的故事归为"文学写作"，不但他们本人不认同，"作家文学"的阵营似乎也不能认同。以这类传承人的特质来看，"书写"并不能涵盖他们与传统的"民间文学传承人"的全部差异，如果参照美国史诗研究专家约翰·迈尔斯·弗里和芬兰民俗学家劳里·航柯等学者对口头诗歌文本类型的界定，从创编、演述、接受三个方面考量，将其定位为"文化精英型"传承人似更为贴切一些。

笔者认为，目前若抱持原有的"传承人"概念，已无法应对当下非物质文化遗产保护田野实践中的诸多问题，应该适时地拓展原有的"民间文学传承人"概念，将"文化精英型"传承人"名正言顺化"，同时也应加强对这类传承人的关注与研究。当然，"传承人"概念的拓展还关涉民俗学科当下对"民"的观念的重新界定问题，因这一话题牵扯的问题更多，这里恕不深及。

总之，概念的拓展是学者们的事，与古往今来传统的"积极携带者"并无多大关联，在"自在"的日常生活中，不同阶层的人们仍然在用各自喜欢并认为有效的方式"传讲"着古老的故事。这一点很像仓央嘉措诗句所描述的："你见，或者不见我，我就在那里，不悲不喜。你念，或者不念我，情就在那里，不来不去。"

三 为何叙事:关于"语境"的田野立论与概念拓展

人们为什么要讲故事,民间叙事的本质究竟是什么,道德训诫,理想诉求,情绪宣泄,表达对社会与人生的看法?抑或其他种种,以往学术界归纳出来的民间文学四大特征、五大功能都未必能够完整而又准确地涵盖这些问题。"就具体的民俗事象来看,时间、空间、传承人、受众、表演情境、社会结构、文化传统等不同因素共同构成了民俗传承的语境",[①] 可见,仅就民间故事的"语境"而言,在民间文学研究者眼中便十分复杂。

2008年,辽宁大学民俗学专业师生在辽东地区进行满族民间故事调查采录期间,一位50多岁的乡民曾对采录组这样描述过去时代辽东山乡讲故事的情景:

> 俺们小时候就爱听故事,大下晚的,一整整一屋子人,那我八爷才能讲呢,那嘴都冒沫子地讲呀。俺们这帮小孩就来地下听,那都听到几点也不困,都不回家。再么,蚕茧摘回家了,晚上弄一屋子人扒茧,这我爷就开讲上了,那越听越精神,扒茧到多晚也不困。(辽东满族民间故事项目本溪县调查组,2008)

在这一场景中,讲故事的人恣意忘情,听故事的人如痴如醉。在传统的故事演述场域中,如此景观随处可见。那么,这些讲述者的叙事动力是什么呢?若进入具体的"语境",不难发现,对于讲述者来说,讲述的故事文本固然重要,"讲述"本身作为一种展现则更为重要,讲述过程传达的并非只是文本的内容与意义,这一过程还附加着许多与文本相关的特殊意义,叙事的动力并非如一些学者所想象的那般崇高与宏大,与"自觉的文化传承"也几乎没有关联。

---

① 刘晓春:从《"民俗"到"语境中的民俗"——中国民俗学研究的范式转换》,《民俗研究》2009年第2期。

谭振山曾不止一次地述说对讲故事盛行的传统岁月的怀念，细数讲故事带给他的无数快乐。用他的话说，讲故事是有效益的，这效益就是能"维下人"（维系人际关系），能"交人"（结交朋友），"能让寡淡的日子混合"（红火）。对谭振山20多年的田野追踪研究也发现，作为故事家，谭振山从不盲目地讲故事，他不仅带有一定的自觉性选择故事篇目，在讲述时也喜欢根据自己的生活经历与经验对故事文本进行某种能动性建构或处理，鲜明地体现出文化持有者的自觉选择。譬如：谭振山喜欢根据个人的好恶强调或淡化故事的某一主题，对某些细节进行取舍与调整，将陌生的故事空间处理为他本人和听众熟悉并认同的空间，将故事中的人物转换成听众熟悉的当地人，等等。当然，他对故事的这种重构是一般听众及来去匆匆的调查者无法察觉的，唯有对其讲述活动进行长期跟踪，尤其将他对同一个故事因讲述语境不同而做的不同处理进行比较，才可发现其端倪。仅举一例，20年前的谭振山喜欢讲述《当良心》《洞房认义女》等故事，这类故事表现的多是道德层面的问题。而晚年的谭振山则喜欢讲述《面条为什么这么稀》《老秋莲》等故事，这类故事反映的是老年人与子女的关系，表现的是养老问题。可以说，谭振山讲述的故事都带有其个人文化观念的投射，是具有独特文化印记的精神产品。可见，研究者在田野中遭遇的不是冠以"普通价值"的故事，只能是体现故事家知识及观念意识的个性化与地方化的叙事体。对于每一个叙事个体而言，因其在不同的人生阶段关注的问题不同，对"挂在嘴边"的故事在选择上也必然受到心理趋向的驱使，这种下意识的关注，实际上才是讲述者内心深处最关心的问题，也是"叙事动力"之所在。

进入20世纪90年代之后，与我国多数地区一样，辽宁各地处于"自在状态"的民间叙事活动已微乎其微，"那嘴都冒沫子地讲呀"，"越听越精神，多晚也不困"的讲故事场景已难寻觅。一些在20世纪80年代因全国性"民间文学集成"普查而崭露头角，继而活跃在公众视野中的故事家们，也仿佛"集体失声"，一时间人散歌歇。直至近年来我国实施了非物质文化遗产保护，逐年加大保护的力度，一些民间故事讲述者才又回归公众视野。只是，"非遗"视域下的故事讲述语境，已经充斥着种种尴尬与无奈。"回归"公众视野且有较高关注度的谭振山，就曾多次倾诉他的遭遇与困惑：

> 电视偷走了我的快乐，现在谁还听故事啊，都看电视去了。
>
> 现在孩子忙学业，年轻人忙捞钱，四五十岁的人都打麻将去了，讲故事的好光景再也回不来了，60年代以前，主要是乡亲们听我讲故事，80年代以后，主要是外人让我讲故事；成了"遗产"以后，我就只剩下对着录音机、录像机讲了，这故事也不是这么个讲法啊。
>
> 这阵子来采访的太多啊，当地的，北京的，还有关里的。前几天，有一家湖南的来电话说要来，我说不行啊，你们别来了，我没有答应他们。我的身体确实不行了，血压还高，不临儿（不时）还有迷糊的时候。家里又出了特殊的事，儿媳妇病逝了，小孩们哭天抹泪的，大家心情都不大好。哪有心情讲故事啊！
>
> 前几天，北京的一个电视台来让我给他们讲故事录像，他们是头晌来的，讲到中午，完了下晌又把我折腾到大野地里，这也录，那也录，嗨，一直折腾到晚上九点多他们才走。那天下晚可把我折腾完了，我趴好几天，挂了好几瓶滴流！你说，这不是给我找麻烦吗！说实在话，这回一评上"文化遗产项目"了来的人更多，我都招架不起了啊！

毋庸置疑，我国实施的"非遗保护"，犹如一柄双刃剑，在给濒临失传的民间文化带来了机遇的同时，也使其面临着某些伤害与挑战。在上述个案中，种种外部力量的干预与介入已经影响和改变了民间叙事者的常态讲述。这种语境中的讲述及其文本，已很难展现文化的真实面貌。与处于"自在状态"的民间叙事活动相比，时下一些在"非遗"语境中进行的各种民间叙事活动，其"讲述"的语境大都与"本真"拉开了某种距离，而替代那些失去的"本真"，充斥讲述"语境"中的更多的是主权认同、文化代言，甚至某些现实经济利益的因素。由于讲述者的叙事动力发生了变化，事实上，"非遗"视域下的一些所谓"讲述"，已经成为一种具有包装性质的"文化展演"。

尽管"非遗"视域下的故事语境更为复杂，各种外部力量的干预与介入对故事的"常态"讲述构成一定的影响和干扰，但我们也欣喜地看到社会公众对民间文学遗产的认识有了明显提升，一些较有影响的民间文学传承人在对传统的坚守方面，也表现出更为清醒的自觉性：

> 谭振山："我不想把这些故事带到棺材里去，你们要想录故事，可得抓紧呀！"
>
> 刘则亭："以前我讲故事是一种爱好，现在是一种责任（指被评为国家级非物质文化遗产代表性传承人之后），我不把二界沟渔雁的故事讲出去，记下来，印成书，我走以后就没人知道了。"
>
> 何钧佑："我都80多岁了，你们认为俺们锡伯族老祖先留下的这些故事还有价值，太好了！这些年我就担心这些故事失传，要不就带到棺材里了。"

在新民师范学院现场聆听了谭振山、杨久清两位故事家进校园给大学生讲的故事之后，何钧佑在返程途中还曾对笔者感叹：

> 听了谭振山的故事，我就明白了，你们想要保护的是什么，你们不是要我写的这些东西，是想要我爷爷留下的那些故事，那还不好办，回去我就按照我爷爷当年讲的那样，给你们讲就是了。

而90多岁的杨久清老人，还在自家院里专门修建起当时我国唯一的一座民间自建的"民间故事传习所"，为的是方便乡邻到他家听故事。

这些传承人对传统的坚守，让人动容。

即使在某些带有尴尬与无奈的"故事语境"中，我们仍然可以感受到"传统"的坚实存在。仍以谭振山为例，笔者发现，无论其面对的故事听众是前来拜访的学者、文化工作者、新闻媒体、高校学生，还是他熟稔的乡邻，对于在什么场合讲故事，对什么人讲，如何讲，讲什么，谭振山内心都有自己的安排和选择，很少受各种外部力量的摆布。在谭振山那里，"讲述"是有"尊严"的，他从不违心地"应景"。正是在谭振山这样的传承人身上，我们获得这样的启示：故事是一种叙事，而"讲述"也是一种叙事，"讲述"是讲述者的行为叙事，是讲述者在用行为阐释意义，是其作为人的价值与意义的彰显，民间叙事的本质即在于对人们自身的文化属性与文化个性进行某种"表演"。可见，对于资深的讲述者而言，民间叙事的传统与谋略已内化为一种强大的力量，足以使这些成熟的讲述者形成某种定力，使其调动起心智，与时下包括官方及学术界在内的所有外界干扰进行应对、博弈、抗衡，进而得以顽强地表现传统及其个性。

一言以蔽之，"非遗"视域下的故事语境，没有最复杂，只有更复杂。研究者若想剖解特定语境中文化的种种"变形"，破译其何以发生这种"变形"，可能需要洞察并掌控与之发生关联的更多因素，启动更多的思考，正所谓"你有多丰富，你眼中的对象就有多丰富"。

四　如何叙事：关于"文本生产"的田野立论与概念拓展

近年来的民间文学田野实践证实，如果将众多名不见经传的民间"讲述者"视为一个传承谱系，那么，这一群体的内部并非具有高度的同一性。恰如有学者对我国史诗演述群体谱系进行的勾描：从高度职业化的一端，逐步过渡到很业余的另一端，其间存在丰富的过渡形态。从受过教育的大体等同于"文人"的"书写型"传承人的一端，到地道文盲传承人的另一端，其间有着复杂的中间形态。[①] 辽宁的民间文学传承人群体与我国史诗演述群体颇为相似，此中，有如金德顺、满族三老人、谭振山等国内驰名的传承人，学术界对他们早有界定并达成共识，对其讲述的故事文本，也有较高的认同度。也有如何钧佑、王树铮、刘则亭这一类具有"书写"能力的传承人，对他们及其文本的认知与界定，学术界比较纠结，存有一些分歧。一些学者认为，这类传承人大都接受了现代教育，他们通过现代传媒和其他渠道，获得了大量不属于"本土"的文化信息，这些信息和知识在影响和改变其人生观念的同时，也被组织进入故事之中，在他们的讲述及其文本中，都张扬有讲述者的个人诉求，折射着其"自我"的文化观念。还有，由于这类传承人具有书写能力，

---

① 朝戈金：《何钧佑锡伯族长篇故事·序言》，万卷出版公司2014年版。

往往扮演着衔接口语世界和书面世界、口头文学和书面文学两个世界的角色，他们的讲述及其经过"处理"的文本，难免带有某种书卷意味，具有一定的书面文学色彩。

　　以辽宁来看，由于故事家群体的复杂构成，辽宁民间叙事的"文本生产"形态各异，风格多样，此中既有芬兰学者劳里·航柯指称的"口头文本"或"口传文本"，即主要来源于民间讲述者脑子里的"模式"，又可称为"大脑文本"的故事，如谭振山、杨久清、刘永芹、爱新觉罗·庆凯等故事家讲的故事；又有"源于口头的文本"，即跟口头传统有密切关联的书面文本，因为具有口头传统的来源，因而成为具备口头性特征的既定文本，如王树铮、刘则亭记述的故事；同时还有接近于"以传统为导向的文本"，即根据某一传统中的口传文本或与口传有关的文本进行汇集后有所加工与创编的故事，如由何钧佑记述并持卷宣讲的锡伯族长篇故事。① 由于每个民间故事在较固定的情节之外都有一定的空间可提供叙事者在不同的情境之下作不同的发挥，这是民间叙事的本质属性赋予叙事者的自由，因此，不仅"以传统为导向的文本"关乎"文本生产"的问题，就是"口传文本"及"源于口头的文本"，在传承过程中也存在一定的"加工与创编"。例如，谭振山讲故事时就有"三不讲"：妇女在场时不讲荤段子，儿童在场时不讲鬼故事，人多的场合不讲思想意识不好的故事。谭振山曾坦言："故事这玩意也不用什么特殊学，喜好

---

① 美国史诗研究专家约翰·迈尔斯·弗里（John Miles Foley）和芬兰民俗学家劳里·航柯（Lauri Honko）等学者，曾相继对口头史诗文本类型的划分与界定作出了理论上的探索，他们依据创作与传播过程中文本的特质和语境，从创编、演述、接受三方面重新界定了口头诗歌的文本类型，即："口头文本"或"口传文本"（oral text），主要来源于民间艺人和歌手，他们脑子里有个"模式"可称为"大脑文本"（mental texts，航柯语）。当他们演述时，这些"大脑文本"便成为他们创编故事的基础。严格意义上的口头文本可以在活形态的口头演述中，经过实地的观察、采集、记录、描述等严格的田野作业，直至其文本化的整个过程中得到确证。"源于口头的文本"（oral-derived Text），又称"与口传有关的文本"（oral-connected/oral-related text），是指某一社区中那些跟口头传统有密切关联的书面文本，尤其是古籍文献或宗教经籍中的史诗文本，它们通过文字被固定下来，而文本以外的语境要素则无从考察。它们具有口头传统的来源，因而成为具备口头性特征的既定文本。"以传统为导向的文本"（tradition-oriented text），往往由编辑者根据某一传统中的口传文本或与口传有关的文本进行汇集后创编出来的。通常情形是，将若干组成部分或主题内容汇集在一起，经过编辑、加工和修改，以呈现该传统的某些方面。参见朝戈金、尹虎彬、巴莫曲布嫫：《中国史诗传统：文化多样性与民族精神的"博物馆"》，《国际博物馆》第 245 期"中国口头史诗传统"专号代序，中国民俗学网，2010.7.2。

这个就能记住,一听就忘不了,有些故事,别人讲的不老到,不生动,我就重新给它编一编,改一改,故事也就越来越生动了。"

王树铮的"文本生产"与谭振山有所不同。王树铮能够讲述很多关于张作霖的传说,这些传说多属于张作霖的野史逸闻,情节鲜活生动。王树铮青年时期就有把听来的故事动手记述整理的习惯,在记述整理过程中,他总是运用自己的知识储备,加入一些见解和想象。对于整理成书面文字的故事,王树铮喜欢"咬文嚼字",常常把整理后的故事文本先读给自己的老伴儿听,老伴儿觉得听不懂或者不好的地方,他就再做修改,大有白居易写诗请教老叟的意味。王树铮认为自己对故事的"加工"与"生产"是锦上添花,对基本情节并未改动,因而他再给别人讲述这些故事时,总是强调这是自己听来的真人真事,借以提升故事的感染力。

"何钧佑锡伯族长篇故事"在文本属性的界定方面比较复杂。作为民间叙事传承人,何钧佑与其家族前几代传承人具有某些共同特质:都对本民族或氏族的历史文化有较深入了解,有较强的文化自觉意识,具有驾驭、掌控长篇叙事的卓越能力,具有突出的文化传承能力,拥有演述长篇叙事的口才与能力,不仅有书写能力,还都擅长绘画,或者说拥有一般讲述者不具备的视觉展示能力,等等。据了解,何氏家族几代传承人中具有绘画才能的不在少数,何钧佑老人便依据叙事情节绘制有50余幅栩栩如生的插图。但是,即使具有上述特质,仍不能就此断定这些长篇叙事是哪位先辈的个人创造,因为这些古老"叙事"的根基与情节发育始终依附着北方民族根基雄厚的文化传统,叙事中所包蕴着的大量丰富的北方民族原生文化元素,当是历史上寻常个体难以驾驭的,也是现代的"写手"无从想象的。对这类文本的属性作出判断,只能把握这样一些依据:这些锡伯族古老叙事所以成为让人惊羡的鸿篇巨制,除锡伯族先民社会的历史等因素为叙事提供了丰富的素材之外,何氏家族先人对这些叙事文本的润饰,是不可忽视的重要因素。何氏家族前辈多为满汉文化精通、学识渊博的文化人,他们大都在朝廷为官,方便接触各类文献档案,对歌颂本民族或氏族祖先的这些叙事进行加工润色是自然而然的。到了何钧佑这一代,他在讲述或整理这些叙事时,也在不违背原题旨的前提下,对一些情节做了必要的修改与调整,使之更加合理与完善,但基本上还是保持了这些古老叙事的原有风貌。据了解,何钧佑讲述的这些故事在新疆察布查尔锡伯族聚居地区都有流传,当地锡伯族民众一定程度上熟悉叙事中的情节与人物,但至今尚未发现有如何氏家族保存下来的如此完整的长篇叙事文本。由于目前还缺乏更为有利的论证,基于何钧佑的"创编"过程以及呈现的文本形态,将其归为"以传统为导向的文本"也不为过。

以民间叙事的"文本生产"来看,由于每一部叙事都不是在一个短暂的历史时段里生成并完善的,大都经历了一个丰富、添加、黏附的过程,因而呈现在我们面前的许多文本,在其动态的传承历史中,实际上都经历了与世代听众"蓄积性"反应的研磨,文本的本质及主要内容都是紧扣着特定族群的文化传统并符合"在地性"听众的心理期待的。民间叙事的这种"活态性",不仅表现在文本中的情节、事件可能伴随着每一次具体的讲述而出现某种增删与润饰,还表现为不同时代的讲述者及听众,也会伴随着社会的发展、环境的改变,对叙事中人物的行为以及历史事件的评判发生变化,而这些都将对叙事文本的生产与演变构成影响。

笔者认为,在当下的非物质文化遗产保护中,如何对民间叙事活动及其文本属性作出判断,应该直面真实的"田野",只要"承"的属性未变,应该允许"传"的形态有别。

当今多元、包容、多样化的后现代社会语境,不断地刺激和敦促我们摆脱以往的学术想象与研究范式,去努力追求、探寻相对真实的"田野"。近年来的民间文学类非物质文化遗产保护田野实践,也从不同维度向我们展现了这类遗产所包含的复杂的演述形态与文本类型,同时,这一对象群体内部也存在种种多元化、非中心化、差异性以及不确定性等特点。笔者认为,立足于动态而又鲜活的"田野",以往使用的"民间文学传承人""叙事语境""文本生产"等被建构出来用以学术表述的概念,已难以覆盖我们所关注与研究的对象,更不具有永恒的意义,有必要对其进行拓展和重新界定。在非物质文化遗产保护与研究实践中,应该对近年来的田野实践与学术发现予以充分关注并积极展开思考,进而将这一文化事象所呈现出的多层次、多元化、非中心化、差异性以及不确定性等特点,适时地纳入学术参照与研究框架,以推动相关研究更接近于事实本身。

非物质文化遗产传承人口述史的效度与限度研究[*]

孔 军^{**}

摘 要：在当代非物质文化遗产保护工作中，传承人保护的基础性和关键性地位已成为普遍共识。众多非遗传承人因掌握某类技艺而成为民间文化精英，作为非遗的创造者与持有者，传承人口述史是对文化记忆的选择性和重构性表达，难免存在遗忘、隐藏、虚构、美化等认知偏差和行为偏差。因而，为有效推进我国非遗保护工作，应厘清非遗传承人的口述历史的效度和限度，充分虑及制约口述史效度限度的诸般因素，结合对记忆口述语境的分析，重新认识非遗传承人口述史的角色地位。

关键词：非遗传承人；口述史；文化记忆；效度；限度

自2006年以来，学界对非物质文化遗产（下文简称"非遗"）保护做了大量卓有成效的研究工作，非遗传承人在非遗传承与保护中所发挥的重要作用获得深切认可，非遗传承人作为非遗的创造者与持有者，其主体性的角色地位受到广大实务工作者和理论研究者的观照。通过田野调查口述史访谈手段，对作为活态民间文化的生产者、承享者的非遗传承人的生命史和文化记忆进行搜集、记录，此项工作对非物质文化遗产保护具有基础性意义。

---

* 原文刊于《文化遗产》2015年第5期，系2011年度国家社会科学基金重大项目"中国木版年画数据库建设与口述史再研究"（项目编号：11&ZD064）阶段性成果。

** 孔军，天津大学冯骥才文学艺术研究院博士生。

社会学调查方法中测量的效度,又叫作"测量的有效度或准确度,它是指测量工具或测量手段能够准确测出所要测量的变量的程序,或者说能够准确、真实地度量事物属性的程度"①。的确,效度是一项评价和测量指标,是"真实性、有效性,是指一项评价能够正确评价出评价对象属性或特征的程度,即评价结果达到评价目的的程度"②。非遗传承人口述史的效度指的是传承人口述史内容的准确性与可靠性,口述史内容的效度越高,其可信程度则越高。传承人口述史的限度是指传承人的口述历史在多大范围内和多大程度上对于科学研究和非遗保护产生效力,口述史的效度决定了口述史的限度,反之,口述史的限度也从宏观上规定着其效度,基于传承人口述史效度与限度相辅相成的辩证统一关系,我们发现,记忆表达的选择性与记忆语境的再造性决定了传承人口述史的效度和限度是有限的,需对之加以权衡以便度量。

一 传承人口述史研究的意义

非遗传承人往往掌握杰出的才能与技艺,其文化活动融入了个体经验和群体知识而成为非遗有序传承的载体和保障,传承人是非物质文化遗产的生产者和承载者,非物质文化遗产保护工作中最关键、最核心的是对传承人的保护,对人的传承的保护是非物质文化遗产保护的重中之重。要实现非物质文化遗产的活态传承,达到实务工作与学科建设、理论研究并行发展,传承人口述史的访谈与研究显得极为必要。

传承人口述史研究可带动和深化多学科研究,特别是对确立和拓宽非物质文化遗产学的研究领域具有丰厚的学术价值。"非物质文化遗产较之于物质遗产(文化遗产、自然遗产),它的学术、学科价值有两个特点:一是往往具有多学科的价值,即一种文化形态,汇聚很多学科的学术价值或科学价值;二是一种文化形式会涉及若干种或十余种学科,其学科价值要比物质遗产多。"③ 这为非物质文化遗产学跨学科、多学科综

---

① 风笑天:《社会学研究方法》,中国人民大学出版社2005年版,第112页。
② 肖远军:《教育评价原理及应用》,浙江大学出版社2005年版,第24页。
③ 向云驹:《世界非物质文化遗产》,宁夏人民教育出版社2006年版,第96页。

合交叉研究奠定了基础。

　　肇始于20世纪40年代美国的现代口述史学，在形成和确立之初，便引起了一场史学研究范式的转换，"新史学"改变传统史学囿于对社会政治领域和主流历史的局限，转向对底层社会和平民声音的关注，可谓颠覆传统史学观念。现代口述史学不仅增强了史学研究的动力，也为其他学科的发展创造出机遇。口述史，尤其是那些依靠传承人口传心授的非物质文化遗产，"可以作为'正史'或典籍史的补充、补足与拾遗。它首先审视、确定'代表作'的历史深度和历史渊源，关注共时中的历史，关注人民传统的生活文化，关注不见经传的代代相传的口头和行为文化，关注文化的活化石或活的历史，关注史前的原始文化"①。可见，非遗传承人口述史体现出一种进步的历史观，是先进的文化实践。口述史本身具有包容力和融合性，决定了它对其他学科的适用性，因而非遗传承人口述史研究有助于非物质文化遗产学的理论体系的建构。

　　同时，非遗传承人口述史和口述史研究具有实用价值，即从现实实际出发，聚焦于对非遗传承人保护的功用，直接服务于非遗保护实务工作。从"非物质文化遗产"的概念和理念诞生至今，非遗保护的重心始终在非遗文化的传承、非遗保护的方法、理念普及和实务工作的宣传、推行、强化上。在收集非物质文化遗产资料和掌握各类非遗发展现状的持续性工作中，民俗学和人类学的田野调查方法得到广泛运用，而田野调查的对象除纷繁复杂的民俗事象之外，受到最大程度关注的便是非遗传承人，他们的从艺史、生活史和生命史是非遗存在和灿烂的依托。

　　非遗名录的确定和抢救工作是基础性非遗保护工作，我们需要将那些口头的、无形的、活态的非遗对象转化为文字的、有形的和静态的对象，工作采用的方法正是人类学和民俗学等学科惯用的口述访谈方法，事实证明，口述历史方法是非遗普查和调研的得力工具。对此，冯骥才认为："第一，口述史面对的是活着的人，而非物质文化遗产的主角就是活着的传承人。第二，口述史是挖掘个人的记忆，而非物质文化遗产都保存在传承人代代相传的文化记忆中。第三，口述史的工作是将口述素材转化为文字性文本。但文化遗产只保存在传承人的记忆时，是不确定

---

① 向云驹：《人类口头和非物质遗产》，宁夏人民教育出版社2006年版，第73页。

的，不牢靠的；只有将这种'口头文化遗产'（即非物质文化遗产），转化为文字后，才可以永久保存。所以说，口述史调查是非物质文化遗产最重要的抢救手段和保护方式。"① 因此，口述史不仅仅是一种宝贵的调查手段，更对非遗保护工作具有实际导向和操作指导意义。

综上所述，传承人口述史的意义主要是口述史研究的学术价值和实用价值。"与有形的物质文化遗产不同，非物质文化遗产多依靠口传心授的方式传承。受这种隐蔽、师承方式的局限，其生存状况十分脆弱。非物质文化'群体记忆，口传心授'的传承特点，决定了口传资料、口传档案在非物质文化遗产保护中的重要作用。"② 本文基于此进一步窥探非遗传承人口述史的内部机理，对传承人文化记忆表达的特性及传承人口述史的效度的制约、传承人口述史应用限度与传承人口述语境等内容进行深究。

二 传承人口述史的效度与记忆的选择性

人类非物质文化遗产的传承方式大致分为三类，即口头传承、身体传承和书面传承，其中，口头传承与身体传承是极为依赖于非遗传承人本体的两种动态传承方式。非遗传承人包括个人从艺史在内的个人生命史的表达途径多种多样，例如表演、说唱、雕塑、绘画、剪纸等，而非遗保护中传承人的口述是展现和记录传承人文化记忆的重要方式，它与文化记忆的形成与表达特性紧密相连。记忆作为体现出人类个人与群体的价值观念和情感心态的关键组成部分，其种类和形式多元复杂，但其形成和传承又具有一定的共性，尤以记忆的选择性最为凸显。记忆的选择性与传承人口述史的效度息息相关，主要体现在记忆形式的选择性和记忆内容的选择性两方面。

1. 非遗传承人对记忆形式的选择

非遗传承人的记忆形式包括口头表述、文本书写和行为展现等，即

---

① 冯骥才：《中国木版年画传承人口述史丛书总序·年画艺术的口头记忆》，郭平主编《凤翔年画邰立平》卷首，天津大学出版社2009年版。
② 吕鸿：《非物质文化遗产保护视野中的口述档案》，《甘肃社会科学》2008年第3期。

借助口承来完成表述，依靠书承来实现传达，依赖身承来进行展演。例如，我国四大民间史诗的传承，基本上是靠唱诗人的即兴口头演唱而代代口耳相传，这种纯粹靠语言的口承方式，对传统意义上的民族记忆的延续具有重要意义。非物质文化遗产传承人记忆中口头表述方式的意义，与仪式表演和文本书写一样，体现在其根据不同语境对记忆形式与口述的双重选择过程当中。

非遗传承人记忆的凝结依赖于多重载体，并自主选择最恰当的方式。非遗传承人口述对记忆形式的选择并非单一，而往往采用多种形式相结合的表达方式，这既取决于非遗传承人的表达习惯，也受制于受访谈人所选择的访谈方式以及访谈语境。所以，非遗传承人记忆的凝结本身便有选择性，而其口述也有选择行为贯穿整个过程。

可以说，传承人记忆的选择性是记忆形式的根本性质，是传承人从当下个人生活状况出发，基于对其表达意义的设计，并在不同的叙事方式里的选择和转换。

2. 非遗传承人对记忆内容的选择

非遗传承人的生活经历，特别是对民间文化的认知和实践，促使记忆内容复杂多样，也使其口述表达具有多元选择。记忆不是对过去的完全复现，而是从现实社会出发，为满足各种现实需求和目的，以有关过去的所有知识为参照，完成对记忆框架的填充和新知识的生成，记忆内容的选择性由此发生。对此，杰弗里·布雷思维特有精彩的比喻："拖网装满鱼后，传记作者把渔网拉上来，进行挑选和分类，不好的扔掉，好的贮存起来，最后切成鱼片出售。"[①] 非遗传承人的口述内容便是对记忆的叙事，其本质是记忆的重构，重构记忆就是个体对记忆素材的选择性表述和呈现的过程。

非遗传承人对其记忆内容的选择，总是以一定的坐标体系和框架为参照。河北省非物质文化遗产项目内丘神码代表性传承人魏进军，在讲述制作神码的颜料时说，"过去的颜料是就地取材，自己制的。黄颜色是槐米制作的，绿色是琉璃湛（当地一种植物），红色是石榴花做的，现在

---

① ［美］柯文：《历史三调：作为事件、经历和神话的义和团》，杜继东译，江苏人民出版社2000年版，第46页。

早不用这些颜色了。那个时候我没赶上，是听义父说的"①。可见，木版年画传承人对原始制作工艺的记忆，不必完全依靠亲历，也可以来自长辈的叙说，借助口口相传而形成。在与过去的世界发生牵连的脉络中，回忆往往参照我们曾有的体验以及未曾体验的事件或事物，其中包括他者或他群的记忆，这超越了个体既有的亲历的记忆范围。

非遗传承人口述的记忆内容属于个人或群体，但从更广的视角来看，也是作为一种社会文化传统发展历程的体现，因而，传承人集体记忆的个人表达实质上也是地域性文化传统的群体传承。作为共同记忆的地域性文化传统，往往是对于众多微观文本的多种叙述的阐释和概括，而这恰恰与有着较浓厚自传性的个人记忆大异其趣。非遗传承人口述的内容来自记忆，而口述常常是在交流的语境中发生的，每次口述的结果往往会导致新知识的产生，即通过对"过去"的多重表述而使"过去"产生新的意义。

3. 记忆的选择性对传承人口述史效度的制约

为保证非遗传承人口述史研究结论的有效性，以及非遗保护实务工作的实效性，必须对传承人口述史的效度进行预估，并充分考虑影响传承人口述史效度的方方面面。"对于一个民族的非物质文化来讲，它的进步和嬗变，表现在两个方面：一个是积累，一个是传递。……对于民众来说，非物质文化的发展嬗变不可能听任一种权威力量的指挥，而靠的是自然淘汰，即民众的自愿选择，故自然淘汰也可以称为文化选择。"②可见，自然选择的主动权在非遗传承人手中，传承人的自为性将起到很大作用，但是，传承人口述记忆的表达并非充分自由的。非遗传承人口述史的有效性和实效性受以下几方面因素的影响。

首先，受个体或群体的社会地位、地域文化、能力素养、性格特质等差异的影响，不同非遗传承人之间对记忆素材的认知存有差异，并由此带来传承人对当下和过去有着不同的体验。正如约翰·托什所言，"个

---

① 毛瑞珩、唐娜、冯莉：《内丘神码魏进军、焦凯，云南甲马张元文等》，冯骥才主编《中国木版年画传承人口述史丛书》，天津大学出版社2011年版，第48页。

② 刘锡诚：《传承与传承人论》，《河南教育学院学报》（哲学社会科学版）2006年第5期。

体对过去的认识包括了直接经验的选择,以及对他们生活于其中的社会制度的某种认识"①。保罗·康纳顿认为,"不同辈份的人虽然以身共处于某一个特定场合,但他们可能会在精神和感情上保持绝缘,可以说,一代人的记忆不可挽回地锁闭在他们这一代人的身心之中"②,这意味着非遗传承人的记忆深受时代、社会、地域、文化、性格、能力等主客观因素的制约和影响,传承人的记忆选择并非充满无限的可能性。

其次,非遗传承人的口述并非在完全再现与过去有关的文化记忆,而只是从记忆中撷取一些游离不定的片段进行重新组合和建构,甚至是会根据现实抽绎和创造新的概念以美化、完善自我的表达。正如哈布瓦赫所强调,"尽管我们确信自己的记忆是精确无误的,但社会却不时地要求人们不能只是在思想中再现他们生活中以前的事情,而是要润饰他们,削减他们,或者完善他们,乃至于赋予它们一种现实都不曾拥有的魅力"③。这种记忆主体对过去进行有意篡改、虚构、隐藏和美化的行为,正是记忆选择主观性的强烈体现。如此一来,非遗传承人的口述内容就充满了不确定性,体现出个体性、主观性的色彩。

此外,非遗传承人在日常生活中为了避免尴尬,往往会有拒绝口述或作虚假性表达的现象,由此导致某些记忆的弱化、遗忘或者被篡改,甚至造成某个社区群体对某一传统技艺或历史事件的集体性失忆。从某种意义上来说,非遗传承人记忆的选择性还源于记忆的遗忘性,而且记忆似乎更加偏爱于那些重要的、关键的和值得记住的部分,选择性记忆也就意味着选择性遗忘。正如柯文所说,"真实的过去包含着许许多多不同的经历,其中一部分是重要的、关键的、值得记住的、明确的,另有一部分是辅助性的,处于从属地位的"④。众多非遗传承人口述访谈经验显示,在掌握传承人口述史第一手资料的同时,必须将传承人口述资料

---

① [英] 约翰·托什:《史学导论:现代历史学的目标、方法和新方向》,吴英译,北京大学出版社2007年版,第273页。
② [美] 保罗·康纳顿:《社会如何记忆》,纳日碧力戈译,上海人民出版社2002年版,第3页。
③ [法] 莫里斯·哈布瓦赫:《论集体记忆》,毕然、郭金华译,上海人民出版2002年版,第89页。
④ [美] 柯文:《历史三调:作为事件、历史和神话的义和团》,杜继东译,江苏人民出版社2000年版,第48页。

的可信度和应用效度予以客观甄别与定性。传承人个体的差异、群体的异同及所处社会环境的区别，其影响指涉于传承人口述史的真实性与可信度。

三 传承人口述史的限度与记忆语境的再造性

记忆表达的选择性与记忆语境的再造性决定了传承人口述史的效度和限度是有限的。任何记忆都是基于语境产生和再造的，非遗传承人记忆的凝结与其所处的时代社会环境和地理环境息息相关，传承人对记忆的口述也是在具体语境中完成的。非物质文化遗产的精华蕴含在传承人的日常生活里，凝聚在传承人的广泛的生活记忆之中，口述访谈是感受和理解传承人情感记忆的重要方式。

非遗传承人口述史的实质是对其记忆的重构，在表述回忆的机制中，语境再造是记忆的凝结与扩展的重要特征。大多数情况下，非遗传承人的回忆和口述是由于受到相关刺激而引发，正是口述语境中外在的刺激帮助了个人的记忆，即个人的记忆借助了旁人的记忆。不同的刺激作用于记忆系统，会带来不同内容的多种形式的表达。比如，对木版年画传承人的访谈，一般采用一问一答的访谈形式，传承人的口述效果会受到访谈环境、个人情绪、身体状况以及访谈人引导的影响，特别是访谈人的不同的提问方式和态度等都带来不同的结果，口述人对同一事件不同的口述方式和内容表明，不同的刺激会引发不同的记忆内容和口述风格。

既然非遗传承人记忆语境的再造是指面向当下对本原语境的回忆和重建，那么它是对既有记忆素材所发生的情景的想象，而且这种想象并不是凭空发挥，而是口述主体依靠对过去记忆的既有认知而做出的行动判断，时间、地点和在场的访谈者等情景会渗入再造语境的语境中。宏观地说，群体性格、地域文化以及社会时代背景也会对口述语境的再造产生影响。口述作为记忆的表达是在交流语境中进行的，因此，传承人口述记忆与记忆语境的关系，可以看作语境与叙事文本的关系，传承人再造记忆语境影响着口述文本的表达内容与表达形式，因而传承人的叙事方式和记忆文本往往呈现出多样性的特征。

非遗传承人口述史是基于当下语境对过去的重构，不论传承人对记忆的表述是多么生动和准确，口述史内容是多么翔实生动，他们口述的记忆总是渗透着"后见之明"，其口述行为其实是以当下的视角对过往记忆的表述。我们不否认部分传承人拥有强大的记忆能力和超强的言语表达能力，但不论传承人回忆叙说得多么逼真，也无法复原曾经发生过的情景，而且这种回忆越是生动逼真，就越有对细枝末节的夸大的嫌疑。

因而，传承人口述史的限度应在传承人口述文化记忆的语境范围内。非物质文化遗产传承人记忆也一样会刻上时代的烙印，生长在不同时代的传承人在描述同样一种技艺时，往往会用具有不同时代特色的话语形式进行表述。口述传统的时代色彩，乃是传承人记忆的必然性所致，其口述内容和口述形式的选择因此呈现出偶然性与必然性相统一的特征。故而，宜将传承人口述归置到其生成语境中理解，并结合当下记忆表述语境进行解释，反对忽略二者互动关系和脱离实际语境的过度阐释，如此对范围的限定正是传承人口述史研究所应秉承的限度原则之一。

首先，充分关注传承人口述语境在不同场合和时段中差异性的创造。在不同的时间、地点和氛围中，人们会对既有的记忆框架予以不同的修改、剔冗或完善，以不同的方式再现它，故而再造的语境具有主观性、流动性和不稳定性。例如，如果我们与年画艺人的交谈地点为年画制作作坊，在熟悉而轻松的环境中，各种条件更适宜记忆主体的记忆语境再造和口述表达；如果地点选择为严肃的会议室，那么年画艺人可能会因为紧张拘谨，在表达中充满顾虑，造成一种或隐藏或保留或夸张的不充分、不自由的口述。

其次，注重传承人口述史语境再造的边界性和连续性。语境的再造是通过新经验与旧知识的相互协调而产生和保存，从外部观察者或倾听者看来，传承人的记忆内容杂乱无章，只是一些逻辑欠通的零碎记忆的碎片组合，它是断裂的，是令人费解的；而对传承人而言，这却具有内在的连续性与同一性，那些被隐藏或遗漏的部分是自然而然应该熟视无睹的，被表达的记忆是具有结构的合理性的记忆。再造语境的内在连续性，意味着在一定的语境序列之外，语境存有模糊的边界。面对记忆主体对某一话题的口述，如果缺少相似的集体记忆或者背景知识储备不够，想要融入并理解这一再造的语境就困难重重。访谈者对于传承人记忆的困惑，是对其记忆语境的陌生所导致的，要想实现跨界的理解就需要具备一套共享的知识话语体系。

再次，辨别传承人口述历史的真伪，以确定口述内容的应用限度。语境的再造意味着记忆情景的更新和想象语境的生成，非物质文化遗产传承人的口述难免具有表演成分，这让记忆有"造伪"的嫌疑，难保口述记忆的真实性。口述记忆不同于历史记忆，口述记忆关注的是传承人口述历史的真实及其价值，其重要性与其说是对历史真实的多重表述，不如说是作为表明传承人记忆是如何被建构的珍贵证据。过去的种种因素可能会影响人们对当下的体验，现在的因素也同样会影响。所以，在口述史的意义上而言，现在与过去密不可分但又难以相互准确印证。

因此，要想准确理解非遗传承人口述史的效度与传承人记忆之间的关系，应将传承人文化记忆语境与其制约的口述史联合起来加以综合考察。对于传承人口述史限度的理解，也应将其置于整个社会语境之中，正如对历史真相的探究应该把事件重置于相应的历史语境一样。"非遗中特别富有活力的一面，唯有在其所属的区域社会中才能真正得以理解。对于民众非遗口述内容的理解，也只有深入理解所属的区域文化体系，把握所在区域的长时段自然生态变化、日常生活节律、世俗与神圣的观念世界、礼俗互动的文化传统等，才能真正实现，并进而在不同的地域层级中分析非遗口述史的多种文化意义。"[①]

四　总结

非遗传承人口述史是作为民间文化的创造者和传承者的文化主体对记忆的表达方式和内容，即非遗传承人表达记忆的主要形式为口述，口述的内容是包括传承人个人生命史在内的与社会文化历史有关的整体性记忆。非遗传承人口述史具有多方面意义，比如更新史学观念、深化史学研究，推动非遗学科建设，指导非遗保护实务工作等。传承人口述史既是一种充满实效性的田野调查工具和理论研究途径，也是非物质文化遗产等民间活态文化的展现方式。

---

① 李海云：《当代非物质文化遗产保护中口述史研究的适用与拓展》，《民俗研究》2014年第4期。

非遗传承人口述史的效度与限度二者之间是互为依存的辩证统一关系，影响和制约着口述史研究深度和非遗保护实效。如果将非遗传承人口述记忆视为一种对于"过去"的不间断的叙事，那么这种叙事所表现出来的对于记忆的选择和遗忘便总是以当下的生活状况与心理状况为依据的。由于非遗传承人个体差异和群体特征的不同以及记忆表达机制本身的遗忘特性，传承人习惯于从当下出发进行主观性的营造和表述，口述内容不乏对既往过去的篡改、美化和修饰。所以，传承人的口述行为是其对自身记忆的选择性的表达或建构的活动，传承人口述在记忆形成过程中的选择性和在记忆表达机制中的选择性，其口述史内容的准确性与可靠性，直接决定着传承人口述史实际应用的限度、研究结论的有效性以及非遗保护实务工作的实效性。传承人口述历史的效度和限度并非无限的，只有充分虑及传承人口述记忆的选择性特征，在与口述史表达语境相结合的视域中加以理解，继而在适宜的范围内把握其效度和限度，才能为学术研究和实际保护工作产生积极的效力。

非遗语境下民间文学"三套集成"的承启意义＊

廖元新＊＊

摘　要：21 世纪初，"非物质文化遗产"一词开始浮现在公众面前，并成为各界日益关注的热点话题。然而看似忽然火热的"非遗"热并非"横空出世"，考察其来龙去脉，不仅和国外民俗学界的推动有关，和国内民俗学的发展也有着密不可分的联系。本文将以民间文学"三套集成"为例，考察其在"非遗"酝酿和形成过程中所起到的承启作用。同时，反思在"集成"编纂和"非遗"保护中存在的共性问题。这将有助于我们从新的角度认识"三套集成"的历史意义，亦有助于民间文学（民俗学）学科今后的发展。

关键词：非遗语境；三套集成；承启意义

21 世纪初，"非物质文化遗产"一词在社会舆论中逐渐引起关注，之后在许多领域都产生了巨大的影响。放眼望去，很少有其他学术术语能像"非遗"一样引起如此广泛的关注，这个原本由学者创造，用来指代"各种以非物质形态存在的与群众生活密切相关、世代相承的传统文化表现形式"的专业术语，一时间成为各行各业的热词。然而，看似忽然火热的"非遗"热并非"横空出世"，考察其来龙去脉，不仅和国外民俗学

　　＊　原文刊于《文化遗产》2016 年第 4 期。
　　＊＊　廖元新，南昌大学副教授，现为北京师范大学民间文学研究所在读博士研究生，邮箱 liaoyuanxin1982@126.com。

界的推动有关，和国内民俗学的发展也有着密不可分的联系。从某种意义上说，"非遗"热的产生，是社会发展水到渠成的必经阶段和必然结果，"改革开放的文化成效在积累中，巨变需要等待在本质上具有替代作用的事件在正确的时间发生。非物质文化遗产保护恰是这样一个'正确'的事件，2000年后恰是这样一个'正确'的时间"①。其中，三套集成的编纂工作在某种程度上就起到了承上启下的作用，其长达20余年的成书过程，为日后的"非遗"实践提供了扎实的思想储备、理论储备和人员储备。本文将以"三套集成"为例，考察其在"非遗"酝酿和形成过程中所起到的作用。

一 三套集成的简单回顾

众所周知，中国民俗学滥觞于五四时期的歌谣征集活动，从那时开始，一大批文人学者投入歌谣的搜集和研究之中，并以《歌谣》周刊为阵地，逐渐形成了颇有声势、蔚为壮观的歌谣运动。抗战全面爆发后，歌谣周刊虽已停刊，但是已经点燃的歌谣学、民俗学热情却没有熄灭，对少数民族地区歌谣的发掘，对抗日根据地地区歌谣的改编利用，皆成了一道独特的风景。20世纪50年代，受到政治因素的影响，"红旗歌谣"风起云涌，塑造了一代学术话语。然而不久后，整个民间文学研究就因为"文革"的爆发而失去了声音。

早在"文革"前，民间文艺工作者就对民间文化"人亡歌息"的现象有了深刻的担忧，无奈"文革"的爆发使得这种忧虑雪上加霜。幸而，在"文革"结束后，得益于正确方针的指引，民间文艺研究会较快地得以恢复，各地民间文艺家协会也相继恢复或成立，民间文艺研究热潮又一次高涨起来。与此同时，学者更为迫切地感受到抢救民间文学的重要性。在这样的背景下，1981年12月29日至1982年1月2日召开的中国民间文艺研究会常务理事扩大会议上，决定在全国普查、采录的基础上，编辑一套《中国民间故事集成》《中国民歌、民谣集成》《中国谚语集

---

① 高丙中：《中国的非物质文化遗产保护与文化革命的终结》，《开放时代》2013年第5期。

成》。1984年5月28日，文化部、国家民委、中国民研会联合发布了《关于编辑出版〈中国民间故事集成〉、〈中国歌谣集成〉、〈中国谚语集成〉的通知》。1986年5月，全国艺术学科规划领导小组组长周巍峙宣布接纳中国民间文学三套集成与其他七套艺术集成志书并列成为"十套文艺集成志书"，并向国家申报列入"国家七五计划"重点项目。从此，民间文学集成统归全国艺术科学规划领导小组及所属的规划办公室领导，由中国民间文艺家协会具体组织实施和负责编审工作。① 三套集成的编纂工作，由此进入了全面推进的时期。到2009年，三套集成全部出齐，距1982年决定编辑集成已过26年，距歌谣集成首卷《广西卷》编审完成，也已有18年。

二 三套集成的历史脉络

三套集成的编纂，是20世纪末一件功在当代、利在千秋的重大文化工程，我们审视此项工程，并不能把它孤立地当作某一时代的文化项目，它也绝不是一场一时兴起的文化运动，而应把它放到百年民间文学的视野下予以考察，这样才能更好地理解它所具有的意义。

从思想渊源上看，它顺应了五四以来科学、民主的思想潮流。五四新文化运动，以"德先生""赛先生"为旗帜，以"打倒孔家店、反对旧道德"为口号，开启了中国现代的文化革命。学者们首次将目光由上层阶级的士大夫文学艺术，聚焦到了乡间社会的民俗生活。这一由深受西方文化影响的群体所倡导的、彻底的反对封建文化的思想运动，此后一直激荡在中国学者研究实践中，正如高丙中所言："作为全国性的社会运动的'文革'到1978年的中国共产党十一届三中全会就算结束了，但是文化革命却没有结束，新文化运动所建立的文化逻辑以及由此建立的现代意识形态的正当性和有效性还是在发挥作用，并没有性质的改变。"② 正是在这样的思想脉络下，深受五四影响的钟敬文等

---

① 张文：《对民间文学集成工作的回顾》，《民间文化论坛》2009年第5期。
② 高丙中：《中国的非物质文化遗产保护与文化革命的终结》，《开放时代》2013年第5期。

老一辈学人，始终心怀民间、眼光向下，在"文革"结束后立即提出了抢救民间文艺的口号。虽然他们的搜集工作不再是为了革新旧有文化、启蒙麻痹民众，但是重视民间的感受、让百姓说话的拳拳之心，仍然可见一斑。

从文化传统上看，我国历来重视对民间歌谣的搜集工作。虽然我国的民俗研究始于近代，但是对于歌谣的搜集工作却早已有之。早在西周时代，我国就有采诗的优良传统，当时的统治者期望通过搜集民间的歌谣、诗歌，以了解民风民情。在《汉书·食货志》中就有记载：周代"孟春之月，群居者将散。行人振木铎徇于路，以采诗，献之大师。"到了汉武帝时，其设置的乐府，更是我国采诗历史中的重要创举。1918年2月1日，由刘半农执笔、刊发在北京大学日刊上的《北京大学征集全国近世歌谣简章》，则开启了近代收集歌谣运动的大幕。受到西方浪漫主义思想的影响，歌谣搜集的目的由"观民风，知得失"让位于"一是学术的、一是文艺的"。20世纪五六十年代，歌谣的搜集工作仍在继续，在1958年全国采风运动搜集的歌谣基础上，编辑出版的《红旗歌谣》就是其中的成果之一。虽然毛主席提倡搜集歌谣的主要目的是发展新诗，然而那时的歌谣搜集实际上却成了歌颂时代、突出个人、神化领袖的政治工具。进入改革开放时期，政治环境的宽松、观念的解放，使得恢复歌谣搜集这一文化传统成为可能。"三套集成"的发起者们希望通过广泛、深入的大规模普查，尽可能地采录在民间流传的有代表性的各类民间文艺作品，以期将这些濒临消亡的民间文艺珍品保存下来。

从研究方法上看，三套集成的编纂延续了对于文本研究的重视。从我国歌谣运动发起开始，在相当长的时段内，占主导地位的理论是将民俗看成久远过去的遗留物，常惠在《我们为什么要研究歌谣》一文中曾说道："文化愈进步，歌谣愈退化，这是最容易明了的。不信调查野蛮民族，就知道了：因为越是野蛮民族歌谣越发达。"[①] 故而"许多国家民俗学一开始就具有从急剧变化的现代生活中抢救过去文化遗留物（民俗）的学术取向，民俗学者在自己学科领域所做的工作，本身就是对民俗传

---

① 常惠：《我们为什么要研究歌谣》，《歌谣》周刊1922年第1卷第4期。

统资料的记录、保存和保护"①。不论是德国的赫尔德搜集整理的《民歌集》、格林兄弟整理编写的《格林童话》,芬兰的伦洛特整理编辑的《卡勒瓦拉》,还是我国歌谣运动时期搜集整理的诸多歌谣文本,都体现了对于文本搜集的重视。而当时的民俗学研究方法,不论是历史地理学派擅长的比较法,或是从顾颉刚《孟姜女故事研究》而发展起来的历史演进法,还是在民间故事研究中的结构形态研究,也都是立足于文本的。因此,在 20 世纪 80 年代,选择以文本为最终呈现形态,自然就成了当时"三套集成"研究者们的不二之选。

从民族情感上看,三套集成的编纂反映了近代以来文化学者民族复兴的愿望。民族复兴的愿望,往往源自悠久历史民族陷入的长期落后状态之中,并因这种落后而伴生出强烈的民族自卑心理。邓迪思曾说,民众粗鲁落后,不通文字,令精英知识分子为之羞愧;但同时,民众代表了一个民族美化的、浪漫化的世袭遗产的残余,而这种残余正是狂热的知识分子颂扬的东西,所以,"知识分子对于自己的民和民俗,既为之尴尬,又为之骄傲。于自卑中滋生出骄傲!"②纵观西方民俗学的发展,不论是德国的民歌搜集、童话编撰,还是芬兰的史诗收集,无一不反映出搜集者深沉的民族忧患意识与强烈的民族振兴愿望。民间歌谣,在此时的知识分子眼中,成为了萎靡的社会风气中一股清新的空气,在矫揉造作的文人创作中展现出了质朴刚健的风格。《歌谣》周刊第 3 卷第 12 期的头版所刊的《歌谣论》,对歌谣更是做了极高的评价:从民间艺术的各种表现上来看,歌谣在人种学心理学上无疑具有最大的价值。从它里面可以看到并且考察出某一民族的灵魂的最深的地方。歌谣实在是民族灵魂的一面明镜。③ 正是抱持着这样的态度,近代以来,我国一大批知识分子投入了歌谣的搜集与研究之中,后来成为民俗学科奠基人。三套集成发起者和常务副总编的钟敬文先生,便是其中典型且杰出的代表。

---

① 安德明:《非物质文化遗产保护:民俗学的两难选择》,《河南社会科学》2008 年第 1 期。

② 丁晓辉:《"语境"和"非遗"主导下的民间文学研究——以 2009 年民间文学理论研究为例》,《广西师范学院学报》2014 年第 1 期。

③ [西班牙]卡塔鲁尼亚·卡萨司著:《歌谣论》,于道源译,《歌谣》周刊第 2 卷第 26 期。

三　三套集成对于"非遗"工作的承启意义

进入 21 世纪后，非物质文化遗产保护工作，成了民俗学家关注的新的热门领域，同时也引起了社会各界的瞩目。"非物质文化遗产"这一概念源于日本、韩国的实践，1950 年，日本即颁布了《文化财保护法》，这是世界范围内首次将文化遗产纳入国家政策的法律，它不仅提出了要保护有形的文化遗产，同时提出还要保护无形的文化遗产（无形文化财）。韩国在多年实践的基础上，也提出了建立"活的人类珍宝"（Living Human Treasures）或"活的文化财产"（Living Cultural Properties）保护体系的设想。其中所谓"活的人类珍宝"，指的是那些对本国的优秀民俗传统具有出色表演才能的杰出传承人。借用这些理念，联合国教科文组织在 2003 年正式通过了《保护非物质文化遗产公约》（简称《公约》），我国则在 2004 年 8 月 28 日，经全国人民代表大会常务委员会批准成为该《公约》缔约国之一。

虽然"非遗"这一概念并非我国固有，但是其在多年的实践过程中，却与我国现实的社会状况、历史文化、政治环境、经济发展较好地融合在一起，并非生硬的舶来品。在"非遗"的五大类别中（口头传统和表述；表演艺术；社会风俗、礼仪、节庆；有关自然界和宇宙的知识和实践；传统的手工艺技能），排在首位的便是民间文学的研究领域——口头传统和表述。而历时 20 余年的、旨在搜集和保护民间文学的"三套集成"编纂工作，必然地会对始于世纪之交的"非遗"保护实践产生重要的影响。正是在民间文学三套集成的基础上，经过两年多的酝酿筹备，中国民间文艺家协会于 2003 年正式启动了"中国民间文化遗产抢救工程"，随后，这一工作又融入了"非物质文化遗产保护"项目之中。[1]

第一，"非遗"保护工作对于传统文化抢救的迫切愿望，与"三套集成"不谋而合。"文革"期间，传统文化受到了严重冲击，许多民俗活动遭到毁灭性破坏。十年浩劫结束后，学术话语获得了更大的空间，学者

---

[1] 安德明、杨利慧：《1970 年代末以来的中国民俗学：成就、困境与挑战》，《民俗研究》2012 年第 5 期。

的目光重新关注底层生活，抢救在政治运动中濒临消亡的民间文学，这成为"三套集成"提出的基本背景。进入 20 世纪 90 年代，尽管政治对于民间生活的管制渐为宽松，民众的"自由意志"能得到更大的彰显，但是随着改革开放的深入，日益增强的工业化和全球化浪潮对民间社会造成了前所未有的冲击，学者原先期望的"等到政治气氛变得宽松，行政控制不再严格，百姓有了越来越多的经济自主权，生活的自有属性得到充分的释放，传统文化在生活中便逐渐复兴起来"① 并没有到来，相反、民众传统的"生活世界"在空间和时间上受到了双重挤压。当然，面临这一困境的并非中国一家，非西方发达国家，都在不同程度上受到了这一趋势的影响。韩国、日本之所以会在联合国教科文组织内积极促成"非遗"保护工作，很大程度上与其本国在现代化以及全球化过程中日益凸显的民族传统文化危机感有着直接的关系。而这，便成了"非遗"保护出台的基本背景。虽然三套集成提出的历史背景与"非遗"保护不尽相同，但是对于民间文化保护的迫切愿望，留存民族文化根脉的使命感却是共通的，这也为"非遗"工作在"后集成时代"的"无缝"转换创造了必要的条件。

第二，三套集成的编纂，为"非遗"保护工作提供了充足的人才储备和丰富的资料准备。为了推动三套集成工作迅速、规范地展开，全国成立了完备的组织架构："成立三套集成的总编委会，由周扬同志任总主编。以下分别成立中国民间故事集成编委会、中国歌谣集成编委会、中国谚语集成编委会。总编委会下设一个办公室，处理三套集成的日常事务。各省、市、自治区分别成立各套集成的分编委会，负责本省、市、自治区分卷的编辑工作；各分卷的主编、副主编、编委会由各省、市、自治区确定后报总编委会批准。省、市、自治区成立三套集成办公室，负责日常工作。"② 根据这一部署，全国各地立即行动起来，搭建起完备的组织架构，并聚集起一大批民间文艺专家和各地民间文学爱好者、搜

---

① 高丙中：《中国的非物质文化遗产保护与文化革命的终结》，《开放时代》2013 年第 5 期。
② 向云驹：《中国民间文艺六十年的"三大战役"》，《中国艺术报》2009 年 9 月 29 日，第 43 版。

集者,开始了规模浩大的、地毯式普查,几乎每个县都进行了民间文学普查。为了保证搜集编撰过程的"科学性、代表性和全面性",还分期分批组织了培训班,以求做到"忠实记录、慎重整理"。在此过程中,共有200万人参加采录,很多在实践中积累了经验、逐渐成长起来的研究人员,在"非遗"工作开始后,又很顺利地投入新的工作平台中。"集成时代"留下的组织机构,也相应地转换成了"非遗"的管理机构,为这一新工作的进行提供了组织保证。普查采录阶段的另一重大收获是,发现了大量的传统民歌、民间故事家、歌手和谚语篓子。以歌谣为例,在第一批"非遗"名录中,"花儿""刘三姐歌谣""吴歌""薅草锣鼓"等一大批民歌民谣,皆是在三套集成的普查过程中重现生机的,这些都为"非遗"保护工作,提供了翔实的资料。

第三,三套集成编纂过程中,指导思想的解放,为"非遗"保护打下了思想基础。在新中国成立后很长的一段时期内,"左"的思想对于学术研究产生了破坏性的影响,"除了大跃进民歌、反帝反封建的口头文学(如长工斗地主的故事)等民间文学因为能够为政治所用而受到关注以外,民俗学的规划并没有付诸实施,反而是民间文学的研究机构和大学课程都在'文革'中被取消了"①。为此,钟敬文先生曾将编纂"集成"的意义概括为"三个需要",其中第一个即是"认识民族历史的需要",这一说法的提出,对于之前学术研究中"政治挂帅"的指导思想,是一个重大的纠正,明确了客观对待历史、对待文化,尊重历史、尊重文化的态度。在1985年召开的全国第二次三套集成工作会议上,刘锡诚更是明确提出要排除长期"左"的思想的干扰,他指出:"民间文学是一定时代、一定社会生活的产物,其内容体现着一定时代、一定范围的人民群众的思想观点,我们的任务是把它们搜集起来,加以研究,对其中优秀者,加以推广光大,而不是用我们今天的观点去修改它……历史上曾经存在过,而在今天看来不道德的、不合理的事物,在当时看来却是合理的、合乎道德的。这样看问题才是历史唯物主义……如果我们不坚持历史唯物主义,我们的民间文学事业将会走上歧途。"② 因此,对于入选作

---

① 高丙中:《中国民俗学三十年的发展历程》,《民俗研究》2008年第3期。
② 刘晓路:《刘锡诚与民间文学三套集成》,《中国民族报》2014年5月9日第7版。

品中含有"鬼神、宿命、因果报应等的因素,只要作品确属民间流传而且整体倾向无害,并且有民间文学艺术特色的,也应当予以选录"①。正是在此思想指引下,一度销声匿迹的"花儿会""薅草锣鼓"等民歌演唱活动,重新浮出了水面,各种民俗活动获得了复苏和新生,亦为日后在"非遗"保护工作中进一步解放思想做好了铺垫。

第四,三套集成编纂过程中对于理论问题的探讨,为"非遗"保护提供了方法论的准备。民间歌谣的搜集,虽然古已有之,但是如何搜集,如何整理却没有固定的方法,随意性很大。五四时期,顾颉刚在整理《吴歌甲集》时,就有个别篇目的段落因记忆不全而遗失。解放初期,"延安学派的追随者们"则"倡导对民间文学的彻底更新,他们要在记录转写民间文学的过程中进行大幅度的改变,以达到教育人民的目的"②。而到了"集成时期",作为常务副总编的钟敬文先生,则"坚信,在社会政治允许的前提下,为了研究的目的,有必要在书面转录过程中,尽可能地保持口头传承资料的原初面目"。钟老始终强调,口语化、白描化应该是整个"三套集成"所有作品选定的统一标准,坚决反对在采集基础上过度加工的作品,在其主编的《民间文学概论》中,他就提出了"四个不改变"要求,即"不改变原作的主题思想,不改变原作的基本情节和结构,不改变原作的体裁,不改变原作的艺术特点和语言风格"。因此,"三套集成"总编委决定在国家卷中,不再使用"搜集整理"一词,而改用"采录者",要求他们按照科学采录标准来处理作品。这点不仅在当时具有重大的理论和实践意义,对于"非遗"保护实践也有着积极的指导意义。

三套集成虽然最终是以文本的形态呈现,但是在采录过程中,研究者们逐渐关注民间文学的生活属性,将目光转向歌者的生活空间,并开始自觉或不自觉地意识到语境的重要性。实际上,早在歌谣运动之初,学者们对此就有一定的认识,林庚曾谈到"我到现在还可以读古人的好诗,但我们现在便很难懂得古人的歌谣,因为歌谣是在当时实际上的许

---

① 刘晓路:《刘锡诚与民间文学三套集成》,《中国民族报》2014年5月9日第7版。
② [德]傅玛瑞:《中国民间文学及其记录整理的若干问题》,《北京师范大学学报》(社会科学版)2005年第5期。

多风俗习惯中,及当时所熟悉的许多故事物件上找情趣"①,这实际上已透露出对民间文学生活属性的理解。在"集成"采录过程中,研究者认识到要理解人民生活的民歌和歌谣,就不能离开对民间风俗的了解,歌谣卷总编辑贾芝曾撰文指出,"歌谣集成不仅是各族人民歌谣作品的集粹,同时也包含了对与歌谣相关联的民俗的调查研究成果,在各种说明、注释和附记中科学地阐述和记载了它们之间的相互依存关系"②。在《集成工作手册》中更是要求普查人员在访问中"特别要注意与歌手、故事讲述家、民间艺人及师公、赞哈等重要传承人的接触与了解"。在长期的普查过程中,采录者也逐渐意识到"采录民间文学时,最好能组织一些观众(听众)在场,这样可以给讲述者或演唱者造成一种有听众和交流的氛围"③。这类研究视角的转变,对于日后的"非遗"保护具有极大的启发性。正如安德明、杨利慧在《1970 年代末以来的中国民俗学:成就、困境与挑战》一文中所说的,"当代中国民俗学界之所以出现关注民间文学传承人及表演过程的研究取向,所以能够积极吸纳西方同行相关的视角与方法,都同三套集成工作中积累的田野经验密不可分"④。

四 三套集成留给"非遗"保护及后世的反思

三套集成工程不论在当代中国民俗学史上,还是在中国民间文学史上,都有着深远的意义,正如刘锡诚所说,"三套集成不是一部文艺读物,不是一部适合思想教育要求的读物,而是一部具有高度文学欣赏价值,又具有高度学术研究价值的民间文学总集"。

三套集成是民间文学文本研究空前,也很可能是绝后的高峰。20 世纪末,在学科危机感的促使下,为了摆脱学科式微的境地,国内民间文学(民俗学)研究者开始努力探索新的研究模式。表演理论、民族志诗学等理论方法陆续传入我国。国内学者也纷纷提出了与之相应的理论,

---

① 林庚:《歌谣不是乐府亦不是诗》,《歌谣》周刊第二卷第 11 期。
② 贾芝:《谈谈"中国歌谣集成"》,《文艺理论与批评》1993 年第 5 期。
③ 刘锡诚:《论新一次民间文学的普查申报与保护》,《河南社会科学》2007 年第 2 期。
④ 安德明、杨利慧:《1970 年代末以来的中国民俗学:成就、困境与挑战》,《民俗研究》2012 年第 5 期。

例如刘锡诚提倡的"整体研究",高丙中提出的用民间生活研究代替民俗文本研究。也许就如刘晓春所言,中国民俗学研究的范式,已完成了从"文本"到"语境中的民俗"的转变。而这种研究范式的转变,必然会对"非遗"保护产生影响。可是这种转变意味着什么?是否就是摆脱死胡同的一条无限通途呢?也许丁晓辉的一串发问,值得我们深思:"这种转换是从民俗到语境中的民俗?还是从民俗到民俗的语境?具体到民间文学研究,这种转换是从文本到语境中的文本?还是从文本到文本的语境?按照目前的转换趋势,民间文学研究的中心是否实际上已经在走向语境?而文本研究是否已经被视作过时遭遇彻底的边缘化?"①

除此之外,更值得我们思考的,是在研究本土人民、本土民间文学作品、本土民间文化生活的过程中,研究者有没有本土的理论和方法呢?不论是注重文本研究时期的历史地理学派、口头程式理论、故事形态学,还是注重语境研究时期的表演理论、民族志诗学,这些理论方法无一不是从西方引介至我国的。1986年,几乎与三套集成同时发起的中芬民间文学联合考察,更是一次全面地向西方学习的过程。面对浩如烟海的本土民间文学作品,本土研究方法却鲜有施展拳脚的余地。

近代以来,西方的学术在"启蒙"与"理性"的伪装下,向非西方国家渗透。五四时期,占据中国思想界主流的精神,便是相信西方的科学和民主可以拯救濒亡的中国社会,而要习得西方文化的精髓,则必须改造传统旧学,建立起西方科学化的新学。民间文学(民俗学)作为西方启蒙思想的产品之一,自然很快地被中国思想界和知识界所接受。民间文学(民俗学)正是与西方的殖民侵略与文化扩张一起传入中国,并逐渐发展起来的。尽管在殖民主义时期之后,"民族复兴运动"在世界各地风起云涌,各类学科,尤其是人文科学,都以一种自我觉醒的态度重新衡量西方文化的影响。然而,我们亦不得不承认,民间文学(民俗学)研究方面,中国仍然缺少本土有影响力的研究范式,虽然以"人民的学者"钟敬文先生为代表的一代学人,希望建立起中国民俗学学派,可其在理论方法上仍没有突破西方民间文学(民俗学)的研究框架。同时,

---

① 丁晓辉:《"语境"和"非遗"主导下的民间文学研究——以2009年民间文学理论研究为例》,《广西师范学院学报》2014年第1期。

我们也应警醒，在因文化觉醒而对西方学术所产生的抵制过程中，研究者对传统文化"善意"的建构。这种传统究竟是谁的传统，这种文化到底是谁的文化？是值得我们注意的问题。

另外，每一次社会的巨大变迁，都与背后的政治策略密不可分，而本土研究者不可避免地要受到权力与知识的支配关系所制约。五四时期歌谣运动如此，20世纪50年代的歌谣搜集也是如此。改革开放之后，中国社会经历了新一轮巨变，其背后深层的动力来自国家所倡导的国家富强、民族复兴的现代化目标。在此时开展的三套集成工程和"非遗"保护，同样不能避免政治的影响。此种学术与政治的关联并不是个人意志可以左右的，"当我们倡导一种学术的观点的时候，我们实际上也是在支持一种霸权"[①]。尤其是民间文学（民俗学）这门带有"感情的学问"，其研究者往往怀揣民族主义的热情从事研究，总是"不自觉地就会使自己的研究成为国家民族主义政策实施的推力"[②]。当然，与政治绝缘的、纯粹的民间文学（民俗学）是不存在的，但是我们在从事民间文化搜集、研究和保护时，至少应该抱有对我们所从事工作的批判和再批判的勇气和意识，至少不能让我们的立场伤害到我们所要保护的文化本身。

"非遗"保护的开始，标志着"后集成时代"的到来。然而，我们的今天不是一蹴而就，我们的将来也不是遥不可知。不论是"前集成时代""集成时代"，还是"后集成时代"，三者之间都有着深刻而广泛的联系，厘清它们之间的脉络和关系，有助于我们了解民间文学（民俗学）百年的发展历史，认识学科发展的规律。此外，"集成时代"留给我们的，绝不仅仅是90卷省卷本，4000多卷地县卷本，逾40亿字的文本材料。它在理论探讨方面，在方法实践方面，在学科走向方面，在学术话语与时代话语之间的互动方面，都给我们留有巨大的思考空间，值得我们后来者认真研究。

---

① 赵旭东：《本土异域间》，北京大学出版社2011年版，第73页。
② 赵旭东：《本土异域间》，北京大学出版社2011年版，第77页。

社区参与、社区缺位还是社区主义?
——哈尼族非物质文化遗产保护的主体困境*

张 多**

摘 要：在非物质文化遗产保护的国际公约及其系列文件中，社区、群体及个人在认定和保护非遗的制度设计中有很高地位。尤其是2015年联合国教科文组织刊布的《伦理原则》更着重突出了社区的重要性。这些制度设计落实到中国哈尼族非物质文化遗产这个具体案例，可以看出一些各地普遍存在的问题和困惑。所考察的哈尼族案例中，口头传统类非遗清单编制和申报主体不合理，不利于口头传统的保护和存续。社区参与的缺失会导致清单编制不清晰，而不当的社区参与也可能导致社区主义。学术上有关非遗保护中"社区"的考量，在实际工作中往往会遭遇主体的困境。

关键词：哈尼族；非物质文化遗产；社区；社区参与；社区主义

2012年夏天，我初次进入哀牢山腹地的哈尼族村落对民间文学进行田野调查。那时红河州正在全力冲刺"红河哈尼梯田文化景观"申报联合国教科文组织（以下简称UNESCO）"世界文化遗产"名录。"申遗"已经成为梯田核心区的A县[①]、B县、C县等地的头等大事。

---

* 原文刊于《西北民族研究》2018年第2期。
** 张多，云南大学文学院副教授。
① 遵照民俗学的田野伦理要求，本文对涉及的县级行政单位采用代称，具体人物采取匿名。

"红河哈尼梯田文化景观"于 2013 年成功列入世界遗产名录。在此之前,红河州哈尼梯田已经获得了"全球重要农业文化遗产""国家级非物质文化遗产"等多重遗产化身份。2012—2016 年,我在哀牢山区的田野调查始终伴随着"文化遗产"的身影。可以说,哀牢山区哈尼族社会①已经进入"文化遗产化"时代。非物质文化遗产有别于文化景观和农业遗产,甚至可以说,非遗保护直接关乎哈尼梯田遗产的存续。从中国所有哈尼族非物质文化遗产项目的分布来看,哀牢山区的项目占绝大多数(表 1),可见哀牢山区不仅是梯田遗产的核心区,也是中国哈尼族传统文化传承的核心地区。

随着田野调查的深入,我渐渐发现哈尼族非物质文化遗产保护中存在许多值得探讨的问题。比如整个哀牢山哈尼族社会共享的某一文化事象,对其申报"非遗"和保护的单位仅仅是某一个县。再比如有些"非遗"项目相互之间重叠。这些问题在许多地方都存在,并不只是哈尼族地区才有。因此,本文意在通过田野调查案例,探讨各个层级、阶段的"非遗"工作中,如何把握"社区"这个根本出发点和立足点。

哈尼族聚居区的各级政府部门,在中国少数民族文化遗产保护工作中取得了许多成就,有效推动了以"红河哈尼梯田文化景观"为代表的多重文化遗产保护。此前,笔者有专文讨论哈尼梯田社区多重文化遗产项目交叠的现象。② 而仅仅就"非遗"保护来说,社区定位的问题更为复杂。并且基于这些实践,有必要进一步反思中国民俗学家在 2016—2017 年有关"非遗"保护中社区问题的讨论。

一 理解清单编制中的社区缺位

清单编制是非物质文化遗产保护的重要的工具,主要分为 UNESCO 层面的国际名录和各缔约国层面的国家名录两类体系。中国的国家非遗

---

① 哀牢山哈尼族聚居区主要包括红河哈尼族彝族自治州元阳县、绿春县、红河县、金平苗族瑶族傣族自治县,玉溪市元江哈尼族彝族傣族自治县、新平彝族傣族自治县,普洱市墨江哈尼族自治县、宁洱哈尼族彝族自治县、江城哈尼族彝族自治县、镇沅彝族哈尼族拉祜族自治县。

② 多重遗产化概念及其在哈尼梯田社区的情形,参见张多《从哈尼梯田到伊富高梯田——多重遗产化进程中的稻作"社区"》,《西北民族研究》2018 年第 1 期。

名录由国家—省—市—县四级组成，其项目分类大体参照 UNESCO 的国际名录，但又有中国特色，比如单设"传统文化保护区"项目。中国的非遗清单编制大体上是政府主导模式。学界对政府主导模式的弊端多有批评。其中，马千里的讨论较有建设性，他通过菲律宾、意大利的非遗社区参与案例，阐明了社区主导、自下而上的清单编制模式是对政府主导模式的纠偏。①

中国的非遗清单编制，除了在项目名称上有体现民族②信息外，一般不单独体现民族信息。③ 但如果将同一个民族的非遗项目归总，就能看出许多隐藏的问题。哈尼族是云南省特有的世居民族，因此，哈尼族的国家级非遗项目全部由云南省的省级名录遴选。表1是哈尼族在第一、二、三、四批云南省省级非遗名录中项目的归总。

表1　　　　哈尼族云南省省级非物质文化遗产项目列表

非遗项目	申报与保护单位	非遗项目	申报与保护单位
A1. 哈尼族民歌（阿茨）	红河州 C 县	C6. 哈尼族莫蹉蹉	红河州 C 县
A2. 哈尼族歌谣《四季生产调》*	红河州 A 县	D1. 哈尼族服饰	红河州 B 县、西双版纳州、普洱市 H 县
A3. 哈尼族创世史诗《哈尼哈巴》*	红河州 A 县	E1. 铓鼓舞*	红河州 F 县
A4. 叙事长诗《洛奇洛耶与扎斯扎依》*	普洱市 E 县	E2. 棕扇舞*	玉溪市 D 县
A5. 创世史诗《敏编咪编》	普洱市 E 县	E3. 乐作舞*	红河州 B 县
A6. 迁徙史诗《哈尼阿培聪坡坡》	红河州 A 县	E4. 地鼓舞	红河州 B 县
A7. 叙事史诗《都玛简收》	红河州 C 县	E5. 同尼尼舞	红河州 C 县

---

① 马千里：《非物质文化遗产清单编制中的社区参与问题》，《民族艺术》2017 年第 3 期。
② 为避免学术概念的歧义，本文"民族"特指中国当代政治中的"民族"概念。
③ 在有的省比如云南的清单中，有单列的民族信息。

续表

非遗项目	申报与保护单位	非遗项目	申报与保护单位
B1. 哈尼族多声部音乐"栽秧山歌"*	红河州 B 县（国家名录变更为红河州）	F1. 普洱茶传统制作工艺*	普洱市 I 县
C1. 祭寨神林*	红河州 A 县、普洱市 E 县	F2. 猪肉腌制技艺（哈尼族腊猪脚）	红河州 A 县
C2. 哈尼族九祭献	玉溪市 D 县	F3. 酿酒技艺（哈尼族紫米封缸酒）	普洱市 E 县
C3. 哈尼族长街宴	红河州	G1. 羊街乡车普村哈尼族（奕车）传统文化保护区	红河州 B 县
C4. 矻扎扎节	红河州 A 县	G2. 那诺乡塔朗村哈尼族传统文化生态保护区	玉溪市 D 县
C5. 哈尼族梯田农耕礼俗	红河州		

备注：1. 项目编号规则：A 民间文学、B 民间音乐、C 民俗、D 民间服饰、E 民间舞蹈、F 饮食、G 传统文化保护区。2. "*"为国家级非物质文化遗产项目。

首先需要申明，没有一个非遗清单是完美的，即便是 UNESCO 的非遗清单也有瑕疵。本文将哈尼族的省级非遗项目整理为一个清单，目的是跳脱出"行政层级式"的清单，换一个视角，以更好地理解基层一线非遗保护工作。

认定哈尼族非遗项目的主要是县一级文化馆，也即履行非遗保护行政职能的政府机构。具体而言，这些县级文化馆的工作人员中，不乏哈尼族本民族的知识分子，也不乏参与过 20 世纪 90 年代民间文学"三套集成"工作的专业人员。在认定非遗项目的过程中，县文化馆主导申报、落实保护，可谓非遗项目最直接的守护者。那么县文化馆的申报、保护是否能体现、代表和维护社区的意见、权益？以 A 县申报的"哈尼哈巴"[①]项目为例，从 A 县文化馆公开的信息可以得到初步认知：

A 县 2008 年 6 月申报成功了国家级非物质文化遗产《哈尼哈

---

① "哈巴"是哈尼族仪式口头传统的集成，是一个总括性的古典表演文类。

巴》项目，2011年6月申报成功了国家级非物质文化遗产《祭寨神林》项目，现有国家级项目2个，……县委政府高度重视非物质文化遗产传承与保护，制定了《国家级非物质文化遗产名录〈哈尼哈吧①〉保护实施方案》，建立一个传承中心和三十个传承点。迄今为止，投资了6.7万元建设了箐口村"哈尼哈吧传承中心"，把国家级非物质文化遗产传承人ZXH请到传承中心传承哈尼哈巴，在全县建立了30个民族文化传承基站，其中重点建设了新街镇的箐口……七个民族文化传承基站，三十个传承基站都有传承活动地点，传承人定期不定期开展传承活动，一般利用传统节日开展传习活动，发展和扶持了50名民族文化传承人；为进一步传承与保护好哈尼哈巴，2011年进一步加大传承基站建设力度，建设10个重点传承基站：菱角塘村……继续扶持50名能实实际际开展传承活动的传承人。②

　　上述政府公开信息主要显示了"哈尼哈巴"项目保护的情形，可见其保护难度大，力度也很大。如果说"哈尼哈巴"传承的社区主要是村落的话，那么这些保护措施基本上照顾到了典型村落，体现了社区参与。但是其前期申报项目的情形却并未体现社区主导。根据笔者2015年的田野调查，申报环节主要参考了A县几位哈尼族学者比如LSR③的意见。也就是说"哈尼哈巴"项目的申报只有有限一些传承相关个人事先知情同意，而上文列举的若干传承相关方（社区）多数没参与申报阶段的知情同意。

　　但如果站在基层文化馆的角度看，要让整个A县的所有传承相关方（摩批④、歌手）都参与申报各个环节，几乎不具有可操作性。其一，这将耗费巨大的人力、物力和时间成本，反而不利于"哈尼哈巴"的保护。其二，A县当地擅唱哈巴的摩批、歌手很多（上述引文也可印证），难以

---

① 原文如此，下文同。
② A县人民政府公开信息，http://old.yy.hh.gov.cn/info/1012/8881.htm，2017年12月31日。
③ 为顾及民俗学田野伦理原则，此处匿名处理。
④ 摩批是哈尼族祭司，也是传承哈巴演唱的主要群体。

详尽统计，遑论理出一个事先知情同意名单。其三，非物质文化遗产的理念对 A 县来说更多是国家政策的延伸，缺乏自觉意识，向传承相关方解释"非遗"本身就是一个难题。因此，由公认能够代表本县社区对"哈尼哈巴"做出认定的地方精英来主导申报工作，申报后再具体清理保护工作的重点群体，是比较符合实际工作规律的。

像 A 县这类非遗清单申报方式，属于"技术性社区缺位"，并不构成违背非遗伦理原则。① 当然，这种技术性缺位只能作为应对现实工作条件缺乏的权宜之计，非遗保护工作理应追求更高目标。在经济欠发达地区，基层文化馆工作条件十分有限，不应苛求其严格按照 UNESCO 的要求去做。但清单编制阶段（即申报项目阶段）的工作如能更多参考 UNESCO 有关社区的理念，就能够避免后续保护工作的偏差。

以上述引文提及的"哈尼哈巴"传习点为例。有的传习点是将"哈尼哈巴"作为一种"歌"来进行公共教学和展示，并未有效介入摩批师徒或家传的传承体系中。这就导致了"哈尼哈巴"的"去语境化"。有一些传习点则卓有成效，比如硐埔村由于是著名摩批 ZXH 师徒居住地，因此，身为国家级非遗传承人的 ZXH 能够有效利用这些条件进行传承。但事实上 ZXH 是"四季生产调"（A2）项目的传承人，并非"哈尼哈巴"。而"四季生产调"只是"哈尼哈巴"口头传统中的一部分。可见，在清单编制阶段，正因对"哈尼哈巴"在社区中的样态认识不足，导致了后续保护工作中的一些偏差。

清单编制阶段社区参与的重要性，还体现在小社区与整体地域之间的关系上。从哀牢山区域来说，"社区"对"哈尼哈巴"项目而言，意味着歌手和摩批的传习体系，尤其是摩批，因为"哈尼哈巴"核心的部分往往是在仪式上唱的。那么随之产生的问题是，既然"哈尼哈巴"项目应由摩批、歌手群体来认定、保护，那么 A 县的摩批能否代言其他哈尼族聚居区的摩批？在整个哀牢山区，除了 A 县，B 县、C 县、D 县、E 县、G 县等都是哈尼族聚居区，优秀的摩批不计其数，他们几乎没有参与"哈尼哈巴"非遗项目的传承保护。

---

① UNESCO 的非遗伦理原则的具体条款，可参见联合国教科文组织《保护非物质文化遗产伦理原则》，巴莫曲布嫫、张玲译，《民族文学研究》2017 年第 3 期。

其中最主要的原因是，"哈尼哈巴"申报国家级非遗的主体单位是 A 县文化馆，因此 A 县文化馆也就是该项目的责任单位。有的项目比如哈尼族多声部音乐"栽秧山歌"（表 1 B1），申报省级名录的是 B 县文化馆，而申报国家名录时扩大变更为红河州。对哈尼族多声部音乐项目来说，这种变更是非常合理、及时的，因为多声部音乐跨 A、B 两县分布，由上级行政区红河州来申报国家名录就解决了跨境问题。

但"哈尼哈巴"项目无法进行这种操作，因为它的分布是全民族性的，跨了云南省红河州、普洱市、玉溪市、西双版纳州等多个州市，除非由云南省非遗中心来作为保护责任方。因此，这类非遗项目很容易在实际工作中造成社区缺位，缺乏通盘考虑。在中国，像"格萨（斯）尔"这种举国家力量进行保护的非遗项目毕竟是少数。但就实际情况而言，"哈尼哈巴"这种体量的项目确实不是 A 县文化馆能够承载的，至少需要省级政策架构来进行保护。

"哈尼哈巴"项目在清单编制过程中社区缺位的后果，除了传承本身受影响，更为直接地体现为省级非遗清单的混乱。表 1 中的《四季生产调》（A2）、《敏编米编》（A5）、《哈尼阿培聪坡坡》（A6）、《都玛简收》（A7）几个项目，事实上都是"哈尼哈巴"框架下涵盖的内容。已出版的《四季生产调》和《哈尼阿培聪坡坡》都是歌手 ZXH 口头演唱的书面记录整理作品。《都玛简收》是 C 县知识分子将"哈尼哈巴"中的一支"砍倒遮天大树"（Soqzyuq Hovqtuv Massol）整理为一部史诗，以史诗中女神的名字"都玛简收"命名出版了《都玛简收》（云南民族出版社 2004 年版）。小社区将大的口头传统截取片段申报为非遗项目，事实上并不利于哈尼族口头传统类非遗的保护。

这种非遗清单项目相互嵌套的情形，反映出地方知识分子（尤其是民间文学搜集整理者）参与项目申报的程度很深。当然，地方顾及自身文化政治、文化产业利益的诉求应得到理解与尊重。地方知识分子对口头传统的地方化实践也无可厚非。C 县申报的《都玛简收》，业已形成口头传统、书面文本、公共文化之间的复杂关系。这其中需要讨论的问题是，假设社区（传承攸关方）尤其是代表性歌手就认定"都玛简收"是与"哈尼哈巴"不同的项目，那单凭这种认定就能进入非遗清单吗？"都玛简收"显然是从"哈尼哈巴"大传统中抽绎出来的相当晚近的"史诗作品"。如果尊重、认可 C 县哈尼族社区的认定，继而进入省级、国家级名录，那么就损害了其他哈尼族社区的利益。

由于"哈尼哈巴"是 A 县申请的项目，如果 C 县不愿意通过扩展名录增补为保护单位，就会不断导致像"都玛简收"这样的新项目申报。当然，这个项目的申报有明显的彰显 C 县地域文化特色的用意。这种片段式申遗的结果，反而会导致 C 县当地对"哈尼哈巴"整体保护的缺失。因此，社区缺位不仅仅是某个特定社区与其他社区之间的权益问题，更是整个非遗清单编制中的大问题。清单的不清晰，直接导致了具体项目保护的偏差。

二　社区主义与文化区隔

社区是非物质文化遗产保护的关键，UNESCO 于 2015 年专门刊布《保护非物质文化遗产伦理原则》（简称《伦理原则》），用 12 条与"社区、群体及个人"息息相关的伦理原则，来凸显"社区主体"在保护非遗实际工作中的重要性。《伦理原则》第 1 条说："相关社区、群体和个人在保护其所持有的非物质文化遗产过程中应发挥主要作用。"[①]第 3 条又说："相互尊重以及对非物质文化遗产的尊重和相互欣赏，应在缔约国之间，社区、群体和个人之间的互动中蔚成风气。"（引文同前，下文皆同）也就是说，社区在凸显自身作为认定非遗的主体的同时，也应当顾及其他社区，相互尊重。

那么哈尼族非物质文化遗产的社区主体如何界定？与前面《都玛简收》的例子相似，如果说 E 县哈尼族社区认为创世史诗《敏编咪编》是自己的非物质文化遗产，那么按照这种社区主体来实施保护工作，势必导致地方主体越来越将《敏编咪编》视为地方的史诗作品。这就忽视了"敏编咪编""木地咪地""奥色密色""烟本霍本"这些不同方言讲述"造天造地"神话母题的口头传统，是整个哀牢山区哈尼族乃至全体哈尼族共享的创世神话。而且口头史诗不是"作品"，这已经是口头诗学的常

[①] 联合国教科文组织：《保护非物质文化遗产伦理原则》，巴莫曲布嫫、张玲译，《民族文学研究》2017 年第 3 期。

识。地方化日益凸显的结果就是造成非遗保护的选择性保护，从而树立新的文化区隔。并且这样的区隔也很容易造成《伦理原则》第10条所反对的"去语境化"。

虽然在民间文学研究中，"哈尼哈巴"是一个总括性口头传统，能够囊括"敏编咪编""都玛简收"这些项目。但是现实状况却没这么简单。其一，A县申报的"哈尼哈巴"并不是整体意义上的"哈尼哈巴"，申报者仍是将"哈尼哈巴"视为一个地方的史诗作品，其用意并不在哈尼族整体口头传统。其二，"哈尼哈巴"作为一个总括性口头传统，并没有清晰的边界，也没有明确无疑的界说，这种模糊性、涵括性也正是其口头传统的生命力所在。因此，非遗清单编制中无法清楚界定"哈尼哈巴"包含哪些东西。其三，"哈尼哈巴"作为一个全民族共享的宏大口头文类，这个认知主要是从事口头传统研究的少数学者具备，大多数哈尼族歌手并不具有这个认知。那么按照凸显社区主体的伦理原则，学术研究不应干预社区对非遗项目的认定，然而这样合理吗？

《伦理原则》第6条说："每一社区、群体或个人应评定其所持有非物质文化遗产的价值，而这种遗产不应受制于外部的价值或意义评判。"这一条就直接产生了学术能否介入非遗认定的尴尬。正如前文所述，如果社区认定非遗主要从"地方化"的利益、立场出发，将原本多地共享的非遗切割为地方（特别是小地方）的独特文化，那不仅造成新的文化区隔，还有违《非遗公约》"相互理解、相互欣赏"的基本精神。《伦理原则》第12条也明确说："保护非物质文化遗产是人类的共同利益，因而应通过双边、次区域、区域和国际层面的各方之间的合作而展开；然而，绝不应使社区、群体和个人疏离其自身的非物质文化遗产。"《伦理原则》12条内容看似周密全面，照顾到各方面的关切，但实际操作起来矛盾重重，实有难度。

针对这种凸显社区有可能偏离非遗保护初衷的情形，吕微将其概括为"社区主义"（communitarianism）。吕微论述"社区主义"的主要逻辑是：其一，民间精英作为表演的行动者（演员）因掌握了社区权力而推行建立在"某一""特定社区"的"共同体感觉"基础上的

"社区主义"。① 其二，不接受客观普遍性原则（例如人权原则）的价值或意义判断的社区主张，称为"社区主义"；凡公开、开放的社区主张，则不应被称为"社区主义"。② 吕微反对"社区主义"的主张，主要针对《伦理原则》第6条而言，尤其强调社区意志不能损害普遍人权原则。

吕微针对《伦理原则》第6条的批评，抓住了《非遗公约》及其《操作指南》强化社区主体地位，有可能助长地方层面非遗保护工作中本就存在的"地方主义""精英主义""民族主义"问题。尤其是《伦理原则》刊布之后，如果缔约国及其国内地方政府层层误解并执行《伦理原则》，会导致小地方、小社区、小群体的意志损害区域、次区域乃至其他缔约国利益（或人类普遍利益）。但吕微之批评的偏颇之处在于，他并没有将《伦理原则》视为一个整体，而单独抽出第6条来分析，这就忽视了《伦理原则》兼顾社区内外利益和普遍人权原则的努力。而且《伦理原则》也不能同 UNESCO 非遗保护第十届常会的决议乃至《保护非物质文化遗产公约》分割看待。再者，UNESCO 不倾向对"社区/community"给出明确概念界定，就是为了避免学术上的无休止的精英辩论，③ 从而为不同地方的实际操作留有余地。毕竟"非遗"本质上是一项政府间文化治理实务工作，要面对错综复杂的文化政治局面。

笔者认为，"社区主义"应当引起非遗保护实务工作者的注意。社区主义现象的本质是非遗社区主体界定的困境。谁有权力认定非遗？谁是非遗保护的责任主体？这些关键问题一旦进入学术讨论，往往莫衷一是。仅就中国哈尼族的非遗保护实务工作而言，如果是跨县域的非遗，某个县的非遗持有者就不宜做整个大区域的代言者，而应当照顾到各个县的利益。这需要州市或省级层面进行协调。县文化局（文化馆）在非遗申

---

① 吕微：《反对社区主义——也从语词层面理解非物质文化遗产》，《西北民族研究》2018年第2期。

② 吕微：《反对社区主义——也从语词层面理解非物质文化遗产》，《西北民族研究》2018年第2期；吕微：《实践公设的模态（价值）判断形式——"非遗"保护公约的文体病理学研究》，《文化遗产》2017年第1期。

③ 而且 UNESCO 的来自全球的权威学者围绕社区议题已经展开了十余年的辩论。参见朝戈金：《联合国教科文组织〈保护非物质文化遗产伦理原则〉：绎读与评骘》，《内蒙古社会科学（汉文版）》2016年第5期；朱刚：《从"社会"到"社区"：走向开放的非物质文化遗产主体界定》，《民族艺术》2017年第5期。

报、保护中不应作为或代言社区主体，只应该扮演政府机构提供政策支持和公共服务的角色。用安德明的话说就是，政府力量应以文化对话之姿态，克服强势干预的立场，作为文化协调者平等参与保护工作。① 而专业学术界也应当积极参与最初一级（县市级）非遗清单编制的决策咨询，以评估地方利益与区域、民族、国家的整体文化利益之关系；在由县市名录向省级、国家级名录申报时，与项目密切相关的同行专业学界应当参与名录的调整、归并和甄别。

也即，笔者并不赞同"社区、群体有时是个人"拥有可以毫无顾忌地认定某项非遗并进入清单的权力；但笔者赞同社区拥有主导并全程参与非遗项目认定与保护过程，并享有相关利益的权利。尤其是非遗清单编制，清单本身就意味着文化多样性，潜台词就是相互尊重。正如高小康对2001年《世界文化多样性宣言》的判断："从文化多样性到文化多元主义"意味着保护文化多样性不应再是他者化的文化展示与凝视，而应是文化主体的自觉和对不同文化主体的尊重。② 而现实中最困难的正是"对不同文化主体的尊重"。

总之，哈尼族现有的省级非物质文化遗产，涉及红河州、普洱市、玉溪市、西双版纳州四个厅局级行政单位的利益，具体到红河州，又牵涉A县、B县、C县、D县、F县等的利益。在这些行政单位的区隔中，哈尼族非物质文化遗产的整体体现在很大程度上被削弱，有效保护自然也受到影响。尤其是口头传统（民间文学）类非遗项目，其清单编制与保护规划与其他非遗项目类别有极大差异，其所要考虑的伦理关切也更为特殊。哈尼族的非物质文化遗产保护，应当借鉴"格萨（斯）尔""花儿"这样的宏观设计和保护思路，不应碎片式地受制于小社区。就当代中国国情而言，不惟哈尼族，少数民族非遗保护中涉及大范围存续的项目，都应当考虑宏观、开放的工作思路，不宜将社区主体定位于某个积极申报的小地方。

---

① 安德明：《非物质文化遗产保护中的社区：涵义、多样性及其与政府力量的关系》，《西北民族研究》2016年第4期。
② 高小康：《多元文化：景观·共享·互享》，《南国学术（澳门）》2018年第1期。

三　社区参与的限度、效度和尺度

在非遗保护话语中，"社区参与"是一个常见的术语。朱刚对这一概念进行了详细的审视和辨析，认为 UNESCO 的非遗术语体系中，"社区""社区参与"包括了"社区、群体，有时是个人"这三类互涉主体，并且同一项目可能涉及多个主体。社区参与在操作层面上，主要指特定主体参与制订和实施保护计划的具体过程。① 杨利慧亦指出，在非遗保护中，社区的重要性不止于参与和知情同意，更在于申报和制定保措施时，社区被置于中心位置，被视为关键主体。② 此前还有周超也从国际法律层面分析了社区参与在非遗保护中的重要地位。③

哈尼族截至目前还没有一项进入 UNESCO 名录的非遗项目，因此，从哈尼族的案例中还尚且看不到对接 UNESCO 非遗实践的情形。但是，以 A 县、B 县、C 县为中心的红河哈尼梯田早已成为"世界文化遗产"和"全球重要农业文化遗产"。这恰恰是多重遗产化社区的典型案例，因此，哈尼族非遗保护有特殊之处，要考虑多个层面遗产化工作的对接。

尽管哈尼族的社区（群体和个人）尚未经过申报 UNESCO 非遗清单那样严苛、漫长、多方交涉、国际化的洗礼；但是 UNESCO 非遗保护的原则、理念却通过缔约国政府传导到了哈尼族社区，并且对社区产生了不可逆的实际影响，也即遗产化。

以哈尼族棕扇舞（表 1 E2）为例，该项目是目前玉溪市哈尼族唯一一项国家级非遗（2011 年，第三批国家级非遗名录）。2014 年 6 月，笔者曾赴玉溪市 D 县羊街乡进行田野调查，访问了棕扇舞项目申报非遗的核心成员 NWS。NWS 是当地文化站的哈尼族干部，以掌握精湛的棕扇舞技艺闻名。NWS 是棕扇舞项目申报市、县、国家级非遗项目最核心的成

---

① 朱刚：《从"社会"到"社区"：走向开放的非物质文化遗产主体界定》，《民族艺术》2017 年第 5 期。
② 杨利慧：《以社区为中心——联合国教科文组织非遗保护政策中社区的地位及其界定》，《西北民族研究》2016 年第 4 期。
③ 周超：《社区参与：非物质文化遗产国际法保护的基本理念》，《河南社会科学》2011 年第 2 期。

员。他非常热爱棕扇舞,也通晓多种哈尼族乐器演奏和舞蹈。他在基层从事文化工作的几十年时间里,积极推动了棕扇舞的舞台化表演,并且若干次带队到省外演出。因此,他事实上兼具有社区内部、社区外部、地方政府机构三重身份。

棕扇舞是哀牢山区哈尼族非常基本、普遍的民间仪式舞蹈,在红河州、玉溪市、普洱市哈尼族聚居的各县都有深厚的民间生活基础和广泛分布。在哈尼族传统生活语境中,棕扇舞是丧礼仪式的重要组成部分,具有模拟创世、沟通祖先、衔接生死等仪式功能。目前,这种舞蹈动作渐渐脱离丧礼语境,可以在非丧礼场合表演。但总的来说,棕扇舞大体上还是仪式性舞蹈,许多哈尼族社区都忌讳在生活场所和非仪式场合跳棕扇舞。比如2016年我在A县沙拉托乡的调查,村民就明确表示棕扇舞不能乱跳。

可见,棕扇舞在现代民俗实践中,已经呈现出文化多样性。如果说舞台化(泛指适应非仪式语境的公共表演)的棕扇舞是对丧礼棕扇舞的去语境化(甚至商业化),那么舞台化的棕扇舞进入非遗清单是否违背UNESCO的《伦理原则》,这种社区主导的形式是否可取?

笔者观察到,棕扇舞在D县哈尼族聚居区,尤其是羊街乡,已经形成了广泛的文化认同。尽管NWS是遗产化进程的核心主导者,但就结果而言,当地社区基本上认可棕扇舞(包括非仪式语境的)是维系自身文化认同感的非物质文化遗产。那么这样的非遗项目是合伦理的。因此,社区参与的"限度"不一定要回避地方精英、地方政府的主导,但问题的关键在于社区参与的效度,也即实际效果是否促进了非遗项目的存续力和可持续发展。同时也须考虑相互尊重问题,尤其要考虑棕扇舞在哈尼族内部本身就有文化多样性特征。

与棕扇舞相关联,C县申报的"哈尼族莫蹉蹉"(C6)和"同尼尼舞"(E5)也是丧礼相关项目。"莫磋磋"是哈尼族高等级丧礼的专称,通常举行"莫磋磋"有一些条件,比如逝者德高望重、丧礼参加人数极多、杀牛祭祀数量众多等。但事实上,"莫磋磋"最核心的仪式之一,正是由摩批领跳棕扇舞。而在丧礼上,也时常会跳"同尼尼舞"。因此,"莫磋磋"本身作为丧礼,包含了"哈尼哈巴"、"棕扇舞"

和"同尼尼舞"。① 类似的情形还有，F 县申报的"铓鼓舞"（E1）、B 县申报的"地鼓舞"（E4）实际上是 A 县、E 县申报的"祭寨神林"（C1）仪式中的祭祀舞蹈。地鼓舞也会在 A 县申报的"矻扎扎节"（C4）上跳。严格地说，"铓鼓舞"和"地鼓舞"就是同一种仪式舞蹈。也就是说，哀牢山区哈尼族共享的整体性祭祀文化，被各个县选择性地各自单独申报。那么，作为非遗实务工作，上述这些项目如何进行保护？

　　非遗工作重视社区参与效度的同时，也需要根据实际情况创新保护措施，比如整体保护。这一点户晓辉早有呼吁："我们看待每个地区的非遗也需要具备一种全局的和整体的观念，不能只看到当地文化的地方性和地域性而忽视了文化的全局性和人类性。"② 比如说 C 县如果将"莫磋磋"、"同尼尼舞"、《都玛简收》等关联项目统筹起来进行保护规划，就能够很好地弥补由于清单编制重叠造成的主体不清。对于跨州市的项目，不必拘泥于行政区划和项目类别。比如普洱市 E 县、红河州 A 县和 F 县就可以针对"祭寨神林"与"铓鼓舞"展开跨区合作。而这些工作，无疑需要借助政府的力量来达成。不应因为过分强调传承人群的中心地位，而忽视政府应该起主导作用的领域。当然，充分利用现有非遗清单中的"扩展名录"，也是一种务实的办法。归根结底，哈尼族各县非遗项目的嵌套、重叠甚至重复，还是因为清单编制环节对社区主体定位不清，对社区重要性认识不足。因此，社区参与须与整体保护相关联；以社区为中心的同时，也要将学界、政府、市场视为非遗保护的共同但有区别的主体，以促进非遗项目存续力为目标进行协同实践。

　　政府、学者、地方精英、传承人（群）如何协调，这涉及社区参与的尺度问题。而这恰恰是 UNESCO《伦理原则》可以发挥作用的地方。《伦理原则》前言明确说："这些伦理原则可作为制定适用于地方部门条件的具体道德准则和工具的基础。"对于 UNESCO《伦理原则》及相关国际文书，朝戈金归纳为五个核心价值观：即符合确保社区、群体及个人

---

① 同尼尼舞在各个哈尼族聚居区，也有多样化的文化表现形式，也可以在非仪式语境实施。
② 户晓辉：《〈保护非物质文化遗产公约〉能给中国带来什么新东西——兼谈非物质文化遗产区域性整体保护的理念》，《文化遗产》2014 年第 1 期。

应有的中心作用这一根基性立场；符合现有国际人权文件；符合相互尊重的要求；符合可持续发展的需要；符合人类的整体利益和共同关切。①"五个符合"原则实际上为非遗保护参与各方都进行了尺度规定。在权力、资源处于强势地位的政府机构和组织应尊重非遗持有者的主观意志，也应以其受益作为保护计划的目标；而作为非遗持有者，不但要尊重、欣赏其他社区的非遗，也要遵循国际人权准则和人类普遍价值；非遗保护的其他参与方（尤其专业学者）也应该以非遗项目的可持续作为工作目标，平等参与非遗保护实践。

社区在 UNESCO 非遗保护的话语中，是一个非固定性、非均质性，有巨大弹性的操作术语。② 从非遗保护强调社区主体地位的基本观念来看，并没有把一个民族的所有同级非遗项目归总分析的必要，不论民族、国家、宗教、阶层属性如何，每一个社区的文化遗产都应享有平等地位，都应受到尊重和欣赏。本文将哈尼族的省级非遗项目归总进行比较，是为了结合田野研究，在理解基层非遗保护工作的基础上，探讨社区主体问题。哈尼族本身就是一个文化多样性非常突出的民族，在非物质文化遗产保护工作中取得了许多成就，其多重文化遗产保护的实践也为世界文化事业贡献了经验。对哈尼族各个社区非遗保护中遇到的社区主体困境，唯有将 UNESCO 相关公约、文书所提供的解决思路与地方实际相结合，方能提升实际非遗保护工作的水准。

---

① 朝戈金：《联合国教科文组织〈保护非物质文化遗产伦理原则〉：绎读与评骘》，《内蒙古社会科学》（汉文版）2016 年第 5 期。

② 参见杨利慧相关提炼，出处同前。